Aus dem Programm Huber: Psychologie Forschung

Wissenschaftlicher Beirat:
Prof. Dr. Dieter Frey, Kiel
Prof. Dr. Kurt Pawlik, Hamburg
Prof. Dr. Meinrad Perrez, Freiburg (Schweiz)
Prof. Dr. Hans Spada, Freiburg i. Br.

Martin Sieber

Drogenkonsum: Einstieg und Konsequenzen

Ergebnisse von Längsschnittuntersuchungen
und deren Bedeutung für die Prävention

Verlag Hans Huber
Bern · Göttingen · Toronto · Seattle

Adresse des Autors:
PD Dr. Martin Sieber
Psychiatrische Poliklinik
Abt. für Psychosoziale Medizin
Culmannstr. 8
CH-8091 Zürich

„Publiziert mit Unterstützung des Schweizerischen Nationalfonds zur Förderung der wissenschaftlichen Forschung"

Die Deutsche Bibliothek – CIP-Einheitsaufnahme
Sieber, Martin:
Drogenkonsum : Einstieg und Konsequenzen ;
Ergebnisse von Längsschnittuntersuchungen und
deren Bedeutung für die Prävention / Martin Sieber. –
Bern ; Göttingen ; Toronto ; Seattle : Huber, 1993
  ISBN 3-456-82418-1

1. Auflage 1993
© 1993 Verlag Hans Huber, Bern
Druck: Hubert & Co., Göttingen
Printed in Germany

Inhaltsverzeichnis

	Vorwort	9
1.	**Einleitung**	**11**
1.1	**Aktualität und Bedeutung der Thematik**	**11**
1.1.1	Epidemiologische Angaben zur Konsumverbreitung	12
1.1.2	Konsummissbrauch, gesundheitliche Folgen	12
1.1.3	Mortalität	13
1.1.4	Konsumveränderungen: Trenddaten zum Konsumverhalten	14
1.1.5	Volkswirtschaftliche Aspekte	15
1.1.6	Verzeigungen, Drogenhandel	16
1.1.7	Betroffenheit der Bevölkerung: Eine übertriebene Reaktion?	16
1.2	**Bedeutung der Drogenproblematik für die epidemiologische Drogenforschung**	**17**
1.3	**Entwicklungspsychologische Aspekte**	**22**
1.3.1	Die Entwicklungsphase Adoleszenz	22
1.3.2	Der Umgang mit Drogen als Entwicklungsaufgabe	23
1.3.3	Die Integration Jugendlicher in die Kultur des Alkohol- und Zigarettenkonsums	25
1.4	**Begriffsbestimmungen**	**27**
1.5	**Stand der Drogenforschung**	**31**
1.5.1	Historischer Überblick	31
1.5.2	Neue Perspektiven in der Drogenforschung	41
1.5.3	Zum Stand der Literatur	45
1.5.4	Antezedenz- und Konsequenzforschung	49
1.5.5	Längsschnittstudien: Möglichkeiten und Grenzen	52
1.5.6	Zur Kritik an der quantitativen Drogenforschung	54
1.5.7	Kann epidemiologische Drogenforschung kritisch sein?	57
1.6	**Drogenforschung und Prävention**	**58**
1.6.1	Das Zauberwort "Prävention"	59
1.6.2	Das klassische Präventionsmodell	61
1.6.3	Kritik am klassischen Präventionsmodell	62
1.6.4	Neue Ansätze	63
1.6.5	Epidemiologische Drogenforschung und Prävention	67
1.6.6	Antezedenzforschung und Prävention	67
1.6.7	Kombination von Antezedenz- und Konsequenzforschung	70
2.	**Konzeption der vorliegenden Literaturanalyse**	**74**
2.1	**Ausgangssituation**	**74**

2.2	Literaturrecherchen	75
2.3	Studienselektion	76
2.4	Repräsentativität der Studienpopulationen	78
2.5	Typologie epidemiologischer Längsschnittuntersuchungen	78
2.5.1	Typ I: Deskription des Konsumverhaltens	79
2.5.2	Typ II: Antezedenzien der Initiation	80
2.5.3	Typ III: Antezedenzien der Progression	82
2.5.4	Typ IV: Antezedenzien der Konsumveränderung	83
2.5.5	Typ V: Konsequenzen des Konsumverhaltens	84
2.5.6	Typ VI: Konsequenzen: Entwicklungsveränderungen	85
2.5.7	Typ VII: Antezedenzien versus Konsequenzen	86
2.5.8	Typ VIII: Verläufe mit gleichem Endkonsum	87
2.6	**Erfassung des Konsumverhaltens**	**88**
2.7	**Erfassung der Antezedenzien und Konsequenzen**	**88**
2.8	**Bewertung der Studienergebnisse**	**90**
2.8.1	Narrative Methode	91
2.8.2	Systematisiertere Übersichtsarbeiten	91
2.8.3	Meta-Analyse	92
2.8.4	Schlussfolgerungen	94
3.	**Antezedenzien der Initiation (Typ II-Studien)**	**96**
3.1	**Einleitung, Studienauswahl**	**96**
3.2	**Ergebnisse**	**101**
3.3	**Kurzzusammenfassung**	**111**
4.	**Antezedenzien der Progression (Typ III-Studien)**	**114**
4.1	**Studienauswahl**	**114**
4.2	**Ergebnisse**	**114**
4.3	**Kurzzusammenfassung**	**128**
5.	**Antezedenzien der Konsumveränderung (Typ IV-Studien)**	**130**
5.1	**Studienauswahl**	**139**
5.2	**Ergebnisse**	**134**
5.3	**Kurzzusammenfassung**	**140**
6.	**Konsequenzen des Konsumverhaltens (Typ V-Studien)**	**142**
6.1	**Studienauswahl**	**142**
6.2	**Ergebnisse**	**143**
6.3	**Kurzzusammenfassung**	**152**
7.	**Konsequenzen: Entwicklungsveränderungen (Typ VI)**	**153**
7.1	**Studienauswahl**	**153**

7.2	Ergebnisse	153
7.3	Kurzzusammenfassung	163
8.	**Antezedenzien versus Konsequenzen (Typ VII-Studien)**	**165**
8.1	Studienauswahl	165
8.2	Ergebnisse	166
8.3	Kurzzusammenfassung	173
9.	**Integration und Diskussion**	**175**
9.1	Ausgangssituation	175
9.2	Studienauswahl und Bewertung der Ergebnisse	176
9.3	Standortbestimmung der Antezedenz- und Konsequenzforschung	178
9.3.1	Das Studienmaterial	178
9.3.2	Methodik der integrierten Längsschnittstudien	180
9.3.3	Verlässlichkeit und Validität der Ergebnisse	181
9.3.4	Statistische Analyseverfahren	186
9.3.5	Zeit-, Alters- und Kohorteneffekte	187
9.3.6	Theoretische Konzepte der Längsschnittstudien	189
9.4	**Einschränkungen der vorliegenden Literaturanalyse**	**194**
9.5	**Ergebnisse der Antezedenzforschung**	**196**
9.5.1	Bedeutungsvolle Antezedenzien	196
9.5.2	Substanzspezifische und unspezifische Antezedenzien	202
9.5.3	Phasenspezifische und unspezifische Antezedenzien	203
9.6	**Ergebnisse der Konsequenzforschung**	**210**
9.7	**Implikationen für die Theorienbildung**	**214**
9.7.1	Auffällige, prämorbide Persönlichkeit	214
9.7.2	Theorie des Problemverhaltens	215
9.7.3	Motivspezifische Antezedenzien	216
9.7.4	Lernen am Modell der Eltern und Freunde	216
9.7.5	Selbstbeeinträchtigung	217
9.7.6	Beeinträchtigung der Gesundheit und des psychischen Befindens	217
9.7.7	Störung der Entwicklung, Entwicklungsverzögerung	218
9.7.8	Pseudoemanzipation, frühreife Entwicklung	218
9.7.9	Inadäquates Bewältigungsverhalten	219
9.7.10	Das amotivationale Syndrom	219
9.7.11	Positive Konsequenzen?	220
9.7.12	Bewirkt Drogenkonsum Drogenabusus?	220
9.8	**Implikationen für die Prävention**	**223**
9.8.1	Antezedenz- und Konsequenzanalyse	223
9.8.2	Substanzspezifische Prävention	230

9.8.3	Phasenspezifische Prävention	230
9.8.4	Zielgruppenspezifische Prävention	231
9.9	**Schlussbemerkungen und Ausblick**	**232**
10.	**Literaturverzeichnis**	**239**
11.	**Anhang: Tabelle A-3.1 (Auszug)**	**257**
12.	**Sachregister**	**259**

Vorwort

Der Wanderer erblickt auf seinem Weg eine interessante Versteinerung am Boden. Er hebt sie auf, betrachtet sie eingehend und erkennt Neues, das ihm bisher unbekannt war.

Weit oben über der Landschaft liegt ein Ballon in der Luft. Der Ballonfahrer beobachtet die unter ihm ausgebreitete Landschaft. Er hat die Versteinerung nicht gesehen, wohl aber den Moränenhügel, auf dem sie gefunden wurde.

Die vorliegende Arbeit ist aus der Perspektive des Ballonfahrers verfasst, der die groben Züge der Landschaft erkennt, nicht aber die kleinen Details. - Beide, der Wanderer und der Ballonfahrer, tragen zum Verständnis der Wirklichkeit bei.

Zürich, im Juli 1993   Martin Sieber

1. Einleitung

Diese Arbeit hat zum Ziel, die zur Zeit vorliegenden Ergebnisse sozialwissenschaftlich orientierter Längsschnittstudien zum Konsum von legalen und illegalen Drogen bei jungen Erwachsenen zu analysieren und zu integrieren. Weltweit gibt es über 100 epidemiologisch ausgerichtete Langzeitstudien in diesem Bereich, deren Ergebnisse bisher kaum zusammengefasst worden sind. Die hier vorliegende Arbeit soll einen Beitrag zu dieser Wissensintegration leisten. Sie soll so strukturiert werden, dass sie neueren Ansätzen in der Drogenforschung entgegenkommt. Ein weiteres Anliegen besteht darin, die Verbindung zwischen der epidemiologischen Drogenforschung und der Prävention aufzuzeigen und auf die Bedeutung der Ergebnisse für die Theoriebildung hinzuweisen.

Im einleitenden Kapitel 1 wird zuerst eine Standortbestimmung vorgenommen. Neuere Ansätze in der Drogenforschung sowie der Stand der Längsschnitt-Drogenforschung und der Bezug zur Prävention werden diskutiert. In Kapitel 2 geht es um die Konzeption der vorliegenden Arbeit sowie um methodische Überlegungen und Entscheidungen in Zusammenhang mit der Strategie der Ergebnisintegration. Kapitel 3 bis 8 enthalten die Resultate der durchgeführten Literaturanalyse. In Kapitel 9 schliesslich werden, nach der Darlegung der Einschränkungen dieses Forschungsansatzes, die Ergebnisse integriert und diskutiert; ausserdem wird ihre Bedeutung für die Prävention und theoretischen Erklärungsansätze dargestellt.

1.1 Aktualität und Bedeutung der Thematik

Wenn wir an die Bedeutung des Konsums und Konsummissbrauchs von legalen und illegalen Drogen denken, erinnern wir uns vielleicht an eigene Versuche, mit dem Rauchen aufzuhören oder weniger Alkohol zu trinken. Oder wir denken an eine Person im Bekanntenkreis, die ein Drogen- oder Alkoholproblem hat, das mit massiven Schwierigkeiten verbunden war und uns betroffen machte, nicht zuletzt wegen der erlebten Ohnmacht bei den wiederkehrenden Rückfällen. Oder wir entnehmen den Medien Berichte über die Drogenszene, über beschlagnahmte Drogen oder gefasste Drogenhändler - Berichte, die uns das Ausmass der Gesamtproblematik ahnen lassen.

Zu dieser persönlich erlebten Betroffenheit kommen statistische Angaben über die Konsumverbreitung und den Konsummissbrauch in der Bevölkerung, über gesundheitsschädigende Konsequenzen, über Todesfälle, im weiteren auch über die volkswirtschaftlichen Kosten u.a.m.. Auf diese statistischen Angaben wird im folgenden kurz und nur summarisch eingegangen, um die Bedeutung der Probleme für die

Gesamtbevölkerung - zumindest für die der westlichen Industrienationen - zu unterstreichen. Die Bedeutung dieser Angaben für die vorliegende Untersuchung wird in Kapitel 1.2 kritisch reflektiert. - Die Begriffe Drogen, Drogenmissbrauch und Abhängigkeit werden in Kap. 1.4 diskutiert.

1.1.1 Epidemiologische Angaben zur Konsumverbreitung

In der Schweiz trinken 25% der erwachsenen Männer und 8% der Frauen täglich Alkohol (Fahrenkrug & Müller, 1989; Erhebung 1987). Ein kleiner Bevölkerungsanteil von 10% trinkt 50% des in der Schweiz verbrauchten Alkohols, d.h.wenige trinken viel. - Der Anteil der Tabakraucher (1987) liegt bei 40,5% (Männer) resp. 28,5% (Frauen). Ungefähr drei Viertel des Zigarettenkonsums entfällt auf Personen, die täglich mehr als ein Päckchen Zigaretten rauchen. - Kontakt zu Haschisch haben in der Schweiz ca. 15% der Männer und 12% der Frauen (Erhebung 1987; Muster, 1988). Der geschätzte Anteil der 20jährigen Schweizer mit über 50 Konsumeinnahmen (insgesamt) beträgt bei den Männern 5,2% und bei den Frauen 2,5% (Sieber, 1988). Der Konsum anderer illegaler Drogen kommt seltener vor. - Diese Angaben verdeutlichen den grossen Prävalenzunterschied beim Konsum legaler resp. illegaler Drogen.

1.1.2 Konsummissbrauch, gesundheitliche Folgen

Alkohol: Einer der wichtigsten Indikatoren für problematischen Alkoholkonsum ist die tägliche Alkoholmenge von über 60 g reinen Alkohols für Männer resp. 20 g für Frauen (von Wartburg, 1985).1) Für die Schweiz gibt die Schweizerische Fachstelle für Alkoholprobleme (SFA) einen Anteil von 9% (Männer) resp. 10,3% (Frauen) an, welche diesen Grenzwert überschreiten (Fahrenkrug & Müller, 1989). Das sind 213'000 Männer und 9'700 Frauen. Geht man davon aus, dass diese Personen mit Alkoholproblemen je zwei andere Personen in irgend einer Form involvieren, so ist damit mehr als eine halbe Million Einwohner in der Schweiz belastet. - Eine andere Berechnung der Alkoholismus-Prävalenz beruht auf der Zirrhose-Mortalität. Nach dieser beträgt die Alkoholikerrate 2,8% bei den Männern und 0,7% bei den Frauen, was zu einer Zahl von mindestens 150'000 AlkoholikerInnen in der Schweiz führt (Muster, 1988). In Deutschland (BRD) rechnet man mit 2-3% der Bevölkerung, die alkoholkrank sind, also zwischen 1,2 und 1,8 Millionen. Bei weiteren 5% besteht ein Alkoholabusus oder eine Alkoholgefährdung (Dilling, 1984).- Erwähnt werden müssen hier auch die alkoholbedingten Unfälle im Strassenverkehr: In der Schweiz sterben jährlich rund 200 Menschen bei einem alkoholbedingten Unfall im Strassenverkehr, hinzu kommen 3'500 Verletzte.

---

1) 60 g Alkohol entsprechen etwa fünf Gläser Bier (3 dl) oder Wein (1,5 dl) oder 5 Schnäpsen (0,3 dl).

Rauchen ist beim Entstehen von zahlreichen Krankheiten des Atmungs- und Kreislaufsystems beteiligt. Vor allem bei den über 40jährigen männlichen Spitalpatienten spielen durch Tabakkonsum geförderte Krankheiten eine grosse Rolle. Wer zwei Pakete Zigaretten täglich raucht, hat eine um 8-9 Jahre niedrigere Lebenserwartung als die Nichtraucher (Muster, 1988). Für die Schweiz betrifft dies einen Anteil in der Erwachsenenbevölkerung von 20,4% (Männer) resp. 12,3% (Frauen), (Fahrenkrug & Müller, 1989).

Illegale Drogen: Vergleiche mit anderen Ländern und Beobachtungen in der Schweiz lassen vermuten, dass etwa 0,1 - 0,2% der Gesamtbevölkerung von illegalen Drogen abhängig ist. Gemäss dem Bundesamt für Gesundheit (BAG, 1990) ist die Anzahl der Drogenabhängigen von ca. 4'500 im Jahre 1977 auf ca. 12'000 im Jahre 1988 angestiegen. Die Zahl der Heroinabhängigen in der BRD wurde für 1980 auf 50'000 bis 80'000 geschätzt. Für Italien werden 200'000 Heroinmissbraucher geschätzt, von denen 30'000 mehr oder weniger ständig begleitet werden. In Grossbritannien wird die Zahl der Betäubungsmittelmissbraucher auf 60'000 bis 80'000 beziffert. Nach Thamm (1987) gibt es in der Europäischen Gemeinschaft EG mehr als eine Million Heroinkonsumenten; in den USA wird mit 0,6 Mio. Heroinverbraucher gerechnet.

1.1.3 Mortalität

Die erhöhte Sterberate (Mortalität) besteht infolge a) häufigeren Erkrankungen (substanzbedingten körperlichen Folgeschäden), b) vermehrter tödlicher Unfälle (Betrieb, Strassenverkehr) und c) der erhöhten Suizidrate. In der Schweiz rechnet man mit einer Rate von 9,5 Todesfällen wegen alkoholbedingter Leberzirrhose auf 100'000 Einwohner. Für 1986 wird von der SFA (Muster 1988) die Zahl von 976 alkoholbedingten Todesfällen angegeben, 630 bedingt durch Leberzirrhose. Alkoholiker weisen gegenüber gleichaltrigen Personen eine doppelte bis dreifache Übersterblichkeit auf.[2]

Wegen Rauchens sterben in der Schweiz jährlich über 4000 Personen (Muster, 1988). Dies ist vor allem auf Todesfälle wegen Lungenkrebs, ischämischen Herzkrankheiten und chronischer Bronchitis zurückzuführen.[3] Nach La Vechia (1987) können von den jährlich rund 60'000 Sterbefällen in der Schweiz zwischen 7'000 und 10'000 (12%-17%) direkt auf das Rauchen zurückgeführt werden. In den USA rechnet man

---

[2] In einer katamnestischen Untersuchung an ehemaligen Patienten (Alkoholiker der FOREL-Klinik) wurde eine 2,6-fache Übersterblichkeit festgestellt. Bei der Gruppe der 40-49-Jährigen stieg die Rate um das 6,3fache an (Sondheimer, 1990).

[3] Die Todesfälle an Lungenkrebs sind bei den Männern zu 80% auf das Rauchen zurückzuführen, bei den Frauen zu 10%. Bei den Herzkrankheiten sind die Anteile 35% resp. 15%, bei der chronischen Bronchitis 40% resp. 15%. Diese Prozentanteile sind bei der Schätzung der Todesfälle wegen Rauchens einbezogen worden (Muster, 1988).

damit, dass jeden Tag tausend Personen an Krankheiten, die durch das Rauchen verursacht worden, sind sterben, und weltweit muss heute mit zweieinhalb Millionen Tabaktoten pro Jahr gerechnet werden (Abelin, 1990).

In der Schweiz ist die Zahl der Drogentoten von 24 im Jahre 1974 auf 280 im Jahre 1990 angestiegen. In der Bundesrepublik Deutschland starben 1988 insgesamt 670 Menschen an den Folgen ihrer Drogen-abhängigkeit (illegale Drogen), ein Jahr zuvor waren es 442 Menschen. In Europa wurden 1988 insgesamt 2'535 Drogentote verzeichnet (Reuband, 1989). Die Mortalität junger Opiatabhängiger ist in den westlichen Industrieländern etwa 10- bis 30mal höher als die Mortalität der entsprechenden Gesamtgruppe. Weltweit gibt es nach einem Bericht der Vereinigten Nationen über 50 Millionen Drogenabhängige, 5 Millionen davon spritzen Drogen.

Fahrenkrug (1990) vergleicht die Todesfallstatistiken der Schweiz und der USA und schreibt: "Stellt man einen Vergleich mit den amerikanischen Zahlen an, so gleichen sich die "Opfer-Statistiken" doch gewaltig." (S. 91). Die Todesfälle in Zusammenhang mit Tabak und Alkohol sind mit grossem Abstand häufiger als diejenigen in Zusammenhang mit illegalen Drogen.4) Diese Ausführungen zeigen, dass das Problem mit den illegalen Drogen dramatisiert und dasjenige mit den "alten" Drogen verharmlost wird. Nochmals Fahrenkrug: "Führen wir deshalb keine Ersatzkriege gegen angeblich neue Manifestationen des "Drogen-Bösen". Übertriebene Angstmacherei und Panikmache liessen sonst die realen Risiken unseres alltäglichen Drogenkonsums unglaubwürdig erscheinen, was fatal wäre für unsere präventiven Bemühungen." (S. 92).

1.1.4 Konsumveränderungen: Trenddaten zum Konsumverhalten
Gibt es epidemiologische Daten, die uns die zunehmende Verbreitung v.a. neuer Drogen belegen, wie dies aufgrund von Medienberichten den Anschein erweckt? Fahrenkrug (1990) hat die Konsumtrends für die Schweiz und die USA zusammengestellt. Die Situation für die Schweiz fasst er wie folgt zusammen: Beim Cannabis weniger Probier- und Neugierkonsum; stabile Konsumrate beim Opiat-/Heroinkonsum; Kokain: wahrscheinlich steigende Prävalenzraten für "recreational use"; Halluzinogene: Rückgang bei den Subkultur-Halluzinogenen; keine Anzeichen für verbreiteten Gebrauch von Designer-Drogen. Beim Alkohol- und Tabakkonsum sind (wie auch in den USA) fallende Trends nach 1975 festzustellen.

Im Bericht der Schweizerischen Fachstelle für Alkoholprobleme (Fahrenkrug & Müller, 1989) werden Trenddaten zu Konsumveränderungen in der Schweiz der Jahre

---

4) Todesfälle in der USA, Tabak: 346 000, Alkohol: 125 000, Alkohol und Drogen: 4000; Heroin/Morphium: 4000; Kokain: 2000; Marihuana: 750. - Für die Schweiz, ebenfalls 1987: Tabak: 5234; Alkohol: 956; illegale Drogen: 196.

1975-1981-1987 vorgelegt. Gesamthaft wird von einem Trend zur "Neuen Nüchternheit" gesprochen. Beim Alkoholkonsum wird hinsichtlich der Häufigkeit und Menge ein Rückgang festgestellt, gleichzeitig stieg die Abstinenzrate auf 22%. - Bezüglich des Tabaks ist v.a. bei den Männern ein Rückgang festzustellen: Der Anteil der Rauchenden sank in der Gesamtbevölkerung von 40% (1975) auf 35% (1987), bei den 34-54jährigen Männern sogar von 57% auf 40%.

Für die USA besteht beim Marihuanakonsum ein klarer Abwärtstrend.5) Solche Trends sind auch beim Konsum von Kokain, Halluzinogenen und Stimulantien vorhanden. Parallel dazu ist ebenfalls der Alkohol- und Tabakkonsum gesunken. Beim Heroinkonsum bestehen kaum Veränderungen. Erhebungen bei den amerikanischen Studenten (Johnston, 1986) für die Zeit von 1975-1983 weisen ebenfalls in diese Richtung. Eine Ausnahme bildete der Heroinkonsum, der nach 1979 nicht mehr zurückging. Auch der Gebrauch von Schnüffelstoffen blieb stabil. Beim Zigarettenrauchen fiel der Anteil von Rauchern mit über 10 Zig. pro Tag von 19,4% im Jahre 1977 auf 13,5% im Jahre 1981 und blieb seither stabil.

1.1.5 Volkswirtschaftliche Aspekte
Die Kosten infolge Alkoholismus und Alkoholmissbrauch durch Produktionsausfälle, Kriminalität, Gerichtsprozesse, Therapien und Präventionsversuche wurden in der Schweiz auf mindestens 2,1 Milliarden Franken pro Jahr geschätzt. Jeden Tag gehen der schweizerischen Volkswirtschaft also 5,75 Millionen Franken infolge von Alkoholkonsum verloren (Muster, 1988). Die Einnahmen aus Zöllen und Steuern betragen 760 Millionen Franken. Dies macht einen Drittel der volkswirtschaftlichen Kosten des Alkoholmissbrauchs aus. - In den USA wurden die Kosten durch Alkoholismus und Alkoholmissbrauch für 1975 auf 43 Milliarden $ geschätzt.

Die volkswirtschaftlichen Kosten des Tabakkonsums, bestehend vor allem aus dem Produktionsausfall und den Behandlungskosten wegen tabakbedingter Krankheit, Invalidität und vorzeitigem Tod, wurden für die Schweiz für 1981 auf rund 850 Mio. Franken angegeben (Leu, 1985). Von der Tabaksteuer kassiert die Schweiz pro Jahr rund eine Milliarde Franken und zusätzlich 170 Millionen Franken als Warenumsatzsteuer. - Für die USA wird ein Betrag von 65 Milliarden $ pro Jahr für Behandlungskosten und verlorene Produktivität genannt. Ein Arbeitnehmer, der raucht, kostet seinen Arbeitgeber jährlich zwischen 400 und 4'600 $ (GPI, 1990).

---

5) Bei den Konsumkategorien "im letzten Jahr" resp. "im letzten Monat" resp. "täglicher Konsum" zeigen sich Abnahmen für die Zeit von 1980 bis 1987 (High School-Absolventen). So sinkt z.B. der tägliche Konsum von 9,1% (1980) auf 3,3% (1987). In der von Fahrenkrug noch nicht erfassten Studie von Harrison et al. (1990) steigt der wöchentliche Marihuanakonsum von 16% im Jahre 1969 auf 26% im Jahre 1978 und sinkt 1989 auf 6%.

Illegale Drogen verursachen in der Schweiz mind. 486 Millionen Franken soziale Kosten im Jahr. (247 Mio. Franken effektive Kosten; für medizinische Pflege 73 Mio.; für Bekämpfung der Kriminalität 160 Mio.; für Forschung 14 Mio.; für indirekte Kosten 160 Mio. Franken; Bundesamt für Gesundheitswesen, (BAG), 1990, S. 126). - Nach Keup (1981) belaufen sich die Kosten pro Fixer und pro Jahr für die Bundesrepublik Deutschland unter Verwendung von Minimalwerten auf etwa DM 50'000. Bei ca. 50'000 geschätzten Fixern (1980) bedeutet dies eine geschätzte Gesamtsumme von jährlich DM 2,5 Milliarden. In den USA wurden die Kosten für Opiatabhängigkeit für 1977 auf 16 Milliarden Dollar geschätzt (Heimann & Zimmer, 1987).

1.1.6 Verzeigungen, Drogenhandel

Verurteilungen nach dem Strassenverkehrsgesetz gab es im Jahre 1986 total 28'000, davon 14'600 wegen Angetrunkenheit. Im gleichen Jahr wurden 31'000 Führerausweise entzogen, 12'000 davon wegen Angetrunkenheit.

Die Verzeigungen wegen Vergehen gegen das Betäubungsmittelgesetz (BtmG) sind in der Schweiz in den letzten 15 Jahren drastisch angestiegen (von praktisch 0 im Jahre 1969 auf über 14 000 im Jahre 1987, BAG, 1990). 70% der Verzeigungen betreffen den Konsum von illegalen Substanzen und nur etwa 4% beziehen sich auf deren Handel. Weniger als 10% der verzeigten Händler erweisen sich als Toxikomane. 1988 sind in der Schweiz 6'526 Urteile das BtmG betreffend ausgesprochen worden.

Zum Handel: Hinsichtlich der beschlagnahmten Menge zeigt der Zehnjahresvergleich beim Heroin für die Schweiz einen massiven Anstieg (von 19,6 kg im Jahre 1981 auf 186 kg im Jahre 1990), ebenso beim Kokain (von 11kg (1981) auf 339 kg im Jahre 1990). - In Deutschland wurden 1990 2,5 Tonnen Kokain beschlagnahmt, in Frankreich 1,9 Tonnen. - Di Gennaro, Direktor des Fonds der Vereinten Nationen zur Bekämpfung des illegalen Drogenmissbrauchs (UNFDAC), bezifferte 1986 das Ausmass des Drogenhandels auf internationaler Ebene auf 300 Milliarden US-$ jährlich (Thamm, 1987). Die Nettoeinkünfte aus dem Drogenhandel werden für Westdeutschland auf 1 Milliarde DM jährlich geschätzt.

1.1.7 Betroffenheit der Bevölkerung: eine übertriebene Reaktion?

Aus diesen Zahlen zur Prävalenz des Konsums und des Missbrauchs legaler und illegaler Drogen geht hervor, dass viele Personen involviert sind, sei es als Konsumenten oder als Betroffene einer abhängigen Person aus der Familie, aus dessen Freundes- oder Bekanntenkreis. Diese Betroffenheit kommt auch durch die Beantwortung der Frage "Was beschäftigt den Schweizer?" zum Ausdruck, die alljährlich einer repräsentativen Stichprobe gestellt wird (GPI, 1990; Isopublic Umfrage). Das Thema Rauschgift/Drogen stand in der Befragung 1989 mit 72% Bejahung an erster Stelle. Auch 1990 war dieses Thema zusammen mit dem Schutz der Umwelt (beide 70%) den Schweizern die grösste Sorge (INDEX, 1991, S. 52). In der Bundesrepublik erklärten 1984 sowohl Erwachsene als auch Jugendliche in der Vergleichsuntersuchung des Jugendwerkes der Deutschen Shell Alkohol und Drogen zum zweitgrössten Problem der Jugend, nach der Arbeitslosigkeit (Weber & Rost, 1990).

Die zunehmende Verbreitung illegaler Drogen in den letzten Jahrzehnten, die mehr und mehr öffentlich auftretende Fixerszene, der unaufhaltsam wachsende Drogenhandel, die Begleitkriminalität, die "Geldwäscherei" - das alles hat die Öffentlichkeit aufgeschreckt. In den letzten Jahren ist ausserdem die AIDS-Erkrankung hinzugekommen, deren Verbreitung auch mit dem intravenösen Drogenkonsum verbunden ist. Es ist deshalb verständlich, wenn die Bevölkerung in erster Linie hinsichtlich der illegalen, v.a. "harten" Drogen Besorgnis äussert. Berücksichtigen wir jedoch die oben erwähnten viel grösseren gesundheitlichen und volkswirtschaftlichen Kosten beim Alkohol- und Tabakkonsum, dann stellen wir beim Drogenproblem eine deutliche Diskrepanz zwischen der gesamtgesellschaftlichen Bedeutung und der Aufmerksamkeit, mit der die Situation behandelt wird, fest. Dies geht auch aus der zitierten Isopublic-Umfrage hervor: Das Alkoholproblem und der Tabakkonsum figurieren in der Aufstellung über das, was den Schweizer beschäftigt, nicht.

Bemerkenswert ist, wie in den Medien häufig über neue Drogen wie Crack, Crank, Ecstasy, DOM, Ice, Glass berichtet wird, die nach den USA möglicherweise auch Europa überschwemmen und zu einem "Drogen-Tschernobyl" führen könnten (Sahihi, 1989). Die USA wird als "Crack Nation" bezeichnet. Bemerkenswert sind auch die beinahe wöchentlichen Meldungen über die Zahl der Herointoten. Diese einseitige, auf illegale Drogen ausgerichtete Berichterstattung besteht schon seit Jahren und wurde durch Medienanalysen von Wormser (1976), Gaedt & Reuband (1976) sowie Schenk (1979) bereits Mitte der 70er Jahre belegt. - Eine gewisse Veränderung ist bezüglich des Zigarettenkonsums eingetreten, dessen Folgeschäden in den Medien nun häufiger Beachtung finden.

1.2 Bedeutung der Drogenproblematik für die epidemiologische Drogenforschung

Dieser Berg von Problemen, der bisher nicht kleiner geworden ist, sondern sich eher vergrössert hat, führt zu einer allgemeinen Verunsicherung. Gefragt sind deshalb Strategien und Interventionen, welche die Schwierigkeiten eindämmen und das Entstehen neuer Probleme verhindern. Betroffene Eltern möchten wissen, wie sie ihren Kindern helfen können, Lehrer und Erzieher fragen, wie Schüler in dieser Hinsicht aufzuklären sind. Institutionen des Gesundheitswesens interessieren sich dafür, wieviele Personen in der Bevölkerung im Umgang mit Drogen involviert sind, wie vorbeugende Massnahmen ergriffen werden können und wie abhängigen oder kranken Menschen wirksam geholfen werden kann. Um handeln zu können, benötigen wir jedoch umfassende Informationen über den Gegenstand und über das Umfeld, in dem diese Probleme entstehen. Dies führt uns zur Drogenforschung, insbesondere zur Epidemiologie, Ätiologie und Prävention des Drogenmissbrauchs, die nach der Begriffsbestimmung eingehend angesprochen werden.

Wenn hier in kurzer Form die Drogenproblematik skizziert worden ist und die aufgeführten Zahlen nachdenklich stimmen, scheint es naheliegend, der Drogenforschung hohe Priorität einzuräumen. Zu diesen Zahlen ist aber einzuwenden, dass das Konsumverhalten der Jugendlichen, die in den hier integrierten Längsschnittstudien erfasst worden sind, nur zu einem kleinen Teil als Konsummissbrauch bezeichnet werden kann. In erster Linie handelt es sich um das Ausprobieren von legalen und illegalen Drogen und nicht um einen andauernden massiven Abusus. Die oben erwähnten gesundheitlichen Folgen des Alkohol- und Tabakkonsums beziehen sich auf Erwachsene, die in der Regel während Jahren regelmässig oder stark konsumierten. Das Ausmass der gesundheitlichen Auswirkungen kann deshalb nicht auf Jugendliche und junge Erwachsene generell übertragen werden. Es ist durchaus möglich, dass Jugendliche mit regelmässigem Konsum später, im Erwachsenenalter, wieder weniger konsumieren. Solange wir nicht sicher sind, dass starker Konsum in der Adoleszenz ebenfalls mit starkem Konsum im Erwachsenenalter gekoppelt ist (Kontinuitätsthese), solange ist es nicht korrekt, wenn die z.T. dramatischen gesundheitlichen Konsequenzen bei Erwachsenen mit dem Konsumieren Jugendlicher in Verbindung gebracht werden. Besteht dagegen eine beachtliche Korrelation zwischen dem starken Konsum in der Adoleszenz und dem fortgesetzten Missbrauch im Erwachsenenalter, dann betrifft die Problematik sehr wohl auch die jungen Konsumenten. Die vorliegende Arbeit wird sich auch mit dieser Kontinuitätsfrage beschäftigen. Im Sinne einer Arbeitshypothese gehen wir davon aus, dass das "gemässigte", sozial akzeptierte Rauchen, Trinken und Drogenkonsumieren einen Vorläufer oder zumindest ein Vorfeld der späteren Abhängigkeit darstellt.

Ferner wird implizit postuliert, dass das soziale Umfeld durch die Regelung und Normierung des sozial akzeptierten Konsumierens auch eine Wirkung auf die Entstehung der späteren Abhängigkeit hat. Mit anderen Worten ist das soziale Umfeld deshalb eine Determinante des Konsummissbrauchs, weil es auf das sozial akzeptierte Konsumieren einen Einfluss ausübt, das dann seinerseits eine Ursache für den späteren Abusus darstellt. Diese soziale Frühdeterminierung ist aber dann in Frage gestellt, wenn junge Menschen, die in den sozial akzeptierten Konsum einsteigen und zunächst beachtlich konsumieren, später wieder gemässigt oder gar nicht mehr konsumieren. Die Frage nach der Korrelation des Konsumverhaltens im Längsschnitt (Kontinuitätshypothese) ist deshalb auch hinsichtlich des Postulates der sozialen Mitverursachung des späteren Missbrauchs wichtig. (Weniger wichtig ist sie allerdings dort, wo bereits der Konsum in der Adoleszenz zu massiven Problemen führen kann, was besonders für die illegalen, "harten" Drogen gilt).

Damit haben wir das Spannungsfeld zwischen der **individuellen und der gesellschaftlichen Verursachung des Drogenproblems** angesprochen. Die oben erwähnten gesundheitlichen und volkswirtschaftlichen Schäden des Konsumierens können dazu führen, dass diese Folgen allein dem Verhalten des Individuums zugeschrieben werden. Dass dies nicht statthaft ist, hat Stehmanns in Zusammenhang mit dem Alkoholismus bereits 1971 erwähnt (S. 72): "Zum Alkoholismus gehört nicht nur das Verhalten des Alkoholkranken selbst, vor allem der Verlust seiner Selbstkontrolle, Alkoholismus ist auch das strafende Verhalten der sozialen Umwelt mit dem uneingestandenen Zweck, eigene Probleme auf diesem Wege zu verarbeiten. Eine Spielart dieses strafenden Verhaltens besteht in der Beschimpfung von Alkoholkranken mit Hilfe wissenschaftlicher Fachausdrücke, die Beschreibung der volkswirtschaftlichen und gesundheitlichen Schäden des Alkoholismus, ohne den Anteil der Gesellschaft an diesen Schäden hinreichend deutlich zu machen."

Die Gegenposition zur individuellen Verursachung der Folgeschäden ist die Position der **gesellschaftlichen Verursachung** des Drogenproblems. Ist das Drogenproblem ein Produkt unserer Gesellschaft? - Wenn wir in der vorliegenden Literaturanalyse legale **und** illegale Drogen einbeziehen, dann werden gesellschaftlich sehr unterschiedlich bewertete Substanzen berücksichtigt. Im Falle der legalen Drogen ist deren Gebrauch durch einen langen Prozess sozialen Lernens anerkannt und normiert worden. Bei den "neuen", sozial nicht integrierten illegalen Drogen, die auch nicht in den religiös-rituellen Kontext einer Gesellschaft eingebettet sind, kann sich ihnen gegenüber sehr bald eine feindselige, abweichende Haltung einstellen, weil von ihnen eine Zerstörung sozialer und kultureller Bindungen antizipiert wird. Die Widerstandskraft einer Gemeinschaft kann dadurch erheblich herabgesetzt werden (Schneider, 1986). Ausdruck dieser abweichenden Haltung ist die Tendenz zur Kriminalisierung und Pathologisierung der Konsumenten "neuer" Drogen. Die Bewertung dieser Substanzen erfolgt dann nicht nach dem gesundheitlichen Gefährdungspotential, sondern nach der wahrgenommenen Bedrohung kultureller Werte und Normen. So wird z.B. der Alkohol mit seiner langen kulturgeschichtlichen Tradition weit weniger problematisiert als die neuen, kulturfremden Drogen, obwohl die gesamten Auswirkungen auf die Gesundheit und die volkswirtschaftliche Belastung beim Alkohol (zur Zeit) grösser sind als bei den illegalen Drogen.

Betrachten wir die Alkohol- und Tabakwerbung, dann finden wir in der Werbebotschaft sehr oft eine explizit **positive** Wertzuschreibung. Der kulturfremde Drogengebrauch jedoch wird sozial negativ bewertet, ist dysfunktional, durchbricht bedeutende soziale Normen und bedroht den gesellschaftlichen Status quo. Das "Drogenproblem" in Zusammenhang mit den illegalen Drogen ist deshalb ein Problem, das stark mit den gesellschaftlichen, normativen Dimensionen verbunden ist. Schneider (1986) spricht denn auch von der "gesellschaftlichen Produktion des Drogenproblems" (S. 45). Ein Beispiel dazu ist die bereits erwähnte einseitige Berichterstattung in den Medien oder die generalisierte Zuschreibung von Drogenproblemen an die Adresse der Jugend, bei welcher "Jugend" automatisch mit "Problem" assoziiert wird. Äussere Bestimmungsmerkmale von "Drogenabhängigen" werden allzuleicht zu allgemeinen Bewertungen verdichtet und schliesslich Auslöser für eine negative Stereotypisierung, wobei diesen "Problemjugendlichen" zunehmend auch die Verursachereigenschaften zugeschrieben werden. Damit sind wir bereits mitten in einem gesellschaftlichen Ausgrenzungsprozess.

Die gesellschaftliche Bedingtheit der Drogenabhängigkeit zeigt sich gemäss Schmerl (1984, S. 38) beispielsweise darin, dass der Heroingebrauch seit der "Verabschiedung und schrittweisen Verschärfung der entsprechenden Gesetze sich zu einer epidemischen Konsumform ausgeweitet hat, offensichtlich nicht trotz, sondern wegen dieser Gesetze und der durch sie aufgebauten Kontrollapparate." Und Quensel (1982, S. 9) schreibt in seiner Analyse: "Unser Drogenelend besteht weniger im Ausmass des Drogenproblems, sondern vielmehr in der problematischen Drogenpolitik, die sich ihr Problem erst schafft." Die Zuschreibung negativer Merkmale wie z.B. "Konsumenten illegaler Drogen sind dissozial und psychisch auffällig" verstärken gesellschaftliche Ausgrenzungsprozesse.

In der vorliegenden Literaturanalyse wird deshalb explizit auch der Konsum legaler, sozial integrierter Stoffe einbezogen. Erweisen sich z.B. die starken Alkohol- oder Zigarettenkonsumenten als gleichermassen dissozial oder psychisch auffällig wie z.B. die starken Cannabiskonsumenten, dann kann diese negative Zuschreibung illegaler Drogenkonsumenten nicht unwidersprochen bestehen bleiben.

Schneider (1986) hat fünf **Thesen zu den gesellschaftlichen Bedingungen des Drogenkonsums** aufgestellt. Sie beinhalten zusammengefasst folgendes:

1. Durch das Vorherrschen des medizinischen Krankheitsmodelles wird der jugendliche Drogenkonsument oft als "pathologisch" bezeichnet. Auch gesellschaftliche Kontrollinstanzen (Polizei, Jugendämter u.a.) bezeichnen Drogenkonsumenten als labil und psychisch krank. Diese Stigmatisierung kann dazu beitragen, dass Jugendliche aus dem normalen Alltag ausgegrenzt werden.

2. Durch den raschen ökonomischen Wachstumsprozess verändern sich die Orientierungsnormen, was gerade bei Jugendlichen zu Desorientierung führen kann. Der Drogengebrauch wird dabei zur möglichen Bewältigungsstrategie.

3. Der Drogenkonsum kann eine subjektive Verarbeitung ungünstiger Lebenssituationen, v.a. der Jugendarbeitslosigkeit sein. Der Lebenszusammenhang der harten Drogenszene wird mehr und mehr "kapitalisiert" (Drogen- und Geldbeschaffung, dadurch Kriminalisierung).

4. In unserer Gesellschaft wird tendenziell alles zu Waren, was verwertbar erscheint. Es zeichnet sich deshalb eine generelle Abhängigkeit vom Konsum ab. Konsum gewährleistet Befriedigung, eine Befriedigung, die nicht durch aktive Gestaltung des Lebens entstanden ist. Der Fixer stellt lediglich den "absoluten" Konsumenten dar, der ebenfalls Befriedigung sucht.

5. Der Einstieg in den Konsum illegaler Drogen ist eng mit dem Vorhandensein identifikationsfördernder subkultureller Gruppen verknüpft. Das Wertsystem dieser Subkulturen entwickelt sich in einer Gesellschaft mit bestimmten sozialen Rahmenbedingungen. Die gesellschaftlichen Zustände sind deshalb an der Entstehung solcher Subkulturen und damit des illegalen Drogenkonsums beteiligt.

Schneider (1986) hat bezüglich der individuenzentrierten Problemanalyse noch auf einen anderen Aspekt verwiesen, wenn er schreibt: "Wer einer Individualisierung des "Drogenproblems" das Wort redet, betreibt, ob gewollt oder nicht, das Geschäft der Wirtschaft." (S. 50). Wenn also erwünschte Gefühlszustände mit den von der Werbung oder der "Konsumgesellschaft" angepriesenen Mitteln herbeigeführt oder individuelle Spannungszustände (Stress) vermindert werden, dann profitieren davon v.a. die mit dem Konsum verknüpften Wirtschaftsbereiche. Werden dagegen die Spannungszustände oder Gefühle der Leere und Sinnlosigkeit nicht primär auf ein individuelles Defizit, sondern auf soziale Bedingungen zurückgeführt, dann kann dies von der Werbung weniger konsumfördernd umgesetzt werden.

Diese hier aufgeführten Hinweise auf gesellschaftsbedingte Ursachen erfolgten nicht ohne Grund: In der hier vorliegenden Literaturanalyse konnten die gesellschaftlichen Rahmenbedingungen, in denen die Längsschnittstudien eingebettet waren, nicht eingefangen werden. Die Studienergebnisse basieren alle auf Individualdaten. Es besteht deshalb die Gefahr, dass der soziale Kontext ausseracht gelassen und das Individuum problematisiert wird, und dass nach dem Motto "Wer sucht, der findet" auffällige Merkmale der Drogenkonsumenten wie z.B das amotivationale Syndrom "gefunden" werden. Damit würde mit diesem Forschungsansatz der Stereotypisierung Vorschub geleistet, anstatt dass eine sachbezogene, entemotionalisierte Vertiefung der Problematik eintritt. - Da es nicht möglich ist, den sozialen Rahmen der Studien in die Literaturanalyse aufzunehmen (die Information dazu ist nicht vorhanden), muss diese Gefahr der Verzerrung im Auge behalten werden. Beziehen wir aber den Konsum legaler Drogen explizit ein, wird diese Gefahr gemildert. Die Berücksichtigung der legalen Stoffe Alkohol und Tabak in der vorliegenden Literaturanalyse ist deshalb ein ganz entscheidender Punkt. Was aber hier festgehalten werden kann ist, dass Drogenforschung nicht losgelöst vom Spannungsfeld "individuumszentrierte versus gesellschaftszentrierte Verursachung" existiert und dass die starke Verknüpfung des

Drogenproblems mit der gesellschaftlichen, normativen Dimension auch auf die Drogenforschung wirkt. - Wir werden die Drogenforschung nach einigen entwicklungspsychologischen Überlegungen zur Adoleszenz und nach dem Kapitel "Begriffsbestimmungen" wieder aufnehmen.

1.3 Entwicklungspsychologische Aspekte

Der Konsum legaler und illegaler Drogen kann nicht nur aus der Optik der Konsumverbreitung, der Mortalität oder der volkswirtschaftlichen Kosten betrachtet werden. Die entwicklungspsychologische und kulturspezifische Bedeutung des Konsums für die Jugendlichen soll für ein vertieftes Verständnis ebenso Beachtung finden. Im folgenden gehen wir zuerst auf die entwicklungspsychologischen und kulturspezifischen Aspekte ein, anschliessend auf die Integration Jugendlicher in die Kultur des Alkohol- und Zigarettenkonsums. Solche auf die Entwicklung fokussierten Überlegungen sind auch deshalb wichtig, weil die vorliegende Literaturanalyse an Studien durchgeführt wird, die in erster Linie Adoleszente betrifft.

1.3.1 Die Entwicklungsphase Adoleszenz

Die Jugendforschung unterscheidet in der Übergangsphase zwischen der Kindheit und dem Erwachsenenstatus zwei Entwicklungsabschnitte: die Adoleszenz und das Jugendalter (Nickel, 1976). Beide Phasen werden - im Gegensatz zur früheren Entwicklungspsychologie - nicht primär durch die wichtigen physiologischen Veränderungen (Menarche, Wachstumsschübe u.a.) charakterisiert, sondern durch spezifische psychosoziale Veränderungen und Entwicklungsaufgaben. Als Adoleszenz wird gemäss der WHO-Expertengruppe (WHO Expert Committee, 1977) die Zeit zwischen dem 11. und 20. Lebensjahr bezeichnet, wobei diese Spanne noch in die Unterphasen einer frühen, mittleren und späten Adoleszenz unterteilt wird. Das breitere Konzept "Jugend" wird statistisch dem Zeitraum zwischen dem 15. und 24. Lebensjahr zugeschlagen. Die beiden Konzepte überschneiden sich somit.

Adoleszente sind keine Kinder mehr, sie können aber auch noch nicht als Erwachsene in Status bzw. Pflichten genommen werden. Nebst den biologischen Veränderungen treten neue Rollenzuschreibungen und kulturelle Vernetzungen in Erscheinung. Beim Übergang von der familienzentrierten zur stärker individualisierten und an ausserfamiliären Bezugssystemen orientierten Identitätsbildung werden Adoleszente mit verschiedenen Entwicklungsproblemen konfrontiert. So kann z.B. die Veränderungen des Körperbildes zu negativen Selbstbewertungen führen ("Ich fühle mich hässlich und unattraktiv"), oder die Übernahme der Geschlechtsrolle und die Akzeptanz der Geschlechtsidentität kann sehr langsam erfolgen oder asynchron mit den sichtbaren körperlichen Veränderungen einhergehen. Die Ablösung vom Elternhaus und die Verlagerung der emotionalen Sicherheit von den Eltern auf die Bezugsgruppe Gleichaltriger und auf die eigene Person ist kein einfacher Prozess. Mit dem Abschluss der Grundschule müssen wichtige Entscheidungen über die künftige Berufstätigkeit getroffen werden. Anstelle der Rolle des Schülers müssen berufsorientierte Rollen erworben werden; es entsteht ein "Rollenvakuum" zwischen Kindheit und Erwachsenenstatus.

Die Auseinandersetzung mit diesen Problemfeldern bringt für viele Heranwachsende **Statusunsicherheiten** mit sich, die zeitweise in tiefgreifende **Orientierungskrisen** münden können. Die jeweiligen Rechte und Verpflichtungen sind sowohl für den Adoleszenten wie auch für die Erwachsenen oft unklar und stark situationsabhängig. Dies erschwert die Orientierung auf einen eigenen Lebensplan und es kommt nicht selten zur Alternative von Anpassung oder Aussteigen. Die eingeschränkten gesellschaftlichen Möglichkeiten des Heranwachsenden und die gleichzeitig bestehende subjektiv erlebte Stärke und Kompetenz ("ich fühle mich stark und gesund") führt oft zu einer "Schere" zwischen der selbstempfundenen Handlungskompetenz und der gesellschaftsbezogenen Inkompetenz. Zur Bewältigung dieser Orientierungskrise wird es verständlich, wenn Jugendliche legale oder illegale Drogen ausprobieren. Drogenkonsum erscheint aus der Sicht der Jugendlichen als eine mögliche Form der Bewältigung von Alltagssituationen und Lebensproblemen, die wegen ihrer potentiell spannungsreduzierenden Perspektive willkommen ist.

Die Orientierung an der Peergruppe wird zunehmend wichtiger. In der Bezugsgruppe gilt dieser von der Erwachsenengesellschaft diktierte Wertmassstab mit der dabei erlebten Inkompetenz nicht. Die "Schere" öffnet sich hier nicht so weit. In der Gruppe werden Verhaltens- und Wertstandards gesetzt, die für den "Alltagsfrust" kompensierende Funktion haben. Die Gruppennormen und Werte sind deshalb besonders wichtig. Wenn wie oben erwähnt der Konsum von Drogen eine problembewältigende Funktion hat, dann gilt dies erst recht für dasjenige Konsumverhalten, das mit den Normen der Gruppe übereinstimmt. - Im nächsten Abschnitt wenden wir uns der Frage zu, welche möglichen Entwicklungsaufgaben der Adoleszente zu bewältigen hat.

1.3.2 Der Umgang mit Drogen als Entwicklungsaufgabe

Havighurst (1972) hat im Anschluss an Erikson das Konzept der Entwicklungsaufgaben entwickelt, das stärker als die psychoanalytische Konzeption des Lebenslaufes gesellschaftliche Forderungen und Erwartungen miteinbezieht, die der Einzelne bewältigen muss. Der Begriff Entwicklungsaufgaben beinhaltet das Zusammenwirken von persönlicher Kompetenz und sozialen Erwartungen und bezieht sich auf normativ festgelegte Lebensabschnitte. Eine Aufstellung über die phasenspezifischen Entwicklungsaufgaben haben Havighurst (1972), Döbert (1978) und Dreher & Dreher (1985) vorgelegt. Schneider (1984) hat dieses Konzept in seiner Arbeit über Langzeit-Cannabiskonsumenten übernommen. - Mit dem Konzept der Entwicklungsaufgaben kann untersucht werden, wie belastend Drogenkonsumenten die für sie relevanten Entwicklungsaufgaben erleben und in welcher Weise eine Bewältigung erfolgt. Auch kann untersucht werden, welchen Einfluss die erfolgreiche resp. erfolglose Bewältigung von Entwicklungsaufgaben auf die nachfolgende Entwicklung hat.

Als weitgehend universell (für Heranwachsende in neuzeitlichen entwickelten Gesellschaften) können die folgenden 10 Thesen von Dreher & Dreher (1985) gesehen werden:

1. Peer: Aufbau eines Freundeskreises: zu Altersgenossen beiderlei Geschlechts neue, tiefere Beziehungen herstellen;

2. Körper: Akzeptieren der eigenen körperlichen Erscheinung: Veränderungen des Körpers und sein eigenes Aussehen annehmen;

3. Rolle: sich das Verhalten aneignen, das man in unserer Gesellschaft von einem Mann bzw. einer Frau erwartet;

4. intim: Aufnahme intimer Beziehungen zum Partner (Freund bzw. Freundin);

5. Ablösung: von den Eltern unabhängig werden bzw. sich vom Elternhaus loslösen;

6. Beruf: wissen, was man werden will und was man dafür können bzw. lernen muss;

7. Partner/Familie: Vorstellungen entwickeln, wie ein Ehepartner und die zukünftige Familie sein sollen;

8. Selbst: über sich selbst im Bilde sein: wissen, wer man ist, was man will;

9. Werte: Entwicklung einer eigenständigen Weltanschauung: sich darüber klar werden, welche Werte man hochhält und als Richtschnur für sein eigenes Verhalten akzeptiert;

10. Zukunft: Entwicklung einer Zukunftsperspektive: sein Leben planen und Ziele ansteuern, von denen man glaubt, dass man sie erreichen kann.

Man könnte sich nun vorstellen, dass auch die Auseinandersetzung der Jugend mit Alkohol, Tabak und anderen Drogen als eine eigenständige Entwicklungsaufgabe der Adoleszenz begriffen und als weiterer Punkt in die Liste aufgenommen wird. Der persönliche Umgang mit legalen und illegalen Drogen, das Ausprobieren resp. der Abstinenzentscheid sind wichtige Aufgaben, vor die der Jugendliche gestellt wird, falls nicht von der unrealistischen Annahme ausgegangen wird, Jugendliche müssten gänzlich abstinent leben.

1.3.3 Die Integration Jugendlicher in die Kultur des Alkohol- und Zigarettenkonsums

Kinder erfahren in der Regel bereits in frühen Lebensjahren den Alkohol als sozial eingewobenes und akzeptiertes Genussmittel. Durch Beobachtung der Herkunftsfamilie, der Verwandtschaft und der Bekannten erleben sie die hohe Bedeutung des Alkoholtrinkens, welche als Normalität des Lebens erlebt wird. Ihre hohe Attraktivität für Jugendliche erhalten Alkoholika durch das ihnen zugeschriebene Reifeversprechen: Sie verheissen Erleichterung in der Kontaktaufnahme, soziale Anerkennung, Leistungsfähigkeit und haben Entspannungs- und Konfliktlösungswirkung. Hinzu kommt, dass die "Abstinenzaufgabe" ein wichtiges Merkmal jugendlicher Entwicklung ist. Heranwachsende können mit dem Alkoholtrinken vielfältige Nutzerwartungen verbinden. Völker (1982) hat drei Funktionsbereiche differenziert:

a) Alkoholkonsum als Statushandlung, bei der der erstrebte Erwachsenenstatus, die zugeschriebene Kompetenz und Unabhängigkeit symbolisch übertragen werden sollen,

b) Alkoholkonsum als Konformitätshandeln (Anerkennung und Wertschätzung der Peers können durch Übernahme oder Übertreffen der Gruppentrinknormen erworben werden),

c) Alkoholkonsum als Ersatzhandlung, zur Entspannung, Bewältigung von Problemen, aus Langeweile oder aufgrund von Einsamkeitsgefühlen.

Da es für Jugendliche schwierig ist, die Erwachsenenrolle real auszuüben, müssen sie sich notgedrungen auf die Aneignung ihres symbolischen Ersatzes beschränken. Alkoholtrinken ermöglicht eine kurzfristige (symbolische) Übernahme der Erwachsenenrolle, die rasch erlern- und kontrollierbar ist und zudem in der Öffentlichkeit demonstrativ ausgeübt werden kann. Der Alkoholgenuss dient dem Adoleszenten zur Bildung einer eigenen Cliquen- und Freizeitkultur und ist ein Merkmal der Identitätsbildung.

Zigarettenkonsum war bis vor wenigen Jahren ein sozial weithin akzeptiertes und kulturell legitimiertes Handeln. Kinder sehen, wie z.B. ihre Eltern rauchen, und dass dies eine "selbstverständliche", "normale" Handlung ist. Sie sehen aus Fernsehfilmen, dass Rauchen zum Alltag gehört, und von der Reklame erfahren oder lernen sie, weshalb dies so sein könnte: Das Leben erscheint interessanter, farbiger, der Raucher

fühlt sich wohler, selbstsicherer, heikle Situationen werden besser gemeistert, das Zusammensein ist vergnüglicher etc.. Diese überwiegend positive Wahrnehmung mag sich in den letzten Jahren mit der zunehmend kritischen Bewertung des Rauchens geändert haben. Dennoch raucht immer noch ein beachtlicher Teil der Erwachsenen regelmässig Zigaretten, so dass eine Modellwirkung nach wie vor vorhanden ist.
Der sozialintegrative Aspekt des Rauchens geht auch aus der Studie von Eder & Aarö (1989) hervor. Fünfzehnjährige rauchten umso häufiger, je schwieriger es für sie war, mit den Eltern zu sprechen und je leichter es ihnen fiel, mit anderen Erwachsenen zu sprechen. Die Autoren interpretieren dieses Ergebnis als Indiz dafür, dass Rauchen für viele Jugendlichen Symbolwert für den Übertritt in die Erwachsenenwelt ausserhalb der Familie hat. Bemerkenswert ist, dass dieses Ergebnis in acht verschiedenen Ländern festgestellt wurde und somit weitgehend kulturinvariant sein dürfte.

Wenn Rauchen mit einer Reihe positiver Bewertungen verbunden ist, warum sollten denn diese positiven Effekte von den Jugendlichen nicht herbeigeführt werden? In diesem Alter ist das Ausprobieren, das Erleben neuer Wege, das Bewusstsein, einen eigenen Körper zu haben und darüber zu verfügen, besonders wichtig. Wie erscheinen da Verbote der Eltern und Erziehungspersonen, wenn der Jugendliche sich gerade von der elternfixierten Rollenidentität hin zur flexiblen, auf Autonomie ausgerichteten Ich-Identität hinbewegt? Wie glaubwürdig sind diese Appelle, nicht mit dem Rauchen anzufangen, wenn im Hintergrund eine Konsum-Doppelmoral ein Erscheinung tritt?

Aus diesen Überlegungen wird deutlich, dass dem Konsum von Alkohol und Zigaretten eine zweifache integrative Funktion zukommt: Der Jugendliche demonstriert mit dem Rauchen resp. Trinken Teilhabe an der Erwachsenenkultur, wobei hintergründig eine Konformität sichtbar wird, indem Werte der Erwachsenengesellschaft als erstrebenswert übernommen werden sollen. Zweitens dient die Übernahme gruppenspezifischer Konsumverhaltensweisen der Integration in die für sie wichtige Gruppe Gleichaltriger. Dieser Integrationsaspekt enthält eher - bezogen auf die Erwachsenengesellschaft - einen nicht-konformen Anteil, weil die Gruppennormen z.T. mit den Normen der Erwachsenengesellschaft divergieren.

Wenn Jugendliche Alkohol trinken oder Zigaretten rauchen, übernehmen sie - mehr oder weniger ausgeprägt - das konventionelle Modell des Erwachsenenseins. Symbolisch erscheint darin der Anspruch auf die Zugehörigkeit zur Erwachsenenwelt. Der "Einstieg" wird von den Erwachsenen dann toleriert, wenn er "in geordneten Bahnen" erfolgt und nicht "überbordet". So gehört z.B. das Weintrinken an der Konfirmation zu den sozial integrierten "Initiationshandlungen". Übertreten jedoch Jugendliche die gesellschaftlich akzeptierten Normen, indem sie z.B. schon sehr früh mit dem Konsumieren beginnen oder dies in aller Öffentlichkeit oder in allzu demonstrativer Weise tun, dann kommt eine andere symbolische Bedeutung zum Vorschein. Ein solches Konsumverhalten wird als Aufbegehren gegen die Erwachsenen bewertet und als provokatorisches, abweichendes Verhalten bezeichnet. Es wirkt nicht mehr sozial integrativ, sondern desintegrierend. Deutlich wird dies v.a. beim Gelegenheitskonsum von Cannabis, dessen Gefährdungspotential in einem mittleren Bereich liegt, aber durch die Illegalität klar als Verstoss gegen die (Erwachsenen)-Normen bewertet wird. Haschischkonsum ist deshalb kein sozial integratives Verhalten im Sinne einer Integration in die Erwachsenenwelt. Das Konsumverhalten Jugendlicher kann somit hinsichtlich der integrativen resp. desintegrativen Bedeutung sehr unterschiedlich sein. - Die gesundheitliche Gefährdung ist bei den jugendlichen Konsumenten in der Regel nicht dramatisch, wohl aber u.U. die sozialen Auswirkungen: Bei den Jugendlichen mit "abweichendem" Konsumverhalten ist die Gefahr beachtlich, dass ein Prozess der sozialen Ausgrenzung und Stigmatisierung beginnt und der junge Mensch diese Rolle in den Prozess seiner Identitätsbildung "einbaut".

Noch eine Bemerkung zur Zeitperspektive: Jugendliche orientieren sich innerlich an einer relativ kurzen Zeitspanne. Ihre Lebensplanung ist nicht auf die ferne Zukunft, sondern auf die "Jugend-Lebenszeit" ausgerichtet. Gesundheit, Leistungsfähigkeit und Wohlbefinden werden demnach primär auf das aktuelle Funktionieren ausgerichtet und bewertet, und nicht auf eine später mögliche, evtl. auch längerfristige Krankheit oder Einschränkung der Leistungsfähigkeit. Dies bedeutet, dass bei Jugendlichen die epidemiologische "Gefährdungslogik" und Präventionsargumentation nicht in dem Masse "greift" wie bei Erwachsenen oder wie dies aus der Sicht der Präventionsspezialisten gewünscht wird.

Zusammenfassend können wir feststellen, dass die Phase der Adoleszenz im Gegensatz zur späteren Erwachsenenzeit eine für sie spezifische Beziehung zum Konsum legaler und illegaler Drogen aufweist. Der Konsum kann v.a. im Falle legaler Drogen eine gesellschaftsintegrierende Funktion haben, die den Wünschen der Jugendlichen nach Integration in die Erwachsenenwelt entgegenkommt. Die Beziehung zur Gruppe der Gleichaltrigen ist besonders wichtig, weil mit ihnen die Ablösung vom Elternhaus besser zu bewältigen ist als alleine. Gerade diese gruppenspezifischen Normen sind deshalb bezüglich des individuellen Konsumverhaltens wichtig.

1.4 Begriffsbestimmungen

Droge, Drogenmissbrauch, Drogenabhängigkeit
Die Klärung dieser zentralen Begriffe ist für wissenschaftliches Arbeiten wichtig, v.a. auch wegen der unterschiedlichen Bedeutung zum allgemeinen Sprachgebrauch. Besonders deutlich trifft dies für den Drogenbegriff zu: Im Gegensatz zur Umgangssprache versteht man unter "Droge" im wissenschaftlichen Sprachgebrauch und in Anlehnung an die Definition der Weltgesundheitsorganisation WHO (1969, S. 6) "jede Substanz, die dem lebenden Organismus zugeführt, eine oder mehrere seiner

Funktionen zu verändern vermag." Die WHO erscheint hier als Wortführerin für die Wissenschaft, da die von ihren Expertengruppen vorgeschlagene Terminologie von der Fachwelt weitgehend übernommen wurde. Diese sehr allgemein gefasste Drogendefinition umfasst auch Alkohol sowie alle Medikamente.6)

Im Suchtpräventionskonzept des Kantons Zürich (Arbeitsgruppe "Suchtprävention / Gesundheitsförderung", 1991) wird folgende Definition verwendet (S. 5): Drogen sind "Stoffe pflanzlicher, tierischer oder synthetischer Herkunft, welche Wirkungen auf das zentrale Nervensystem haben. Dazu gehören einerseits Genuss-, Rausch-, Beruhigungs- und Anregungsmittel, andererseits auch eine Vielzahl von Arzneimitteln, d.h. Substanzen, welche der Heilung, Vorbeugung oder Erkennung von Krankheiten dienen. Alkohol und Nikotin gehören demnach genauso zu den Drogen wie Cannabis und Heroin, ...".

Von diesem Begriffsverständnis ist die Fachsprache der Juristen und Kriminologen abzugrenzen. Dort sind Drogen in der Regel Betäubungsmittel oder Narkotika (Scherrer, 1982). Anlass zu Diskussionen gibt es vor allem wegen dem Unterschied zwischen dem wissenschaftlich-pharmakologischen Sprachgebrauch und der umgangssprachlichen Bedeutung, wobei sich Teile der Bevölkerung dagegen wehren, dass Alkohol und Tabak zu den Drogen gezählt werden.

Auch hinsichtlich der Begriffe "Drogenabhängigkeit", "Drogensucht" und "Gewöhnung" sind von der WHO entscheidende Impulse ausgegangen, nachdem der vom Alkoholismus und Morphinismus geprägte klassische Suchtbegriff ins Wanken geriet. In der Folge der immer weiter ausufernden Diskussion um diese Begriffe hat die WHO 1964 den Beschreibungsbegriff **Drogenabhängigkeit** (drug dependence) eingeführt. Wesentlich ist dabei die Unterscheidung sieben verschiedener Typen der Drogenabhängigkeit (Morphin, Alkohol und Barbiturate, Kokain, Cannabis, Amphetamine, Khat und Halluzinogene) sowie die Unterteilung in eine physische und eine psychische Abhängigkeit. Damit war es möglich, substanzspezifische Komponenten der psychischen und physischen Abhängigkeit zu beschreiben.

Trotz der breiten Akzeptanz des WHO-Begriffes der Drogenabhängigkeit sind kritische Bemerkungen geäussert worden. Zum Drogenbegriff hat Schenk (1975) auf die "übersehene Droge Nikotin" hingewiesen, die in der Liste der WHO nicht figurierte. Die Liste enthielt anfänglich auch nicht den Alkohol. Seit der 9. Revision der internationalen Klassifikation der Krankheiten der WHO ist jedoch der Alkohol- wie auch der Tabakmissbrauch aufgeführt (ICD 305.0 resp. 305.1; Degkwitz, Helmchen,

---

6) Aber auch Wasser und Luft können demgemäss als "Drogen" bezeichnet werden. Eine solche Definition ist offensichtlich nicht sehr nützlich.

Kockott & Mombour, 1980). - Die Kritik an der WHO-Terminologie richtete sich auch auf den Begriff der Drogenabhängigkeit. Mit der Aufgliederung in verschiedene Typen werde - so Schenk (1976) - die Droge einseitig in den Vordergrund gestellt und es entstehe der Eindruck, als ob Drogenabhängigkeit vor allem eine Funktion der Droge sei (s. dazu auch Sieber, 1988, S. 36ff.). Bei dieser eindimensionalen Definition zählt in erster Linie nur die Eigenschaft der Droge und nicht jene des Konsumenten. Ein mehrdimensionaler Ansatz muss aber davon ausgehen, dass die Wirkung einer Droge eine Funktion der Droge, des beteiligten Individuums und der jeweiligen Umstände ist.

Den Begriff des **Drogenmissbrauchs** definiert die WHO als einmalige, mehrmalige oder ständige Verwendung einer Substanz ohne medizinische Indikation bzw. in übermässiger Dosierung. Der sinnwidrige Aspekt kommt auch in der Umschreibung der Eidg. Betäubungsmittelkommission (1983) zum Vorschein: "Unter Drogenmissbrauch versteht man jeden zweckentfremdeten oder übermässigen Gebrauch von Drogen. Zwischen Missbrauch und Abhängigkeit gibt es fliessende Übergänge." (S. 7). Nach Schmidbauer & Vom Scheidt (1984) liegt Missbrauch dann vor, wenn die Substanz dem Konsumenten seelisch, körperlich oder sozial mehr schadet als nützt. - Zum Begriff der Sucht siehe Vogt (1990).

Antons & Schulz (1976) haben den Begriff "normales Trinken" verwendet, der synonym mit dem "sozialen Trinken" und wertneutral zu verstehen ist. Sie wählten diesen Ausdruck, um das Trinken innerhalb der sozialen Regeln, also eingeordnet in gesellschaftlich akzeptierte, z.T. gefährdete Verhaltensmuster zu erfassen. Normales Trinken befindet sich zwischen den beiden unerwünschten Endpunkten des Nichttrinkens und des sozial abweichenden, starken Trinkens.[7] - Ein Nachteil dieses Begriffes besteht darin, dass er von Gesellschaft zu Gesellschaft, aber auch innerhalb gesellschaftlicher Subgruppen variabel ist. Wir werden ihn deshalb in der vorliegenden Arbeit nicht verwenden.

In der DSM-III-Klassifikation wurde der früher dominierende Begriff "Alkoholismus" durch die beiden Begriffe "Alkoholabusus" und "Alkoholabhängigkeit" ersetzt. In der Revision DSM-III-R wurde die Kategorie "Abusus" zu einer "Restgruppe" für solche Symptombilder, die die Kriterien für die "Abhängigkeit" nicht erfüllten, bei denen aber bedingt durch das Trinken körperliche, psychische, berufsbedingte oder andere soziale Probleme bestanden. Abusus erschien als prodromal-Stadium der Abhängigkeit (Hasin et al, 1990).

---

[7] Abstinenz erscheint hier auch als unerwünscht bewertet, weil Nichttrinken aus der Sicht der breiten Bevölkerung nicht positiv bewertet wird und kein erwünschtes Ziel darstellt.

Die Diskussion dieser Begriffe v.a. im Hinblick auf die Verwendbarkeit in der epidemiologischen Drogenforschung ergab, dass die Begriffe "Abhängigkeit" und "Missbrauch" für wissenschaftliches Arbeiten kaum geeignet sind (WHO, 1981). 8)

In der vorliegenden Arbeit wird vom **Konsumverhalten** und vom **Drogenkonsum** gesprochen, wobei die einzelnen Substanzen wenn immer möglich differenziert werden. Unter Drogenkonsum wird hier - in Anlehnung an die WHO-Terminologie und im Gegensatz zum Gebrauch in der Alltagssprache - der Konsum einer oder mehrerer dieser Substanzen ungeachtet ihrer Legalität verstanden. Im Zentrum dieser Arbeit stehen der Konsum der legalen Drogen (Alkohol und Tabak) sowie der illegalen Drogen (Cannabis, Opiate/Heroin, Kokain, Halluzinogene, Stimulantien). Der Medikamentenkonsum wird nicht einbezogen.

Die Unterscheidung zwischen "weichen" und "harten" Drogen ist schon seit einigen Jahren in den allgemeinen Sprachgebrauch eingedrungen. In der amerikanischen Fachliteratur finden wir vor allem die Bezeichnung "hard drugs". Die Abrenzung erfolgt in der Regel zu Cannabis, wobei Cannabis als "weiche" Droge umstritten ist (Mann, 1987). - Da in den Publikationen der vorliegenden Literaturanalyse überwiegend zwischen "cannabis use" und "hard drug use" (alle anderen illegalen Drogen) unterschieden wird, werden wir diese Aufteilung ebenfalls übernehmen.

Die Aufteilung in "legale" und "illegale" Drogen folgt nicht dem Gefährdungsmuster, sondern widerspiegelt einen von kulturellen Traditionen bestimmten, normativen Kompromiss. Seit jeher besteht die Tendenz, in einer Kultur neu auftauchende oder zu neuer Bedeutung gelangende Suchtmittel als besonders gefährlich einzustufen und der Prohibition zu unterwerfen, sie aber nach einer kürzeren oder längeren Zeit der zunehmenden Verbreitung zu legalisieren. Bekannte Beispiele sind in Europa z.B. Kaffee und Tabak.

Entgegen einer häufigen Irrmeinung sagt der gesetzliche Status einer Substanz nichts über deren Schädlichkeit für die Gesundheit aus. So ist z.B. das Risiko schwerer Organschäden bei Alkoholmissbrauch ganz erheblich grösser als bei irgendeinem der illegalen Suchtmittel (Arbeitsgruppe "Suchtprävention / Gesundheitsförderung, 1991, S. 6). Auch die Gefahr einer tödlichen Überdosierung ist nicht etwa nur bei den illegalen Drogen gegeben. Im Gegenteil entfällt sie z.B. bei Cannabis, während bei Alkohol und vielen Medikamenten ein erhebliches Überdosierungs-Risiko besteht. Für die vorliegende Arbeit ist deshalb der legale Status einer Substanz zweitrangig. Im Vordergrund steht das Mass der konkreten Gesundheitsgefährdung.

---

8) Als Alternative wurde der Begriff des "Konsumverhaltens" vorgeschlagen (Sieber, 1988). In dieser Diskussion ist auch eine Klassifikation des Konsumverhaltens verschiedener Substanzen unter Berücksichtigung der Konsumregelmässigkeit und der kulturellen Integration der Substanz vorgelegt worden (S. 40ff.)

Die hier verwendeten Begriffe "Konsumverhalten" und "Drogenkonsum" entsprechen in den überwiegenden Fällen auch der Terminologie der Studien, die in der vorliegenden Literaturanalyse einbezogen worden sind. In diesen Arbeiten wird von "drug use", "drug involvement" oder "substance use", aber nicht von "Drogenabhängigkeit" resp. "drug dependence" gesprochen. Eine "Abhängigkeit" ist in den allermeisten Fällen auch nicht eruiert worden. Im Zentrum stand das Konsumverhalten, erfasst aufgrund der Häufigkeit oder Regelmässigkeit. Das Konzept der "Drogenabhängigkeit" wird deshalb in der vorliegenden Arbeit nicht verwendet.

1.5 Stand der Drogenforschung

In diesem Kapitel wird zuerst ein historischer Überblick über die Drogenforschung mit Schwergewicht auf epidemiologisch orientierten Längsschnittstudien gegeben. Anschliessend folgt eine Diskussion über neuere Ansätze in der Drogenforschung und der Bezug zur Antezedenz- und Konsequenzforschung. Schliesslich werden kritische Einwände gegen die epidemiologische Drogenforschung zur Sprache kommen.

1.5.1 Historischer Überblick
Die ersten epidemiologisch ausgerichteten Längsschnittstudien waren Kohortenstudien an gleichaltrigen, aber nicht repräsentativen Gruppen; meistens handelte es sich um Studien an Studenten (Block, 1971; Jones 1968; Vaillant et al. (1970) u.a. sowie an speziellen Populationen (Adoptivkinder, verhaltensauffällige oder sehr begabte Kinder (Oden, 1968; Robins, 1966; McCord (1960). Sie gehen bis in die frühen 60er Jahre zurück. Es waren überwiegend Studien, die den Alkoholismus im Zusammenhang mit abweichendem Verhalten und psychopathologischen Indikatoren erfasst hatten. Das Konzept "Problemtrinken" wurde erst in den Jahren nach 1940 eingesetzt (Strauss & Bacon, 1953). Aufschwung in der Drogenforschung gab es nach 1950, als mehrere Kohortenstudien initialisiert wurden. Einige dieser Studien erfassten Neugeborene bis in das junge Erwachsenenalter hinein. Die Studien kamen nicht nur aus den USA, sondern auch aus skandinavischen Ländern, und bemerkenswert war, dass oft sehr grosse Populationen einbezogen wurden. Unter diesen Arbeiten befanden sich auch Studien an speziellen Gruppen (Strafgefangene, Klienten von kinderpsychiatrischen Beratungsstellen, Kinder von Alkoholikern, Zwillinge). Eine der ersten Studien, die sich mit dem Konsum von Tabak, Alkohol und Marihuana befasste, ist die Kohortenstudie von Lerner & Vicary (1984) mit einer Kohorte von der Geburt (1956) bis zum Alter von 19 Jahren.

Ein weiterer markanter Aufschwung erfolgte ab Mitte der 60er Jahre, als sich in den USA der Konsum illegaler Drogen rasch ausbreitete. Neu war, dass der Konsum illegaler Drogen im Zentrum der Forschung stand, und zwar die Konsumfrequenz, weniger der Konsummissbrauch. Neu war auch, dass hauptsächlich Jugendliche und

Adoleszente untersucht wurden, und dass ein breiteres, sozialpsychologisches Erklärungsfeld das bisher dominierende psychiatrische und psychopathologische verdrängte. Zunächst standen Studien im Vordergrund, die sich auf den Zusammenhang zwischen dem antisozialen Verhalten des Vaters und dem Konsumverhalten der Kinder konzentrierten. Diese Ausrichtung hat u.a. mit der Studie von Robins (1966) zu tun, die solche Zusammenhänge hinsichtlich des Alkoholkonsums aufgedeckt hatte, ferner aber auch Hinweise darauf gefunden hatte, dass dem späteren Abusus Verhaltensauffälligkeiten in der Kindheit vorangegangen waren. Aspekte wie broken home, Delinquenz und Arbeitslosigkeit wurden zunehmend wichtig. Die Arbeiten von Bohmann (1971) und Bohmann & Sigvardsson (1978) befassten sich mit Kindern aus ungewollter Schwangerschaft und verglichen sie mit solchen, die entweder adoptiert wurden, bei Pflegeeltern aufgewachsen waren oder zu einem späteren Zeitpunkt wieder zur leiblichen Mutter kamen. Kinder bei Pflegeeltern hatten später häufiger Alkoholprobleme als Kinder der Vergleichsgruppen.

Genetische Studien
Die erwähnte Studie von Bohmann & Sigvardsson (1978) weist zudem auf einen anderen Faktor hin, der mehr und mehr an Bedeutung gewann: die Frage nach der Vererbung des Alkoholismus. Kinder von Eltern mit einem Alkoholproblem wurden mit Kindern verglichen, deren Eltern kein Alkoholproblem hatten (biologische Eltern). Eine Reihe anderer genetisch-orientierter Studien entstand in den nachfolgenden Jahren. Das methodische Vorgehen bei den sog. Adoptivstudien bestand in einem Vergleich der beiden Gruppen von Adoptivkindern, deren biologische Eltern a) Alkoholprobleme oder b) keine derartigen Auffälligkeiten hatten. Gegenüber den Zwillingsstudien haben die Adoptivstudien den Vorteil, dass sie nicht von der fragwürdigen Annahme ausgehen, bei Zwillingen sei die Umwelt in gleicher Weise wirksam. Beide Studienarten sind aber den Familienstudien überlegen, da bei den Familienstudien die Einflüsse der Vererbung und der Umwelt nicht auseinandergehalten werden können. Schliesslich gibt es auch Adoptivstudien, die das Beziehungsumfeld mitberücksichtigen. In der Arbeit von Cadoret et al. (1980) wurden die Adoptiveltern direkt einbezogen. Bei denjenigen Studienpersonen, die später Alkoholiker wurden, bestanden in der Jugendzeit häufiger antisoziale Verhaltensweisen als in der Vergleichsgruppe. Diese antisozialen Verhaltensweisen waren jedoch nicht mit einem Alkoholabusus der Eltern verbunden. - Eine Zunahme dieser auf genetische Einflüsse ausgerichteten Studien ist seit Beginn der 80er Jahre deutlich geworden. Verlaufsstudien mit sog. Hochrisikogruppen (Kinder alkoholabhängiger Eltern) und die Suche nach biologischen Markern sind sehr wichtig geworden. Goodwin (1984) bezeichnete diese Bewegung als "a growth industry".

Auch hinsichtlich des **Tabakrauchens** waren verschiedene Studien zur Frage der Vererbung durchgeführt worden, wobei sich nur vereinzelt Längsschnittstudien darunter befinden. Diese Studien sind auch für die vorliegende Literaturanalyse interessant, weil aus ihnen die Korrelationen des Rauchens zwischen Verwandten untersucht wurden. Eine in methodischer Hinsicht anspruchsvolle Studie stammt von Eysenck (1982) an 1216 Zwillingspaaren des Maudsley-Zwillingsregisters. Die stärkste Korrelation hinsichtlich der Konsummenge bestand bei den eineiigen Zwillingen (r=.52), gefolgt von den zweieiigen Zwillingen (r=.30), der Eltern-Kind-Korrelation (r=.21) und der Geschwister (r=.11). Nach Eysenck zeigen diese Ergebnisse, dass Raucher und Nichtraucher genetisch nicht äquivalent sind. Allerdings wird auch der Umwelteinfluss erkennbar: Die Korrelation unter den Geschwistern ist erheblich geringer als unter den zweieiigen Zwillingen, was genetisch betrachtet nicht zu erwarten ist. Die homogenere Umweltsituation bei den Zwillingen hat somit einen beachtlichen Einfluss auf die Korrelation.

Personenzentrierte Ansätze
Die Persönlichkeit als Determinante des Konsummissbrauchs ist schon sehr früh in der Forschung aufgenommen worden und zwar nicht nur im Sinne einer psychopathologisch auffälligen oder sozial devianten Persönlichkeit, sondern auch hinsichtlich wertneutralerer Dimensionen wie z.B. der Extraversion. Eine der ersten Längsschnittstudien zum Tabakrauchen befasste sich mit dem Zusammenhang zwischen Rauchen und Extraversion (Reynolds & Nichols, 1976), wobei wie bei mehreren anderen Studien ein positiver Zusammenhang belegt wurde. Smith (1970) sammelte ähnliche Studien und fand bei 22 von 24 Studien die positive Korrelation zwischen Rauchen und Extraversion bestätigt. Gemäss Stäcker & Bartmann (1974) gehört dieser Befund zu den sichersten psychologischen Ergebnissen über das Raucherverhalten.

Die Längsschnittstudie von Steward & Livson (1966) ist eine der ersten follow-up Studien überhaupt. Die Autoren überprüften die Hypothese, wonach Raucher rebellischer seien, was sie für verschiedene Zeitpunkte bestätigen konnten. Auf die Vielzahl von Querschnittstudien zur "antisozialen Tendenz", zur Impulsivität und Risikofreudigkeit soll an dieser Stelle nicht im einzelnen eingegangen werden (s. dazu z.B. Niederberger, 1987). Fasst man die Ergebnisse dieser Forschungstätigkeit zusammen, so erhalten wir gemäss Niederberger (1987) folgendes Bild: "Raucher werden in der wissenschaftlichen Literatur als abenteuerlustiger, kontaktfreudiger und reizhungriger, aber auch als rebellisch und zu Normverstössen tendierend geschildert." (S. 187). Aus historischer Sicht erwähnenswert ist auch die Längsschnittstudie von Loper & Kammeier (1973), bei der wie in zahlreichen anderen Studien auch der MMPI-Persönlichkeitstest verwendet wurde. Bei dieser Studie wurden Studenten, die zwischen 1947 und 1961 in das College eintraten, routinemässig getestet.

Sozialpsychologische Ansätze
Mit der Arbeit von Jessor und Jessor (1977) wurde gezeigt, dass der Konsum von Drogen bei Jugendlichen nur ein Teilaspekt eines übergeordneten Prozesses ist, der

sich in dieser Entwicklungsphase verändert und als Problemverhalten bezeichnet wurde. Dieses Problemverhalten (problem behavior) beinhaltet ein starkes Bedürfnis nach Autonomie, ein vermindertes Interesse an Zielen konventioneller Institutionen, die Distanzierung von der Gesellschaft und die Akzeptanz transgressiver Erlebnis- und Verhaltensweisen. Der Alkohol- bzw. Drogenabusus stellt lediglich einen Aspekt des Problemverhaltens dar. Es werden keine Alkoholismus-Diagnosen erfasst, sondern die Konsumhäufigkeit oder Probleme im Zusammenhang mit dem Alkoholkonsum. Zudem wird der Entwicklungsprozess stärker beachtet. Auch hinsichtlich der untersuchten Populationen bestehen Veränderungen. Wichtig wurde die repräsentative Untersuchungsanlage und die Berücksichtigung junger Altersgruppen.

Dass Alkoholismus als Krankheit nicht mehr im Zentrum der neueren Studien stand, war nicht nur eine Folge des allgemeinen Trends, jüngere Populationen zu studieren, bei denen sich der Alkoholismus noch gar nicht hätte entwickeln können. Ein weiterer Grund lag auch darin, dass das Krankheitskonzept des Alkoholismus als ein primär statisches Geschehen angezweifelt wurde. Erste empirische Studien an grossen Populationen zeigten, dass der Zusammenhang zwischen Alkoholproblemen und späterem Alkoholismus nicht so eng war wie vermutet (Temple & Fillmore, 1985). So fand man - entgegen den Erwartungen - bei jungen Erwachsenen häufiger Alkoholprobleme als im mittleren oder späteren Lebensalter, in einer Zeitspanne also, wo in Kliniken am häufigsten Alkoholiker aufgenommen werden. Das Alkoholproblem wurde daher als etwas betrachtet, das sich im Laufe der individuellen Entwicklung verändert. Demzufolge erschienen Längsschnittstudien mit nur einer Messung im Erwachsenenalter eher problematisch, weil angenommen werden musste, dass ein bei der Erhebung bestehender "Alkoholismus" möglicherweise nur von kurzer Dauer ist.

Die vermehrte Beachtung der Repräsentativität der erfassten Gruppen hatte auch damit zu tun, dass einige Ergebnisse der Studien an Klinikpopulationen zu den Ergebnissen epidemiologischer Studien in Widerspruch standen. Dieser Widerspruch sollte durch Kontrollgruppen mit unausgewählten Personen, wie dies bei Loper und Mitarbeiter (1973) der Fall war, oder durch prospektive Längsschnittstudien an repräsentativen Gruppen geklärt werden.

"Natürliche Experimente" (natural experiments)
Ein anderer und neuartiger Ansatz von Längsschnittstudien entstand Anfang der 70er Jahre. Es handelt sich um Studien, die den Einfluss veränderter Umweltbedingungen auf das Konsum- und Problemverhalten analysierten und als "natürliche Experimente" (natural experiments) bezeichnet werden können. Dazu gehört die Studie von Robins (1973, 1978) an Vietnam-Veteranen. Während der Dienstzeit in Vietnam verminderten sich Alkoholprobleme, nach der Rückkehr in die Staaten stiegen sie jedoch wieder an und blieben dann stabil. Die Vermutung, dass Alkohol als Substitu-

tion für den vorangegangenen Heroinkonsum in Vietnam verwendet würde, konnte nicht bestätigt werden. - In einer schottischen Studie (Kendell, De La Roumainie & Ritson, 1983) wurde der Einfluss gestiegener Alkoholpreise auf Alkoholprobleme unter Berücksichtigung des verfügbaren Einkommens und der allgemeinen Teuerungsrate untersucht. Dem Preisanstieg folgte ein Rückgang des Konsums und der Alkoholprobleme, und zwar bei den gemässigten wie auch bei den starken Trinkern. - Eine andere Arbeit von den Shetlandinseln befasste sich mit dem Einfluss der rasch anwachsenden Ölindustrie auf die Konsumgewohnheiten (Caetano et al., 1983). Der Alkoholkonsum stieg in der Region mit der neu entstandenen Ölindustrie stärker an als in der davon nicht berührten Nachbarregion. - Homel (1986) verfolgte die Auswirkungen von Atemtests zur Prüfung der Alkoholisierung bei zufällig angehaltenen Autofahrern auf das Konsumverhalten und auf ihre Wahrnehmung sozial kontrollierten Verhaltens. Dabei konnte er seine Annahme bestätigen, dass solche Alkoholtests auf Alkoholkonsum beim Autofahren abschreckend wirken. - Die Stossrichtung dieser Studien zeigt, dass Veränderungen in der Umwelt das Konsumverhalten beeinflussen und dass solche Befunde für die Prävention wichtig sein können. Sie bringen zudem eine alternative Perspektive, bei der "grossmassstäbige" Umweltveränderungen und ökonomische Gesichtspunkte einbezogen werden, was beim entwicklungs- und individuumszentrierten Ansatz nicht der Fall ist. Damit kann auch der Einfluss solch übergeordneter Umweltveränderungen auf die "normale" Entwicklung und das "normale" Konsumverhalten studiert werden. (Dass solche historischen Einflüsse eine Bedeutung haben, geht gerade auch aus der Drogenforschung hervor: Die rasante Verbreitung des illegalen Drogenkonsums unter Jugendlichen war ein zentraler Auslöser für die Stimulierung von Längsschnittstudien).

Nicht nur bei epidemiologischen, sondern auch bei Untersuchungen an speziellen Populationen besteht heute ein deutlicher Trend, die Studienpersonen bereits vor den ersten Anzeichen von Alkoholproblemen zu erfassen. Dadurch sollen kontaminierende Einflüsse durch die Alkoholproblematik oder Hospitalisierung eliminiert werden.

Erst relativ spät entstanden epidemiologische Studien, die das Konsumverhalten zusammen mit anderen Merkmalen bereits in der Adoleszenz erfassten und wiederholt auch später bis in das Erwachsenenalter hinein verfolgten, so dass der Einfluss dieser Merkmale auf das spätere Verhalten ermittelt werden konnte. Solche Studien wurden vor den 70er Jahren noch nicht durchgeführt. Ein Beispiel dazu ist die Untersuchung von Aneshensel & Huba (1983), bei der die Interaktion und zeitliche Abhängigkeit von Alkoholkonsum und Depression im Längsschnitt untersucht wurde.

Theoretische Ansätze
In diesem historischen Überblick sind wir schon mehrmals auf die verschiedenen theoretischen Positionen der Drogenforschung gestossen. Die Theorienbildung ist wie die epidemiologische Drogenforschung auch mit dem Aufkommen der illegalen Dro-

gen deutlich aktiviert worden. Vor allem sozialpsychologische und soziologische Erklärungsansätze waren eine wichtige Bereicherung. Eine allgemeine Darstellung theoretischer Ansätze zum Drogenkonsum haben Lettieri und Welz (in deutsch 1983) herausgegeben. Dieser Sammelband ist gegliedert in psychologische, sozialpsychologische, soziologische sowie physiologische, genetische und biochemische Theorien. Eine Übersicht theoretischer Positionen ist auch von Antons & Schulz (1976), von Sieber (1988) und - vorwiegend soziologisch orientiert - von Meyer-Fehr (1987) vorgelegt worden und soll hier nicht wiederholt werden.

Zahlreiche Forschungsaktivitäten in den Sozialwissenschaften sind nicht oder zumindest nicht explizit theorienorientiert. Häufig sind sie mit einer aktuellen Thematik oder mit einem speziellen Interesse der Autoren verbunden. Manchmal ist es auch die Eigenart der untersuchten Population, welche die Forschungsthematik mitbestimmt. Diese Forschungstätigkeit hat sicher das empirisch fundierte Wissen vermehrt. Sie hat aber nicht in gleichem Masse auch das Verständnis für die zu untersuchenden Prozesse geliefert, weil die verwendeten Konzepte in der Regel nur bruchstückhaft miteinander verbunden waren und keine sie integrierende Theorie dahinter stand. Zunehmend setzt sich aber die Überzeugung durch, dass übergeordnete Konzepte zur Koordination von Einzelkonzepten notwendig sind (Kuhn, 1979). Da ein solcher integraler Ansatz zur Zeit noch nicht in Sicht ist, wird auf die Vielzahl vorhandener Konzepte zurückgegriffen. Leitend bei der Auswahl sind **heuristische Schemata**. Sie sollen bei diesem eklektischen Vorgehen gewährleisten, dass eine breite Palette psychosozialer Aspekte einbezogen wird. Dieses Vorgehen ist vermutlich gerade bei einem "grossflächigen" epidemiologischen Verständis der aktuellen Forschungssituation angemessener als ein einzelner theoretischer Ansatz, bei dem das vielschichtige "Geflecht" relevanter Aspekte nur partiell berücksichtigt werden könnte.

Das epidemiologische, auf die Erfassung von Antezedenzien und Konsequenzen ausgerichtete Konzept impliziert einerseits die Verwendung analytisch ausgerichteter statistischer Verfahren, andererseits aber auch, dass die zu analysierenden psychosozialen Merkmale und die Konsumindikatoren in einer Weise erfasst werden, die eine Verarbeitung durch solche Verfahren ermöglicht, d.h. quantitativ. Damit befinden wir uns in einem Bereich, bei dem von quantitativ abgestuften Dimensionen ausgegangen wird, wie dies in der traditionellen Persönlichkeits- und Einstellungsforschung der Fall ist. Das Konzept "stabiler" Persönlichkeitsdimensionen" wird aber schon seit einiger Zeit kritisiert. Für die epidemiologische Forschung bestehen gegenwärtig jedoch noch kaum alternative Vorgehensweisen, wie dies u.a. Costa & Mc Crae (1980) hervorheben.

Die Absenz konzeptueller Netze und Theorien ist in der Drogenforschung bemängelt worden (Clausen, 1978; Kandel, 1978). Gerade zum illegalen Drogenkonsums gibt es zahlreiche Studien, die kaum über das Zählen und Präsentieren von Häufigkeiten hinausgehen. Dies gilt auch für die ersten Längsschnittstudien.9) (Zum Teil sind implizite theoretische Annahmen bei den Studien erkennbar, die aber nicht prägnant formuliert und analysiert wurden.) Ein tieferes Verständnis für ätiologische Zusammenhänge kann aber nur erreicht werden, wenn die Ergebnisse an eine Theorie gebunden sind. Andernfalls ist der Ertrag für den wissenschaftlichen Erkenntnisprozess gering. So erhalten wir z.B. auch keine Hinweise, in welcher Richtung eine Revision der Theorie anzustreben wäre.

Interessant für die vorliegende Arbeit ist die Frage, welche theoretischen Ansätze bei den hier integrierten Längsschnittstudien verwendet worden sind und inwiefern sie durch die Ergebnisse gestützt werden, ferner auch, welche Implikationen diese Ansätze für die Prävention haben. So möchte man auch wissen, ob sie für bestimmte Phasen des Konsumverlaufs, insbesondere der Initiation und Progression, oder hinsichtlich einer bestimmten Substanz eine spezifische Bedeutung haben. Wir werden diese Fragen am Schluss dieser Arbeit, nach der Bearbeitung der integrierten Längsschnittstudien, aufnehmen und beantworten.

Methodische Ansätze
Wichtig waren aber auch die in technischer und methodischer Hinsicht deutlichen Verbesserungen. So wurde es mit dem Auftreten der Computer möglich, komplizierte Berechnungen auch an sehr grossen Datensätzen durchzuführen. Schliesslich waren die für die Forschung bereitgestellten Mittel ein wesentlicher Faktor für den Aufschwung dieser zeit- und arbeitsintensiven Studien.

Bemerkenswerte Fortschritte in methodischer Hinsicht gab es im Bereich der Analyse "kausaler Modelle" (causal models), einer bedeutenden Verfeinerung und Präzisierung der "alten" pfadanalytischen Verfahren. Damit konnte die bis anhin schwierig zu erfassende zeitliche Veränderung von Merkmalen besser als je zuvor angegangen werden. Meilensteine auf dem Weg zu diesen Kausalmodellen waren die Arbeiten von Keny (1979) über differenziertere pfadanalytische Verfahren, das Programmsystem LISREL von Jöreskog & Sörbom (1978) zur linearen Analyse von Strukturmodellen und schliesslich das Analyseverfahren EQS von Bentler (1986). Bei LISREL wird ein zuvor postuliertes Strukturmodell mittels Maximum-Likelihood-Methode mit den empirischen Daten verglichen, wobei am Schluss ein "goodness-of-fit-Test" über die Angemessenheit des postulierten Modells Auskunft gibt. Die Vorteile der LISREL-Methode liegen darin, dass im Modell latente Faktoren postuliert werden können, die Messfehler-Problematik berücksichtigt wird (Messfehler dürfen untereinander korreliert sein) und dass das Gesamtmodell wie auch Teilmodelle und einzelne Pfade auf Signifikanz geprüft werden können. LISREL-Analysen im Bereich

---

9) Allerdings können solche Studien in deskriptiver Hinsicht nützlich sein, indem sie den Forschungsgegenstand und sein Umfeld aus verschiedener Sicht beleuchten und einen Ist-Zustand festhalten.

der Drogenforschung sind v.a. von der Arbeitsgruppe um Bentler (Huba, Newcomb) erschienen. Deutschsprachige Einführungen in dieses Verfahren haben Möbus & Schneider (1986) und Pfeifer & Schmidt (1987) vorgelegt. Eine erste deutschsprachige LISREL-Analyse mit Daten zum Konsumverhalten ist von Sieber & Bentler (1982) erschienen. - Bentler (1986) hat schliesslich eine Lösung für das Problem nicht-normal verteilter Variablen in Strukturanalysen erarbeitet, mit dem die Verlässlichkeit der Pfadkoeffizientenschätzung und damit auch die Signifikanzbestimmung verbessert werden konnte (Programm EQS).

Weniger revolutionär, aber doch im Sinne einer deutlichen Verbesserung ist die Frage nach der Verlässlichkeit und Validität der erhobenen Angaben bearbeitet worden, eine Frage, die wegen der heiklen Befragungsthematik (Erfassung illegaler Handlungen) sicher zu Recht skeptisch beurteilt wurde. Die verschiedensten Ansätze erbrachten ein beachtliches Wissen über die Reliabilität und Validität des Konsumverhaltens. (Wir werden in Kap. 2.6 näher darauf eingehen). - Die Technik der Datenerhebung mittels Fragebogen oder Interviews hat sich demgegenüber kaum verändert.

Mit der Frage der gegenseitigen Abhängigkeit von Theorie, Methode und Empirie hat sich Bentler (1978) ausführlich beschäftigt. Brenna (1983) nimmt explizit zu verschiedenen Vorhersagestudien Stellung und kritisiert u.a. die mangelnde Kreuzvalidierung. Zu Unrecht als Vorhersagestudien bezeichnet worden seien zudem solche Studien, die z.B. mittels multipler Regression an zeitgleich erhobenen Daten (Querschnittstudien) "Vorhersagen" lieferten, ohne dass dabei eine Analyse über zeitlich verschiedene Erhebungen gemacht werde. Brenna postuliert schliesslich, dass es die Anzahl der Risikofaktoren ist, die zu einer bestmöglichen Vorhersage des späteren Drogenkonsums führe, und nicht die Art und Weise der Kombination der Prädiktoren.

Schlussfolgerungen
Als Schlussfolgerung aus dieser Bestandesaufnahme der Längsschnittforschung im Drogenbereich können wir feststellen, dass sowohl theoretische wie auch methodische Vielfalt in diese Forschung gekommen ist. Waren es früher einige wenige Studien, die sich auf psychopathologische Merkmale in der Kindheit und Jugendzeit konzentrierten, so vergrösserte sich das Spektrum der erklärenden Konzepte; sozialpsychologische und entwicklungsorientierte Ansätze kamen hinzu, ebenso Indikatoren der sich verändernden Umwelt. Standen anfänglich ausgewählte, klinisch auffällige Gruppen im Zentrum, wechselte der Fokus auf repräsentative, jüngere Populationen. Die Intervalle zwischen den Erhebungen wurden kleiner und oft wurden mehr als nur zwei Messungen vorgenommen. Das ermöglichte eher, den Prozess der Veränderung zu erfassen, so dass der Konsumeinstieg, die Chronizität, die Beendigung oder der Rückfall explizit studiert werden können.

Kritisch einzuwenden ist einmal die Lücke hinsichtlich des Tabakkonsums. Die Frage nach den Ursachen des Rauchens wurde kaum angegangen. Wie eingangs erwähnt, sind die Folgeschäden und die volkswirtschaftlichen Kosten des Rauchens enorm. Es ist auch seit langem bekannt, dass Rauchen gesundheitsschädlich ist. Umso unverständlicher ist es, dass die Längsschnittforschung in dieser Hinsicht nicht aktiver geworden ist. Sie "erwachte" erst, als bereits Sammelbände über Längsschnittstudien zum illegalen Drogenkonsum vorlagen.

Zu kritisieren ist ferner, dass sehr häufig nur **eine** Substanzgruppe, z.B. nur Alkohol oder nur Cannabis einbezogen wurde und nicht eine Kombination mehrerer verschiedener Substanzgruppen. Es gibt zwar Arbeiten über den Zusammenhang zwischen Alkoholismus und Rauchen - eine Übersichtsarbeit haben DiFranza & Guerrera (1990) vorgestellt - aber es bestehen wenige Arbeiten zum kombinierten oder multiplen Drogenkonsum in der Allgemeinbevölkerung. In den Arbeiten von Sieber & Angst (1981) und Sieber (1988) wurde der Konsum illegaler Drogen zusammen mit dem Alkohol- und Tabakkonsum analysiert, d.h. die drei Substanzen sind mit gleichem Forschungsinteresse behandelt worden, was einen Fortschritt darstellt. Aber auch hier fehlt eine Analyse von "multiplen Konsumenten", die mehrere verschiedene Drogen nehmen.

Sobell (1990) erwähnt dies ebenfalls in seinem Artikel mit dem Titel "Alcohol or tobacco research versus alcohol and tobacco research", wenn er schreibt: "...little is known about the specific relationships between the two most common "everyday drugs", and some might want to add "drug killers", in the western world. ... Alcohol and nicotine use and abuse are related phenomena, but their concurrent use has received little study. ...we assert that alcohol and tobacco researchers have much to gain from better understanding each other's field, and that important clinical research advances could result from the cross fertilization of these two fields." (p. 263). - Ein Grund dafür liegt in der unterschiedlichen Wahrnehmung und Bewertung der Gesundheitsgefährdung in der breiten Bevölkerung. Bis vor kurzem wurde vorwiegend der Alkohol als Gesundheitsproblem bewertet; die schädigende Wirkung des Tabakrauchens drang erst in den letzten Jahren ins Bewusstsein der breiten Bevölkerung (Surgeon General's Advisory Committee on Smoking and Health, 1964).

Die isolierte Betrachtung z.B. von Alkohol führt eher dazu, dass vorgefundene Zusammenhänge zwischen Alkohol und einem anderen Merkmal im Sinne eines alkoholspezifischen Merkmals interpretiert werden. Dass es sich evtl. um einen substanzunspezifischen Aspekt handelt, kann gar nicht ermittelt werden, weil andere Substanzgruppen nicht einbezogen worden sind. Die Unterscheidung zwischen substanzspezifischen und -unspezifischen Merkmalen ist aber wichtig. Ferner ist es bei der isolierten Betrachtung einer Substanzgruppe nicht möglich, verschiedene Kombinationen wie z.B. starke Raucher mit minimalem Alkoholkonsum und starke Raucher mit regelmässigem Alkoholkonsum zu unterscheiden. Gerade aber eine solche integrale Typenbildung könnte zu anderen Ergebnissen führen als die eindimensionale Aufteilung in Abstinente, mittlere und starke Konsumenten.

Erwähnt werden muss auch das Fehlen von Studien, die sich mit den **psychosozialen Konsequenzen** des Konsums beschäftigen. Die somatischen und gesundheitlichen Auswirkungen werden seit längerem erforscht, nicht aber die möglichen Auswirkungen auf die psychischen Grundfunktionen, auf das psychosoziale Umfeld, das soziale Netz u.a. (s.dazu Newcomb & Bentler, 1988).

Das Interesse an der **Replikation** einzelner Ergebnisse ist bisher eher bescheiden gewesen. Dies bedeutet aber, dass Befunde einer Studie möglicherweise nur bei der gerade untersuchten Alterskohorte oder in einem bestimmten soziokulturellen Umfeld aufgetreten sind. Bei der Analyse von Entwicklungsverläufen ist die Replikation aber wichtig: Veränderungen können zwar bei einer repräsentativen Population die normale Entwicklung abbilden, die der Adoleszente und der junge Erwachsene durchläuft, aber diese Veränderungen können auch Resultat der aktuell kulturellen und historischen Situation sein. Beim Vorhaben, die Entwicklung des Drogenkonsums in der Normalbevölkerung darzustellen, ist diese Abhängigkeit von der kultur- und zeitgeschichtlichen Situation solange zu vermuten, bis die Befunde in verschiedenen Kulturen und zu unterschiedlichen Zeitpunkten als replizierbar betrachtet werden können.

Weiter fällt auf, dass die vorhandenen Studien aus einigen **wenigen Ländern** stammen. Daher ist es nicht klar, ob die gefundenen Ergebnisse kulturspezifisch oder kulturinvariant sind. Die Übertragung der Ergebnisse auf andere Länder mit unterschiedlichem kulturellem Hintergrund ist also nur bedingt möglich. Präventionsprogramme, die auf "kultursensible" Ergebnisse der Drogenforschung abstellen, sind möglicherweise nur dann erfolgreich, wenn sie im gleichen kulturellen Raum eingesetzt werden, aus dem die Ergebnisse stammen. Konkret: Die Befunde der Drogenforschung der USA beispielsweise können nicht uneingeschränkt auf andere Länder übertragen werden. Hinzu kommt, dass **Frauen** in mehrere Untersuchungen nicht einbezogen wurden und Studien an weissen Männern dominieren. Dies vermindert die Generalisierungsfähigkeit.

Ferner wäre es wünschenswert, dass vermehrt solche Längsschnittstudien durchgeführt werden, die nicht nur das vom Forschungsteam bevorzugte Erklärungsmodell berücksichtigen, sondern auch **alternative oder konkurrierende Erklärungsansätze**. Bis anhin zeichneten sich zwei "Lager" ab, die ihre jeweilige Position zu bestätigen versuchten, ohne aber die "andere Seite" auch zu berücksichtigen, obwohl mit relativ geringem Aufwand diese "Gegenposition" auch hätte mitüberprüft werden können. Die eine und historisch ältere, biologisch-genetische Position geht von der Annahme aus, dass Sucht eine Krankheit darstellt, die auf eine spezielle Disposition zurückzuführen ist. Diese Disposition wird als stabil und zu einem grossen Teil vererbt angenommen; und die Forschung wird in diesem Falle bestrebt sein, den Zusammenhang zwischen Vererbung, Disposition und späterem Suchtverhalten zu belegen. Psychosoziale Einflussgrössen werden dabei kaum berücksichtigt. Die Prävention richtet sich auf die Ermittlung von "Risikopersonen", denen Beratung oder Behandlung angeboten wird.

Die andere, psychosoziale Position geht von der Annahme aus, dass die Abhängigkeit kein stabiles Merkmal einer Person ist und weitgehend von Umweltbedingungen determiniert ist. Die Forschung wird bestrebt sein, die Abhängigkeit des Konsumverhaltens resp. der Sucht von den Umweltbedingungen zu belegen. Biologisch-genetische Gesichtspunkte, z.B. der Abusus der Eltern, werden kaum einbezogen. Präventive Bemühungen richten sich primär auf die Veränderung der Umweltbedingungen. - Wenn nun beide Positionen in ihren Längsschnittstudien auch Aspekte der "Gegenseite" integrieren würden, könnten am **gleichen Datensatz** die beiden unterschiedlichen Ansätze überprüft werden. Dies wäre ein grosser Vorteil gegenüber solchen Studien, die ausschliesslich darauf angelegt werden, die eigene Position zu verifizieren. Es würde auch der Erkenntnis entsprechen, dass das Konsumverhalten und die Abhängigkeit multi-kausal determiniert sind und dementsprechend interdisziplinäre Zusammenarbeit erfordern.

1.5.2 Neue Perspektiven in der Drogenforschung

Die neue Perspektive sieht in der Drogenproblematik nicht nur in erster Linie ein individuelles Problem, sondern ein **gesamtgesellschaftliches Phänomen**. Nicht nur der einzelne Raucher, Trinker, Paffer oder Fixer stehen im Blickfeld, sondern auch z.B. der Passivraucher, der "Co-Alkoholiker" und die "Alkoholiker-Familie", die peer-Gruppe der Haschischkonsumenten, die Dealer usw.. Es sind nicht mehr nur die Therapeuten und "Reparateure" der abhängigen Menschen involviert, sondern auch die Eltern, Erzieher, Vertreter der Gesundheitsbehörden, Beamte der Justiz und Polizei, Politiker und andere Personen.

In der Drogenforschung äussern sich solche Veränderungen z.B. darin, dass Untersuchungen nicht nur an selektierten Teilgruppen wie z.B. Klinikpopulationen oder Angehörigen von Drogenberatungsstellen durchgeführt werden, sondern an möglichst repräsentativen Bevölkerungsgruppen. Damit wird der "normale" Konsum in der Gesamtbevölkerung angesprochen, was bedeutet, dass ein **epidemiologischer Ansatz** herangezogen wird. Dahinter steht die Überlegung, dass die Entstehung einer Abhängigkeit nur dann erklärt werden kann, wenn zuerst die Entstehung des "normalen" Konsumverhaltens verstanden wird.

Die "Drogenwelle" und ihre zunehmende Ausbreitung - begleitet von wachsender Besorgnis in der Bevölkerung - führte sehr rasch auch zur Frage, wieviele Schüler bzw. Studenten schon Kontakte zu illegalen Drogen haben und wie häufig welche Drogen konsumiert werden. Als Reaktion folgten erste Repräsentativerhebungen zum illegalen Drogenkonsum in Schulen und Universitäten. Diese Studien führten zu einem neuen Forschungsansatz mit neuen Fragestellungen und Schwerpunkten.

Der Ansatz der **Epidemiologie** informiert uns, wie das Wort sagt, "über das, was auf dem Volke ist". Die Epidemiologie ist die Lehre von der Verteilung von Krankheiten, physiologischen Variablen und sozialen Folgen der Krankheit in menschlichen Bevölkerungsgruppen sowie die Lehre der Faktoren, welche diese Verteilung beeinflussen (Pschyrembel, 1990). Die Tätigkeiten des Epidemiologen sind beschreiben, analysieren und falls möglich auch experimentieren. Das Beschreiben beispielsweise sollte aber nicht nur darin bestehen, die Anzahl Klinikbetten für Suchtkranke einer Region anzugeben, sondern auch darin, Auskunft geben zu können, wieviele Personen einen gesundheitsgefährdenden Konsum haben und mit welchen Konsequenzen gerechnet werden muss. - Ergebnisse der Epidemiologie interessieren jene Personen, die sich mit dem Konsumverhalten in der "Normalbevölkerung" befassen, wie z.B. Personen aus dem öffentlichen Erziehungs- und Gesundheitswesen oder Personen, die mit präventiven Massnahmen zu tun haben, ferner Eltern, Lehrer, die Polizei, die Justiz und die Medien.[10]

Zur neuen Perspektive gehört ebenfalls, dass die Blickrichtung nicht mehr nur ausschliesslich auf die abhängige Person selbst, auf ihre psychopathologischen Merkmale oder auf die "Suchtpersönlichkeit" gelenkt ist. Die **breiter gefasste persönliche und soziale Situation sowie das weitere Umfeld** der Person rücken nun näher ins Zentrum. So werden z.B. persönliche Ressourcen, die Lebensgewohnheiten, Einstellungen und Werthaltungen zusammen mit Informationen zum Freundeskreis (peers) und zum weiteren sozialen Netz in die Problemanalyse einbezogen. Die Optik ist nicht mehr nur "defizitorientiert".
Die zunehmend globalere und ganzheitlichere Betrachtungsweise äussert sich auch darin, dass nicht nur eine Droge allein, z.B. die harten Drogen, sondern auch andere, **legale und illegale Substanzen** berücksichtigt werden. Die schnelle Verbreitung des Konsums illegaler Drogen in den siebziger Jahren hatte eine Vielzahl wissenschaftlicher Arbeiten zur Folge. Es war erstaunlich, wie die "traditionellen" und gesellschaftlich anerkannten Drogen **Alkohol und Tabak meistens ausgeklammert** wurden. Interessant für die Öffentlichkeit und auch für die Drogenforscher waren in

---

10) Kritische Bemerkungen über den Sinn epidemiologischer Daten hat De Lint (1982) vorgebracht. Er bezweifelt den Nutzen der überaus zahlreichen Schülerbefragungen über die Prävalenzermittlung, wenn viele andere Forschungsfragen praktisch unbeantwortet bleiben.

erster Linie die "neuen" Drogen Marihuana, Haschisch, LSD, Meskalin, die Opiate, später auch Kokain und Crack. So spricht Schenk (1975) wie erwähnt von der "übersehenen Droge Nikotin". Fazey (1977, S. 8) bemerkt dazu: "It is interesting that world-wide, the two most used of psychoactive drugs, nicotine and alcohol, perhaps even together only account for a minority of research into drug use." In dieser von der UNESCO unterstützten Bibliographie befassen sich nur gerade drei von insgesamt 25 aufgeführten Übersichtsarbeiten mit dem Tabakkonsum.

Mit einiger Verzögerung wurden diese beiden "Alltagsdrogen" wieder aufgenommen, so dass die Forschung auch in diesem Bereich - "dank" der illegalen Drogen! - revitalisiert wurde. Die Frage, warum (junge) Menschen in eine Abhängigkeit geraten, wurde nun plötzlich mit gleicher Deutlichkeit für den Alkohol- und den Tabakkonsum gestellt, ebenso die Frage, wieviele Personen welche Mengen davon konsumieren und in welchem Alter sie damit beginnen. Auch die Fragen nach der Sterblichkeitsrate und den volkswirtschaftlichen Kosten wurden für die legalen Drogen Alkohol und Tabak gestellt. Es erfolgten Berechnungen über die Zahl verlorener Lebensjahre infolge vorzeitigem Tod sowie Kostenberechnungen. Das brachte eine neue Dimension in die Diskussion um die legalen Drogen, weil die Zahlen alarmierender waren als diejenigen der illegalen Drogen. Es ist bemerkenswert, dass diese Überlegungen und Berechnungen erst mit dem Auftreten der illegalen Drogen entstanden und in der Öffentlichkeit diskutiert wurden - bemerkenswert auch deshalb, weil Alkohol und Tabak seit langem stark verbreitet sind und deren Schädlichkeit für die Gesundheit allgemein bekannt ist. Es brauchte offenbar diesen "Umweg" über die illegalen Drogen, um auf die noch ausgeprägtere Problematik bei den legalen Drogen Alkohol und Tabak zu stossen. Diese neue Sicht der Dinge bemüht sich um eine gleichwertige Betrachtung, Analyse und Beurteilung möglichst aller bewusstseinsverändernden Substanzen.

Die neue Blickrichtung verändert aber auch die zeitliche Fokussierung: Es ist nicht mehr nur der Zeitpunkt wichtig, zu dem die Abhängigkeit oder das auffällige Verhalten entsteht, sondern auch die Zeit davor und danach, d.h. die Phase des Konsumbeginns und der Progression sowie die Phase des späteren Konsumverlaufs (Verminderung, Remission, Rückfälle) werden mitberücksichtigt. Das Konsumverhalten wird also als **Prozess** verstanden. Dieser Prozess ist nicht allein abhängig von der individuellen Persönlichkeit oder Lebensgeschichte der betroffenen Person, sondern er ist eingebettet in einen allgemeinen **Entwicklungsprozess** mit bestimmten Entwicklungsphasen, welche die meisten Menschen durchlaufen. Kritische Phasen im Sinne markanter Lebensveränderungen finden wir z.B. in der Adoleszenz. In diese Phase fällt auch besonders oft der Beginn des Konsumierens von Drogen.

Diese Überlegungen zeigen, dass wir in Anlehnung an Vaillant's Buchtitel "The Natural History of Alcoholism" (1982) eine Beschreibung des "Naturgeschehens" benötigen, also eine Darstellung des "natürlichen" Verlaufsgeschehens. Das Ziel ist somit eine möglichst integrale Gesamtschau der **generellen Prozesse und Veränderungen**, die im Individuum, in seiner sozialen Situation sowie im übergeordneten gesellschaftlichen Rahmen ablaufen. Solche auf den Prozess bezogenen Fragen lauten etwa: Wann beginnen junge Menschen mit dem Konsum welcher Stoffe (Initiation)? Bildet sich dieses Verhalten wieder zurück? Wann und bei welchen Personen kommt es zu einer Progression, wann zu einem Rückgang oder zur Abstinenz? Welche situativen Umstände spielen eine Rolle?

In letzter Zeit ist das Interesse für prozesshafte Abläufe generell angewachsen. Die Adoleszenz und das Erwachsenenalter werden nicht mehr nur als Fortsetzung oder Projektion der Kindheit betrachtet, bei der die Weichen für das spätere Leben gestellt werden. Die menschliche **Entwicklung** wird vielmehr als ein Prozess verstanden, der in den verschiedenen Lebensphasen verändert und beeinflusst wird, nicht nur in der frühen Kindheit (Neugarten, 1979). Die explizite Ausrichtung auf Veränderungen im Konsumverhalten und im Umfeld ist deshalb sinnvoll. Auffällige Veränderungen im Konsumverhalten finden in einer Phase statt, die in der Entwicklungspsychologie allgemein als Phase des Übergangs von der Kindheit in das Erwachsenenalter begriffen wird (Nickel, 1976 u.a.). Merkmale dieser Übergangsphase sind u.a. die "Statusunsicherheit", die "Experimentiermöglichkeit" sowie die noch wenig ausgeformte sexuelle, berufliche und soziale Identität. Präventive Bemühungen, die auf diesen Zeitabschnitt ausgerichtet sind, werden die Ergebnisse der Entwicklungspsychologie dieser Phasen einbeziehen müssen. - Auf entwicklungspsychologische Aspekte und auf das Konzept der Entwicklungsaufgaben haben wir bereits in Kap. 1.3 hingewiesen.

Das Konsumverhalten ist nicht nur in einen entwicklungspsychologischen Prozess eingebettet, sondern mitgeprägt von **strukturellen Gegebenheiten** (Gesetzgebung, Verfügbarkeit und Griffnähe der Substanzen, Werbung etc.) und von einem bestimmten **Zeitgeist**. Dieser Zeitgeist umschliesst u.a. Hoffnungen, Werthaltungen und Erwartungen unserer Gesellschaft, aber auch Stereotypisierungen, die einem Wandel unterworfen sind. - Die neue Perspektive impliziert auch eine veränderte Optik bezüglich der **Theorienbildung**. Lange Zeit zentrierten sich die ätiologischen Konzepte vorwiegend um die Frage nach den Ursachen der Suchtbildung. Die abhängige, süchtige Person galt es zu behandeln, und aus dieser Situation entstanden theoretische Überlegungen hinsichtlich der Ursachen. Nun steht aber nicht mehr der bereits abhängige Patient im Zentrum, sondern es geht um repräsentative Teile der Bevölkerung, und zwar in unterschiedlichen Entwicklungsphasen (Beginn, Fortsetzung, Remission etc.). Dies bedeutet, dass das Blickfeld bei den theoretischen Ansätzen breiter gefasst und bestehende Theorien zur Suchtentstehung auf ihren Geltungsbereich neu überprüft werden müssen.

Veränderungen durch die neue Perspektive ergeben sich auch im **Forschungsinhalt**. Waren früher schon umfangreiche Studien hinsichtlich der pharmakologischen Wirkung einer Substanz durchgeführt worden, was mit dem Auftreten der illegalen Modedrogen noch intensiviert wurde, so war die Frage nach den **psychosozialen Konsequenzen** eines bestimmten Konsumverhaltens erstaunlicherweise kaum gestellt worden. Erst mit der neuen Sichtweise und der Frage nach dem natürlichen Verlauf des Konsumverhaltens in der Gesamtbevölkerung gewann dieser Ansatz an Bedeutung. Präventive Massnahmen werden sich nicht nur nach den pharmakologischen Wirkungen und den gesundheitlichen Beeinträchtigungen ausrichten, sondern auch auf die unerwünschten psychosozialen Konsequenzen in den Bereichen Familie, Partnerschaft, Schul- und Berufsausbildung, soziales Netz u.a.. Gerade aber diese Aspekte sind in der bisherigen Drogenforschung eindeutig zu kurz gekommen.

Auch in der **Forschungsmethodik** finden wir neue Ansätze. Um den Prozess und den zeitlichen Verlauf verfolgen zu können, müssen Personen idealerweise über einen längeren Zeitraum untersucht werden, und zwar nicht retrospektiv, sondern auf die Zukunft ausgerichtet. Es werden deshalb prospektive Längsschnittstudien an repräsentativen Populationen benötigt. Schliesslich ist der hermeneutisch-lebensgeschichtliche Forschungsansatz zu erwähnen, bei dem die selbstbezogene Vergangenheitsbeschreibung und subjektive Realitätskonstruktion ins Zentrum gestellt wird (z.B. die "ereignisbezogene Deutungsanalyse" von Schneider, 1984).

Ein anderer Aspekt dieser neuen Perspektive in der Drogenforschung betrifft die **Prävention**, auf die wir in Kapitel 1.6 eingehen werden.

1.5.3 Zum Stand der Literatur

Übersichtsarbeiten sind nicht nur für Forscher ein wertvolles Arbeitsinstrument, sondern im Falle des Drogenkonsums auch z.B. für Personen aus dem Gesundheitswesen und der Politik. In einigen Ländern hat sich in den letzten Jahren ein Bedürfnis nach einer umfassenden, national und international koordinierten Drogenpolitik herausgebildet, um den Problemen in Zusammenhang mit dem Konsum legaler und illegaler Drogen entgegenzutreten. Jede seriöse politische Strategie muss jedoch auf der besten Information und dem neuesten Erkenntnisstand basieren. Dazu werden zusammenfassende Darstellungen des erarbeiteten Wissens benötigt. Solche Übersichtsarbeiten aus dem Bereich der epidemiologisch orientierten Längsschnitt-Drogenforschung und somit zum Prozess und Verlauf sind jedoch zur Zeit (noch) selten. Dieser Umstand wird auch von der WHO beklagt (Fillmore 1988). - In der von der UNESCO herausgegebenen kommentierten Bibliographie (Fazey, 1977) sind 25 Übersichtsarbeiten aufgeführt, aber keine davon basiert auf Längsschnittstudien. Auch wird keine Bibliographie über diese Thematik aufgeführt.

1988 ist nun eine erste wichtige Übersicht von Fillmore über den Stand der Alkoholforschung erschienen. Sie konnte über 90 Längsschnittstudien ausfindig machen, die bis in die Zwanzigerjahre zurück reichen. In ihrer Retrospektive zeigt sie, dass einige Studien praktisch unausgewertet blieben. Manche wiederum enthielten wertvolle Daten, mit denen ohne zusätzlichen Aufwand konkurrierende Hypothesen hätten überprüft werden können. Eine andere Gruppe von Studien befasst sich mit der gleichen Forschungsfrage, aber zu unterschiedlichen Zeitepochen. Die Ergebnisse hätten also verglichen werden können, was aber nicht erfolgte. Fillmore kommt zum Schluss, dass das vorhandene wertvolle Datenmaterial von Längsschnittstudien zuwenig ausgewertet worden ist. Dies mag erstaunen, da ja gerade Längsschnittstudien besonders aufwendig sind und umfassende Auswertungen nach erfolgter Datenbeschaffung dann auch durchgeführt werden sollten. Im weiteren stellt Fillmore einen Mangel an Übersichtsarbeiten und Meta-Analysen fest. Meta-Analysen seien durchaus nicht unrealistisch, da sich viele Studien - zumindest teilweise - der gleichen Fragestellung zugewandt hätten.

Ihr Forschungsschwerpunkt konzentriert sich auf die Prävalenz, Inzidenz und Chronizität der Trinkmuster in der Allgemeinbevölkerung, und zwar möglichst über alle Lebensabschnitte, von der Jugend bis ins Alter. Hypothetisch geht sie davon aus, dass in der Jugend eine hohe Prävalenz und Inzidenz für problematisches Trinken besteht, die sich mit zunehmendem Alter vermindert, und dass die Rate für chronisches Trinken im mittleren Lebensabschnitt am höchsten ist. Innovativ an diesem Ansatz ist ihr methodisches Vorgehen im 1988 begonnen "Collaborative Project of Alcohol-Related Longitudinal Project", bei dem alle verfügbaren und geeigneten Datensätze von Längsschnittstudien zusammengefügt und über den neuen Gesamt-Datensatz eine Meta-Analyse durchgeführt werden soll (Publikation in Vorbereitung).

In ihrer Übersicht greift Fillmore ferner drei Aspekte heraus: a) die "antisoziale Hypothese" (Antisoziale Verhaltensweisen in der Jugend und Adoleszenz sind mit Alkoholproblemen im späteren Leben verbunden), b) den genetischen Einfluss auf den Alkoholabusus und c) den Einfluss der sich verändernden Umwelt auf das Alkoholproblem ("natural experiments"). Sie untersucht die diesbezüglich relevanten Längsschnittstudien und diskutiert deren Ergebnisse. Eine systematische Analyse wird allerdings nicht vorgelegt.

Zusammenfassend ist bei dieser Übersicht v.a. innovativ, dass relevante Fragestellungen herausgearbeitet werden und eine methodisch neuartige Form der Metaanalyse der Originaldaten durchgeführt wird.

Während ein grosser Mangel an Übersichtsarbeiten und Meta-Analysen der vorhandenen Längsschnittstudien besteht, finden wir jedoch eine beachtliche Anzahl von **Sammelbänden** und **Monographien**. Dazu gehören:

Eine der ersten grossen Publikationen über die Bedeutung von Risikofaktoren für den Drogenkonsum Jugendlicher wurde 1976 unter dem Titel "Predicting adolecent drug abuse" von Lettieri herausgegeben. Im Zentrum steht die zeitgebundene Vorhersage (time-bound prediction), bei der das später auftretende Konsumverhalten aufgrund von zeitlich früher erfassten Merkmalen vorhergesagt werden soll. Bei 4 von 19 Beiträgen werden Ergebnisse von Längsschnittstudien vorgestellt.

1977 erschien die Monographie von Jessor & Jessor, "Problem Behavior and Psychosocial Development", in der die verschiedenen Längsschnittanalysen der Arbeitsgruppe von Jessor enthalten sind. Zentral ist die "Problem Behavior Theory", bei der verschiedene Aspekte des Problemverhaltens von Schülern und Studenten unter Einbezug der Längsschnitt-Methodologie untersucht werden. Diese wichtige Arbeit trug dazu bei, dass andere Forscher den Ansatz von Jessor übernahmen und einer Replikation unterzogen (u.a. Schlegel et al., 1985). - Eine Übersicht bezüglich des Marihuanakonsums folgte 1979: Marihuana: A Review of Recent Psychosocial Research, (Jessor, R., 1979).

Den wichtigsten Sammelband zur vorliegenden Thematik gab Kandel (1978) unter dem Titel "Longitudinal Research in Drug Use" heraus. Er enthält die bis dahin erschienenen wichtigsten Längsschnittstudien (20 abgeschlossene und 3 damals noch laufende Studien) und eine ausgezeichnete Integration des damaligen Wissensstandes. Eine ähnlich umfassende Darstellung ist seither nicht mehr erschienen. Die Autorin hat später weitere Arbeiten herausgegeben: Kandel: Convergences in Prospective Longitudinal Surveys of Drug Use in Normal Populations (1979); und Kandel: Drug Use by Youth: an Overview (1980).

Eine wichtige Monographie von Bachmann, O'Malley & Johnston mit dem Titel "Youth in Transition" erschien 1978. Diese Arbeit enthält die Ergebnisse einer 8-Jahres-Längsschnittstudie junger Männer (1966-1974) mit insgesamt fünf Befragungen.

1980 erschien die hypothesenorientierte Arbeit "Predicting Adolescent Drug Use" von Bauman. Er untersucht darin die Sequenz von den "antecedents" über die "utility structure" zum Drogenkonsum.

Robins & Smith (1980) publizierten den Übersichtsartikel "Longitudinal Studies of Alcohol and Drug Problems", der v.a. auf Alkoholprobleme bei Frauen ausgerichtet ist.

Die Übersichtsarbeit von Edwards & Busch (1981) "Drug problem in Britain: Review of ten Years" enthält einen Beitrag über "Longitudinal studies of drug dependence", der auf abhängigen Personen basiert.

Eine wichtige Arbeit mit dem Titel "The natural History of Alcoholism" von Vaillant erschien 1983. Sie enthält die Ergebnisse einer Längsschnittstudie (core city sample) mit einer Dauer von über 40 Jahren.

Im 1984 erschienenen Sammelband "Longitudinal Research in Alcoholism" von Goodwin, Van Dusen & Mednick werden in erster Linie Ergebnisse von Längsschnittstudien an alkoholabhängigen Personen vorgestellt. Die Arbeit zeigt die Vielfalt der Längsschnitt-Methodologie innerhalb der Alkoholismusforschung.

1985 publizierte Robins den Sammelband "Studying Drug Abuse". Diese Arbeit enthält u.a. einen Artikel über die Frage der Progression vom Marihuanakonsum zu anderen illegalen Drogen.

Brennan, Walfish & AuBuchon (1986) haben eine Übersichtsarbeit vorgelegt, die sich mit dem Alkoholkonsum im College und dem späteren Trinkverhalten befasst. U.a. geht es um die Differenzierung zwei verschiedener Typen, des Trinkens aufgrund persönlicher Probleme resp. erhöhter Reizorientierung.

Plant, Peck & Samuel (1985) publizierten in ihrer Monographie "Alcohol, Drugs and School-leavers" die Ergebnisse einer 4-Jahres-Längsschnittstudie schottischer Schüler.

Einen Sammelband über Adoleszenz und Alkohol haben Mayer & Filstead (1989) vorgelegt. Die insgesamt 17 Artikel geben eine breite Übersicht über die Thematik. Es werden aber keine Längsschnittstudien einbezogen.

In der deutschsprachigen Literatur steht uns die Monographie von Schenk (1979) zur Verfügung, die eine Wiederholungsbefragung an Bundeswehrrekruten enthält.

In den beiden Arbeiten von Sieber & Angst (1981) und Sieber (1988) geht es u.a. um die Ergebnisse einer 3- resp. 12-Jahres-Längsschnittstudie an jungen Männern aus dem Kanton Zürich. Im Gegensatz zu den meisten Längsschnittstudien, die an Studenten durchgeführt wurden, basiert diese Arbeit auf einer voll-repräsentativen Alterskohorte. Der Konsum illegaler Drogen wird gleichwertig mit dem Alkohol- und Tabakkonsum ausgewertet, verhindert also die einseitige Fokussierung auf illegale Drogen.

Eine Zusammenstellung über Langzeituntersuchungen von Alkoholikern hat auch Ernst (1989) vorgelegt.

Es existiert somit eine beachtliche Literatur zur Längsschnittsthematik. Auch die Anzahl der Längsschnittstudien kann als befriedigend bezeichnet werden. Im "Guide to the Drug Research Literature" aus dem Jahre 1979 (Austin, Macari & Lettieri, 1979) sind unter dem Stichwort "Longitudinal" bereits 66 Arbeiten aufgeführt. Allerdings handelt es sich dabei in erster Linie um follow-up Studien bei abhängigen Personen, insbesondere Heroinabhängigen. Auch andere Zielgruppen wie Teilnehmer eines Methadonprogrammes, einer Rehabilitationseinrichtung, Straffällige sowie schwangere Frauen sind wiederholt in Längsschnittstudien einbezogen worden. Untersuchungen an repräsentativen Stichproben sind dagegen wesentlich seltener.

Was jedoch eindeutig fehlt sind zusammenfassende Arbeiten und Analysen über inhaltlich oder methodisch homogene Gebiete innerhalb der Längsschnittforschung, ferner auch Meta-Analysen. Das erwähnte Projekt einer Meta-Analyse verschiedener Studien von Fillmore (1988) stellt eine Ausnahme dar. Die hier vorgelegte Arbeit soll einen Beitrag zu diesem bisher kaum in Angriff genommenen Forschungsbereich liefern.

1.5.4 Antezendenz- und Konsequenzforschung

Auch wenn heute die epidemiologische Betrachtungsweise stärker beachtet wird als früher, so bleibt die wichtige Frage nach den verschiedenen **Ursachen** des Drogenkonsums resp. der Abhängigkeit sowie die Frage nach den Konsequenzen dennoch bestehen. Aber sie muss nun differenzierter und breiter gestellt werden: Breiter, weil repräsentative Bevölkerungsgruppen und nicht nur Klinikpopulationen in die Abklärung der Ursachen einbezogen werden; differenzierter, weil nicht mehr nur nach den Ursachen der Abhängigkeit gefragt wird, sondern auch nach den Vorläufern für den **Beginn** des Konsumverhaltens (Einstieg), für die **Fortsetzung** und Steigerung und für die **Beendigung** des Konsums, d.h. der prozesshafte Charakter wird explizit in die Ursachenfrage aufgenommen. Es zeigt sich mehr und mehr, dass bei den einzelnen Phasen des individuellen Konsumverlaufs (Einstieg, Fortsetzung etc.) vermutlich verschiedene Bedingungsfaktoren relevant sind, so dass der Prozess des Konsumverlaufs auch aus ätiologischer Sicht sinnvollerweise in kleine Einheiten aufgeteilt wird.

Da das Konzept von Ursache und Wirkung in der sozialwissenschaftlichen Forschung generell problematisch ist (Epstein, 1978), ist es angemessener, "bescheidenere" Begriffe für das zu verwenden, das als "Ursache" und "Wirkung" konzeptualisiert wird. Für die "Ursachen" werden häufig die Begriffe Prädiktoren, Risikofaktoren und Bedingungsfaktoren, im Englischen predictors, risk-factors sowie antecedents verwendet. Für die "Wirkungen" finden wir die Begriffe Folgen, Konsequenzen resp. outcome, consequences.

In der vorliegenden, ätiologisch ausgerichteten Arbeit werden die Begriffe "Antezedenz" resp. "Antezedenzien" verwendet. Die Bezeichnung "Antezedenzien" wurde im Deutschen bisher wenig verwendet, sie entspricht dem hier angesprochenen Sachverhalt aber sehr gut. Brandtstädter (1982) etwa spricht von "präventiven Veränderungen der Antezedenzbedingungen" (S. 51), und auch Stäcker & Bartmann (1974) verwenden den Begriff. - Im Englischen sind die beiden Begriffe "antecedents" und "consequences" durchaus gebräuchlich. Im WHO-Memorandum (WHO, 1981) wird z.B. erwähnt: "For example, there is a need to develop reliable and valid methods of assessing the antecedents, the patterns of use, and the consequences of drug use." (p. 241). In der Übersichtsarbeit von Kandel (1978) erscheinen beide Begriffe wiederholt. In der durchgeführten Literaturrecherche (s. Kap. 2.5) sind die Begriffe im Titel von fünf Längsschnittstudien enthalten.

Gemäss Duden (1982) werden unter "Antezedenzien" frühere Lebensumstände verstanden. Solche Lebensumstände sind eher vage und unscharf umrissene Ereignisse, was der Wirklichkeit in der psychosozialen Forschung besser entspricht als der aus der Physik entliehene Ursachenbegriff. Der Antezedenzbegriff impliziert einen zeitlichen Ablauf. Antezedenzien sind Vorläufer. Es ist das, was im Vorfeld vorhanden ist, aber nur unter bestimmten Bedingungen zum Risikofaktor für ein später eintretendes Ereignis wird.

Das Konzept der Risikofaktoren
Der Risikofaktorenbegriff wird in der Epidemiologie und Präventivmedizin zunehmend häufiger verwendet. Risikofaktoren sagen Krankheiten im Sinne einer Wahrscheinlichkeit voraus. Eine enge Definition des Ausdrucks setzt voraus, dass eine kausale Beziehung zwischen dem Faktor und der Krankheit selbst nachgewiesen ist (Epstein, 1978). Viele Autoren verwenden "Risikofaktoren" aber auch, wenn ein endgültiger Nachweis noch aussteht. Der Risikofaktorenbegriff ist in der Medizin u.a. in Zusammenhang mit den Koronarkrankheiten und der Artherosklerose verwendet worden. Zumindest für diese beiden Krankheiten wird von Epstein (1978) ein Kausalzusammenhang zwischen den Risikofaktoren und der Krankheit als erwiesen betrachtet.

Der Risikofaktorenbegriff impliziert aber eine etwas "eilfertige" Schlussfolgerung auf die Notwendigkeit entsprechender Präventionsanstrengungen. Risiken sollen ausgeschaltet oder unwirksam gemacht werden. Damit ist implizit ein Ursache-Wirkungs-Zusammenhang postuliert, der nicht gerechtfertigt ist. Der epidemiologische Zusammenhang zwischen Risikofaktor und kritischem Ereignis repräsentiert die Wahrscheinlichkeit eines statistischen Risikos, aber keine kausale Beziehung. Gerhardt (1982) hat die Kritik am Risikofaktorenkonzept zusammengefasst. Für sie ist das Risikofaktorenkonzept durch ein defizitäres Menschenbild gekennzeichnet. Sie schreibt (S.67): "Der Mensch gilt als Objekt der pathogenen Wirkungen von Risikoeinflüssen aus seiner Umwelt; je nach Schwere und Häufung der multiplikativ angreifenden Risiken entscheidet sich die Erkrankungswahrscheinlichkeit; die Person wird auf das

Kräfteparallelogramm einer experimentell simulierbaren Stimulus-Response-Resultante reduziert".

Die Frage der Kausalität bei Risikofaktoren ist nach Epstein (1978) u.a. deshalb so entscheidend, weil es ethisch nur verantwortbar ist, risikobehaftete Menschen über ihren Zustand zu informieren, falls Präventionsprogramme zur wahrscheinlichen Verringerung des Risikos zur Verfügung stehen. Sonst wäre es nicht richtig, Menschen zu verängstigen, ohne ihnen Hoffnung auf Hilfe geben zu können.

Zum Nachweis der Kausalität hat Lilienfeld (1976) zehn Postulate vorgelegt, welche das bisherige Postulat über den Nachweis einer "notwendigen und zureichenden" Ursache ergänzen und erweitern. - In den Sozialwissenschaften wird der Begriff "Risikofaktor" weniger häufig verwendet.11) Gründe dafür liegen in der Erfahrung, dass eine gesundheitliche Störung als eindeutig multikausal betrachtet wird und komplizierter ist als etwa eine infektionsbedingte Erkrankung. Auf der Seite der Prävention stehen zudem keine so anerkannten Präventionsmassnahmen zur Verfügung wie z.B. bei den koronaren Erkrankungen. Dies führt zu einem sehr vorsichtigen Umgang mit Begriffen, die Kausalität implizieren. Ferner wird der Risikofaktorenbegriff als einseitig und präjudizierend kritisiert, indem er primär von einer individuumszentrierten Verursachung ausgeht und gesellschaftliche und kulturelle "Risikofaktoren" ausser acht lässt. - Auf die Verwendung des Risikofaktorenbegriffs in Zusammenhang mit dem Konsum von legalen und illegalen Drogen soll deshalb verzichtet werden.

Aufgrund dieser Überlegungen ist es angebracht, einen Begriff zu verwenden, der weniger direkt mit kausalen Schlussfolgerungen verknüpft wird. Der Antezedenzbegriff ist deshalb besser geeignet als der Risikofaktorenbegriff. (Eine Auseinandersetzung mit dem Risikofaktorenkonzept findet sich bei Franzkowiak, 1986.)

Zu den Konsequenzen
Für die "Wirkungen" haben wir weniger passende Begriffe zur Verfügung. Die Bezeichnung "Konsequenzen" tönt etwas absolut und fixiert. Sie erweckt den Anschein, als ob es nur der Drogenkonsum wäre, der zu diesen Konsequenzen führt. Gemeint sind eigentlich die "möglichen" Konsequenzen. Da wir keinen geeigneteren Begriff gefunden haben, sprechen wir in der vorliegenden Arbeit von "Konsequenzen", meinen aber damit stets "mögliche Konsequenzen" des Konsumierens.

Antezedenzien können spezifisch oder unspezifisch wirken. Spezifische Antezedenzien sind solche, welche nur zur Entstehung **einer** Krankheit oder Verhaltensweise beitragen. Unspezifische Antezedenzien sind Grössen, die den Hintergrund bilden,

---

11) Der Begriff "Risikoindikator" ("risk marker"), der die Frage nach der ursächlichen Beziehung eher offen lässt, hat sich bisher nicht durchgesetzt.

vor dem sich verschiedenartige Störungsformen entwickeln. Sie werden eher Gegenstand einer allgemeinen, gesundheitsfördernden Prävention sein als substanzspezifische Antezedenzien. - Auch bei den Konsequenzen können wir diese Unterscheidung treffen. Spezifische Konsequenzen wären Folgeerscheinungen eines klar umschriebenen Konsumverhaltens, so z.B. Konsequenzen des Heroingebrauchs. Unspezifische Konsequenzen sind Folgeerscheinungen, die bei unterschiedlichen Konsumformen auftreten.

Die Erfassung der Konsequenzen des Konsumierens und des Konsummissbrauchs ist in erster Linie für die Prävention wichtig. Schwerwiegende und häufig auftretende Konsequenzen werden hinsichtlich präventiver Bemühungen sicher Vorrang erhalten. Die Konsequenzen sind in der vorliegenden Literaturanalyse stets als Konsequenzen des Konsumverhaltens konzipiert und empirisch erfasst worden. Das Konsumverhalten wird als Antezedenz der später aufgetretenen Konsequenzen betrachtet. Damit ergeben sich auch hier wie bei der Antezedenzforschung Probleme bezüglich der Kausalität. Das Konsumverhalten resp. der Missbrauch kann eine mögliche Ursache der später auftretenden Konsequenzen sein, dies ist aber nicht zwingend. Es ist durchaus denkbar, dass andere Faktoren, die mit dem Konsumverhalten korreliert sind, eine wichtigere Bedeutung hinsichtlich der Konsequenzen haben als das Konsumverhalten. (Dies kann in der multivariaten Korrelationsanalyse ermittelt werden.) Für die Prävention ist dieser Punkt u.U. entscheidend. Bei der Interpretation bivariater Zusammenhänge ist deshalb entsprechend Vorsicht geboten.

Schliesslich sei noch auf folgendes verwiesen: Wenn der Konsummissbrauch aufgrund empirischer Ergebnisse und des Theoriewissens mit grosser Wahrscheinlichkeit zu bestimmten Konsequenzen führt, so ist es für die Prävention nicht zwingend, diesen Konsummissbrauch zu beeinflussen. Unter Umständen ist es einfacher, das Auftreten der unerwünschten Konsequenzen mit anderen Interventionen zu verhindern.

Interessant ist die Kombination der Konsequenzenforschung mit der Antezedenzenforschung, da beide Bereiche das Konsumverhalten als zentrale Grösse einbeziehen. Bei schwerwiegenden Konsequenzen, die aufgrund eines bestimmten Konsumverhaltens zustande kommen, werden die relevanten Antezedenzien gerade dieses Konsumverhaltens besonders wichtig. Die Antezedenzforschung wird sich diesen Antezedenzien stärker zuwenden als anderen, weniger relevanten Einflussgrössen.

1.5.5 Längsschnittstudien: Möglichkeiten und Grenzen
In der epidemiologischen Drogenforschung schliessen bemerkenswert viele Publikationen mit dem Hinweis, dass die Interpretation der gefundenen Ergebnisse hinsichtlich Ursache und Wirkung nicht eindeutig seien und deshalb Längsschnittstudien durchgeführt werden müssten. In der Tat ist es bei der Mehrzahl der publizierten Studien, die überwiegend dem Paradigma der Querschnittserhebung entsprechen, nicht

möglich, Aussagen zur Kausalität zu formulieren. Obwohl diese Einschränkung bekannt ist, werden in vielen dieser Querschnittstudien Schlussfolgerungen bezüglich Entwicklung und Veränderung gezogen. Solche Aussagen sind kaum abgesichert und oft auch irreführend. Erst wenn die Dimension Zeit einbezogen ist, können Veränderungen und Entwicklungen betrachtet und daraus mögliche Schlussfolgerungen für den künftigen Verlauf abgeleitet werden.

Längsschnittstudien haben gegenüber Studien mit nur einem Messpunkt folgende Vorteile:

1. Intraindividuelle Veränderungen im Konsumverhalten können erfasst werden (Zunahme, Abnahme).

2. Dies gilt auch für psychosoziale Merkmale, die im Vorfeld der Konsuminitiation oder möglicherweise mit den Veränderungen des Konsumverhaltens in Verbindung stehen.

3. Die Konsuminitiation und der Konsumverlauf können aufgrund der vorangehenden psychosozialen Merkmale (Prädiktoren) vorhergesagt werden. Auch kann die Güte der Vorhersage ermittelt werden. Dies gilt ebenso für die später auftretenden Konsequenzen des Drogenkonsums.

4. Sofern mindestens drei Erhebungszeitpunkte vorliegen kann der **Zeitpunkt** von Veränderungen im Konsumverhalten oder bei psychosozialen Merkmalen eruiert werden (z.B. früher versus später Einstieg). Ferner kann die Verbindung von Antezedenzien mit Konsequenzen des Drogenkonsums hergestellt werden.

Es gibt wesentlich mehr Querschnittstudien (cross-sectional studies) als Längsschnittstudien (longitudinal studies, follow-up studies). Gründe für die geringe Verbreitung von Langzeitstudien liegen im viel grösseren Arbeitsaufwand und damit auch bei den höheren Kosten, bei der notwendigen administrativen Kontinuität, bei methodischen Problemen der Erfassung von Veränderungen, in den Schwierigkeiten in Zusammenhang mit der "Panelsterblichkeit" u.a.m. (s. Kap. 2.8).

Erfreulicherweise hat die Zahl der Längsschnittstudien in den letzten beiden Jahrzehnten zugenommen. Dies hat einmal mit der Tatsache zu tun, dass das generelle Interesse für Veränderungsprozesse und Entwicklungen im psychosozialen Bereich angestiegen ist, nachdem es als Mangel empfunden wurde, dass nur sehr wenige deskriptive Angaben über diese Prozesse in der Normalbevölkerung bekannt sind. Diese Neuorientierung ist auch von der modernen Entwicklungspsychologie mitgeprägt worden. - Wichtig war ferner, dass kausalitäts-orientierte Erklärungskonzepte zunehmend an Beachtung gewannen und anhand der Empirie geprüft werden sollten. Kausale Aussagen zu formulieren ist seit jeher ein Ziel wissenschaftlicher Arbeit. Das sollte - soweit dies überhaupt möglich ist - auch in sozialwissenschaftlichen Bereichen realisiert werden, und Längsschnittstudien bieten dafür eher die Möglichkeit als Querschnittsstudien. Für die statistische Fundierung präventiver Prognosen gilt die längsschnittliche Datenerhebung als die Methode der Wahl (Brandtstädter, 1982).

Aber auch Längsschnittstudien eröffnen, und dies muss hier gesagt werden, keinen direkten Zugang zu kausalen Vorgängen. Sie ermöglichen uns jedoch die Anordnung der Beobachtungen auf der Zeitachse, quasi auf einer Zeitmatrix. Diese zeitliche Anordnung hilft, gewisse Hypothesen über den Wirkungszusammenhang zu untermauern, indem alternative Kausalerklärungen eliminiert werden können, weil diese aufgrund der vorgegebenen zeitlichen Struktur ausgeschlossen oder als höchst unwahrscheinlich eingestuft werden können.

Ein wichtiger Grund für das angestiegene Interesse an Längsschnittsanalysen war die Verbesserung des methodischen Instrumentariums zur Analyse von Veränderungen. Mit der Entwicklung von Analyseverfahren, die Strukturmodelle mit latenten Faktoren überprüfen können (LISREL von Jöreskog & Sorbom, 1978; EQS von Bentler, 1986), wurde eine wesentliche Verbesserung der herkömmlichen pfadanalytischen Verfahren erreicht, die den Anforderungen für eine adäquate Datenanalyse sozialwissenschaftlicher Daten besser gerecht werden als die klassischen Analyseverfahren. (Dazu siehe auch Abschnitt 1.5.1).

1.5.6 Zur Kritik an der quantitativen Drogenforschung

Gemäss Schneider (1984) häufen sich kritische Arbeiten, die den traditionellen empirischen, auf prinzipielle Messbarkeit zielenden Wissenschaften vorwerfen, die unmittelbare Lebenspraxis der Subjekte sowie diese selbst zu ignorieren. Besonders gross ist nach ihm das Unbehagen gegenüber einer nur statistisch ausgerichteten Umfrageforschung. Es scheint, als bekomme die "Herrschaft des Funktionalismus und der empirischen Forschung unter dem Primat des Fragebogens und der repräsentativen Stichprobe ... Alterserscheinungen" (Schneider, 1984, S. 59). Im Gegensatz dazu steht die Forderung nach einer ideographischen, den Einzelfall beschreibenden qualitativ verfahrenden Methodik. Die Ausblendung der Subjektivität führt zu statistischen Konstrukten, bei denen die individuelle Erlebnisqualität, die Vorlieben, Wünsche und Hoffnungen der Menschen nicht berücksichtigt werden. Eine qualitativ ausgerichtete Forschung betont die Konstruktion der Wirklichkeit durch die Individuen. Während nomothetische Forschungsansätze - meist mit Hilfe eines standardisierten Fragebogens - nach allgemeinen, wiederkehrenden Gesetzmässigkeiten suchen, versuchen ideographisch ausgerichtete Forschungsansätze, Handlungs- und Ereignisketten aus der Perspektive der Untersuchungspersonen zu erschliessen. Bei der nomothetisch-analytischen Methode kommt es u.a. auf die Grösse der untersuchten Stichprobe an, währenddessen eine ideographisch ausgerichtete Forschung meist ver-

"auf der Basis nur einer Person, aber in der Regel unter Hinzuziehung zusätzlicher Materialien ... induktiv Regelmässigkeiten zu entdecken" und darauf aufbauend "tentative Hypothesen" zu formulieren (Hoerning, 1980, S. 683).

Es ist verständlich, wenn sich die Gegenseite des nomothetischen Ansatzes, die ideographische Position, bei der quantitativen Sozialforschung kritisch zu Wort meldet. Mit Fragebogenerhebungen an Hunderten von Personen ist es in der Tat nur sehr beschränkt möglich, die Lebenssituation und Erlebnisqualität der befragten Personen einzufangen. Diesem methodischen Ansatz sind eindeutig Grenzen gesetzt. Nur braucht er deswegen nicht gerade als "Alterserscheinung" (s. oben) disqualifiziert zu werden. Die quantitative Sozialforschung hat die Qualität ihrer Aussagen immer wieder zum Gegenstand der Forschung gemacht und ihre Limitierung aufgezeichnet. Eine grosse Zahl von Studien zur Verlässlichkeit und Validität ihrer Befunde sind erschienen. Gerade das quantitative Vorgehen ermöglicht, dass die Validität der Angaben geprüft werden kann. Dieses Bemühen um die Validitätsklärung ist bei der ideographischen Forschungstradition weniger ausgeprägt. - Der Vorwurf, die individuelle Erlebnisqualität werde von der quantitativen Forschung nicht berücksichtigt, trifft sicher nicht überall zu. Zahlreichen Fragebogenerhebungen sind zuerst Pilotstudien vorausgegangen, bei denen in Tiefeninterviews - unter Verwendung des ideographischen Ansatzes - die Lebenssituation und Erlebnisqualität umfassend erfasst wurden, um daraus einzelne Aspekte in standardisierter Form in der "quantitativen" Analyse via Interview oder Fragebogenerhebung zu bearbeiten. - Was die hier relevanten Längsschnittstudien betrifft, so wird mit der Methode der wiederholten Befragung der gleichen Personen eine Längsschnittperspektive erfasst, die dem Anliegen des ideographischen Ansatzes entgegenkommt, indem eine Person möglichst umfassend in ihrem lebensgeschichtlichen Ablauf einbezogen wird.

Obwohl wir hier nicht näher auf die Kontroverse zur qualitativen versus quantitativen Sozialforschung eingehen können, soll an zwei Beispielen zur ideographischen-orientierten Drogenkonsumforschung kurz angedeutet werden, welche Schwierigkeiten bei diesem Ansatz auftreten können:

Schneider (1984) hat in seinem Buch "Biographie und Lebenswelt von Langzeit-Cannabiskonsumenten" eine "ereignisbezogene Deutungsaktanalyse" vorgenommen. Dazu hat er biographische Interviews mit Langzeit-Cannabiskonsumenten und Nichtkonsumenten durchgeführt. Die Arbeit enthält eine ausführliche und fundierte Darlegung des biographischen Ansatzes und der ereignisbezogenen Analyse von Deutungsakten.

Insgesamt wurden 13 Personen mit Langzeit-Cannabiskonsum und 9 Personen der "Kontrastgruppe" ohne Langzeit-Cannabiskonsum in einem 2-4stündigen Interview befragt (retrospektiv angelegte Befragung). Ein wichtiger Aspekt war dabei die Überprüfung der Behauptung, chronischer Cannabiskonsum führe zu psychotischen Episoden oder zum sog. "amotivationalen Syndrom". Beide Behauptungen konnte Schneider nicht bestätigen. "Die Ergebnisse können zeigen, dass es möglich ist, Cannabis über einen längeren Zeitraum zu konsumieren, ohne das Merkmale eines amotivationalen Syndroms zwangsläufig auftreten." (Schneider, 1984, S. 326). Auf seine Studie Bezug nehmend schreibt er 1986: "Neben zahlreichen amerikanischen Studien konnte in jüngster Zeit eine Studie über die Biographie und Lebenswelt von Langzeit-Cannabiskonsumenten diese Behauptungen widerlegen." (Schneider, 1986, S. 55).

Aufgrund welcher Daten wird die Behauptung des Auftretens psychotischer Episoden und des amotivationalen Syndroms widerlegt? Wir sehen, dass es retrospektive Interviews an lediglich 13 Langzeit-Cannabiskonsumenten sind, die alle sozial integriert sind und nur in ihrer Freizeit konsumieren. Zehn der 13 haben Abitur. Es scheint nicht sehr verwunderlich, wenn bei diesen 13 integrierten und überdurchschnittlich gebildeten Konsumenten keine psychotischen Episoden und kein amotivationales Syndrom gefunden wird. Die Basis für eine Widerlegung des Auftretens dieser psychischen Störungen ist somit sehr schmal.

Die gleiche Problematik besteht auch in der detaillierten Buchpublikation von Franzkowiak (1986). Hier wird ausführlich über das Risikoverhalten (Alkohol, Rauchen), über Gesundheitskonzepte und Gesundheitsbewusstsein Jugendlicher gesprochen, wobei zudem noch zwischen Früh- und Spätadoleszenten unterschieden wird. Geht man nun z.B. der Aussage "Die 17-/18jährigen und älteren Gymnasiasten zeichnen sich durch eine soziale Kontrolle des Alkoholgenusses aus,..." (S. 183) nach, und stellt fest, auf wievielen Tiefeninterviews dies basiert, so sehen wir, dass es lediglich 9 Gymnasiasten waren und dass sich die Untersuchung insgesamt auf nur 40 Jugendliche bezieht.

Aus diesen Beispielen wird die Grundproblematik des ideographischen Ansatzes deutlich: Es werden an einigen wenigen Personen zwar sehr ausführliche Interviews durchgeführt, aber die Befunde werden dann z.T. in einer Art und Weise generalisiert, die keineswegs abgestützt und gerechtfertigt ist. Die Existenz des amotivationalen Syndroms im oben erwähnten Beispiel kann kaum aufgrund der Aussagen von 13 Personen widerlegt werden, zumal sich darunter nur gut integrierte Freizeitkonsumenten befinden. Damit soll nicht die Nützlichkeit des ideographischen Ansatzes geschmälert werden. Aber der Ansatz hat einen eingeschränkten "Einsatzbereich" und kann nur einen Teil der wissenschaftlich relevanten Fragestellungen beantworten. Die angesprochene Frage des amotivationalen Syndroms und des Auftretens psychotischer Episoden ist eine Fragestellung, die von der "quantitativen" Sozialforschung besser beantwortet werden kann als mit dem "qualitativen" Ansatz.

1.5.7 Kann epidemiologische Drogenforschung kritisch sein?

Die Drogenforschung beschäftigt sich mit einem Gegenstand, der die Menschen oft heftig bewegt. Der Anblick eines Fixers, der eine Spritze in seinen freigelegten Arm presst, lässt kaum einen Betrachter unbeteiligt. Die Ansammlung verwahrloster Alkoholiker an kältegeschützten Orten erregt Mitleid, aber auch Anstoss, wenn sie sich z.B. vor einem Geschäftseingang plazieren. Die Drogenproblematik ist nicht von den subjektiven, moralischen Wertvorstellungen des Betrachters losgelöst zu diskutieren. Zu ihr kann man kaum ein neutrales Verhältnis haben, die subjektive Reaktion ist emotional und wertend, also verurteilend, anerkennend, tolerierend, beschämend usw..

Die epidemiologische Drogenforschung erscheint nun in mancher Hinsicht so, dass der Gegenstand "Drogenkonsum" losgelöst von dieser Betroffenheit quasi wertneutral betrachtet und untersucht wird - so etwa, wenn die Zahl der gerauchten Marihuana-Joints pro Zeitperiode ermittelt wird, oder die Anzahl der Gläser Bier, Wein und Schnäpse. Für die Mehrzahl der in dieser Arbeit integrierten Forschungsprojekte trifft diese distanzierte, auf das Funktionale und Operationale gerichtete Betrachtungsweise zu. Diese Abstraktion vom individuellen Erleben wirkt wenig einfühlsam, sondern kalt und "blutleer". Es ist deshalb verständlich, wenn einer solchen Drogenforschung entgegengehalten wird, dass sie reduktionistisch und oberflächlich sei und die Einnahme einer Droge doch etwas zutiefst Individuelles sei, das nur "von innen" betrachtet werden könne (Dannecker, 1989).

Angesichts der erwähnten wertenden Grundhaltung dem Drogenproblem gegenüber und der Anfälligkeit dieses Gegenstandes für Privattheoretisches, d.h. für private Erklärungen der Ursachen und Lösungen des Drogenproblems, kann die kalte, oberflächliche und reduktionistisch epidemiologische Drogenforschung jedoch ein **wichtiges Korrektiv** darstellen, dem eine kritische und aufklärerische Funktion zukommt. Sie kann auf jene Aspekte hinweisen, die vom aktuellen Zeitgeist und von der sozialen und individuumsorientierten Bewertung verzerrt werden.

Wird die epidemiologische Drogenforschung unmittelbar als Praxis begriffen, wird ihr konsequenterweise die Frage vorgelegt, für wen ihre Ergebnisse nützlich sind. Eine allgemein verbindliche Antwort auf diese Frage lässt sich nicht geben, vor allem dann nicht, wenn epidemiologische Drogenforschung als Instrument der Erkenntnis und nicht als Instrument zur Beeinflussung von Menschen verstanden wird. Die praktische Verwertung wissenschaftlicher Ergebnisse hängt zudem oft von den aktuellen, situationsspezifischen und politischen Umständen ab und weniger von der Wissenschaft selbst. Aus der Literatur über Längsschnittstudien geht jedoch deutlich hervor, dass die Autoren den Nutzen ihrer Studienergebnisse v.a. hinsichtlich der Prävention sehen. Dass bei der Umsetzung der Ergebnisse in präventives Handeln Schwierigkeiten entstehen, werden wir ausführlicher in Abschnitt 1.6 ansprechen.

Das mehr oder weniger explizit artikulierte Unbehagen an der epidemiologischen Drogenforschung hat aber noch andere Wurzeln. Die Anwendung immer komplexerer, aufwendigerer Methoden weckte hohe **Erwartungen** bezüglich des wissenschaftlichen Ertrages dieser Forschung, Erwartungen, die bisher nicht erfüllt werden konnten. Hinzu kam, dass diese Forschung bis anhin akzeptierte Erklärungsansätze teilweise in Frage stellte, so dass einzelne Bausteine im ohnehin schwachen Gebäude der Erkenntnis wieder ins Wanken gerieten und entfernt werden mussten. Ein solcher Vorgang der partiellen Demontage ist für den Drogenforscher schwierig, insbesondere auch dann, wenn sich die Drogenproblematik allgemein verschärft und Stimmen aus der Öffentlichkeit nach Problemlösungen rufen.

Wenn die epidemiologische Drogenforschung die an sie gerichteten (zu) hohen Erwartungen nicht erfüllen kann, dann wird sich die Öffentlichkeit von ihr distanzieren und z.B. Befragungen, bei denen im Privatleben "gewühlt" und nach illegalen Handlungen gefragt wird, nicht mehr unterstützen, und es entsteht ein anti-empirisches Klima. Ist zudem noch die Gefahr vorhanden, dass die erfassten Informationen unbefugten Drittpersonen weitergegeben werden, dann ist diese Forschungstätigkeit noch schwieriger.

Sollte angesichts einer solchen Situation die empirische Drogenforschung aufgegeben werden? Mit einem Ausstieg würden die bestehenden Drogenprobleme nicht gelöst. Die stark subjektiv und emotional gefärbten Erklärungsansätze würden kaum mehr hinterfragt und die Anhänger verschiedener "Glaubensrichtungen" würden einander weiterhin bekämpfen. So bedeutet Cannabis für die einen eine sehr gefährliche Droge, für die anderen dagegen nicht. Empirische Drogenforschung kann solche Positionen hinterfragen und prüfen, welche (replizierbaren) Befunde zur Drogenproblematik vorliegen respektive welche Befunde nicht bestätigt worden sind. In diesem Sinne kann sie trotz der ihr vorgeworfenen Oberflächlichkeit und Kälte ein wichtiges Korrektiv darstellen, das eine kritische und aufklärerische Funktion hat. So verstandene Drogenforschung wird damit zur Drogenaufklärung.

1.6 Drogenforschung und Prävention

Die Verbindung zwischen der Drogenforschung und der Prävention wurde in der vorliegenden Arbeit schon verschiedentlich angesprochen. Das Postulat der **Prävention** ist aus der wachsenden Erkenntnis heraus entstanden, dass die Behandlung abhängiger Personen nur teilweise erfolgreich ist und dass **vorbeugende Massnahmen** deshalb an Bedeutung gewinnen. Ein anderer Grund liegt darin, dass insbesondere der Konsum von Alkohol und Tabak gesamtgesellschaftlich zu Folgen führt, deren Ausmass bisher zuwenig wahrgenommen und unterschätzt worden sind. Prävention wurde deshalb auch aus dieser Sicht zum öffentlichen Postulat, das ökonomisch abgestützt war. Aber nicht nur finanzielle, sondern auch ethische Überlegungen begründen präventives Handeln: Es ist ethisch nicht verantwortbar, Leid, das grundsätzlich verhindert werden könnte, entstehen zu lassen. In jüngster Zeit ist der Stellenwert vorbeugender Massnahmen mit dem Aufkommen von AIDS und der Verbindung zum intravenösen Drogengebrauch nochmals augenfälliger geworden.

Sehr viele Studien aus der epidemiologischen Drogenforschung verweisen auf die Bedeutung ihrer Ergebnisse für die Prävention. Im folgenden soll deshalb auf die Beziehung zwischen diesen beiden wissenschaftlichen Arbeitsfeldern kurz eingegangen werden. Im Hintergrund steht dabei die Frage, welche Schnittstellen diese beiden Bereiche haben und inwiefern die Ergebnisse der epidemiologischen Drogenforschung für die Prävention wichtig sind.

1.6.1 Das Zauberwort "Prävention"

Prävention, abgeleitet vom lateinischen "praevenire", bedeutet: Zuvorkommen, Vorbeugung und gemäss dem klinischen Wörterbuch von Pschyrembel (1990) "Vorbeugende Massnahmen, bes. in der Gesundheitspflege, ...". Der Präventionsbegriff impliziert, dass etwas nicht eintreten soll und dass dieses als ungünstig oder in irgendeiner Weise schädlich beurteilt wird. Prävention beinhaltet somit eine Vorstellung vom richtigen oder geeigneten Zielzustand, der angestrebt wird. In unserem Kontext geht es um die Verhütung von Krankheit resp. um die Erhaltung der Gesundheit. Im Präventionsbegriff ist ferner auch eine Tätigkeit enthalten, und das bedeutet im Rahmen personenzentrierter Prävention u.a. eine Verhaltensbeeinflussung von Menschen. Mit dem Begriff ist auch gemeint, dass das zu Verhindernde regulierbar ist, dass somit Krankheit und Gesundheit beeinflusst werden können.

Prävention steht z.Zt. hoch im Kurs: PolitikerInnen und ExpertInnen weisen immer wieder auf die Notwendigkeit präventiver Programme im Sozial- und Gesundheitswesen hin. Bezüglich der Drogenproblematik ist dies besonders deutlich, nicht zuletzt wegen der Schwierigkeit, drogenabhängigen jungen Menschen zu helfen. PolitikerInnen erhoffen sich von der Prävention einen Beitrag zur Eindämmung der explodierenden Kosten im Gesundheitswesen.[12]

Es ist international üblich, drei Arten von Prävention zu unterscheiden: die primäre, die sekundäre und die tertiäre Prävention (Brandtstädter & Von Eye, 1982).

Die **primäre Prävention** umfasst Massnahmen, die der Förderung der Gesundheit dienen oder die ergriffen werden, um der Entstehung von Krankheiten oder Verletzungen zuvorzukommen (z.B. Impfungen, Fluoridierung des Trinkwassers,

---

[12] Im Herbst 1991 wurde in der Schweiz eine breitangelegte Vorbeugeaktion gestartet. Ziel ist u.a. eine Reduktion des Drogenkonsums um 20% bis zum Jahr 1996.

Geschwindigkeitsbegrenzungen im Strassenverkehr, Einschränkung des Verkaufs von Alkohol, Verbot der Zigarettenwerbung, Aufklärungskampagnen über die gesundheitsschädigende Wirkung des Zigarettenkonsums). Diese Massnahmen können auf individueller oder struktureller Ebene ansetzen. Ihre Perspektiven sind langfristig und sie setzen in einer möglichst frühen Lebensphase ein.

Unter **sekundärer Prävention** versteht man Massnahmen zur Aufdeckung von Krankheiten, die sich erst in einem sehr frühen Stadium befinden. In der gleichen Bedeutung wird der Begriff "Krankheitsfrüherkennung" gebraucht. Zweck der sekundären Prävention ist es, Symptome und Spannungszustände, die Vorstufen einer Krankheit sind, möglichst frühzeitig zu erkennen und zu behandeln, um den natürlichen Verlauf dieser Krankheit hinsichtlich Schwere und Dauer günstig zu beeinflussen (z.B. Filteruntersuchungen zum Auffinden präkanzeröser Zellveränderungen des Gebärmutterhalses).

Die **tertiäre Prävention** überschneidet sich stark mit Massnahmen der klassischen klinischen Medizin. Sie umfasst das medizinische Eingreifen nach dem Ausbruch einer manifesten Krankheit, um diese zu heilen, ihre Entwicklung anzuhalten oder hinauszuzögern, Rückfällen vorzubeugen sowie rehabilitative Massnahmen, die einer chronischen Behinderung entgegenwirken.

Schliesslich wird z.T. zwischen spezifischer und unspezifischer Prävention unterschieden. Spezifische Prävention bezieht sich auf eng umschriebene Störungen und Risikogruppen. Von unspezifischer Prävention wird bei globaleren, auf institutionelle und gesellschaftliche Rahmenbedingungen gerichteten Massnahmen gesprochen, die auch unabhängig von speziellen präventiven Zweckbezügen wünschenswert erscheinen (Brandtstädter, 1982).

Welche **Ziele** der primären Prävention werden bezüglich der Drogenproblematik formuliert? Abstinenz als Zielvorstellung wird hinsichtlich des Alkohol- und Tabakkonsums kaum durchsetzbar sein, zumal massvoller Alkoholkonsum eher akzeptiert wird als Abstinenz (Trice & Beyer, 1977). Bei den illegalen, v.a. bei den "harten" Drogen wird Abstinenz häufig gefordert, aber die Positionen sind nicht eindeutig bezogen. So schreibt das Bundesamt für Gesundheitswesen (BAG, 1990, S. 173), primäre Prävention umfasse alle jene Massnahmen, welche Jugendliche davon abhalten, Drogen je zu versuchen bzw. zu verhindern, dass der experimentelle Konsum zum habituellen Konsum wird. Die Abstinenz wird also nicht als einziges Ziel genannt. Im Suchtpräventionskonzept des Kantons Zürich (Arbeitsgruppe "Suchtprävention / Gesundheitsförderung", 1991) wird das Ziel wie folgt formuliert: "Ziel der suchtmittelspezifischen Prävention ist es, dem missbräuchlichen Konsum von Suchtmitteln entgegenzuwirken und das Risiko negativer Folgeerscheinungen zu vermindern." (S. 23). Und: "Die suchtmittelspezifische Prävention zielt ab auf

Verhaltens- und Einstellungsänderungen einzelnen Suchtmitteln gegenüber. Es soll die Abhängigkeit von ganz bestimmten Suchtmitteln verhindert werden." (S. 7). Die generelle Abstinenz wird als realitätsfremd beurteilt und nicht in die Zieldefinition aufgenommen, sondern der missbräuchliche Konsum und die Abhängigkeit.13)

Zur Primärprävention muss erwähnt werden, dass die Ziele der Primärprävention zur Zeit noch nicht klar formuliert sind und der Hinweis auf die Abkehr von der Abstinenzforderung nicht genügt, ein so wichtiges Konzept begrifflich zu fixieren. Hier besteht eine Lücke zwischen dem "Zaubermittel" Prävention und der mangelhaften Begriffsklärung. Klare Zielvorstellungen werden aber nicht nur für die Evaluation der Präventionsprogramme, sondern auch für die Ursachenforschung benötigt.

1.6.2 Das klassische Präventionsmodell
Das Grundmodell der Prävention geht davon aus, dass Risikofaktoren, die die Wahrscheinlichkeit der Manifestation einer Störung erhöhen, entweder intraindividuell oder in der Umgebung der Person identifizierbar sind. Individuen oder Gruppen mit solchen Risikofaktoren sollen gegen diese Faktoren mit Hilfe spezieller Programme immunisiert werden, so dass mögliche Störungen bereits im Vorfeld verhindert werden. Ein Grossteil der präventiven Programme (z.B. Herz-Kreislauf-Studien) basiert auf der Suche nach Risikofaktoren und den Versuchen ihrer Immunisierung (Brandtstädter & Von Eye, 1982). Fachleute definieren und ermitteln "Risikofaktoren" und setzen Normalitäts-Standards fest, worauf "Risikopersonen" ermittelt und in ein Programm einbezogen werden können.

Eine etwas andere Stossrichtung haben eher indirekte und weniger spezifisch ausgerichtete Präventionsprogramme, welche ungesunde Gewohnheiten und Lebensstile (Ernährung, zu wenig Bewegung, Stress u.a.) anvisieren. Über Aufklärung soll die Bevölkerung auf die Gefahren aufmerksam gemacht und zu einem "gesunden Lebensstil" angehalten werden. Dieser Ansatz der "Erziehung zur Gesundheit" - auf den wir noch zu sprechen kommen - ist ebenfalls auf die Einzelperson fokussiert und auch hier werden von Fachleuten Normalitäts-Standards gesetzt.

Individuumsorientierte Prävention im Bereich des **Konsummissbrauchs legaler und illegaler Drogen** geht davon aus, dass primär über Verhaltensänderungen einzelner Personen bzw. Personengruppen die Inzidenz gesenkt werden kann. Dies geschieht dadurch, dass für die entsprechenden Personen Programme zur Verhaltensänderung entwickelt und eingesetzt werden, die sich auf die als gesundheitsriskant definierten Verhaltensweisen beziehen. Dabei wird angenommen, dass die betroffenen Personen im Sinne der Theorie sozialen Lernens erkennen, dass sie durch Änderungen der

---

13) Diese beiden zentralen Begriffe "missbräuchlicher Konsum" und "Abhängigkeit" werden jedoch im Bericht nicht näher definiert.

motivationalen und kognitiven Strukturen ihren Gesundheitszustand verbessern können, wobei sie im Rahmen des "social marketing" durch den Einsatz von Massenmedien unterstützt werden.

1.6.3 Kritik am klassischen Präventionsmodell

Dieser Ansatz von Prävention ist in letzter Zeit vermehrt kritisiert und als einseitig sowie potentiell sozial kontrollierend unter Beschuss geraten (Wambach, 1983 u.a.). Prävention im klassischen Ansatz impliziert eine Vorstellung vom richtigen oder geeigneten Zielzustand, der angestrebt wird. Im Rahmen personenzentrierter Prävention bedeutet dies eine Verhaltensbeeinflussung von Menschen. Dies wiederum kann heissen, dass Menschen als erziehungsbedürftig und unmündig eingestuft werden. Ferner impliziert der Begriff, dass das zu Verhindernde regulierbar ist, dass z.B. Gesundheit regulierbar und machbar ist und der Einzelne seine Gesundheit beeinflussen kann. Damit übernimmt das Individuum auch die Verantwortung für seine Gesundheit. Dies kann bedeuten, dass der Einzelne "zur Rechenschaft gezogen" wird, wenn er krank wird oder wenn er sich nicht entsprechend den Empfehlungen für "gesundes Leben" verhält. Wenn aber Gesundheit etwas ist, das vom Einzelnen gemacht wird, dann besteht die Gefahr, dass andere Ursachen für Krankheit, z.B. krankmachende soziale Bedingungen, in den Hintergrund gerückt werden. Bei Baier (1982, zit. in Heidenberger, 1983) wird dies wie folgt beschrieben:

"Die Gesundheitserziehung ist der Vorbote, der Zwang zur 'gesunden Lebensführung' ... die Folge. Das 'Recht auf Gesundheit' verkehrt sich zur öffentlich sanktionierten Pflicht zur Gesundheit". Die Sozial- und Gesundheitsverwaltung entwickelt ein bald feines, bald grobes Instrumentarium der sozialen Kontrolle, also von lernfesten Belohnungen oder Bestrafungen, von Prämien und Bussen zur Steuerung der gewünschten Lebensführung ihrer sozialen Klientel. Die präventive Medizin ist für solche Kontrollaufgaben eines der wirksamsten Hilfsmittel ... (sie) enthüllt damit vollends das Gesicht des modernen Sozialstaates: Herrschaft durch 'kollektive Daseinsvorsorge'." (S. 33).

Bei der Formulierung einer Gesundheitspolitik entsteht eine Botschaft und die Erwartung, dass die Individuen sich diesen Erwartungen entsprechend verhalten. Damit besteht ein Druck zur Anpassung. Prävention kann so zum Instrument der Anpassung und sozialen Kontrolle werden. Diese Aspekte (Vorstellung vom "richtigen Leben", Verhaltensbeeinflussung anderer, Machbarkeit der Gesundheit, Instrument sozialer Kontrolle) zeigen, dass der Präventionsbegriff nicht problemlos ist. 14) Die Rolle der

---

14) Zwiespältig ist auch das Verhältnis des Gesetzgebers zur Prävention: Er unterstützt z.B. den Tabakanbau und erlaubt, Kosten für Zigarettenwerbung von der Steuer abzuziehen. Andererseits appelliert er an den Einzelnen, nicht zu rauchen bzw. macht ihn für die Folgen mitverantwortlich. Diese Kompromissitution ist aber als Ergebnis eines Prozesses zu verstehen, bei dem letztlich keine Ideallösung zu finden ist.

Experten, die das "Risiko der Hilfsbedürftigkeit" definieren, formuliert Rappaport (1985) sarkastisch:

"Man nehme sogenannte Risikogruppen und rette sie vor sich selbst, ob sie es wollen oder nicht, indem man ihnen oder besser noch ihren Kindern, Programme gibt, die wir als Professionelle selbst entwickeln, verpacken, verkaufen, anwenden oder auf irgendeine andere Weise kontrollieren. Man bringe ihnen bei, wie sie sich diesen Programmen anzupassen haben und dadurch weniger Ärger machen. Dann überzeuge man sie, dass eine Veränderung ihrer Testwerte einer Veränderung ihres Lebens entspricht." (Rappaport, 1985, S. 267).

Kritische Bemerkungen zur Risikoprävention und zu Vorsorgeuntersuchungen sind z.B. von Castel (1983) vorgelegt worden. Aufgrund von repräsentativen Massenerhebungen könnten Risikofaktoren ermittelt werden, welche automatisch eine Meldung auslösten, wenn diese Risikofaktoren bei einer Person zutreffen. Ausgehend von diesem vermuteten und abstrakten Risiko würde dann ein Spezialist zu dieser Risikogruppe geschickt, um eine Gefahrensituation zu bestätigen oder zu dementieren. Gegebenenfalls würden diese Personen einem Präventionsprogramm oder einer Therapie zugeführt. Damit besteht aber die Gefahr einer systematischen Erfassung und Überwachung, u.U. ohne jeglichen Kontakt mit den betroffenen Personen. Diese Arbeit wird durch die Hilfe des Computers wesentlich erleichtert. Auch disziplinenübergreifende Präventionssysteme (z.B. mit der Polizei zusammen) wären möglich. Schliesslich könnte dies dazu führen, dass den Gesundheitsdiensten vermehrt polizeiliche Aufgaben übertragen werden, ohne dass der polizeiliche Grund der Gefährdung der öffentlichen Sicherheit vorgebracht wird. Die Prävention psychischer Störungen läuft Gefahr, vollständig in das Netz administrativer Kontrollen einbezogen zu werden. Anstatt Prävention durch die Beeinflussung realer gesellschaftlicher Verhältnisse zu praktizieren bleibt die Prävention auf das Individuum bezogen. Neue Risikopopulationen werden erschlossen, den vorhandenen Systemen zugeführt oder, wenn ein Hilfeangebot fehlt, einfach eingekreist und beobachtet. - Soweit die Überlegungen von Castel zur Kritik am klassischen Präventionsmodell.

1.6.4 Neue Ansätze
Die Weltgesundheitsorganisation hat eine Diskussion um die Förderung von Gesundheit begonnen (WHO 1984, 1986).15) Damit wird versucht, dem traditionellen Verständnis von Prävention, das sich mit den Stichworten experteninduziert, norma-

---

15) Gesundheit wird in einer sehr eng angelegten Definition als das Fehlen von Krankheit beschrieben. Die WHO verwendet einen weitergefassten Begriff wenn sie formuliert: "Health is a state of complete physical, mental and social well-being and not merely the absence of desease or informity" (WHO, 1976). Ein klassifizierender Überblick über Konzeptualisierungen des Gesundheitsbegriffes findet man bei Sintonen (1981).

tive Vorgabe, Aspekte sozialer Kontrolle umreissen lässt, eine Alternative gegenüberzustellen. Mit Gesundheitsförderung soll weniger etwas verhindert, sondern Dimensionen gegenseitiger Unterstützung und Aktivierung gefördert werden. Im Zentrum steht die Frage, welche Lebensbedingungen ein gesundes Leben fördern resp. wie die Lebensbedingungen geändert werden müssten, um eine Quelle der Gesundheit und nicht der Krankheit zu werden (siehe dazu Stark 1989). Der Ansatz geht von Ressourcen aus, die für eine gesunde Lebenssituation benötigt werden. Von daher abgeleitet wird gefragt, welche Ressourcen im Falle von auftretenden Schwierigkeiten gefördert werden müssten, damit keine Störung entsteht. Diese Verbesserung kann auf der individuellen, aber auch auf der strukturellen Ebene erfolgen, indem der Lebensraum so gestaltet wird, dass die benötigten Kräfte besser aufgebaut werden können. Der Ansatz ist also "ressourcen-" und nicht "defizitorientiert". Stark (1989, 1991) geht im wesentlichen vom Konzept "Empowerment" aus, bei dem es gilt, die Stärken des Menschen zu entdecken und zu entwickeln und ihre Möglichkeiten zu fördern, ihr eigenes Leben und ihre Situation in der sozialen Umwelt zu bestimmen und zu kontrollieren. Die Verknüpfung und Zusammenarbeit der individuellen Ebene mit der gruppen- und sozialstrukturellen Ebene ist dabei wesentlich.

Hornung (1989) hat in seiner Aufstellung über individuelle und soziale Ressourcen folgende Beispiele genannt: a) Personale Ressourcen: Persönlichkeitsmerkmale wie Selbstwertgefühl, Selbstvertrauen, Ich-Stärke, die Fähigkeit, hoffen zu können, Selbstwirksamkeit, interne Kontrollerwartungen, Hardiness (Widerstandsfähigkeit eines Menschen gegenüber externen Belastungen), emotionales Engagement, Bewältigungsstrategien u.a.. b) Soziale Ressourcen: soziale Unterstützung aus dem sozialen Netz, soziale Bindung u.a..

Eine Verbindung der Suchtprävention mit der Gesundheitsförderung ist im Suchtpräventionskonzept des Kantons Zürich (Arbeitsgruppe "Suchtprävention/ Gesundheitsförderung", 1991) hergestellt worden. Die Kombination der beiden Ansätze, aufgegliedert in personen- und strukturorientierte Primärprävention, führte zu einer Sechs-Felder-Darstellung, die in Tabelle 1.6 festgehalten wird.

Unter Prävention von Suchtmitteln wird bei diesem Konzept die Prävention von substanzgebundenen und substanzfreien Süchten verstanden.16) Die Prävention des Suchtmittelmissbrauchs zielt ab auf Verhaltens- und Einstellungsänderungen einzelnen Suchtmitteln gegenüber.

---

16) Der Suchtbegriff wird hier sehr weit gefasst, wenn substanzfreie Süchte auch eingeschlossen werden. Vieles wird damit zur "Sucht" gerechnet, letztlich alle Verhaltensweisen, die von einer gewissen Norm abweichen, d.h. was unter- oder oberhalb eines als "normal" definierten Bereiches liegt. Zuviel Arbeiten, Schlafen, Geld ausgeben für eine bestimmte Sache etc. kann dann als süchtiges Verhalten bezeichnet werden.

Tabelle 1.6: Gesundheitsförderung und Suchtprävention. (aus: Arbeitsgruppe "Suchtprävention/Gesundheitsförderung", 1991, S. 9)

Ansatz	personorientiert	strukturorientiert
Allgemeine Gesundheitsförderung	Stärkung des Selbstwertgefühls, der allgemeinen Handlungs- und Kommunikationsfähigkeit (z.B. Autonomie, Ich-Stärke, Solidarität, Hilfsbereitschaft)	Verbesserung der allgemeinen Lebensbedingungen (verbesserte Lebensqualität z.B. in den Bereichen Luft, Lärm, soziales Klima)
Prävention von Sucht<u>verhalten</u>	Erhöhung der speziellen Handlungskompetenz (Gruppendruck widerstehen können, Konfliktfähigkeit)	Abbau suchtbegünstigender Strukturen (z.B. in Betrieben, Schulen etc.)
Prävention des Sucht<u>mittel</u>missbrauchs	Information über Suchtmittel	Gesetzgebung (Suchtmittel)

Auch in diesem Konzept wird betont, dass es nicht genügt, die Suchtprävention als "krankheitsverhindernd" zu definieren. Diese Reduzierung beraube sich nicht nur einer globalen Perspektive, sondern auch der Formulierung positiver Inhalte, die Umsetzungsmöglichkeiten auf personaler und struktureller Ebene biete. Positive Leitbilder und Real-Utopien werden als sehr wichtig erachtet.

Das Postulat für eine unspezifische Prävention, die generalpräventive Funktion hat und die gesamte Lebenssituation der Jugendlichen anspricht, ist verschiedentlich genannt worden (Schneider, 1985; Franzkowiak, 1986 u.a.). Prävention darf sich aus dieser Sicht nicht allein auf die Missbrauchs- bzw. Abhängigkeitsverhütung beschränken, weil die Fixierung auf Abschreckung und eine verkappte Disziplinierung nichts nützen. Wenn von den Jugendlichen hinter den präventiven Beeinflussungsversuchen verborgene Kontroll- und Konformismusabsichten wahrgenommen werden, könne dies zur Abwehr präventiver Ansprachen und zu Reaktanzeffekten führen. - Als neues Leitbild wird die unspezifische Gesundheitsvorsorge, die Gesundheit im ökologischen Kontext gefordert (Franzkowiak, 1986): "Zielsetzung und Inhalt dieses Ansatzes bestünden darin, Jugendlichen Lern- und Erfahrungsmöglichkeiten für eine umfassende, in sich ausbalancierte Aneignung von Körper, Geist und Umwelt zu geben." (S. 202).

Ohne die Bedeutung dieses Ansatzes hier schmälern zu wollen, muss aber auch überlegt werden, wie eine auf Gesundheiterziehung ausgerichtete Prävention bei den Jugendlichen ankommt. Aus der Befragung von Franzkowiak (1986) geht u.a. hervor, dass der Gesundheitskult von "Oberpenetranten", die so einige Jahre des Lebens "rausschinden" wollen, heftig abgelet wird (S. 19). Auf Ablehnung stossen auch die alternative "Biokost" oder die "Salatfresser", ebenso die dadurch ausgelösten Vorstellungen einer lustfeindlichen Askese. Auch hier wie bei der drogenspezifischen Prävention dürften sich Akzeptanzschwierigkeiten ergeben.

Ferner wäre zu fragen, wie eine Gesundheitserziehung von den Jugendlichen aufgenommen wird, die den Konsummissbrauch und die Abhängigkeit nicht explizit anspricht. Würde dies nicht sehr unglaubwürdig wirken, wenn die problematische Seite ausgeklammert wird? Die oben angesprochene negative Wirkung von abschreckenden Informationen wird gemäss der Literaturübersicht des Bundesamtes für Gesundheitswesen (1990) nicht geteilt. "Die Wirkung von Furchtappellen in der Prävention wird von vielen Pädagogen bestritten. Die wissenschaftliche Literatur spricht eher für als gegen den Einsatz von Furchtbotschaften, insbesondere wenn es sich dabei um die Aufrechterhaltung einer legitimen Angst handelt." (S. 212). Zudem wäre es ungerechtfertigt, Jugendliche über Drogen nicht zu informieren und sie gleichsam über mögliche gravierende Konsequenzen im dunkeln zu lassen. Die pauschalisierende Beurteilung, spezifische Drogenprävention wäre nutzlos, ist sachlich nicht begründet. Wenn diese Art von Prävention nicht bei allen Jugendlichen ankommt, so ist dies noch kein Beweis für deren generelle Nutzlosigkeit.

Aus diesen Überlegungen sehen wir, dass spezifische Prävention nicht einfach fallengelassen werden sollte. Die Kombination beider Ansätze, der spezifischen und der unspezifischen Prävention, scheint durchaus sinnvoll zu sein. - Die Ergebnisse der vorliegenden Literaturanalyse sollen Informationen liefern, in welchen Bereichen Eine spezifische und in welchen eine unspezifische Prävention indiziert ist.

1.6.5 Epidemiologische Drogenforschung und Prävention
Setzen wir nun den Ansatz der Prävention in Beziehung zur epidemiologischen Drogenforschung, so entsteht die Frage nach den Schnittstellen zwischen den beiden Bereichen, ferner auch, welche Ergebnisse der epidemiologischen Drogenforschung für die Prävention umgesetzt werden können.

Die neuen Ansätze in der epidemiologischen Drogenforschung haben die Verbindung zur Prävention, vor allem zur Primärprävention enger gemacht. Wenn primärpräventive Massnahmen ergriffen werden sollen, dann sind Informationen über ganze Bevölkerungsgruppen und nicht nur über Teilpopulationen, z.b. drogenabhängiger Personen, wichtig. Die Epidemiologie ist deshalb ein zentraler Ansatz für die individuumsorientierte Prävention. Sie liefert Angaben über die Verteilung des Konsumverhaltens und des Problemkonsums in der Gesamtbevölkerung (Prävalenz, Inzidenz, Remission u.a.), aber auch über deren zeitlichen Veränderungen sowie der Verteilung in demographisch unterschiedlichen Teilpopulationen. Diese Themen stehen ganz zuoberst auf dem Fragenkatalog eines Präventionsprojektes.

Eine möglichst umfassende Beschreibung der Zielgruppe (Lebensgewohnheiten, soziale Situation, Einstellungen, Werte, Hoffnungen, soziale Vernetzung u.a.) ist für die Ausarbeitung und Realisierung von Präventionsprogrammen ebenfalls wichtig. Wenn die Lebenssituation und die Lebensgewohnheiten der Zielgruppe nicht genügend bekannt sind, kann sie auch nicht adäquat angesprochen werden und der Erfolg einer Kampagne wird in Frage gestellt. Diese Beschreibung impliziert, dass die Zielgruppe auf dem Hintergrund der gleichaltrigen, gesamten Alterskohorte charakterisiert wird, d.h., dass der epidemiologische Ansatz indiziert ist. Im folgenden wird die Bedeutung der zentralen Konzepte der Antezedenz und Konsequenz für die Prävention erläutert.

1.6.6 Antezedenzforschung und Prävention

Wenn es bei der Prävention darum geht, der Entstehung einer Störung zuvorzukommen, dann ist es auch wichtig zu wissen, **wie** diese Störung entsteht und welche Ursachen dabei eine Rolle spielen. "Wenn man die Entwicklung von Störungen verhüten will, so visiert man vorteilhaft die der Störung zugrundeliegenden Entstehungsbedingungen; daher muss Prävention kausal orientiert sein." (Bundesamt für Gesundheitswesen, 1990, S. 174). In diesem Bericht wird auch erwähnt, dass es zu den wichtigsten präventiven Interventionen gehört, den Adoleszenten zu lehren, warum man raucht, exzessiv Alkohol trinkt oder Drogen konsumiert (S. 213). Auch Schenk (1982) betont die kausale Orientierung der Prävention. Gemäss der Arbeitsgruppe "Suchtprävention / Gesundheitsförderung" (1991, S. 27) muss die Prävention ursachenbezogen sein, aber auch am konkreten Alltagshandeln und an Alltagsvorstellungen anknüpfen. Die Suche nach Ursachen resp. Antezedenzien ist deshalb für die Präventionsforschung ein wichtiges Anliegen.

Ein 1990 gestartetes Präventionsprogramm der Suchtpräventionsstelle der Stadt Zürich (SFA, 1989) stand unter der Botschaft "Sucht hat viele Ursachen". In der Begleitinformation wurde detailliert auf die einzelnen Ursachen eingegangen. Als Ursachen wurden u.a. aufgezählt:

a) Verdrängung von Frustrationen. ("Verleugnet, verdrängt oder versteckt er (der Mensch) all das, was ihn plagt, wird die Anfälligkeit zum Suchtverhalten grösser sein." (SFA, 1989, S. 11).

b) Konsum der Eltern von Suchtmitteln und sogenannten Problemlösern.

c) Erziehungsstil der Eltern ("Gleichgültigkeit der Eltern, Verständnislosigkeit, Inkonsequenz oder Überbesorgtheit können die Suchtentwicklung fördern").

Dieses Beispiel zeigt, wie wichtig es bei Präventionskampagnen ist, dass die vermittelte Botschaft auf solider Erfahrung basiert (Antezedenzforschung) und nicht von Vermutungen geleitet ist, die vom gerade aktuellen Zeitgeist geprägt sind.

Schwierigkeiten ergeben sich nun in der sozialwissenschaftlichen Forschung und insbesondere in der Drogenforschung daraus, dass nicht ein einzelner Antezedenzfaktor für den Konsummissbrauch oder für süchtiges Verhalten isoliert werden kann, da ein multikausales Entstehungsmodell angenommen werden muss. Hinzu kommt, dass kein Ansatz existiert, der die einzelnen Erklärungsebenen im Sinne eines prozessuallogischen Geschehens mit der Präventionsforschung verknüpft. Von daher könnte man die Auffassung vertreten, dass sich die Prävention der Drogenabhängigkeit nicht auf die Ermittlung von Risikofaktoren abstützen kann, und dass es vielmehr auf den praktischen Erfolg präventiven Handelns ankommt als auf die Stringenz einer ätiologischen Theorie und deren Umsetzung in die präventive Intervention.

Die Umsetzung möglicherweise vorhandener Risikofaktoren in präventives Handeln ist in der Tat mit erheblichen Schwierigkeiten verbunden. Aber sollte deswegen auf die Erforschung von Risikofaktoren oder Antezedenzien verzichtet werden? Gehen wir von einem Beispiel aus: Nehmen wir an, der Sozialstatus korreliere negativ mit dem Konsummissbrauch. Was kann die Präventionsforschung mit dieser Information anfangen? Selbstverständlich wird man nicht ohne weiteres schliessen können, dass die Veränderung von Schichtmerkmalen eine geeignete Strategie der Prävention sei. Sofern keine weiteren Zusatzinformationen zur Verfügung stehen, kann kaum mehr gesagt werden, als dass die soziale Schichtzugehörigkeit in irgend einem Zusammenhang mit dem Drogenmissbrauch steht. Präventionspraktische Folgerungen ergeben sich erst, wenn dieser Zusammenhang spezifiziert wird. Zur Kenntnis statistischer Korrelationen müssen Annahmen über die Entstehung dieser Zusammenhänge hinzutreten. Die ermittelte Korrelation und die Schlussfolgerung, dass die Sozialschicht eine direkt oder indirekt relevante Antezedenzbedingung sei, kann nun mit **verschiedenen** Kausalmodellen vereinbar sein, die u.U. höchst unterschiedliche präventionspraktische Implikationen haben.

Wie kann nun eine Entscheidung zwischen den verschiedenen Kausalmodellen getroffen werden? Eine Möglichkeit besteht darin, dass überprüft wird, welche Zusatzannahmen der theoretischen Modelle mit den empirisch ermittelten Daten vereinbar sind und welche nicht. Dadurch wird sich die Zahl der plausiblen theoretischen Modelle verkleinern. Mit Hilfe von neuen Studien, welche weitere, theoretisch relevante Informationen beschaffen, kann die Zahl der theoretischen Ansätze nochmals reduziert, aber auch differenziert werden. - Eine andere Möglichkeit besteht darin, dass geprüft wird, ob Interventionen auf der Basis der vorhandenen plausibeln Modelle den vom Modell vorhergesagten Effekt haben, vorzugsweise in kontrolliert-exemplarischem Vorgehen.

Wir sehen aus diesen Ausführungen, dass die Antezedenzforschung durchaus einen wichtigen Beitrag zur Eingrenzung relevanter Erklärungsansätze liefert, an denen sich die Primärprävention schliesslich orientieren kann. Aber der Übergang von einer als relevant bewerteten Erklärungshypothese zur konkreten Interventionsmassnahme hat keineswegs den Charakter einer stringenten Ableitung. Aus methodischen, praktischen oder anderen Gründen gelingt eine Umsetzung vielleicht nur teilweise oder über verschiedene Umwege. Erst wenn theoretisches Wissen mit operativen Hilfsannahmen in Verbindung gesetzt werden kann, ist die Voraussetzung für eine wirksame Prävention gegeben. Selbst wenn die Ursachen einer "Störung" genau bekannt sind, lassen sich keine präventiven Strategien daraus ableiten, solange nicht ein operatives Modell vorliegt. Prävention ist aber auch dann schwierig, wenn sich die relevanten Grössen als nur schwer manipulierbar erweisen.

Dies bedeutet, dass ein qualifiziertes Theoriewissen über die Ursachen des Drogengebrauchs und der Abhängigkeit keine Garantie für ein erfolgreiches Interventionshandeln ist. Trotzdem kann das Wissen über relevante und theoretisch begründete Antezedenzien für die Primärprävention wichtig werden. Im günstigsten Fall kann eine erfolgreiche präventive Intervention den verwendeten theoretischen Erklärungsansatz bestätigen und breiter abstützen.

Aus der Antezedenzforschung abgeleitete primärpräventive Ansätze können noch aus einem anderen Grund hilfreich sein: Die Präventionsforschung basiert bei der Effizienzprüfung ihrer Interventionen in der Regel auf einer experimentellen Prüfstrategie mit Kontrollgruppen-Design. Da experimentell-manipulative Ansätze im sozialwissenschaftlichen Bereich aus ethischen Gründen problematisch sind, ist ein "Ausprobieren" geeigneter Interventionen nicht angebracht. Umso wichtiger ist es, wenn die schliesslich ausgewählten Interventionen auf einem möglichst abgesicherten theoretischen und empirischen Fundament stehen.

Schliesslich kann aus der Antezedenzforschung auch ersichtlich werden, welche Antezedenzien eine substanzspezifische und welche eine unspezifische Wirkung aufweisen (**Substanzspezifität** der Antezedenzforschung). Dadurch wird klarer, in welchem

Fall eher eine gezielte, auf eine spezifische Droge ausgerichtete Kampagne sinnvoll erscheint und wann die Prävention eher breit, auf alle Drogen oder auf das Gesundheitsverhalten generell ausgelegt werden sollte.

Eine andere Schnittstelle zwischen der Drogenforschung und der Prävention betrifft die Frage nach der **Phasenspezifität der Antezedenzien**. Aus der Optik der Primärprävention ist der Schritt von der totalen Abstinenz zum ersten Konsum wichtig. Diese Phase der **Initiation** hat eine grosse Bedeutung, vorausgesetzt, dass sie auch hinsichtlich des fortgesetzten Konsums (**Progression**) und der Entstehung einer Abhängigkeit relevant ist. Stellt sich beispielsweise heraus, dass die Bedingungsfaktoren für den Einstieg sehr verschieden sind von denjenigen der Progression, und dass Personen, die sehr früh mit dem Konsum beginnen, kaum identisch sind mit denjenigen, die später in eine Abhängigkeit geraten, dann ist diese Erkenntnis für die Prävention entscheidend. Vorbeugende Massnahmen würden dann eher auf solche Personen resp. Faktoren gerichtet werden, die mit der **Progredienz** in Zusammenhang stehen. Wird dagegen festgestellt, dass der frühe Einstieg in das Konsumieren einen ganz wesentlichen Risikofaktor für den späteren Abusus darstellt, dann sollten vorbeugende Massnahmen sinnvollerweise bereits vor bzw. während der Phase der Initiation einsetzen. Gerade aus dieser Optik erscheint es notwendig, zwischen verschiedenen Phasen zu unterscheiden (Initiation, Progression, Abhängigkeitsbildung, Rückgang oder Remission, Rückfall).

Zusammenfassend stellen wir fest, dass Prävention wenn immer möglich kausal orientiert sein soll. Die Antezedenzforschung kann einen Beitrag für die Primärprävention leisten, deren Ergebnisse führen aber in der Regel nicht zu konkreten Interventionsmassnahmen. Ein qualifiziertes Theoriewissen über die Ursachen des Drogengebrauchs und der Abhängigkeit ist keine Garantie für eine erfolgreiche präventive Intervention. Gleichwohl verspricht eine theoriegeleitete Prävention mehr Effizienz als eine theorielose. Die Antezedenzforschung ist deshalb für die Prävention wichtig, aber aus ihren Ergebnissen lassen sich nicht stringent Interventionsmassnahmen ableiten. Es besteht jedoch kein Zweifel, dass die Ergebnisse der Antezedenzforschung und das Theoriewissen bei der Formulierung präventiver Strategien einbezogen werden sollten.

1.6.7 Kombination von Antezedenz- und Konsequenzforschung

Wir hatten oben im Zusammenhang mit der Zielsetzung der suchtmittelspezifischen Prävention (Abschnitt 1.6.1) erwähnt, dass es der Prävention nicht nur um die Verhinderung des missbräuchlichen Konsums geht, sondern auch darum, das Risiko negativer Folgeerscheinungen zu vermindern. Damit ist explizit die Konsequenzforschung angesprochen. Von ihr erwarten wir Informationen über diese negativen Konsequenzen des Drogengebrauchs.

Durch Kenntnisse über die **Konsequenzen** des Konsumierens wird klarer, nach welcher Priorität die Prävention sinnvollerweise ausgerichtet wird. Markante und bereits früh auftretende Konsequenzen werden in der Prävention anders bewertet werden als längerfristig wirksame Konsequenzen. Hier ist auch zu klären, welche Konsequenzen in einem **direkten** Zusammenhang zum Drogenkonsum stehen und welche lediglich indirekt. Im ersten Fall wäre die Prävention primär auf das Konsumverhalten, im zweiten Fall auf die anderen, "dahinter" liegenden Ursachen gerichtet, die möglicherweise mit den Antezedenzien des Konsummissbrauchs identisch sind. Daraus wird ersichtlich, dass die Konsequenzforschung mit der Antezedenzforschung verknüpft ist und beide für die Prävention relevante Informationen liefern.

In Abbildung 1.6.a) ist der Zusammenhang dieser drei Konzepte skizziert. Die Antezedenzforschung beschäftigt sich mit dem Zusammenhang zwischen den Antezedenzmerkmalen A1, A2 etc. und dem Konsumverhalten zum Zeitpunkt T2. Ihre Ergebnisse dienen der primären Prävention des Konsummissbrauchs. Die Konsequenzforschung befasst sich mit den Folgeerscheinungen des übermässigen Konsums und ist für die sekundäre und tertiäre Prävention wichtig. Diese Folgeerscheinungen deuten an, dass gesundheitserhaltende Interventionen wichtig werden, womit der Bereich der allgemeinen Gesundheitsförderung angesprochen ist.

Die Darstellung weist ferner darauf hin, dass die unerwünschten Konsequenzen nicht nur durch die Sekundär- und Tertiärprävention beeinflusst werden können, sondern auch durch die Primärprävention des Drogenmissbrauchs, indem die ungünstige Wirkung der Antezedenzien vermindert oder ausgeschaltet wird. Die Antezedenzforschung ist deshalb sehr zentral, weil sie sich mit Ereignissen beschäftigt, die in der Ursachenkette zeitlich weiter zurückliegen als der Drogenkonsum. Das Antezedenzmerkmal hat via Drogenkonsum einen indirekten Einfluss auf die Konsequenzen. Kommt zudem noch ein direkter Effekt von A1 hinzu (unterbrochene Linie in Abb. 1.6a), dann wird das Antezedenzmerkmal A für die Prävention noch wichtiger.

Stellt sich jedoch - wie in Abb. 1.6.b) dargestellt - heraus, dass das Antezedenzmerkmal ausschliesslich einen direkten Einfluss auf die Konsequenzgrösse hat und dass die Korrelation zwischen dem Drogenkonsum und der Konsequenzgrösse eine Scheinkorrelation ist, dann wird die sekundäre und tertiäre Prävention unwichtig. Auch die Primärprävention des Drogenkonsums würde an Bedeutung verlieren. Das Schwergewicht läge auf der Beeinflussung der ungünstigen Auswirkung des Antezedenzmerkmals, d.h. die Primärprävention der Konsequenzgrösse wird zentral. Damit würde die unspezifische Gesundheitsvorsorge in das Zentrum präventiven Handelns rücken und nicht die drogenspezifische Prävention.

Aus diesen Überlegungen folgern wir, dass die Ergebnisse der Antezedenzforschung und der Konsequenzforschung einen entscheidenden Beitrag leisten können, welche Präventionsstrategien sinnvoll sind und welche nicht. Ist man in der Präventionsforschung nicht nur an der Beeinflussung des Drogenkonsums interessiert, sondern auch an den Folgeerscheinungen und damit auch an gesundheitsfördernen Massnahmen allgemein, dann ist das Zusammenwirken beider Forschungsansätze, der Antezedenz- **und** der Konsequenzforschung, für die Prävention am aufschlussreichsten. Unter diesem Gesichtspunkt sind deshalb solche Forschungsansätze am bedeutsamsten, die sowohl die Antezedenzien als auch die Konsequenzen des Drogenkonsums einbeziehen, idealerweise in der zeitlichen Sequenz T1, T2, T3.

Abbildung 1.6.a): Beziehung zwischen der Antezedenzforschung, der Konsequenzforschung und der Prävention. Indirekte Wirkung des Antezedenzmerkmals auf die Konsequenzgrösse

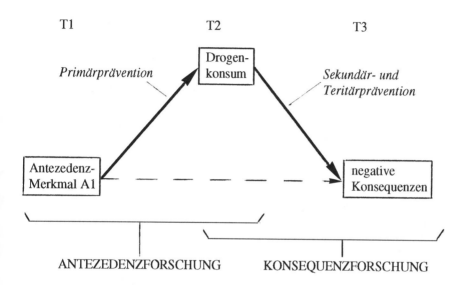

Abbildung 1.6.b): Direkte Wirkung des Antezedenzmerkmals auf die Konsequenzgrösse

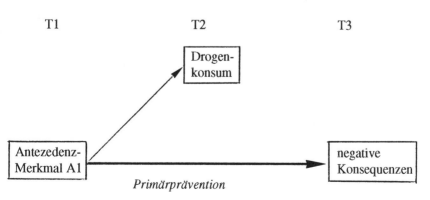

2. Konzeption der vorliegenden Literaturanalyse

2.1 Ausgangssituation

Wie der Überblick über den derzeitigen Forschungsstand zeigt, sind die Ergebnisse aus den bestehenden Längsschnittuntersuchungen bisher nicht systematisch gesammelt und dargestellt worden. Eine Ausnahme bildet die bereits erwähnte Arbeit von Fillmore (1989) zur Alkoholproblematik.

Die vorliegende Arbeit soll einen Beitrag zur Schliessung dieser Lücke leisten. Der Stand und das erarbeitete Wissen in der aktuellen psychosozialen Drogenforschung sollen umrissen werden, so dass sie als Basis für die weiterführende Forschungstätigkeit und - soweit möglich - für die Prävention benützt werden können.

Es ist offensichtlich schwierig, den Wissensstand aus den vielfältigen Längsschnittstudien vergleichbar zu extrahieren, sonst lägen heute vermutlich mehr Übersichtsarbeiten vor. In der Tat scheint es zunächst fast unmöglich, aufgrund des heterogenen Studienmaterials eine Gesamtwertung vorzunehmen. Längsschnittstudien stellen oft einen Kompromiss dar, einerseits aus den Interessen und dem "Herzblut" der Forschungsgruppe und andererseits aus den äusseren Gegebenheiten. Daraus entsteht dann eine Studie, die eine Mischung ist aus Kenntnisstand, Kreativität und Profilierungsbedürfnis des Forschungsleiters sowie aus lokalen und finanziellen Möglichkeiten. Oft gilt die Replikation einer anderen Studie als unattraktiv und wenig innovativ. So entsteht schliesslich eine Vielzahl verschiedener Studien, die nur bedingt miteinander verglichen werden können.

Mit der vorliegenden Arbeit soll eine Systematik in die Vielfalt der Ergebnisse gebracht werden, so dass eine zusammenfassende Bewertung möglich wird. Dabei soll ersichtlich werden, welche Ergebnisse gehäuft und in unterschiedlichen kulturellen oder geographischen Gebieten aufgetreten und somit intra- und interkulturell replizierbar sind (kulturinvariante Ergebnisse). Sie können von Einzelergebnissen, die ev. zufälligerweise in einer Studie aufgetreten sind, unterschieden werden. 17)

---

17) Interkulturell replizierbare Ergebnisse sind z.B. für präventionspolitisch Entscheide wichtig, wenn national oder international konzertierte Aktionen geplant werden. Solche Vorhaben müssen auf einem breiten Fundament abgestützt sein und können sich nicht auf dem Befund einer einzelnen Studie abstützen, auch dann nicht, wenn es sich um eine qualitativ hervorragende Studie handelt. Die Gefahr, dass die Ergebnisse von lokalen oder zeitspezifischen Einflüssen abhängig sind, ist bei einer einzelnen Studie zu gross als dass daraus fundierte Präventionsstrategien abgeleitet werden dürften.

In der Literaturanalyse sollen auch einige der oben erwähnten neuen Perspektiven aufgegriffen und in die Gliederung und Verarbeitung der Informationen einbezogen werden. Es betrifft dies vor allem die Position der Längsschnittbetrachtung und der epidemiologischen Fragestellung. Folgende Kriterien sind für die Auswahl und Strukturierung der Ergebnisse massgebend gewesen:

1. Es sollen möglichst alle publizierten prospektiven und epidemiologisch ausgerichteten Längsschnittstudien zum legalen und illegalen Drogenkonsum analysiert und deren Ergebnisse in systematischer Weise zusammengefasst werden.

2. Es soll eine Darstellungsform entwickelt werden, die eine Bewertung der Befunde ermöglicht und die zugleich transparent ist. Nach Möglichkeit sollen neue Forschungsergebnisse später jederzeit integriert werden können, so dass ohne grossen Aufwand eine Aktualisierung der Literaturanalyse vorgenommen werden kann.

3. Der Blick soll nicht nur auf eine Droge resp. Substanzgruppe gerichtet werden, sondern sowohl auf die beiden "Alltagsdrogen" Alkohol und Tabak als auch auf die wichtigsten illegalen Drogen. Damit können drogenspezifische und -unspezifische Faktoren ermittelt werden.

4. Es sollen Antezedenzien für den Einstieg und die Progredienz des Konsumverhaltens eruiert werden. Dazu werden Adoleszente und junge Erwachsene der Allgemeinbevölkerung im Längsschnitt einbezogen.

5. Mögliche psychosoziale Konsequenzen des Konsumverhaltens sollen identifiziert werden.

6. Der Prozess der Veränderung sowohl beim Konsumverhalten als auch bei den möglichen psychosozialen Konsequenzen soll explizit berücksichtigt werden.

7. Die Bedeutung der Ergebnisse für die Prävention und die theoretischen Erklärungsansätze sollen diskutiert werden.

Auf die Einschränkungen dieses Forschungsansatzes werden wir in Kapitel 9.4 näher eintreten.

2.2 Literaturrecherchen

Die **elektronischen Suchdienste** für diese Arbeit umfassen im wesentlichen drei Computerrecherchen der Datenbanken MEDLINE (letzte Recherche Januar 1990), PsycINFO (April 1990) und der ESF-Datenbank (European Inventory of Longitudinal

Research (Schneider & Edelstein, 1990). Die Durchsicht der Bücher und Fachzeitschriften konzentrierte sich auf folgende **Universitätsbibliotheken**: (a) Universität Zürich; (b) Bibliothek der Social Research Group (früher Alcohol Research Group) an der University of California in Berkeley; (c) Institute for Health & Aging, University of California, San Francisco, (Forschungsgruppe von K.M. Fillmore) und (d) der Schweizerischen Fachstelle für Alkoholprobleme SFA in Lausanne. Wesentlich waren ausserdem Kontakte mit persönlich bekannten Forschungskollegen sowie Literaturangaben in den publizierten Arbeiten.

Medline erfasst mit 3200 Zeitschriften das gesamte Gebiet der Medizin. Bei unserer Recherche konnten Publikationen zurück bis 1969 verfolgt werden. Die als erste eingegebenen Suchbegriffe "Substance Dependence" und "Longitudinal Studies" ergaben 41'000 resp. 129'000 Artikel in Englisch, Französich, Deutsch oder Italienisch. Unter Ausschluss der Begriffe Case report, Methadone, HTLV-Infection und Alcoholic-Anonymous sowie unter Berücksichtigung des Alters konnte die Recherche auf 156 Arbeiten eingekreist werden, die für die Detailevaluation in Frage kamen.

Die Recherche mittels PsycINFO (Psychological Abstracts Information Services) basiert auf den Psychological Abstracts und wertet 1400 Zeitschriften, Dissertationstitel und Konferenzberichte aus dem sozialwissenschaftlichen Bereich aus.

ESF-Datenbank (European Inventory of Longitudinal Research der European Science Foundation (ESF): Die Stichworte "Drug Abuse" und "Alcohol Problems" ergaben ein Rechercheergebnis von 12 zusätzlichen Studien.

Trotz dieser umfangreichen Recherchen muss damit gerechnet werden, dass verschiedene Studien nicht identifiziert werden konnten. Dies betrifft vor allem Arbeiten, die als interne Institutsberichte oder in kleineren Bulletins veröffentlicht wurden ("graue Literatur"), ferner auch Buchpublikationen. Die persönliche Anschrift verschiedener Forscher konnte diesen Mangel teilweise auffangen.

2.3 Studienselektion

Aus dem vorhandenen Studienmaterial mussten verschiedene Studien ausgeschieden werden, die nicht dem in Abschnitt 2.1 aufgeführten Konzept der vorliegenden Arbeit entsprechen. Nicht berücksichtigt worden sind:

1. Studien, die auf speziellen Populationen basieren, so z.B. Klinikpatienten oder Teilnehmer von Beratungs- oder Präventionsprogrammen, oder Kinder alkoholabhängiger Eltern; ferner Zwillings- und Adoptivstudien.

2. Studien, bei denen die Studienpersonen erst nach ihrem 20. Altersjahr erfasst worden sind (Erstbefragung).

3. Studien, die ausschliesslich Angaben über Konsumhäufigkeiten enthalten oder die sich mit der Konsumsequenz beschäftigten, d.h. mit der zeitlichen Abfolge der ersten Konsumeinnahme verschiedener Substanzen (Deskriptionsstudien gemäss Typ I).

4. Studien, die keine Längsschnittanalyse oder keine Signifikanzberechnung enthalten.

5. Studien über den Medikamentenkonsum.

6. Studienergebnisse, die bereits früher einmal publiziert worden waren (Mehrfachpublikation der gleichen Resultate).

Bemerkungen zu diesen Selektionskriterien:
Studien an Teilpopulationen wurden dann berücksichtigt, wenn sie auf einer repräsentativen Grundpopulation basierten und ein prospektiver Ansatz verwendet wurde. Die Eingrenzung hinsichtlich des Alters ergab sich aus der Zielsetzung, den Einstieg in das Konsumverhalten und die Progression bei Adoleszenten und jungen Erwachsenen zu analysieren. Da der Konsumbeginn in der Mehrzahl vor dem 20. Altersjahr erfolgt, sollten Studien ausgeschlossen werden, deren Personen bei der Erstuntersuchung älter waren. Durch diese Homogenisierung erhöht sich die Vergleichbarkeit der Ergebnisse. Eine obere Altersbegrenzung erschien dagegen nicht sinnvoll, da Zusammenhänge zwischen der Adoleszenz und dem späteren Erwachsenenalter durchaus erfasst werden sollten. - Ferner waren solche Studien für die vorliegende Übersicht nicht relevant, die sich ausschliesslich mit der Prävalenz, Inzidenz, Remission und Chronizität verschiedener legaler und illegaler Drogen befassten oder die die Drogensequenz zum Thema hatten. Diese deskriptiven, konsumbeschreibenden Studien sind für die Epidemiologie sehr wichtig, nehmen aber kaum Bezug zu erklärenden Konzepten. Die vorliegende ätiologisch ausgerichtete Arbeit konzentriert sich dagegen auf solche Bedingungsanalysen, bei denen Aspekte aus der sozialen Situation und der persönlichen Geschichte mit dem späteren Konsumverhalten in Verbindung gebracht werden. Ihr Ziel ist, anhand von Antezedenzien die Funktion und Bedeutung des Konsums von legalen und illegalen Drogen zu erhellen und mögliche Konsequenzen aufzuzeigen. - Schliesslich sollten nur Längsschnittstudien mit ausreichender Dokumentation der Ergebnisse einbezogen werden.

2.4 Repräsentativität der Studienpopulationen

Den Ergebnissen der veröffentlichten Arbeiten vertrauen, bedeutet, dass nicht nur die erhobenen Befragungsdaten, sondern auch die Studien**ergebnisse** als verlässlich angesehen werden. Sind die in einer Stichprobe erhobenen Angaben auch auf die Grundpopulation übertragbar? Dies wird dann eher zutreffen, wenn eine repräsentative und genügend grosse Stichprobe gezogen wurde. Auf viele Längsschnittstudien (und auch Querschnittsstudien) trifft dies jedoch nur bedingt zu. Bei Erhebungen an Schulen oder Universitäten, die z.B. an einem bestimmten Stichtag durchgeführt werden, fehlen immer einige Schüler. Oft sind dies gerade solche Schüler, die ein überdurchschnittlich abweichendes Verhalten aufweisen, so dass die Repräsentativität der Erhebung bereits bei der Basiserhebung beeinträchtigt wird. Angaben über Prävalenz, Inzidenz u.a. sind daher eher zu niedrig und Korrelationen zu anderen Merkmalen verzerrt (in der Tendenz zu niedrig). Eine Ausnahme sind Studien an Stellungspflichtigen der militärischen Rekrutierung, vorausgesetzt, alle Männer müssen dort erscheinen. Diese Studien erfassen jedoch keine Frauen.

Bei den Längsschnittstudien besteht zudem noch ein weiteres Problem. Es betrifft die sog. **"Panelsterblichkeit"**, d.h. das Ausscheiden von Studienpersonen im Laufe der Zeit - infolge Wegzug in eine andere Region/ein anderes Land, weil sie postalisch nicht mehr erreichbar sind, die Teilnahme verweigern, krank oder gestorben sind. Es muss angenommen werden, dass sich die Gruppe der ausscheidenden Personen von den verbleibenden unterscheiden, so dass mit zunehmender Dauer der Längsschnittstudie die Repräsentativität vermindert wird. - Wir werden in der Diskussion auch auf diese Problematik - so wie sie sich aufgrund des vorliegenden Studienmaterials ergibt - näher eingehen (Kap. 9.3.2).

2.5. Typologie epidemiologischer Längsschnittuntersuchungen

Die Wissensintegration der ausgewählten Studien wird sich notwendigerweise stark auf das vorhandene Studienmaterial ausrichten müssen. Dies bedeutet, dass wir uns bei der vorliegenden Bestandesaufnahme in eklektischer Weise nach denjenigen Fragestellungen orientieren, die in den vorhandenen Längsschnittuntersuchungen angegangen worden sind. Das vorhandene Studienmaterial muss deshalb zuerst gesichtet werden, damit eine geeignete Auswertungsstrategie gewählt werden kann. Dazu ist es sinnvoll, die z.T. sehr unterschiedlichen Längsschnittstudien zu gruppieren und eine **Typologie** zu erarbeiten, die sich sowohl am Ziel der vorliegenden Arbeit als auch am vorhandenen Studienmaterial orientiert.

Ausgehend von einer phasenspezifischen Betrachtungsweise würde sich eine Gliederung der Studien in die Bereiche Vorbereitung, Initiation, "becoming", Habituation und Abhängigkeit aufdrängen, wie sie von Flay et al. (1983) vorgeschlagen wurde. Bei der Durchsicht der Studien zeigte sich jedoch, dass eine derart differenzierte Unterscheidung nicht möglich ist. - Interessant wäre eine Gruppierung der Studien aufgrund der verwendeten theoretischen Ansätze; Arbeiten mit dem gleichen konzeptuellen Ansatz oder der gleichen Theorie würden zusammengezogen. Es gibt aber nur wenige Längsschnittstudien, die explizit auf ein Konzept oder eine Theorie Bezug nehmen. Die Mehrzahl der vorhandenen Studien könnte bei diesem Vorgehen somit gar nicht berücksichtigt werden. Damit entfällt auch dieser Gruppierungsgesichtspunkt. Andere Typologien bestehen nicht, da bis jetzt noch kaum Übersichtsarbeiten zu dieser Thematik vorliegen.

Die detaillierte Bearbeitung der vorhandenen Studien ergab, dass eine Differenzierung hinsichtlich methodischer Kriterien sinnvoll erschien. Dabei war es auch möglich, den Aspekt der Veränderungsmessung explizit zu integrieren. Im folgenden wird diese Typologie dargestellt und anhand von Beispielen erläutert. Zur terminologischen Vereinfachung wird für die zeitlich vorangegangene Erfassung die Bezeichnung "T1", für die nachfolgende Messung "T2" verwendet, ungeachtet dessen, um welche Befragungswelle es sich innerhalb der Studie handelt. Bei praktisch allen publizierten Studien wurden in der Auswertung zwei Erhebungen einbezogen. Dies trifft auch dort zu, wo mehrere Befragungen stattgefunden haben.18)

Die Längsschnittstudien werden in folgende acht Typen gruppiert:

Typ I: Deskription des Konsumverhaltens
Typ II: Antezedenzien der Initiation
Typ III: Antezedenzien der Progression
Typ IV: Antezedenzien der Konsumveränderungen
Typ V: Konsequenzen des Konsumverhaltens
Typ VI: Konsequenzen: Entwicklungsveränderungen
Typ VII: Vergleich der Antezedenzien mit den Konsequenzen
Typ VIII: Verläufe mit gleichem Endkonsum

2.5.1 Typ I: Deskription der Konsumverhaltens

In dieser Gruppe werden solche Studien zusammengefasst, die Angaben über verschiedene deskriptive Aspekte des Konsumverhaltens enthalten (Prävalenz, Inzidenz,

---

18) Ein Grund für diese Fokussierung auf nur zwei Erhebungen liegt in der wesentlichen Vereinfachung bei der Auswertung.

Chronizität, Abstinenz- und Remissionsrate einzelner legaler oder illegaler Drogen). Merkmale des Konsumverhaltens zum Zeitpunkt der Ersterhebung T1 werden mit späteren Konsummerkmalen zum Zeitpunkt T2 in Verbindung gebracht, jedoch ohne Analysen mit erklärender Absicht. In diesen Studien wird z.B. über die Konsumhäufigkeit, die konsumierte Menge oder die Rauschhäufigkeit im beobachteten Zeitraum berichtet. Im wesentlichen geht es um die Frage der Konsumhäufigkeit und der Konsumzunahme oder -abnahme in Abhängigkeit von Alter, Geschlecht, sozialem und ethnischem Hintergrund. Zur Deskription werden auch jene Studien gerechnet, die sich mit der Sequenz der konsumierten Drogen befassen, ein Ansatz, der vor allem von Kandel und ihren Mitarbeitern (1978, 1986) verfolgt wurde. Ihr Ziel ist es, häufig auftretende individuelle Konsumsequenzen zu ermitteln (z.B. die Sequenz: Zigaretten als erste Substanz, Alkohol als zweite, dann Cannabis und schliesslich harte Drogen). Dies kann bei der Planung von Präventionsprogrammen nützlich sein.

2.5.2 Typ II: Antezedenzen der Initiation

Zu dieser Gruppe gehören Studien, die sich mit der ersten Konsumhandlung einer Person befassen. Im Zentrum steht die Frage, welche Antezedenzien oder Prädiktoren dabei eine Rolle spielen. Die Phase der Initiation ist für die Theoriebildung und für die Prävention von besonderer Bedeutung. Sie ist deshalb als eigenständige Gruppe in die Typologie aufgenommen worden. In Abbildung 2.5a sind diese Antezedenzien mit A1, A2 etc. bezeichnet. Definitionsgemäss sind die Personen dieser Studien anlässlich der Erstbefragung (T1) alle noch konsumabstinent; ein Teil von ihnen hat zum Zeitpunkt der Nachbefragung mit dem Konsumieren begonnen. Erfasst werden somit Veränderungen von der Abstinenz bei T1 zu "Konsum vorhanden" bei T2. In vielen Studien wird geprüft, ob sich die beiden Verlaufsgruppen "Abstinenz--Konsum" und "Abstinenz--Abstinenz" bereits zum Zeitpunkt T1 unterscheiden. Signifikant unterschiedliche Merkmale werden als Antezedenzien oder Prädiktoren der Konsuminitiation interpretiert; multivariate Analysen sind möglich. Beispiele dazu sind:

> Smith & Fogg (1978) bildeten drei Gruppen: 1. "early user" von Marihuana (EU; Konsum bis zum 9. Schuljahr), 2. "late user" (LU, erstmaliger Konsum nach dem 9. Schuljahr), 3. "nonuser" (NU, kein Marihuanakonsum im gesamten Zeitraum). Die Auswertung erfolgte mittels Punkt-biserialen Korrelationen mit verschiedenen psychosozialen Prädiktoren (T1) und der dichotomen Kriteriumsvariablen NU-EU resp. NU-LU resp. LU-EU.

> Jessor & Jessor (1978) verglichen eine "onset group" mit der "no-onset group" (mittels t-Test). Anschliessend wurde eine multiple Regression mit den T1-Prädiktoren bezüglich dem dichotomen Kriterium "Einstieg versus Nicht-Einstieg" durchgeführt.

Abbildung 2.5: Schematische Darstellung der Studientypen II-VII

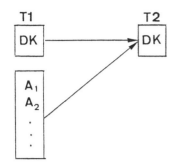

a) Typ II: Initiation

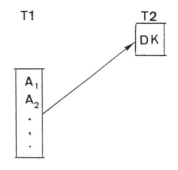

b) Typ III: Progression

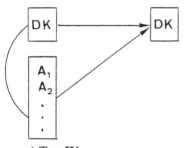

c) Typ IV: Konsumveränderung

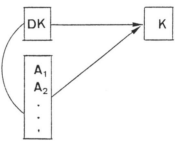

d) Typ V: Konsequenzen des Konsumverhaltens

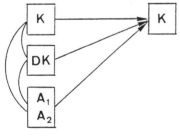

e) Typ VI: Drogenkonsum als Antezedenz von Veränderungsprozessen

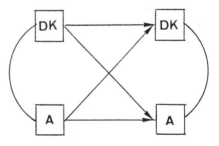

f) Typ VII: Vergleich der Antezedenzien mit den Konsequenzen

Legende:
DK: Drogenkonsum (legal, illegal)   K: Konsequenzen
A1, A2: Antezedenzfaktoren

Ein Spezialfall dieses Types befasst sich mit der Vorhersage des **Zeitpunktes** des Konsumeinstiegs. Dies bedingt, dass mehr als zwei Erhebungen durchgeführt worden sind. Der Zeitpunkt des Einstiegs wird als Kriteriumsvariable verwendet. Bei Jessor & Jessor (1977) können mit vier Erhebungen fünf Gruppen unterschieden werden: Gruppe 1: Abstinent bei allen vier Erhebungen.Gruppe 2: Konsum erstmals bei Erhebung T4 angegeben, Gruppe 3: Konsum erstmals bei T3 angegeben, zusätzlich auch bei den nachfolgenden Erhebungen, usw. bis Gruppe 5: Konsum bereits bei T1 und in allen nachfolgenden Erhebungen angegeben. Die Gruppenbildung repräsentiert also den Indikator "Konsumbeginn", der mit sozialpsychologischen Merkmalen (T1) in Verbindung gebracht wird.

2.5.3 Typ III: Antezedenzien der Progression

Auch hier geht es um die Frage, welche Antezedenzien oder Prädiktoren mit dem späteren Konsumverhalten verbunden sind. Im Unterschied zu den Initiationsstudien sind jedoch bei T1 nicht alle Personen konsumabstinent. Das Konsumausmass bei T1 ist in diesen Studien nicht explizit in die Analyse einbezogen worden; es wird somit auch keine Konsumveränderung erfasst. Die Antezedenzien können uni- oder multivariat mit dem Zielkriterium verbunden sein. (Schematische Darstellung siehe Abbildung 2.5b).

Bei Morgan (1989) wurden Schüler aus Dublin zweimal im Abstand eines Jahres befragt. Die Angaben der Ersterhebung über den Konsum ihrer besten Freunde sowie anderer Kollegen werden als Prädiktoren für den später erfassten Drogenkonsum der Schüler angesehen.

Brook et al. (1989) verwendeten eine Pfad- und Interaktionsanalyse. Die Zielvariable war "drug involvement", wobei Häufigkeit, Dauer und Schweregrad des Konsums legaler und illegaler Drogen bei diesem Index einbezogen wurden. (Der Schweregrad wurde aufgrund der körperlichen und abhängigkeitsbildenden Eigenschaften der konsumierten Substanz durch Gewichtung berücksichtigt). Die 20 verwendeten Prädiktoren umfassten die vier Bereiche: Nachbarschaft, Schule, Freundeskreis und Familie. Mit hierarchischer multipler Regressionsanalyse wurde die relative Bedeutsamkeit dieser Bereiche ermittelt, indem im ersten Schritt nebst soziographischen Kontrollmerkmalen (Alter, Geschlecht, Sozialstatus) ein einzelner Bereich in die Regressionsanalyse eingeführt und die multiple Korrelation berechnet wurde. Im zweiten Schritt folgten die jeweils verbleibenden drei Bereiche sowie wiederum die Berechnung der multiplen Korrelation zwischen dem ersten Bereich und dem Index "Drug involvement". Mit den Regressionsanalysen konnte ein Pfaddiagramm erstellt werden, demgemäss die Bereiche Freunde und Familie direkte und die Bereiche Nachbarschaft und Schule indirekte signifikante Beziehungen zum Drogenkonsum aufwiesen.

Donovan, Jessor & Jessor (1983) ermittelten den Zusammenhang zwischen der dichotomen Zielvariablen "Problemtrinken versus Nicht-Problemtrinken" und 11 Prädiktoren, die 6 Jahre früher erfasst worden waren (multiple Regressionsanalyse).

In der schwedischen Studie von Holmberg (1985) wurden Schüler im 9. Schuljahr erfasst und später in den Registern von Krankenhäusern und ambulanten Einrichtungen aufgesucht. Er verglich folgende fünf Gruppen miteinander: 1. Drogenabstinente gemäss der T1-Befragung; 2. Später nicht-registrierte Personen, die gemäss der T1-Befragung starke Drogenkonsumenten waren; 3-5: später registrierte Drogenkonsumenten mit unterschiedlicher Dauer der "Drogenkarriere".

In diesen Zusammenhang gehört auch die Studie von Loper et al. (1973), bei der zwei Personengruppen ehemaliger Collegestudenten miteinander verglichen wurden. Es handelt sich a) um später hospitalisierte Alkoholiker, die als Studenten damals während ihrer College-Ausbildung routinemässig dem MMPI-Persönlichkeitstest unterzogen wurden, sowie b) um eine Vergleichsgruppe von ehemaligen Klassenkameraden mit gleichem Notendurchschnitt. Die beiden Gruppen wurden hinsichtlich ihrer damaligen MMPI-Werte verglichen, wobei Männer mit Alkoholproblemen höhere Werte auf den Skalen Psychopathie und Hypomanie haben.

In einer eigenen Studie wurden verschiedene psychosoziale Merkmale und Persönlichkeitsskalen als Prädiktoren des drei resp. zwölf Jahre späteren Konsumverhaltens verwendet (Sieber & Angst, 1981 resp. Sieber, 1988).

2.5.4 Typ IV: Antezedenzien der Konsumveränderung
Bei diesen Studien wird das Konsumverhalten anlässlich der Ersterhebung explizit berücksichtigt, so dass zusammen mit den Konsumangaben bei T2 **Konsumveränderungen** (Progression, Abnahme) erfasst und mit Antezedenzien der Erstuntersuchung in Verbindung gebracht werden können. Die Frage lautet hier, welche Bedingungsfaktoren der Erstuntersuchung mit Konsum**veränderungen** verbunden sind. Die Erfassung der Veränderungen kann an der gesamten Studienpopulation durch multivariate Verfahren oder aber durch Gruppenbildung eruiert werden. Die Gruppenbildung bezieht sich auf einen Vergleich verschiedener Verlaufsgruppen mit gleichem Konsumverhalten bei der Erstuntersuchung (konsumhomogen bei T1); sie basiert somit nicht auf der Gesamtpopulation. In Abbildung 2.5c ist dieser Typ IV schematisch dargestellt. Beispiele dazu sind:

Newcomb et al. (1986) bildeten 10 dichotome Risikofaktoren, die in einem Summen-Risikoindex zusammengefasst und mit dem späteren Drogenkonsum in Verbindung gebracht wurden. Die Autoren zeigen, wie mit zunehmender Anzahl Risikofaktoren auch ein ansteigender Konsum vorhanden ist. Besonders kräftig war dieser Anstieg beim Alkohol-, Zigartetten- und Marihuanakonsum. Um nun zu prüfen, ob diese Risikofaktoren auch für den **Konsumanstieg** zwischen T1 und T2 verantwortlich waren, wurden partielle Korrelationen zwischen dem T2-Konsum und den Prädiktoren "T1-Konsum" sowie "T1-Summen-Risikoindex" berechnet. Die Resultate zeigen, dass die Risikofaktoren tatsächlich mit der Konsumzunahme bei allen fünf überprüften Konsumvariablen verbunden waren (Zigaretten, Alkohol, Cannabis, harte Drogen, Medikamente).

Wingard et al. (1980) und Sieber (1982a) verwendeten die Methode der kanonischen Korrelationsanalyse unter Berücksichtigung der T1-Konsumvariablen. Mit der Methode der Kreuzvalidierung wurden die Ergebnisse an zwei Teilstichproben überprüft.

Teichman et al. (1989) benützten die schrittweise multiple Regression mit dem T2-Konsum als abhängige Variable und dem T1-Konsum und T1-Persönlichkeitsvariablen als Prädiktoren, wobei letztere erst im zweiten Schritt der multiplen Regression eingeführt wurden.

In einer eigenen Studie (Sieber & Bentler, 1982b) benützten wir das LISREL-Verfahren (Jöreskog & Sörbom, 1978). Die Studie erfasste den direkten und indirekten Effekt von drei Persönlichkeitsdimensionen auf das Konsumverhalten drei Jahre nach der Ersterhebung unter Berücksichtigung des T1-Konsums. (Für eine Kurzbeschreibung des LISREL-Verfahrens siehe Kap. 1.5.1 "Methodische Ansätze".)

2.5.5 Typ V: Konsequenzen des Konsumverhaltens
Bei diesen Studien geht es um die Frage, welche Zusammenhänge zwischen dem T1-Konsumverhalten und späteren psychosozialen Merkmalen der Person bestehen. Damit werden mögliche Konsequenzen des Drogenkonsumierens erfasst (abhängige Variable). Diese "Konsequenzen" können nicht in kausalem Sinne interpretiert werden, da verschiedene andere Einflussfaktoren ebenfalls wirksam sind. Sie weisen jedoch auf mögliche wichtige Folgeerscheinungen hin. Nebst dem T1-Konsumverhalten können auch andere Prädiktoren in die Analyse einbezogen werden. Die Prädiktoren können uni- oder multivariat mit den Konsequenzen verbunden sein (Abbildung 2.5d). Je umfassender dabei andere mögliche Einflussgrössen einbezogen werden, desto eher wird erkennbar, wie eng die Konsequenz mit dem vorangegangenen Konsum gekoppelt und nicht auf andere Aspekte zurückzuführen ist.

In der Studie von Andreasson et al. (1987) wurden die Namen ehemaliger Stellungspflichtiger 14 Jahre später in den schwedischen Registern über psychiatrische Behandlungen und Hospitalisierung gesucht und bezüglich der Diagnose Schizophrenie analysiert. Für Gruppen mit unterschiedlichem T1-Cannabiskonsum wurden die relativen Erkrankungsrisiken berechnet. Häufiger Cannabiskonsum erwies sich in der multivariaten Analyse als Risikofaktor für eine spätere Erkrankung an Schizophrenie.

2.5.6 Typ VI: Konsequenzen: Entwicklungsveränderungen

Bei diesen Studien geht es um die Zusammenhänge zwischen dem vorangehenden Drogenkonsum und **Veränderungsprozessen**, die möglicherweise durch den Drogenkonsum hervorgerufen worden sind. Im Zentrum steht ein psychosoziales Merkmal (X), das sowohl bei T1 als auch bei T2 erfasst worden ist, so dass Veränderungen ermittelt werden können. Gefragt wird, welche T1-Konsumindikatoren mit Veränderungen bei diesem Merkmal X verbunden sind. Es geht somit um mögliche Konsequenzen des Drogenkonsums im Hinblick auf Veränderungsprozesse. Zusätzlich zum T1-Konsum können in die multivariate Analyse auch noch andere Prädiktoren einbezogen werden. (Abbildung 2.5e).

Mellinger et al. (1978) verwendeten die multiple Regressionsanalyse mit der T2-Kriteriumsvariablen "Notendurchschnitt" (grade point average, GPA) und dem Prädiktor "T1-Marihuanakonsum" sowie acht weitere T1-Prädiktoren (Einkommen der Eltern, Notendurchschnitt bei T1 u.a.). Geprüft wurde, ob das Beta-Gewicht für den Prädiktor "T1-Marihuanakonsum" signifikant ist. Da die Zielvariable "Notendurchschnitt" auch bei der Ersterhebung erfasst wurde, wurden bei der multiplen Regression im Zielkriterium die **Veränderungen** im Notendurchschnitt zugrunde gelegt.

In der Arbeit von Jessor, Jessor & Finney (1973) wurden bei den zu beiden Zeitpunkten T1 und T2 untersuchten sozialpsychologischen Variablen (Konsequenzen) sog. 'residual gain scores' berechnet. Diese Residuen repräsentieren individuelle Diskrepanzwerte zwischen dem aktuellen T2-Wert und dem aus dem T1-Wert geschätzten T2-Wert, es handelt sich also um Veränderungswerte. Dann wurden zwei verschiedene Verlaufsgruppen gebildet: a) konstante Abstinente ("non user - non user"; NU-NU) und b) Neukonsumenten (NU-U). Schliesslich wurde geprüft, ob die Konsumveränderungen mit den postulierten Veränderungen bei den psychosozialen Variablen in Einklang standen (t-Test zwischen den beiden Verlaufsgruppen). Dieser Ansatz stellt eine Kombination von Gruppenbildung und Veränderungsmessung bei der Konsequenz-Variablen dar.

Halikas (1983) verglich eine Gruppe von 100 regelmässigen Marihuanarauchern mit einer Kontrollgruppe aus Kollegen und Freunden der Studienpersonen, die aber keine regelmässigen Marihuanaraucher waren. Zu den 11 verwendeten Kriteriumsvariablen (Konsequenzen) gehörten u.a. Berufsstatus, Einkommen, Anzahl Jobs, Scheidung, Delikte u.a.. Prädiktorvariablen waren nebst der Gruppenzugehörigkeit, die immer als erste Variable in die schrittweise multiple Regression einbezogen wurde, die Häufigkeit des Haschisch- und Alkoholkonsums, Schulschwierigkeiten, Weglaufen etc.. Entscheidend war nun, ob der regelmässige Cannabiskonsum unter Kontrolle der anderen Variablen einen eigenständigen Effekt auf die Konsequenzvariable hatte.

Am ausführlichsten haben Newcomb & Bentler (1988) die Ergebnisse ihrer Längsschnittstudie bezüglich der verschiedenen Konsequenzen dargestellt. Sie verwendeten das zur Zeit wohl differenzierteste Analyseverfahren EQS (Bentler, 1986), das die Analyse von Kausalmodellen mit latenten Variablen erlaubt, wobei die gemessenen Variablen nicht normalverteilt sein müssen. Zu den erfassten Konsequenzen gehörten folgende Bereiche: Soziale Anpassung, Familienbildung und Stabilität der Partnerschaft, abweichendes Verhalten und Kriminalität, Sexualverhalten, Berufsausbildung, Lebensqualität, Gesundheit und soziale Integration. Da abweichendes Verhalten z.T. dem Einstieg in das Drogenkonsumieren vorangeht, könnte dies den Zusammenhang zwischen Drogenkonsum und späteren Konsequenzen beeinflussen resp. verzerren. Die ermittelten Drogenkonsequenzen wären dann keine echten Konsequenzen des Drogenkonsums, sondern eher Folge der bereits vorher bestandenen Devianz.

Um diese Verfälschungsmöglichkeit auszuschliessen wurde bei sämtlichen Analysen die Kontrollvariable "social conformity" von T1 einbezogen. Zusätzlich wurde die Konsequenzvariable auch als Prädiktor (Kontrollkonstrukt bei T1) in das Analysemodell aufgenommen; wenn möglich in der identischen Form wie bei T2. Der Prädiktor-Bereich besteht somit jeweils aus drei Teilen: Dem T1-Drogenkonsum, der T1-social-conformity und dem T1-Kontrollkonstrukt. Mit diesem Modell konnten Veränderungen in der Konsequenzvariablen mit dem vorangegangenen Konsumverhalten in Verbindung gebracht werden, wobei auch der Einfluss intervenierender Variablen mitberücksichtigt wurde.

2.5.7 Typ VII: Antezedenzien versus Konsequenzen
Charakteristisch für diese Gruppe sind Studien, die sowohl bei der Erstbefragung als auch bei der Nachuntersuchung den Drogenkonsum **und** ein weiteres psychosoziales Merkmal erfasst und die entsprechenden **Kreuzkorrelationen** ermittelt haben (die Pfade c und d in Abbildung 2.5f). Die relative Stärke dieser Kreuzkorrelationen gibt Auskunft über das Verhältnis zwischen möglichen Antezedenzien und möglichen Konsequenzen des Drogenkonsums. Damit wird die Frage angesprochen, ob der Drogenkonsum eher Ursache für spätere Konsequenzen sein könnte oder ob der Drogenkonsum eher Folge bereits früher bestandener Antezedenzien ist. Unter Verwen-

dung komplexer Analyseverfahren (LISREL, EQS) kann ausserdem geprüft werden, welchen Einfluss das psychosoziale Merkmal X auf eine Konsum**zunahme** hat und - umgekehrt - welchen Einfluss der Drogenkonsum auf eine **Zunahme** des Merkmals X hat. Die Analyse wird somit auf der Ebene von Veränderungen durchgeführt. Der Vergleich dieser beiden Einflussgrössen ergibt deren relative Stärke.

Jessor & Jessor (1978) ermittelten die relative Stärke der Kreuzkorrelationen bezüglich der beiden Konzepte "marihuana behavior involvement" und "attitudinal tolerance of deviance". Der T1-Devianzindikator korrelierte stärker mit dem späteren Marihuanakonsum als der T1-Marihuanakonsum mit dem späteren Devianzindikator. Die Autoren interpretieren dieses Resultat so, dass Einstellungs- und somit Persönlichkeitsvariablen dem Verhalten (Marihuanakonsum) vorausgehen. - Eine Analyse aufgrund der Daten der Studie von Paton, Kessler & Kandel hat Lazarsfeld (1978) mit der Technik der 16-Felder-Tabelle vorgelegt.- Der EQS-Ansatz mit den beiden Variablen Alkoholkonsum und Selbstbeeinträchtigung ist von Newcomb, Bentler & Collins (1986) verwendet worden.

In einer eigenen Längsschnittstudie (Sieber 1988, Sieber 1990) wurde das Freiburger Persönlichkeitsinventar (FPI) anlässlich der Erstbefragung sowie drei und zwölf Jahre später verwendet und mit den Konsumveränderungen von Alkohol, Tabak und Cannabis in Verbindung gebracht.

2.5.8 Typ VIII: Verläufe mit gleichem Endkonsum
Dieser Studientyp ist aufgrund theoretischer Überlegungen gebildet worden. Bei der Durchsicht des Studienmaterials stellte sich heraus, dass überhaupt keine Studien dieses Typs vorlagen. Er ist deshalb für die vorliegende Analyse nicht relevant. Trotzdem soll die Grundidee kurz festgehalten werden:

Bei diesem Studientyp wird eine Teilstichprobe einer repräsentativen Population untersucht, bei der nur Personen mit gleichem Konsumverhalten zum Zeitpunkt der Nachuntersuchung (Endkonsum) einbezogen sind (z.B. T2-Abstinenz oder Personen mit starkem Konsum bei T2). Alle Personen haben somit das gleiche Konsumniveau am Ende der Studie. Es soll nun untersucht werden, wie sich Personen unterscheiden, die auf verschiedenen Wegen schliesslich zum gleichen Endkonsum gelangen. So werden z.B. Personen, die früh mit dem Konsum beginnen und später abstinent werden (Veränderungsgruppe), mit Personen verglichen, die gar nie konsumiert hatten. Dabei könnte untersucht werden, ob sich z.B. in den Bereichen Beruf, Partnerschaft, soziale Integration etc. Veränderungen ergeben haben, die den Konsumrückgang der ersten Gruppe erklären könnten. Analoge Überlegungen gelten auch für Personen mit starkem Endkonsum. Auch in diesem Falle werden wiederum zwei Verlaufsgruppen gebildet: (a) Personen mit einer starken Konsumzunahme von T1 zu T2 (Veränderungsgruppe) und (b) Personen mit konstant starkem Konsum von T1 bis

T2. Die Analyse konzentriert sich auch hier wieder auf psychosoziale Merkmale, die sich zwischen T1 und T2 verändert haben, z.B. eine starke Zunahme der Belastung im Beruf oder in der Partnerschaft.

2.6 Erfassung des Konsumverhaltens

Unter Konsumverhalten wird im folgenden der Konsum von Alkohol (Bier, Wein, Liköre, Spirituosen), Tabak (Zigaretten, Zigarren, Pfeife u.ä.), Cannabis (Marihuana, Haschisch), Halluzinogene (LSD, Meskalin, STP u.a.), Stimulantien (Weckamine, "Speed" u.a.), Kokain und Opiaten (Morphium, Heroin) verstanden. Der Konsum von Medikamenten, Kaffee, Tee und anderen Stoffen wird nicht einbezogen, weil dazu zuwenig Längsschnittstudien vorliegen.

Die operationale Erfassung des Konsumverhaltens erfolgte in den hier integrierten Studien auf sehr unterschiedliche Weise. (Es gibt leider keine "International classification and operationalisation of drug use"). Bei der Mehrzahl der Studien sind jedoch Häufigkeitsangaben für die verschiedenen Substanzen aufgrund von Fragebogenerhebungen verwendet worden. Einige Autoren bildeten Konsum-Indizes, die den integralen Konsum erfassten. Beim Alkohol wurde häufig ein Index für die Menge des konsumierten reinen Alkohols (100%) verwendet. Dieses Mass sowie die Häufigkeit des Zigarettenkonsums gehören zu den Konsumindikatoren, die am besten operationalisiert werden konnten. - Die unterschiedliche Operationalisierung erschwert die Vergleichbarkeit der Ergebnisse. Die Validität und Reliabilität der Konsumindikatoren ist deshalb wie bei anderen sozialwissenschaftlichen Arbeiten ein wichtiger Aspekt für die Beurteilung der Ergebnisse.

Reliabilität und Validität der Konsumindikatoren
Es ist keineswegs selbstverständlich, dass bei heikler Befragungsthematik, bei der wie im Falle des illegalen Drogenkonsums eine unerlaubte Handlung zugestanden wird, verlässliche Angaben bei Fragebogen- oder Interviewerhebungen zustande kommen. Erfreulicherweise ist die Verlässlichkeit von Konsumangaben sehr oft untersucht worden. In der Mehrzahl der Längsschnittuntersuchungen wird darauf eingegangen und von Reliabilitätsberechnungen berichtet. Dabei sind vielfältige Wege beschritten worden, um die Verlässlichkeit zu erfassen. Wir werden in der abschliessenden Diskussion ausführlich auf die Überprüfung der Validität und Verlässlichkeit im integrierten Studienmaterial eingehen (Kap. 9.3.3).

2.7 Erfassung der Antezedenzien und Konsequenzen

Betrachten wir die verschiedenen, in den Studien verwendeten psychosozialen Merkmale (Antezedenzien, Konsequenzen), so besteht eine grössere Heterogenität als bei den Konsumindikatoren. Auch liegen nicht in diesem Umfange Reliabilitäts- und Validitätsstudien vor. Allerdings sind oft gute, nach teststatistischen Kriterien konstruierte Skalen verwendet worden, so dass eine solche Überprüfung nicht vordringlich war. Dies gilt auch für einige soziodemographische Merkmale, deren Erfassung weniger problematisch ist.

Die verschiedenen psychosozialen **Antezedenzien** (Prädiktoren) der einbezogenen Studien sind hinsichtlich der Zeitdimension und ihres Inhaltes gruppiert worden. Zeitlich weiter zurückliegende Merkmale wurden von später auftretenden möglichen Einflussfaktoren getrennt. Inhaltlich sind die Aspekte des sozialen Hintergrundes und der Sozialisation im Elternhaus wichtig, ferner auch die Beziehungssituation zu Freunden und Kollegen. Von besonderer Bedeutung ist die Vorbildfunktion der Eltern und Freunde bezüglich des Drogenkonsums, sei das durch ihr eigenes Konsumverhalten oder durch ihre Einstellung dem Konsum gegenüber. Schliesslich sollen die Aussagen der Adoleszenten über sich selbst, über ihre Persönlichkeit, ihre Einstellungen, Werthaltungen etc. sowie über Verhaltensweisen (abweichendes Verhalten) aufgenommen werden. Dies führt uns zu folgender Gliederung:

a) Gliederung der Antezedenzien

1. Sozialisation Elternhaus
    Bildungs- und Berufsstatus der Eltern
    Soziale Schicht der Eltern
    Familiengrösse
    Geographische/regionale Herkunft
    Broken-home Indikatoren (Trennung, Scheidung, Tod der
    Eltern, nicht bei Eltern aufgewachsen u.a.)
    Angaben über Verwandte
    Familienklima, Nähe/Distanz zu Eltern, Autonomie/Kontrolle
    Interaktion mit Eltern
    Lebensanschauungen und Werthaltungen der Eltern
    Religiosität der Eltern

2. Vorbildfunktion der Eltern und Verwandten
    Konsum der Eltern, Geschwister und Verwandten
    Konsumeinstellung der Eltern, Geschwister und Verwandten

3. Sozialisation Schule, Arbeit
    Schulleistungen, schulische Zufriedenheit
    Schul- und Erziehungsschwierigkeiten
    Schwierigkeiten in der Berufsausbildung, am Arbeitsplatz

4. Beziehungsstruktur zu Freunden (peers)
   Nähe/Distanz zu Freunden
   Lebensanschauungen und Werthaltungen der Freunde
   Grösse des Freundeskreises
   Freizeitaktivitäten mit Freunden

5. Vorbildfunktion der Freunde
   Konsum der Freunde
   Akzeptanz des Konsumverhaltens durch Freunde
   Abweichendes Verhalten der Freunde

6. Persönlichkeit
   Lebensanschauungen, Interessen und Werthaltungen
   Motivation, Lebensstil, Leistungsorientierung
   Affektivität, Emotionalität, Aggressivität
   Extraversion, Reizorientierung (sensation seeking)
   Intellektuelle Fähigkeiten
   Umgang mit belastenden Situationen
   Subjektive körperliche und psychische Gesundheit

7. Abweichendes Verhalten

b) Gliederung der Konsequenzindikatoren:

1. Problemindikatoren bezüglich Ausbildung, Arbeit
2. Problemindikatoren der Partnerschaft
3. Problemindikatoren Gesundheit
4. Problemindikatoren für psychisches Wohlbefinden
5. Unkonventionalität, Nonkonformität
6. Selbstwertgefühl
7. Abweichendes Verhalten

2.8 Bewertung der Studienergebnisse

Nach welchen Leitlinien sollten die Studienergebnisse organisiert und bewertet werden und welches Vorgehen ist dem Studienmaterial angemessen? Als Verfahren bieten sich das narrative Review, die systematisierte Literaturanalyse und die Meta-Analyse an, auf die wir kurz eingehen.19)

2.8.1 Narrative Methode
Übersichtsarbeiten, Reviews oder Sammelreferate bezwecken alle eine kumulierte Wissensintegration von Einzelbefunden zu einer bestimmten Thematik. Das herkömliche sog. **narrative Review** ist "more an art than a science" (Fricke & Treinies, 1985, S. 12). Bei einer kleinen Zahl von Studien, die mit der Informationsverarbeitungskapazität eines Forschers noch bewältigt werden können, ist dieses Vorgehen angemessen, nicht aber bei grossen Befundmengen. In diesem Falle besteht auch die Gefahr, dass "methodisch unzulängliche Studien" in der Weise ausgeschieden werden, wie es am besten passt, um von den verbleibenden Studien konsistente Ergebnisse abzuleiten. Nunes et al. (1987) bezeichnen das narrative Review als eine Methode, die häufig zu impressionistischen Schlussfolgerungen führe. Der subjektiven Eindrucksbildung folgend werden alle diejenigen Studien als unbrauchbar selegiert, die methodische Mängel aufweisen oder deren Ergebnisse aus anderen Gründen für vernachlässigbar gehalten werden. Was bei diesem Selektionsprozess resultiert, hat eher den Status einer Expertenmeinung und weniger den eines wissenschaftlichen Befundes.

2.8.2 Systematisiertere Übersichtsarbeiten
Ein anderes, stärker systematisierteres Vorgehen besteht darin, dass die statistisch bedeutungsvollen und nicht bedeutungsvollen Ergebnisse bei verschiedenen, inhaltlich homogenen Studienergebnissen miteinander in Beziehung gebracht werden.

Luborsky, Singer & Luborsky (1975) beispielsweise gruppierten die Ergebnisse von Psychotherapiestudien nach verschiedenen Gesichtspunkten (Einzel- vs. Gruppentherapie; zeitlich begrenzt vs. unbegrenzt etc.) und ermittelten einen sog. "box-score". In diesem Score sind drei Werte enthalten: 1. Die Anzahl der Studien mit einem signifikant positiven Effekt, 2. Die Anzahl der Studien mit einem nichtsignifikanten Ergebnis und 3. Die Anzahl der Studien mit einem signifikant negativen Effekt. Diese Aufstellung ist einfach und transparent. Auf einen Blick wird ersichtlich, nach welcher Seite die Ergebnisse tendieren.

Grawe, Bermaier & Donati (1990) gehen in ähnlicher Weise vor. Die Ergebnisse werden anhand von zwei Zahlen festgehalten. Die erste Zahl entspricht der Anzahl Behandlungsbedingungen, in denen im betreffenden Bereich Daten erhoben worden sind. Die zweite Zahl gibt die Anzahl Behandlungsbedingungen an, in denen sich signifikante Veränderungen gezeigt haben. 0 bedeutet keine signifikante Ver-

---

19) Eine Sekundäranalyse ist nicht beabsichtigt. Solche Analysen beziehen sich immer auf eine Reanalyse von Originalarbeiten. In engerem Sinne sind damit empirische Reanalysen an Rohdaten gemeint (Wittmann, 1985).

änderung. (Zusätzlich erstellten sie von jeder Studie ein Güteprofil, aufgrund dessen Studien mit schwerwiegenden methodischen Mängeln ausgeschieden werden).

In der Arbeit von Maccoby & Jacklin (1974) sind Studien zusammengefasst, die sich mit Unterschieden zwischen Knaben und Mädchen befassen. Die Ergebnisse werden - wiederum nach inhaltlicher Gliederung - so dargestellt, dass ersichtlich wird, bei wievielen Studien die Knaben resp. Mädchen signifikant bessere Resultate erzielten und bei wieviel Arbeiten ein nicht-signifikantes Ergebnis vorlag. (Die Arbeit enthält auch eine kommentierte Bibliographie).

Bei diesen Studien wird somit auf das Signifikanzergebnis ($p<.05$) abgestellt, das über alle vorhandenen Studien aufaddiert wird. Diese Summenbildung wird - unter Berücksichtigung der nicht-signifikanten und in umgekehrter Richtung signifikanten Ergebnisse - als Gesamtergebnis verwendet. Gegen diese Vorgehen ("vote counting") sind kritische Einwände angeführt worden (Schwarzer & Leppin, 1989). Es werde üblicherweise unterschlagen, dass die Studien auf unterschiedlichen Stichprobengrössen beruhen und dass es einseitige und zweiseitige sowie konservative und liberale Prüftests gibt - Grössen, welche die Signifikanzprüfung beeinflussen. Die Effektstärken sind dagegen von diesen Einflüssen nicht tangiert. - Diese Einwände sind sicher richtig; Effektstärken sind Signifikanzwerten vorzuziehen. Dies bedingt aber, dass Effektstärken vorhanden sind oder aus den Ergebnissen berechnet werden können. Für Pfadkoeffizienten, Betagewichte multipler Regressionsanalysen oder Strukturkoeffizienten von LISREL-Analysen gibt es jedoch innerhalb der meta-analytischen Methodologie keine Möglichkeit, Effektgrössen zu berechnen. Der Ausschluss solcher multivariater Studien, wie dies z.B. bei Schwarzer & Leppin (1989) vorgenommen wurde, ist aber ein höchst fragwürdiges Vorgehen.

2.8.3 Meta-Analyse
Die Bezeichnung "Meta-Analyse" ist von Glass (1976) eingeführt worden und dient als Oberbegriff für Techniken der Zusammenfassung und des Vergleichs von Forschungsergebnissen. Im Gegensatz zu den Primär- und Sekundäranalysen werden dazu nicht die Originaldaten verwendet, sondern die in den Publikationen angegebenen statistischen Kennwerte. Gemäss Wittmann (1985) wird mit der Methode der Meta-Analyse eine Synthese von empirischen Forschungsarbeiten durch Integration und Kumulation statistischer Kennwerte angestrebt, die in den einzelnen Studien berichtet werden (mit p-Werten von Signifikanztests, t-Werten von Mittelwerten oder Korrelationen).

Beim Ansatz von Glass (1976) werden die Studien zuerst klassifiziert und kodiert. Die Ergebnisse werden in vergleichbare Grössen transformiert. Die Effektstärken werden schliesslich zu den verschiedenen Studienmerkmalen in Beziehung gesetzt (z.B. mit Ratings der methodischen Qualität der Untersuchungen).

Beim Meta-Analyse-Ansatz nach Hunter, Schmidt & Jackson (1982) werden anstatt der Effektstärken Korrelationskoeffizienten verwendet.

In der Gruppe um Rosenthal (1984) wurde ein Verfahren entwickelt, das von den erreichten Signifikanzniveaus (p-Werten) ausgeht. Die p-Werte aller Studienergebnisse, die sich bei der Überprüfung einer Hypothese ergeben, werden so kombiniert, dass die Wahrscheinlichkeit einer Zurückweisung der Nullhypothese über alle Studien hinweg angegeben werden kann. In den weiteren Schritten wird u.a. die Anzahl nicht-publizierter Studien berechnet, die notwendig wäre, um die erreichte kombinierte Wahrscheinlichkeit unter ein bestimmtes Signifikanzniveau zu drücken.

Während Rosenthal sich ausführlich mit den exakten p-Werten befasste, stehen mehrere Autoren dieser Methode eher ablehend gegenüber (Fricke & Treinies, 1985; Hedges & Olkin, 1985; Hunter, Schmidt & Jackson, 1982). Für sie sind die Effektstärken aussagekräftiger, die wenn immer möglich verwendet werden sollten. Im wesentlichen kann man zwei Arten von Effektgrössen unterscheiden: die Grösse d resultiert aus experimentellen Studien, r aus Korrelationsstudien. Die Effektgrösse d ist die standardisierte Mittelwertsdifferenz gebildet aus der Differenz zwischen dem Mittelwert der Versuchsgruppe und dem Mittelwert der Kontrollgruppe. - Die Effektgrösse r entspricht dem Korrelationskoeffizienten oder einer rechnerischen Umwandlung von d-Werten.

Das Konzept der Meta-Analyse hat eine grosse Beachtung erfahren. Vor allem die Meta-Analyse zur Effektivität von Psychotherapie hat Begeisterung, aber auch schroffe Ablehnung gefunden: "An exercise in mega-silliness"; "garbage in, garbage out" (Eysenck, 1978) bzw. "Extrem eines Irrwegs" (Grawe 1981, S. 152). Eine Diskussion der kritischen Punkte haben u.a. Wittmann (1985), Grawe (1988), Shapiro (1985) und Fricke & Treinies (1985) vorgelegt. Ernstgenommene Kritikpunkte beziehen sich auf:

1. das Problem unterschiedlicher methodischer Qualitäten der Studien,

2. das Uniformitätsproblem,

3. das "Dunkelziffer"-Argument und

4. das Inkommensurabilitätsproblem.

Das letztgenannte Problem bezieht sich darauf, inwieweit Studien mit verschiedenen Absichten und Messinstrumenten zusammengezogen werden dürfen. Bei diesem als sog. "Äpfel-Birnen-Problem" diskutierten Aspekt (Wittmann, 1985) geht es darum, ob heterogene Inhalte zusammengefasst werden dürfen oder nicht. Wittmanns Antwort darauf ist einfach: Immer dann, wenn "Obst" erfasst werden soll (genauer Kernobst). - Beim Uniformitätsproblem geht der Vorwurf dahin, dass - im Falle der Psychotherapie-Evaluation - Personen, Therapeuten, Therapie und Pathologie alle gleich behandelt werden. - Beim Problem der Qualität gilt das gleiche Argument: Methodisch gute Arbeiten werden schlechten gleichgestellt. - Das "Dunkelziffer"-Argument bezieht sich auf die Selektivität der Forscher und Herausgeber, so dass die publizierte Literatur nicht den wahren Forschungsstand repräsentiere. (z.B.: Signifikante Ergebnisse werden häufiger publiziert als nicht-signifikante; "publication bias"). - Kritik wird ferner auch an der oft mangelnden Reliabilität und Validität der verwendeten Kodierungssysteme angebracht.

Eine Übersicht dieser Diskussion und eine Kritik der Kritik finden wir bei Fricke & Treinies (1985) und Schwarzer & Leppin (1989). Diese Arbeiten enthalten auch Ansätze, wie die Probleme angegangen werden können, um negative Auswirkungen zu vermeiden.

2.8.4 Schlussfolgerungen
Ist es sinnvoll, das Verfahren der Meta-Analyse auch beim vorliegenden Studienmaterial anzuwenden? Zur Beantwortung dieser Frage müssen wir auf die in den publizierten Studien verwendete Methodik zurückgreifen. Die für uns relevanten Ergebnisse sind bivariate, partielle und multiple Korrelationskoeffizienten, ferner Ergebnisse von Pfadanalysen sowie Strukturkoeffizienten von LISREL- und EQS-Analysen, in einigen Fällen auch Ergebnisse des t-Tests und der Diskriminanzanalyse. Würden nun die Effektstärken dieser Koeffizienten berechnet und gesamthaft analysiert, dann würden wir Effektstärken interpretieren, die nur wenig Gemeinsames aufweisen. Ihre Höhe ist stark abhängig vom überprüften Modell, d.h. von den im Modell aufgenommenen intervenierenden Variablen. Es spielt für die Höhe der Koeffizienten eine grosse Rolle, welche Konzepte als intervenierende Grössen mitberücksichtigt worden sind, und im vorhandenen Studienmaterial sind ganz unterschiedliche Modelle überprüft worden. Die Effektstärke ist deshalb keine geeignete Basis für die Ergebnisintegration beim vorliegenden Studienmaterial; sie ist zu differenziert und liefert eine Pseudogenauigkeit.

Auch Schwarzer & Leppin (1989) weisen auf diese Schwierigkeit hin. Sie beziehen sich auf die Ergebnisse multipler Regressionen - was im Gegensatz zur Vielfalt der erwähnten Verfahren noch relativ einfach ist - und folgern, dass die Betagewichte nicht für die Meta-Analyse verwendet werden können. "Haben die Autoren auch auf die Wiedergabe der zugrundeliegenden Korrelationen verzichtet, bleibt hier leider kein anderer Weg, als die - vielleicht sehr gute - Studie auszuschliessen." (S. 116). Genau dies trifft für eine grosse Zahl der integrierten Studien zu, die zwar multivariate Ergebnisse, nicht aber bivariate Korrelationen publizierten. Ein Ausschluss dieser Studien würde bedeuten, dass gerade die differenzierten Studien mit multivariaten Analysen und Modellprüfungen für die Meta-Analyse entfallen. Eine Meta-Analyse mittels Effektstärken ist deshalb am vorliegenden Studienmaterial nicht durchführbar.

Meta-Analysen mit Effektstärken sind eher dort geeignet, wo ein experimentelles Design mit Treatment- und Kontrollgruppe vorliegt, wo intervenierende Variablen qua experimentellem Design berücksichtigt resp. kontrolliert wurden (Smith, Glass & Miller, 1980). Die hier erfassten Studien zum Drogenkonsum sind aber nicht experimentelle Studien sondern Korrelationsstudien, die zu einem beachtlichen Teil auf multivariaten Analysen basieren und für eine Meta-Analyse nicht geeignet sind.

Aus diesen Überlegungen heraus ist es angebracht, die vorhandenen Studienergebnisse auf einer "tieferen" Informationsebene, nämlich auf der Ebene der Signifikanz zu analysieren. Die Analyseeinheit ist bei diesem Vorgehen nicht die Grösse des vorhandenen Effektes, sondern ausschliesslich ihre Signifikanz resp. Nicht-Signifikanz. Dieser Informationsverlust muss in Kauf genommen werden, weil grundsätzlich nicht vergleichbare Effektgrössen tatsächlich nicht verglichen werden können. Untersucht wird, bei wievielen Studien zu einer bestimmten Fragestellung ein signifikantes resp. nicht-signifikantes Ergebnis vorliegt. Die Höhe des erreichten Signifikanzniveaus wird dabei ausser acht gelassen, da dieser Wert von der Stichprobengrösse abhängig ist. Bei grosser Stichprobe erreicht bekanntlich ein bestimmter Korrelationskoeffizient eine niedrigere Fehlerwahrscheinlichkeit als bei einer kleinen Stichprobe. Studien mit grossen Stichproben hätten demnach die grössere Wahrscheinlichkeit, bedeutungsvolle Ergebnisse zu liefern.

Dieser auf die statistische Signifikanz ausgerichtete Ansatz ist auch in den erwähnten Arbeiten von Grawe et al. (1990), Luborsky et al. (1975), Maccoby & Jacklin (1974) u.a. verwendet worden. Er ist im Gegensatz zum Vorgehen bei der Meta-Analyse am vorhandenen Studienmaterial durchführbar. Wichtig ist dabei auch die Transparenz, wie die Studienergebnisse zusammengefasst und aufgrund welchen Vorgehens die resultierenden Ergebnisse interpretiert werden. Diese Transparenz ist beim gewählten Vorgehen gewährleistet.

In den folgenden Kapiteln 3-8 werden nun die Ergebnisse der Studien vom Typ II bis Typ VII dargestellt.

3. Antezedenzien der Initiation (Typ-II-Studien)

In den Kapiteln 3-8 werden die Ergebnisse der Antezedenz- und Konsequenzstudien, gegliedert in die Abschnitte Studienauswahl, Ergebnisse und Kurzzusammenfassung, dargestellt.

3.1 Einleitung, Studienauswahl

Das Anzünden der ersten Zigarette, der erste Schluck Bier oder Wein, der erste Haschischjoint und der erste "Schuss", das geschieht nicht völlig zufällig. Diese erste Handlung ist meistens mehrfach antizipiert worden, man hat Freunden zugeschaut, den Eltern, Personen in Filmen, Zeitschriften etc.. Das Umfeld und die Atmosphäre, in der die erste Konsumhandlung schliesslich erfolgt, treten dem Jugendlichen immer näher und werden innerlich stimmiger. Oft geht eine Phase der Ambivalenz gegen die antizipierte Konsumhandlung voraus, bis schliesslich das "innere Ja" kommt. Da die Initiation in das Konsumieren bei der Mehrzahl der jungen Menschen in einer Entwicklungsphase der Ablösung von der Kindheit und von den Eltern stattfindet, bedeutet die Intiation auch der Einstieg in die Welt der Erwachsenen. In dieser Phase der Umorientierung sind neue Verhaltensweisen zu erproben und es stellt sich deshalb die Frage, ob das Konsumieren von legalen oder illegalen Drogen dabei eine unterstützende oder aber eine einschränkende Funktion hat.

Funktionale Aspekte des Konsumierens gehen u.a. aus der umfassenden Explorativstudie zum Einstieg ins Rauchen und Trinken von Franzkowiak (1986) hervor. Zwischen 12 und 16 Jahren nehmen das Probieren sowie alkoholzentrierte Mutproben innerhalb der Clique und ihrer Aktivitäten (Treffen, Parties) stetig zu. In der Öffentlichkeit von Konfirmation und Familienfesten ist zudem der Alkoholkonsum mit dem Eintritt in die Erwachsenenwelt gekoppelt. Daneben wird Alkohol als "Stimmungsmacher" unter Gleichaltrigen genutzt. Adoleszente mit geringer oder keiner Alkoholerfahrung werden als "Nachzügler" charakterisiert. In dieser Phase spielen auch Geschlechtsunterschiede eine Rolle: Das Durchprobieren "harter" Sachen und die unmittelbaren Auswirkungen werden bei den männlichen Jugendlichen geringer sanktioniert als bei den gleichaltrigen Mädchen.

Beim Zigarettenrauchen wird das Einstiegsrauchen vorwiegend heimlich, in relativ strikter Abgeschiedenheit von Erwachsenen und deren Kontrollmöglichkeiten vollzogen. Das Rauchen-können wird u. U. regelrecht geübt, um in der Gruppe Gleichgesinnter nicht das Gesicht zu verlieren. "Das "Reinkommenwollen" in eine bestehende Clique und das "Erwachsenwirken" sind als die grundlegenden Rauchanlässe und Rauchmotive in der Einstiegsphase anzusehen" (Franzkowiak, 1986, S. 177).

Die innere, subjektive Einstimmung bei der Entscheidung zur ersten Konsumhandlung und das vorausgehende nähere und weitere soziale Umfeld soll in den Initationsstudien eingefangen werden. Wenn dieses konsumbegünstigende Vorfeld umrissen wird, kann das für die Prävention wichtig sein, weil die Prävention in dieser Phase "das Übel noch an der Wurzel" zu greifen vermag, also primäre Prävention im eigentlichen Sinn ist. Diese wertende Formulierung impliziert, dass jeglicher Konsum ganz und gar abzulehnen sei. Eine solche Position ist aber nicht unproblematisch, wie wir dies in Abschnitt 1.6 erläutert haben. Könnte allerdings aufgrund epidemiologischer Fakten ein Zusammenhang zwischen den Antezedenzien der Initiation und dem späteren Abusus nachgewiesen werden, so wird die primäre Prävention dann von Bedeutung sein, wenn das Präventionsziel darin besteht, die Inzidenz abhängiger Personen zu vermindern. Beispiel: Wenn beim Zigarettenrauchen der Adoleszenten das Rauchen der Eltern eine wichtige Rolle spielt und die Möglichkeit besteht, das Rauchverhalten der Eltern zu beeinflussen, dann könnte bereits bei einem geringfügigen Rückgang des Rauchens der Eltern ein deutlicher Rückgang bei den Kindern festgestellt werden, weil bei einer Familie manchmal mehrere Kinder vom elterlichen Vorbild beeinflusst werden und diese wiederum auf andere Jugendliche einen Einfluss ausüben.

Wenn situationsspezifische Aspekte bei der ersten Konsumhandlung eine wichtige Rolle spielen, dann erwarten wir, dass Elemente dieser Situation in Erscheinung treten, z.B. enge Kontakte und gemeinsame Freizeitaktivitäten mit Freunden und Kollegen. Andere Antezedenzien können sein: Das Konsumverhalten der Eltern als Modell für die Kinder, ferner Persönlichkeitsaspekte wie beispielsweise Mut, Experimentierfreude etc..

Diese und andere Aspekte der Person und ihres sozialen Umfeldes sollen im folgenden untersucht werden. Dabei möchten wir sehen, welche Antezedenzien eine signifikante Bedeutung haben und bei geographisch und kulturell verschiedenartigen Studienpopulationen aufgetreten sind. Ferner möchten wir wissen, ob diese Merkmale für praktisch alle in den Studien überprüften Substanzen wichtig und somit substanz**un**spezifisch sind oder ob Unterschiede bestehen. Solche Unterschiede wären durchaus zu erwarten, so z.B. zwischen legalen und illegalen Drogen, bei welchen Unterschiede bezüglich Griffnähe, Verfügbarkeit, Vorbild der Eltern, Werbung und Applikationsart (trinken, rauchen, spritzen) vorhanden sind. Solche Unterschiede sprächen dafür, dass wir bei den Antezedenzien substanzspezifische Effekte mit einer Polung von a) legalen Alltagsdrogen, b) illegalen "weichen" und c) illegalen "harten" Drogen erhalten.

Für die Prävention wäre es einfacher, wenn unspezifische Antezedenzien bestehen. Dem Konsumeinstieg würde ein allgemeines Grundprinzip zugrunde liegen, das zu erforschen einfacher wäre als eine Vielzahl substanzspezifischer Antezedenzien. Wichtig wäre dann die Frage, welche Antezendenzien dies sind.

Wie erwähnt werden wir zwischen der Initiation und der Progression des Konsumierens unterscheiden, weil der Einstieg vermutlich eine andere Bedeutung hat als die Fortsetzung des Konsums. So kann z.B. das Rauchen von Haschisch die Zugehörigkeit zur peer-Gruppe garantieren. Später ist dies vielleicht weniger wichtig. Andererseits wird immer wieder erwähnt, dass ein Zusammenhang zwischen dem frühen Einstieg und dem späteren Missbrauch besteht: Je früher mit dem Konsum begonnen wird, desto grösser ist das Risiko einer späteren Abhängigkeit. Die Antezedenzien für frühen Einstieg würden demnach auch für die Phasen der Progression und Abhängigkeitsbildung relevant sein. Es soll deshalb geprüft werden, ob die Prädiktoren der Initiation denjenigen der Progression ähnlich sind oder nicht.

Kurzbeschreibung der Initiationsstudien
In Tabelle 3.1 sind 22 Initiationsstudien aufgeführt, die den Selektionskriterien entsprachen. Das Durchschnittsalter der Studienpersonen liegt bei ca. 14 Jahren und die mittlere Intervalldauer der Studien beträgt 4,5 Jahre. - Zum Alkoholkonsums haben wir lediglich vier Arbeiten gefunden. Sie stammen aus den Jahren 1977-1989. Im Gegensatz zum Marihuanakonsum (13 Studien) sind sie deutlich untervertreten. Acht der Studien zum illegalen Drogenkonsum datieren aus der Zeit vor 1980, dagegen nur zwei der insgesamt zehn Studien zum Tabakkonsum.

Dies zeigt, dass die Problematik hinsichtlich des Tabakrauchens erst seit relativ kurzer Zeit wahrgenommen wird, nun aber eine intensive Forschungstätigkeit entstanden ist.

Aus Tab. 3.1 geht ferner hervor, dass Längsschnittstudien zuerst hinsichtlich des illegalen Drogenkonsums durchgeführt wurden und die Alkohol- und vor allem die Tabakproblematik später dazu kamen. Die Forschung im Bereich des illegalen Drogenkonsums, die erst Ende der Sechzigerjahre relevant wurde, hat in diesem Sinne Pionierarbeit geleistet. Initiationsstudien sind erst seit relativ kurzer Zeit ein Anliegen der Forschung geworden, und vielleicht hätte es noch länger gedauert, wenn nicht die Besorgnis breiter Kreise der Öffentlichkeit, alarmiert durch die rasche Ausbreitung illegaler Drogen, die Forschung in diesem Bereich belebt hätte. Man kann sich deshalb fragen, weshalb die Wissenschaft und das Gesundheitswesen nicht bereits früher aktiv geworden sind, zumal die gesundheitsschädigende Wirkung von Alkohol und Tabak seit längerer Zeit bekannt ist.

Tabelle 3.1: Studien zur Initiation (Typ II)

Legende: T1: Ersterhebung, T2: letzte Erhebung, (): Näherungswert, da genaue Angaben fehlen.

Autoren Jahr/Nation Abkürzung	Stichprobe	Alter bei T1	Intervall	N-T1	N-T2	Kriterium (Konsumvar.)
ALLEGRANTE et al. 1977-78; USA ALL78	Schüler der 7. Klasse	13	2 J. 1974-76	4468	3171	Zigaretten
ARY et al. 1988; USA ARY88	Schüler der 7., 9. und 10. Klasse	12-16	1 J. 1986?	1171	801	Tabak
BURCHFIEL et al. 1989; USA BUR89	Schüler	5-19	14 J. 1962-79		2653	Zigaretten
CHARLTON & BLAIR 1989; England CHA89	Schüler	12-13	4 Mt. 1988?	2338?	1390	Tabak
COLLINS et al. 1987; USA COL87	Schüler der 7. Klasse	12-14	16 Mt. 1981-83	3295	?	Tabak
FLEMING et al., 1982; USA FLE82	Erstklässler	6-7	10 J. 1966-76	1242	705	Alkoh.,Marih. Zigaretten
GINSBERG et al. 1978; USA GIN78	Studenten	19	3 J. 1971-74	319	274	Marihuana
JESSOR et al., 1973; USA JES73	Schüler der 7.-9. Klasse College-Stud.	13-15 19-22	1 J. 1970-71 idem	747? 276	605 248	Marihuana Marihuana
JESSOR et al., 1977; USA JES77	Schüler der 7. + 8. Kl.	13-14	3 J. 1969-72		408 420	Alkohol Marihuana
JESSOR et al., 1978; USA JES78	Schüler der 7.-9. Klasse College-Stud.	13-15 19-22	3 J. 1969-72 idem	589 276	432 205	Marihuana Marihuana
JOHNSTON et al. 1978; USA JOH78	Schüler der 10. Klasse,	15-16	8 J. 1966-74	2213	1260	illeg. Drogen

Tabelle 3.1: Fortsetzung

KANDEL, 1978; USA	High School Studenten		6 Mt. 1971-72	5574	5423	legale und illeg. Drogen
KAY et al., 1978; USA KAY78	Studenten	19	3 J. max. 1971-74	251	Marihuana	
KROHN et al. 1985; USA KRO85	Schüler, 2 Teilstichproben	13-15	3 J. 1980-82		523, 379	Tabak
LAWRANCE et al. 1986; USA LAW86	Schüler der 6.-8. Klasse	12-14	8 Mt. 1984?	752	554	Tabak
LERNER et al. 1984; USA	Jugendliche	10-19	ca.15 J. 1956-84	133	legale und	illeg. Drogen
McCAUL et al. 1982; USA McC82	Schüler der 7. Klasse	13	1 J. 1977-80	340	297	Tabak
MORGAN, 1989, Irland MOR89	Schüler	13-18	1 J. 1984-85		1593	Alkohol,Zig., illeg. Drogen
SCHLEGEL et al. 1985; Kanada SCH85	Schüler der 9.-12.Klasse	15-18	6 J. 1974-80	1752	916	Alkohol
SKINNER et al. 1985; USA SKI85	Schüler der 7.-12.Klasse	13-18	3 J. 1980-82	1180?	426	Tabak
SMITH et al., 1978; USA SMI78	Schüler der 7.+8. Klasse	13,14	4 J.		651	Marihuana
STEWARDT et al. 1966; USA STE	Kinder, Schüler	6 und 11,5 J.	bis 25 J. ca. 1930-1955	(180)	Tabak	
YAMAGUCHI et al. al., 1984; USA YAM84	Schüler der 10.+ 11. Kl.	15-16	9 J. 1971-81		1325	Marihuana, andere illeg. Drogen

Bemerkenswert ist auch, dass lediglich drei Studien nicht aus den USA stammen und dass sie erst in den letzten Jahren (1985, 1989) publiziert wurden. Dass die USA sich als erste Nation dieser Problematik angenommen hatte, mag mit der Verbreitung illegaler Drogen zusammenhängen, die vom Westen herkommend Europa mit einiger Verzögerung erreichte. Auffallend ist aber trotzdem, dass die Europäer diese Problematik nur vereinzelt und zudem verspätet aufgenommen haben.

3.2 Ergebnisse

Die signifikanten und nicht-signifikanten Ergebnisse der einzelnen Initiationsstudien sind in einem ersten Schritt tabellarisch festgehalten worden. Die verschiedenen Antezedenzien (Prädiktoren) wurden so gegliedert, dass inhaltlich eine möglichst gute Homogenität besteht, andererseits aber gleichwohl mehrere verschiedene Studien zum Vergleich vorhanden sind. Auch sollten diese Bereiche denjenigen der anderen Studientypen (Typ III bis VI) ähnlich sein, um später Querverbindungen herstellen zu können. Sie umfassen die Gesamtaspekte Elternhaus, Beziehung zu Freunden, Persönlichkeit sowie Verhalten und sind inhaltlich noch weiter aufgegliedert. Tabelle A-3.1 im Anhang zeigt einen Auschnitt aus dieser Datenaufbereitung. Sie enthält signifikante und nicht-signifikante Antezedenzien der Konsuminitation, getrennt für 5 Konsumvariablen A...H. Aus Platzgründen kann hier lediglich ein Auszug aus dem umfangreichen Ergebnismaterial dargestellt werden. 20)

Im zweiten Schritt wurden die Ergebnisse komprimiert. Sie sind in den nachfolgenden Tabellen 3.2.1 bis 3.2.13, inhaltlich in 15 Bereiche gegliedert, dargestellt. Innerhalb eines Bereiches sind solche Ergebnisse zusammengefasst worden, die eine konzeptuelle Replikation einer Fragestellung darstellen. Jede Tabelle enthält die Anzahl der Analysen pro Bereich, die Zahl der die signifikanten respektive nicht-signifikanten Antezedenzien (Prädiktoren) und schliesslich den Differenzwert der signifikanten und nicht-signifikanten Antezedenzien.

---

20) In Tab. A-3.1 im Anhang sind links die Antezedenzien (Prädiktoren) und auf der rechten Seite in den Spalten A, T, C, H oder D die in den Studien verwendeten Konsumvariablen (Zielvariable) aufgeführt. Beispielsweise bedeutet ein c in der Spalte C (erste Zeile in Tab. A-3.1), dass in der Studie KAN78 ein signifikanter Zusammenhang zwischen dem Merkmal "nicht intakte Familie" und dem späteren Cannabiskonsum vorliegt. Nicht-signifikante Ergebnisse sind mit "ns" in der Tabelle festgehalten. Die Bezeichnung "1" gibt an, dass in der Studie verschiedene Substanzen zu einem Drogenindex oder -faktor zusammengezogen worden sind und in der Spalte D erfasst werden. Die Bezeichnung "2" bedeutet, dass der Cannabiskonsum zusammen mit dem Konsum harter Drogen erfasst worden ist. Dieses Merkmal wird deshalb in der Spalte H registriert und interpretiert.

Diese Differenz ist nur berechnet worden, wenn Befunde von mindestens zwei verschiedenen Forschungsprojekten vorliegen. Lagen mehrere Publikationen des gleichen Projektes vor, wurden die Ergebnisse nur einmal aufgenommen. Die Differenz ist ein einfacher Indikator für die relative Bedeutsamkeit des Merkmals. Ein positiver Wert weist auf ein Überwiegen der signifikanten Ergebnisse hin und spricht deshalb - je nach Ausmass des positiven Wertes - für einen wichtigen Zusammenhang zwischen der Antezedenz und der Konsumintensität. Ein negativer Wert besagt, dass die nicht-signifikanten Ergebnisse überwiegen und das Antezedenz-Merkmal für das Konsumverhalten wahrscheinlich nicht von Bedeutung ist. Auszuschliessen ist dies jedoch nicht, da die nicht-signifikanten Ergebnisse möglicherweise auf methodische oder stichprobenspezifische Gründe zurückzuführen sind. Die Höhe des negativen Wertes gibt an, mit welcher Sicherheit das Ergebnis vermutlich bedeutungslos ist.

Problemindikatoren des Elternhauses
Bei den Problemindikatoren des Elternhauses werden Antezedenzien zusammengefasst, die aus der Sicht der befragten Personen oder der Studienleiter einen Mangel oder Störfaktor bezüglich einer günstigen Entwicklung und Eltern-Kind-Beziehung darstellen. Dazu gehören broken-home-Indikatoren (Scheidung, Trennung der Eltern u.a.), eine distanzierte Beziehung zwischen den Eltern und den Jugendlichen, eine permissive Einstellung der Eltern dem Problemverhalten der Jugendlichen gegenüber, verminderte Unterstützung durch die Eltern u.a.. - Die Ergebnisse sind in Tabelle 3.2.1 zusammengefasst. Hinsichtlich des Alkohols bestehen 14 Analysen, von denen 8 ein signifikantes (3 univariate und 5 multivariate Ergebnisse) und 6 ein nicht-signifikantes Ergebnis erbrachten. Somit überwiegen die signifikanten Befunde (Differenzwert in Tab. 3.2.1 ist +2). Bezüglich dem Tabakkonsum sind für eine Interpretation nicht genügend Studien vorhanden (mit # bezeichnet). Beim Konsum von Cannabis und harten Drogen (Spalte C; H) überwiegen die nicht-signifikanten Befunde. - Die Problemindikatoren im Elternhaus haben somit in erster Linie hinsichtlich der Initiation des Alkoholkonsums eine Bedeutung.

Schulbildungs- und Berufsstatus der Eltern
Vier Forschungsgruppen haben den elterlichen Bildungs- und Berufsstatus einbezogen. Aus den Ergebnissen geht hervor, dass insgesamt die nicht-signifikanten Analysen überwiegen (Tab. 3.2.2), so dass keine Belege für einen Zusammenhang zwischen dem elterlichen Bildungsstatus und dem Konsumverhalten vorliegen.[21] Da der soziodemographische Hintergrund wahrscheinlich bei vielen Studien einbezogen und infolge einer fehlenden signifikanten Beziehung in den Publikationen nicht immer aufgeführt wurde, kann angenommen werden, dass dieser Aspekt offensichtlich keine Rolle für einen frühen oder späteren Einstieg in das Konsumieren spielt.

---

[21] Auch beim Alkoholkonsum überwiegen die nicht-signifikanten Ergebnisse. Sie stammen jedoch aus der gleichen Längsschnittstudie, so dass sie wie oben erläutert nicht zählen.

Tabelle 3.2.1-3.2.13: Zusammenfassung der signifikanten und nicht-signifikanten Antezedenzien bezüglich der Initiation in das Konsumverhalten (A, T, C, H, D) - Typ II

Antezedenzien	A	T	C	H	D	C,H
1. Problemindikatoren Elternhaus:						
Anzahl Analysen total	14	2	17	7	0	17
Anzahl signif. Ergebnisse:						
univariat:	3	1	8	2	-	9
multivariat:	5	1	0	0	-	0
Anzahl nicht-signif. Ergebnisse	6	0	9	5	-	8
Differenz signif. minus nicht-						
signifikante Ergebnisse	2	#	-1	-3	#	1
2. Statusmerkmale der Eltern (höherer Schulbildungs- und Berufsstatus):						
Anzahl Analysen total	2	2	3	2	0	3
Anzahl signif. Ergebnisse:						
univariat:	-	0	0	-	-	0
multivariat:	-	1	0	-	-	0
Anzahl nicht-signif. Ergebnisse	2	1	3	2	-	3
Differenz signif. minus nicht-						
signifikante Ergebnisse	#	0	-3	#	0	-3
3. Konsumpermissive Einstellung der Eltern						
Anzahl Analysen total	3	4	3	2	0	4
Anzahl signif. Ergebnisse:						
univariat:	0	1	-	-	-	1
multivariat:	1	0	-	-	-	0
Anzahl nicht-signif. Ergebnisse	2	3	-	-	-	3
Differenz signif. minus nicht-						
signifikante Ergebnisse	-1	-2	#	#	#	-2
4. Konsum der Eltern, Geschwister:						
Anzahl Analysen total	2	14	5	5	0	4
Anzahl signif. Ergebnisse:						
univariat:	2	1	0	3	-	1
multivariat:	0	7	0	0	-	0
Anzahl nicht-signif. Ergebnisse	0	6	5	2	-	3
Differenz signif. minus nicht-						
signifikante Ergebnisse	#	2	-5	1	0	#

Legende:
A, T, C, H, D: Konsum von Alkohol, Tabak, Cannabis, Harten Drogen, Drogenindex resp. Faktor.
C, H: illegaler Drogenkonsum; Anzahl Studien mit Ergebnissen zum Konsum von Cannabis und/oder harten Drogen
Ergebnisse von weniger als 2 verschiedenen Projektgruppen vorhanden; wird nicht interpretiert

Tabelle 3.2: Fortsetzung

	A	T	C	H	D	C,H
5. Problemindikatoren Schule, Schulleistungen beeinträchtigt:						
Anzahl Analysen total	5	2	7	4	0	7
Anzahl signif. Ergebnisse:						
univariat:	2	0	6	-	-	6
multivariat:	0	2	0	-	-	0
Anzahl nicht-signif. Ergebnisse	3	0	1	-	-	1
Differenz signif. minus nicht-signifikante Ergebnisse	-1	2	5	#	0	5
6. Enge Beziehung zu Freunden; normabweichende Einstellungen der Freunde:						
Anzahl Analysen total	9	5	11	4	0	13
Anzahl signif. Ergebnisse:						
univariat:	3	0	9	1	-	9
multivariat:	3	3	0	1	-	1
Anzahl nicht-signif. Ergebnisse	3	2	2	2	-	3
Differenz signif. minus nicht-signifikante Ergebnisse	3	1	7	#	#	7
7. Konsum der Freunde, Kollegen:						
Anzahl Analysen total	3	10	4	5	0	7
Anzahl signif. Ergebnisse:						
univariat:	1	1	2	2	-	2
multivariat:	1	6	2	1	-	3
Anzahl nicht-signif. Ergebnisse	1	3	0	2	-	2
Differenz signif. minus nicht-signifikante Ergebnisse	1	4	4	1	0	3
8. Verminderte Leistungsorientierung, Schulabneigung:						
Anzahl Analysen total	4	1	12	0	0	12
Anzahl signif. Ergebnisse:						
univariat:	2	-	8	-	-	7
multivariat:	2	1	0	-	-	0
Anzahl nicht-signif. Ergebnisse	0	0	4	-	-	5
Differenz signif. minus nicht-signifikante Ergebnisse	4	#	4	#	#	2
9. Unkonventionalität, verminderte soziale Integration:						
Anzahl Analysen total	15	2	27	4	0	28
Anzahl signif. Ergebnisse:						
univariat:	3	1	17	2	-	19
multivariat:	3	1	1	0	-	1
Anzahl nicht-signif. Ergebnisse	9	0	9	2	-	8
Differenz signif. minus nicht-signifikante Ergebnisse	-3	2	9	#	#	12

Tabelle 3.2: Fortsetzung

	A	T	C	H	D	C,H
10. Reiz- und Risikoorientierung:						
Anzahl Analysen total	0	3	2	0	0	2
Anzahl signif. Ergebnisse:						
univariat:	0	0	2	0	0	2
multivariat:	0	2	0	0	0	0
Anzahl nicht-signif. Ergebnisse	0	1	0	0	0	0
Differenz signif. minus nicht-						
signifikante Ergebnisse	#	1	#	#	#	#
11. Emotionale Labilität:						
Anzahl Analysen total	3	0	7	3	0	8
Anzahl signif. Ergebnisse:						
univariat:	0	0	2	1	0	3
multivariat:	0	0	0	0	0	0
Anzahl nicht-signif. Ergebnisse	3	0	5	2	0	5
Differenz signif. minus nicht-						
signifikante Ergebnisse	#	#	-3	-1	#	-2
12. Permissive Konsumeinstellung, positive Wahrnehmung:						
Anzahl Analysen total	3	21	7	3	0	8
Anzahl signif. Ergebnisse:						
univariat:	1	5	4	1	0	6
multivariat:	2	7	2	0	0	1
Anzahl nicht-signif. Ergebnisse	0	9	1	2	0	1
Differenz signif. minus nicht-						
signifikante Ergebnisse	3	3	5	-1	#	6
13. Abweichendes Verhalten						
Anzahl Analysen total	4	2	7	3	1	10
Anzahl signif. Ergebnisse:						
univariat:	2	2	4	1	1	8
multivariat:	0	0	1	0	0	1
Anzahl nicht-signif. Ergebnisse	2	0	2	2	0	1
Differenz signif. minus nicht-						
signifikante Ergebnisse	0	2	3	-1	#	8

Konsumeinstellung der Eltern
Verschiedene Studien haben die Konsumeinstellung der Eltern miteinbezogen. Zur permissiven Einstellung gehören eine gewährende, bejahende Haltung gegenüber dem Konsum verschiedener Substanzen, eine Relativierung der Schädlichkeit des Konsums und die Akzeptanz des Konsumierens ihrer Kinder. - Gemäss den vorliegenden Ergebnissen (Tab. 3.2.3) besteht insgesamt betrachtet kein Zusammenhang zwischen der permissiven Konsumeinstellung der Eltern und dem Konsumeinstieg ihrer Kinder.

Konsum der Eltern, Verwandte
Aufgrund der Lerntheorien (Modellernen) ist zu erwarten, dass der Konsum der Eltern und Freunde, vielleicht auch noch derjenige anderer Verwandter einen Einfluss auf den Einstieg in das Konsumverhalten der Jugendlichen hat. Ein Zusammenhang zwischen dem Konsum der Eltern und dem frühen Konsum der Kinder kann auch aus genetischer Sicht postuliert werden. Man könnte deshalb erwarten, dass zahlreiche Studien den Zusammenhang zwischen dem elterlichen Alkoholkonsum und dem Konsumeinstieg ihrer Kinder in das Alkoholkonsumieren untersucht haben. Dies trifft jedoch nicht zu. Lediglich eine Längsschnittstudie hat Ergebnisse dazu vorgelegt (in bestätigendem Sinne).

Mehrere Studien liegen jedoch zum Tabakkonsum vor. Die Ergebnisse (Tab. 3.2.4) bestärken für den Tabakkonsum den postulierten Zusammenhang zwischen den Eltern und ihren Kindern. Zahlreiche Befunde sind zudem aufgrund einer multivariaten Analyse signifikant geworden, was deren Bedeutung unterstreicht. Ein (schwacher) Zusammenhang besteht auch zwischen dem Konsum von Spirituosen und Medikamenten der Eltern und dem Konsum harter Drogen ihrer Kinder (Differenzwert von +1 in Tab. 3.2.4).

Aus der Studie von Burchfiel et al. (1989) geht hervor, dass das Zigarettenrauchen der Eltern und Geschwister mit der Initiation der Kinder in Verbindung stand. Das Risiko für ein Kind, später mit dem Rauchen zu beginnen, war 1,5mal grösser, wenn beide Eltern rauchten (verglichen mit Kindern, deren Eltern nicht rauchen), und 2,5mal grösser, wenn ein Geschwister rauchte. Weitere Prädiktoren waren die Familiengrösse, die (niedrige) Schulbildung der Eltern und diejenige der Kinder (multivariate Analyse). Die Autoren schliessen daraus, dass präventive Bemühungen in erster Linie auf die Familie als Einheit gerichtet werden sollten. Falls das Rauchverhalten der Eltern und Geschwister verändert werden kann, hätte dies den grösseren Effekt als bei den anderen erwähnten Prädiktoren, die zudem ohnehin kaum beeinflusst werden können.

Allegrante et al. (1977) fanden Interaktionseffekte: Diejenigen jungen Männer, deren Mütter dem Rauchen gegenüber permissiv eingestellt waren und selbst auch rauchten, rauchten signifikant häufiger als diejenigen Männer, deren Mütter permissiv eingestellt waren, selbst aber nicht rauchten. Bezüglich der Prävention würde dies bedeuten, dass primär das Rauchverhalten der Eltern beeinflusst werden müsste und erst sekundär die Einstellungen. - Analoge Resultate findet auch Morgan (1989) bezüglich dem späteren Konsum von Alkohol, Zigaretten und anderen Drogen: Der bei den Freunden wahrgenommene Konsum ist der stärkere Prädiktor als die wahrgenommene konsumpermissive Einstellung der besten Freunde oder anderer Freunde. Also wäre auch hier primär das Verhalten und erst sekundär die Einstellungen präventiv zu beeinflussen.

Problemindikatoren Schule
Die in den vorliegenden Studien verwendeten Antezedenzien aus dem Bereich Schule umfassen Lernschwierigkeiten, niedrigen Notendurchschnitt, Schulabwesenheit, Repetitionen und vorzeitigen Schulabschluss und werden unter dem Konzept "Problemindikatoren Schule" zusammengefasst. Aus den Ergebnissen in Tab. 3.2.5 geht hervor, dass zum frühen Einstieg in das Alkoholtrinken - gesamthaft betrachtet - kein Zusammenhang besteht, jedoch zum Tabak- und insbesondere zum Cannabiskonsum. Dieser Zusammenhang zum Tabakkonsum ist überraschender als derjenige zum Cannabiskonsum, da der Cannabiskonsum als illegales Verhalten eher mit Problemindikatoren assoziiert wird.

Bei einer Projektgruppe (Fleming et al., 1982) sind signifikante Korrelationen zwischen erhöhter Intelligenz und dem frühen Einstieg in den Konsum von Alkohol, Tabak und Cannabis festgestellt worden. In dieser Studie hatten Erstklässler mit überdurchschnittlicher Intelligenz in den nachfolgenden Jahren früher mit dem Konsum von Zigaretten, Bier/Wein, Spirituosen und Marihuana begonnen als die weniger intelligenten Klassenkameraden. Mit zunehmendem Alter der Schüler verschwand der Unterschied. Bei den Mädchen bestand ein Zusammenhang zwischen Lernschwierigkeiten und abstinentem Konsumverhalten bei allen erfassten Substanzen. Umgekehrt ausgedrückt: Schüler, die gute Leistungen erbringen, keine Lernschwierigkeiten haben und nicht schüchtern sind, die daher in ihrer Entwicklung vermutlich weiter fortgeschritten sind als ihre Klassenkameraden, diese Schüler getrauen sich frühzeitiger, neue Verhaltensweisen auszuprobieren, besonders wenn sie in ihrer Bewertung mit "Erwachsensein" verbunden sind. Solche Schüler werden auch eher in ältere peer-Gruppen aufgenommen und übernehmen dadurch früher deren Wertvorstellungen und Verhaltensweisen, wozu auch der Konsum legaler und illegaler Drogen gehört. 22)

Beziehung zu Freunden, Konsum der Freunde
1) Beziehung zu Freunden: Diese Konzept umfasst Antezedenzien, die a) eine enge Beziehung zu Freunden beinhalten, welche Unterstützung und Akzeptanz zum Ausdruck bringen, sowie b) normabweichendes Verhalten billigen oder unterstützen, und die c) zum Konsumieren von legalen und illegalen Drogen eine permissive Einstellung haben.23) Aus Tabelle 3.2.6 entnehmen wir, dass die signifikanten Befunde mit Ausnahme des Konsums harter Drogen überall überwiegen, so dass wir es mit einem substanz**un**spezifischen Merkmal zu tun haben. Eine enge Beziehung zu gleichgesinnten Freunden ist mit dem frühen Einstieg in den Konsum legaler und illegaler Substanzen verbunden. Dieser Zusammenhang ist allerdings hinsichtlich des Cannabiskonsums besonders deutlich.

2) Konsum der Freunde: Die erwähnten Ergebnisse bestätigen die Vermutung, dass auch zwischen dem Konsumverhalten der Freunde und dem frühen Einstieg in das Konsumieren legaler oder illegaler Substanzen ein Zusammenhang besteht. Bei allen Substanzen in Tab. 3.2.7 überwiegen die signifikanten Befunde. Überraschend deutlich ist dies auch beim Tabakkonsum aufgetreten (Differenzwert ist +4).

Leistungsorientierung, Schulabneigung
Einige Studien untersuchten den Zusammenhang zwischen der Leistungsorientierung und dem späteren Konsumeinstieg. Die Ergebnisse in Tab. 3.2.8 zeigen, dass nur bezüglich des Alkohol- und Cannabiskonsums genügend Analysen vorhanden sind. Bei beiden Substanzen überwiegen die signifikanten Befunde deutlich. Jugendliche mit verminderter Leistungsorientierung oder mit wenig Vertrauen in die eigenen Schulleistungen beginnen früher mit dem Konsumieren von Alkohol und Cannabis.

---

22) Die erhöhte Intelligenz erwies sich in dieser Studie nicht nur als Prädiktor für den frühen Einstieg, sondern auch für die nachfolgende Konsumhäufigkeit. Aggressives Verhalten (bei den Knaben) erwies sich dagegen nur als Prädiktor für die Konsumhäufigkeit und nicht für den Initiationszeitpunkt. - Die Geschlechtsunterschiede deuten darauf hin, dass gerade in dieser Entwicklungsphase unterschiedliche soziale Normen für Jungen und Mädchen vorhanden sind und den Zeitpunkt der Initiation beeinflussen. Die Konsumhäufigkeit dagegen wird stärker von Persönlichkeitseigenschaften wie z.B. die Motivation zu abweichendem Verhalten oder von pharmakologischen Effekten abhängig sein. Die Geschlechtsunterschiede weisen aber auch darauf hin, dass die Beeinflussung und Kontrolle des Verhaltens wahrscheinlich in unterschiedlichem Masse von der Bindung zu den Eltern resp. zu den Freunden und Kollegen abhängig ist und dass dies bereits in den ersten Schulklassen relevant ist.

23) Wenn zu einem späteren Zeitpunkt mehr Studien mit diesen Antezedenzien vorliegen, können die Aspekte a) bis c) gesondert bearbeitet werden. Zur Zeit ist dies jedoch noch nicht möglich.

Unkonventionalität, Lockerung der sozialen Integration
Aspekte eines Strebens nach Unabhängigkeit oder einer nonkonformen Lebenseinstellung sind bei acht verschiedenen Projektgruppen berücksichtigt worden. Bei diesem Konzept ist auch die (verminderte) Religiosität und Teilnahme am kirchlichen Geschehen einbezogen, in der Annahme, dass es sich dabei ebenfalls um einen Aspekt einer Lockerung sozialer Integration handelt. - Die Ergebnisse sind in Tab. 3.2.9 aufgeführt. Zum Konsumeinstieg von Tabak und harten Drogen stehen für eine Interpretation zuwenig Studien zur Verfügung. Überaus deutlich ist das Ergebnis jedoch hinsichtlich des Cannabiskonsums: Eine nonkonforme, unkonventionelle Lebenshaltung ist bei der Mehrzahl der Analysen mit einem frühen Konsumeinstieg verbunden (Differenzwert +9). Für den Alkoholkonsum trifft dies nicht zu. (In einer Studie ist ein Zusammenhang in umgekehrter Richtung aufgetreten).

Reiz- und Risikoorientierung, Extraversion
Die Reiz- und Risikoorientierung sowie die Extraversion sind vor allem bei den Studien vom Typ III und IV wichtig. Bei den Initiationsstudien liegen z.Zt. nur wenige Arbeiten vor. Eine positive Korrelation besteht bezüglich des Tabakkonsums (Tab. 3.2.10).

In der Arbeit von Kay et al.(1978) kommt deutlich der extravertierte und stimulusorientierte Aspekt der späteren Marihuanakonsumenten zum Ausdruck. Künftige Marihuanakonsumenten schildern sich schon vor Konsumbeginn als gesellig, auf die Gruppe orientiert, spontan und selbstvertrauend. Sie äussern ein stärkeres Bedürfnis nach Stimulation und sind mehr reizorientiert als Abstinente. Hinzu kommt die verminderte Bindung an gesellschaftlichen Normen und Erwartungen. Aus dieser Studie, bei welcher bei allen Nachuntersuchungen die gleichen Persönlichkeitsinstrumente verwendet wurden, geht auch hervor, dass der Antezedenzeffekt der Persönlichkeitsmerkmale schon vor der Initiation vorhanden sind und sich nach dem Einstieg kaum mehr ändert.

Indikatoren emotionaler Labilität und Insuffizienz
Unter diesem Konzept werden Antezedenzien zusammengefasst, die ein negatives Selbstbild, Niedergeschlagenheit, Ängstlichkeit und Belastung beinhalten. Natürlich ist in diesem Konzept auch die andere Seite der Polung enthalten, d.h. ein positives Selbstbild, Heiterkeit, keine Angst. In den Publikationen erscheint jedoch praktisch nur die "negative" Bezeichnung, die deshalb auch hier übernommen wird. Tab. 3.2.11 zeigt die Ergebnisse, die nur hinsichtlich des Konsums von Cannabis und harten Drogen zu interpretieren sind. Sie weisen darauf hin, dass kein Zusammenhang zwischen diesen Indikatoren der emotionalen Labilität/Insuffizienz und dem Konsumverhalten besteht.

Konsumeinstellung
Es erscheint plausibel, wenn Personen mit konsumpermissiven Einstellungen später auch häufiger konsumieren oder früher damit beginnen. Diese Erwartung wird auch bestätigt. Aus Tab. 3.2.12 entnehmen wir, dass eine konsumpermissive Einstellung dem Alkohol gegenüber mit dem frühen Einstieg in das Alkoholtrinken korreliert (Differenzwert ist +3). Dies trifft auch für die Einstellungen dem Konsum von Tabak resp. Cannabis und dem entsprechenden Konsumverhalten zu.

Aus der Studie von Allegrante et al. (1977) geht hervor, dass nichtrauchende Jugendliche, die sich selber als zukünftige Raucher vorstellen können, später signifikant häufiger auch Raucher sind. Präventive Bemühungen müssten sich deshalb auf solche Nichtraucher mit antizipiertem Raucherstatus konzentrieren. Dies bedeutet, dass präventive Anstrengungen schon sehr früh in der Schulzeit beginnen müssten.

Abweichendes Verhalten
Analysen, die abweichendes Verhalten (Aggressivität, Delinquenz) einbeziehen, bestehen v.a. hinsichtlich des Konsumeinstiegs von Cannabis. Sie sind mehrheitlich signifikant (Differenz +3 in Tab. 3.2.13). Dies gilt auch für den illegalen Drogenkonsum insgesamt (Spalte C,H). Da auch beim Tabakkonsum abweichendes (aggressives) Verhalten eine Rolle spielt, könnte es sich bei diesem Aspekt um ein substanzunspezifisches Merkmal handeln.

In Zentrum der Studie von Johnson et al. (1978) stand die Frage, ob der Konsum illegaler Drogen zu einem Anstieg der Delinquenz führt oder delinquentes Verhalten zu späterem Drogenkonsum. Die Ergebnisse zeigen, dass die fünf Gruppen mit unterschiedlichem Konsum illegaler Drogen bereits zu einem frühen Zeitpunkt, da die Probanden noch keine illegalen Drogen konsumierten, unterschiedliche Scores auf den Devianzskalen aufwiesen und dass die Delinquenz kaum als Folge des Drogenkonsums betrachet werden kann. Detailanalysen ergaben sodann, dass möglicherweise ein kleiner zusätzlicher Delinquenzeffekt infolge des Drogenkonsums vorhanden ist. Die cross-lag-panel-Korrelationsanalyse ergab jedoch keine Hinweise auf einen solchen Zusatzeffekt. Weitere Analysen zeigten, dass Veränderungen im Konsumverhalten nicht mit Veränderungen im Delinquenzverhalten korrelierten, was gegen die Annahme einer kausalen Verknüpfung spricht. Die Autoren schliessen aus dieser Studie an nicht-abhängigen Schülern, dass der Konsum illegaler Drogen insgesamt betrachtet nicht zu einer erhöhten Delinquenz führt. Die umgekehrte Kausalfolge, wonach Delinquenz zu Drogenkonsum führt, scheint eher plausibel zu sein.

3.3 Kurzzusammenfassung

Die vorliegenden Ergebnisse sind unter dem Gesichtspunkt der Spezifität/Unspezifität zusammengefasst. Voraussetzung dafür ist, dass Studien zu allen drei Substanzgruppen Alkohol, Tabak und illegale Drogen vorhanden sind. Unter substanzspezifischen Antezedenzien werden hier Indikatoren verstanden, bei denen nicht zu allen hier erfassten Substanzen ein Zusammenhang besteht und ein Schwerpunkt bei einer oder zwei Substanzen vorliegt. Unspezifische Antezedenzien sind solche, die in der Ergebnistabellen bei allen drei Gruppen Alkohol, Tabak und illegalen Drogen jeweils positive Differenzwerte aufweisen.

Fassen wir die spezifischen und unspezifischen Antezedenzien zusammen, so erhalten wir folgendes Bild:

a) Substanzspezifische Antezedenzien:
Problemindikatoren der Schule, bezüglich Tabak und illegalen Drogen
Unkonventionalität und verminderte soziale Integration, bezüglich
illegalen Drogen und Tabak
abweichendes Verhalten, bezüglich illegalen Drogen und Tabak

b) Unspezifische Antezedenzien:
enge Beziehung zu gleichgesinnten Freunden
Konsumverhalten der Freunde
permissive Konsumeinstellung

c) Spezifität unklar
(Nicht zu allen Substanzen liegen Ergebnisse vor)
Problemindikatoren des Elternhauses
Konsumverhalten der Eltern
verminderte schulische Leistungsorientierung
Reiz- und Risikoorientierung

d) Vermutlich nicht relevante Antezedenzien
Schul- und Berufsstatus der Eltern
emotionale Labilität
permissive Konsumeinstellung der Eltern

Der frühe Einstieg in das Konsumieren von legalen und illegalen Drogen kann unter verschiedenen Erklärungsansätzen interpretiert werden, so z.B.:

1. Unter dem Aspekt der Entwicklungspsychologie der Adoleszenz:
a) Im Sinne einer **Integration**: Der frühe Einstieg ist Ausdruck eines Bemühens, möglichst rasch den Einstieg in das Erwachsenenleben zu unternehmen und Rollen oder Teilrollen der Erwachsenen zu adaptieren. Dazu gehört auch das Konsumverhalten der Erwachsenen. Früheinsteiger sind Personen, die in ihrer Entwicklung akzeleriert sind oder ein ausgeprägtes Bedürfnis haben, in ihrer Entwicklung schon weiter zu sein. Sie imitieren Erwachsene und gesellen sich zu gleichgesinnten Freunden.

b) Im Sinne einer **Abgrenzung** von den Werten der Erwachsenengesellschaft: Der frühe Einstieg in den Konsum von legalen und insbesondere illegalen Drogen hat für den Jugendlichen die Bedeutung einer Konfrontation, weil damit eine Ablehnung konformer Werte und Verhaltensweisen zum Ausdruck gebracht werden kann. Früheinsteiger konsumieren, um sich abzugrenzen oder um zu protestieren.

2. Unter dem Aspekt der **Bewältigung** von Belastungen:
Legale und illegale Drogen werden ausprobiert, um die damit direkt oder indirekt verbundenen Erleichterungen zu erfahren. Der Konsum führt zu insgesamt positiven Effekten. Früheinsteiger sind Personen, die stärker als andere den Belastungen z.B. in der Schule oder im Elternhaus ausgesetzt sind, und die positive Konsumeffekte erwarten, welche ihnen subjektive Erleichterung verschaffen.

3. Unter dem Aspekt der **auffälligen Persönlichkeit**:
Der frühe Einstieg in das Konsumieren ist Ausdruck einer früher schon vorbestandenen auffälligen Persönlichkeit, deren Entstehung angeboren oder erworben sein kann. Hinweise auf ein auffälliges Erleben und Verhalten bestehen bereits in der Schulzeit und können bis in die frühe Kindheit zurück gehen. Möglicherweise gibt es auch bei den Eltern oder im Elternhaus auffällige Merkmale.

4. Unter dem Aspekt **fehlender, schichtspezifischer Ressourcen**:
Der frühe Einstieg ist Ausdruck eines schichtspezifischen Prozesses, bei dem Jugendliche aus sozial unterprivilegierten Schichten früher den Zugang zu legalen und illegalen Substanzen anstreben.

Setzen wir diese Überlegungen mit den Ergebnissen der Initiationsstudien - soweit dies aufgrund der vorhandenen Analysen möglich ist - in Zusammenhang, dann sehen wir, dass der Bereich **Freunde** für die Initiation zentral ist. Das Konsumverhalten der Freunde, deren Einstellung zum Konsumieren und zu normabweichendem Verhalten ist wichtig. Damit werden alle Erklärungsansätze gestützt, die dem Freundeskreis eine zentrale Bedeutung zumessen.

Eine ebenfalls wichtige Rolle spielt die **Unkonventionalität** und **Nonkonformität**, die auch mit einer verminderten sozialen Integration verbunden ist. Schliesslich ist das Vorbild der **Eltern** von Bedeutung, nicht aber die Einstellungen der Eltern dem Konsumieren gegenüber, (insgesamt keine positiven Befunde zwischen den Einstellungen der Eltern und dem Konsum von Alkohol, Tabak und Cannabis der Jugendlichen). Dieses Ergebnis entspricht nicht ganz dem Ansatz des Modellernens, wonach beides zusammen, sowohl das elterliche Verhalten als auch die dazu konsistenten Einstellungen dem Konsum gegenüber, einen Einfluss auf das Verhalten des Jugendlichen haben. Für die Einstellungen haben wir keine Beziehung gefunden.

Wir werden in der abschliessenden Diskussion näher auf diese Ergebnisse eingehen und sie mit den Resultaten der anderen Studientypen in Verbindung bringen.

4. Antezedenzien der Progression (Typ III)

4.1 Studienauswahl

Im Gegensatz zu den Initiationsstudien, die bereits vor dem ersten Konsum einsetzen, erfassen die Progressionsstudien einen späteren Zeitabschnitt. (Der Studienbeginn muss allerdings gemäss den hier verwendeten Selektionskriterien vor dem 20. Altersjahr erfolgt sein). Es handelt sich um Studien, bei denen die Probanden bereits bei der Ersterhebung mehr oder weniger häufig konsumieren oder als "Späteinsteiger" mit dem Konsum beginnen. Es geht um die Frage, welche Prädiktoren mit dem späteren Konsumniveau zum Zeitpunkt T2 in Verbindung stehen. Die ermittelten Befunde können bivariate oder multivariate Zusammenhänge sein. Das Konsumniveau zum Zeitpunkt der Erstbefragung ist nicht einbezogen; (solche Studien (Typ IV) werden im nächsten Kapitel behandelt).

In Tabelle 4.1 sind die insgesamt 31 Studien (Typ III) zusammengestellt. Wie bei den Initiationsstudien sind auch hier mehrheitlich Studien aus den USA vertreten (21 von 31). Der Schwerpunkt liegt aber nicht beim Cannabis-, sondern beim Alkoholkonsum (in 21 Studien). Die ersten Studien gehen auch weiter zurück als bei den Initiationsstudien; zwei Studien sind bereits in den 40er Jahren begonnen worden. Die Beobachtungszeit ist dementsprechend lang, bis zu einem Intervall von 33 Jahren. Die durchschnittliche Intervalldauer beträgt 8,7 Jahre. Das mittlere Alter der Studienpersonen liegt bei ca. 15 Jahren. Eklatant ist der Mangel an Studien zum Tabakkonsum. Lediglich in 7 Studien ist der Tabakkonsum einbezogen worden.

4.2 Ergebnisse

Die Ergebnisse der Studien sind in einem ersten Schritt analog Tabelle A-3.1 im Anhang zusammengestellt worden. Die komprimiert Darstellung der Ergebnisse folgt in den Tabellen 4.2.1 - 4.2.13.

Tabelle 4.1: Studien zur Progression (Typ III)

Legende: T1: Ersterhebung, T2: letzte Erhebung, (): Näherungswert, da genaue Angabe nicht vorhanden.

Autoren Jahr/Nation Abkürzung	Stichprobe	Alter bei T1	Intervall	N-T1	N-T2	Kriterium (Konsumvar.)
BENSON, 1985; Schweden BEN85	Stellungspflichtige geb. 1949-51	19	< 9 J 1969-78	2571	752	illeg. Drogen
BROOK et al, 1989; USA BRO89	Schüler	9-18	2 J. 1983-85	?	518	illeg. Drogen
CHRISTIANSEN et al., 1989; USA CHR89	Schüler der 7.+ 8.Klasse	11-14	1 J. 1984-85	871	637	Alkohol
CLONINGER et al. 1988; Schweden CLO88	Schüler	11	16 J. 1967-83	624	431	Alkohol
DONOVAN et al., 1983; USA DON83	Schüler	16-18	7 J. 1969-72	432		Alkohol
	College-Stud.	ca.22	idem	205		Alkohol
FRIEDMAN et al. 1987; USA FRI87	Schüler der 9.-11.Klasse	15,1	17 Mt. 1985?		232	Alkohol, illeg. Drogen
GINSBERG et al. 1978; USA GIN78	Studenten	19	3 J. 1971-74	319	274	Marihuana
HAMMARSRÖM et al 1988; Schweden HAM88	Schüler der obersten Kl.	16	2 J. 1981-83	1083	1073	Alkohol, illeg. Drogen
HOLMBERG, 1985b; Schweden HOL85b	Schüler der 9. Klasse		11 J. 1968-79	1047	-	illeg. Drogen
JOHNSON 1988; USA JOH88	Adoleszente	12,15 u. 18	3 J. 1979-83	928	882	Alkohol, Marihuana
KAY et al. 1978; USA KAY78	Studenten	19	3 J. 1971-74		251	Marihuana

Tabelle 4.1: Fortsetzung

KELLAM et al., 1980; USA KEL80	Erstklässler	6-7	10 J. 1966-77	1242	705	Alkoh., Zig., illeg. Drogen
KELLAM et al., 1985; USA KEL85	Erstklässler	6-7	10 J. 1966-77	1242	939	illeg. Drogen
KNOP et al., 1984; Dänemark KNO84	Neugeborene der Jahre 1959-61	ca. 20	ca.20 J ?	250	134	Alkohol, illeg. Drogen
KROHN et al. 1985; USA KRO85	Schüler Junior High; High School	13-15	3 J. 1980-82	?	523; 379	Tabak
LOPER et al. 1973; USA LOP73	College Studenten	M=20,5/ M=19,6	ca.12 J 1947-?	180	-	Alkohol
MADDAHIAN et al. 1986; USA MAD86	Schüler der 7.-9. Klasse	13-15	5 J. 1976-80	1634	847	illeg. Drogen
McCAUL et al. 1982; USA McC82	Schüler der 7. Klasse	13	1 J. 1977-80	340	297	Tabak
MORGAN, 1989; Irland MOR89	Schüler	13-18	1 J. 1984-85		1593	Alkohol,Zig. illeg. Drogen
NOREM et al. 1984; USA NOR84	Schüler der 9.-11. Kl.	15-17	2 J.	368	123	illeg. Drogen
PANDINA et al. 1989; USA PAN89	Schüler	12, 15 und 18	3 J. 1979-84	1380	1308	Alkohol illeg. Drogen
PLANT et al., 1985; Schottland PLA85	Schüler	15-16	3-4 J. 1979-83	1036	957	Alkohol, illeg. Drogen
SIEBER & ANGST, 1981; Schweiz SIE81	Stellungspflichtige	19	3 J. 1971-74	1413	841	Alkohol, Tab. illeg. Drogen
SIEBER 1988; Schweiz SIE88	Stellungspflichtige	19	12 J. 1971-83	3155	1577	Alkohol, Tab. illeg. Drogen

Tabelle 4.1: Fortsetzung

SMITH 1986; USA SMI86	Schüler der 8.-9. Klasse	14-15	12 J. 1969-81	1129	685	Alkohol, Tab. illeg. Drogen
STEWARDT et al. 1966; USA STE66	Kinder	ab 1	ca.25 J ca. 1930-1955	?	(180)	Tabak
TEICHMAN et al.; 1987; Israel TEI87	Schüler	15-18	1 J. 1982-83		1900	Alkohol, illeg. Drogen
TEICHMAN et al., 1989; Israel TEI89	Schüler	15-18	1 J. 1982-83	1900	1446	Drogen
TEMPLE et al., 1985-86; USA TEM85	Studenten nur Männer	18	15 J. 1965-79	309	240	Alkohol
VAILLANT, 1980; USA VAI80	College Studenten	ca. 20	25 J. 1940-65	204	184	Alkohol
VAILLANT et al. 1982; USA VAI82	Schüler nur Burschen	14	33 J. 1940-73	456	367	Alkohol
WINDLE et al., 1989; USA WIN89	Studenten	17,7	5 J. 1980-85	11400	10888	Alkohol

Diese Tabelle enthält analog den Initiationsstudien die Anzahl der vorgefundenen Analysen, die Zahl der signifikanten und nicht-signifikanten Antezedenzien (Prädiktoren) und schliesslich die Differenz der signifikanten und nicht-signifikanten Antezedenzien. Diese Differenz ist ein Indikator für die relative Bedeutsamkeit des Merkmals und gleich zu interpretieren wie die Werte bei den Initiationsstudien (Tab. 3.2).

Elternhaus: Broken-home-Problemindikatoren
Bei 5 verschiedenen Projektgruppen wurden broken-home-Indikatoren wie Trennung oder Scheidung der Eltern, nicht immer bei den Eltern aufgewachsen u.a. einbezogen. Wie Tabelle 4.2.1 zeigt, bestehen hinsichtlich des Alkohols 6 Analysen, wobei 2 Analysen ein signifikantes und 4 ein nicht-signifikantes Ergebnis aufweisen. Dies ergibt einen Differenzwert von -2. Zum Cannabiskonsum sind lediglich 2 Analysen vorhanden, die aus der gleichen Längsschnittstudie stammen (Sieber 1981, 1988), so dass sie für die Interpretation nicht berücksichtigt werden. Studien, die einen allgemeinen Drogenindex oder Drogenfaktor verwendet haben, liegen hier nicht vor (0 Analysen in Spalte D). Bei 8 Analysen wurde der Cannabiskonsum und/oder der Konsum harter Drogen einbezogen (Spalte C, H rechts aussen).

Nur hinsichtlich des Tabakkonsums besteht ein Zusammenhang, der allerdings beachtlich hoch ist und einen Differenzwert von +5 erreicht (Tab. 4.2.1). Bei allen 5 Analysen, die diesen Zusammenhang untersucht hatten, bestand eine signifikante (bivariate) Korrelation zwischen dem broken-home-Indikator und dem Tabakkonsum (Zigarettenrauchen). Dieses Ergebnis ist insofern überraschend, als hinsichtlich des Tabakkonsums ein Zusammenhang besteht, nicht aber hinsichtlich des illegalen Drogenkonsums, wie dies aufgrund von Ergebnissen an Klinikpopulationen zu erwarten gewesen wäre. Die vorhandenen Befunde weisen eher darauf hin, dass es sich um ein konsumspezifisches Merkmal handelt. Allerdings geht aus der Studie von Vaillant (1982) hervor, dass Indikatoren für broken-home nicht nur mit dem Alkoholabusus korrelieren, sondern auch mit psychischer Gesundheit und mit Soziopathie.

Tabelle 4.2.1-4.2.13: Zusammenfassung der signifikanten und nicht-signifikanten Antezedenzien bezüglich der Progression des Konsumverhaltens (A, T, C, H, D) - Typ III

Antezedenzien	A	T	C	H	D	C,H
1. Broken-home-Indikatoren:						
Anzahl Analysen total	6	5	2	7	0	8
Anzahl signif. Ergebnisse:						
univariat:	2	5	1	3	0	4
multivariat:	0	0	0	0	0	0
Anzahl nicht-signif. Ergebnisse	4	0	1	4	0	4
Differenz signif. minus nicht-						
signifikante Ergebnisse	-2	5	#	-1	0	0
2. Andere Problemindikatoren Elternhaus:						
Anzahl Analysen total	22	11	5	13	9	17
Anzahl signif. Ergebnisse:						
univariat:	7	4	3	11	6	14
multivariat:	0	1	1	0	0	1
Anzahl nicht-signif. Ergebnisse	15	6	1	2	3	2
Differenz signif. minus nicht-						
signifikante Ergebnisse	-8	-1	3	9	3	13
3. Statusmerkmale der Eltern (höherer Schulbildungs- und Berufsstatus):						
Anzahl Analysen total	9	2	2	3	1	5
Anzahl signif. Ergebnisse:						
univariat:	1	0	1	2	1	3
multivariat:	0	0	0	0	0	0
Anzahl nicht-signif. Ergebnisse	8	2	1	1	0	2
Differenz signif. minus nicht-						
signifikante Ergebnisse	-7	#	0	1	1	1
4. Alkoholkonsum der Eltern:						
Anzahl Analysen total	21	16	9	8	1	17
Anzahl signif. Ergebnisse:						
univariat:	13	6	2	5	0	7
multivariat:	2	0	1	0	0	1
Anzahl nicht-signif. Ergebnisse	6	10	6	3	1	9
Differenz signif. minus nicht-						
signifikante Ergebnisse	9	-4	-3	2	#	-1

Legende:
A, T, C, H, D: Konsum von Alkohol, Tabak, Cannabis, Harten Drogen, Drogenindex resp. Faktor.
C, H: illegaler Drogenkonsum; Anzahl Studien mit Ergebnissen zum Konsum von Cannabis und/oder harten Drogen
Ergebnisse von weniger als 2 verschiedenen Projektgruppen vorhanden; wird nicht interpretiert

Tabelle 4.2: Fortsetzung

Antezedenzien	A	T	C	H	D	C,H
5. Problemindikatoren Schule:						
Anzahl Analysen total	4	3	2	5	2	5
Anzahl signif. Ergebnisse:						
univariat:	1	3	0	3	2	3
multivariat:	1	0	0	0	0	0
Anzahl nicht-signif. Ergebnisse	2	0	2	2	0	2
Differenz signif. minus nicht-signifikante Ergebnisse	0	3	#	1	#	1
6. Problemindikatoren Arbeit:						
Anzahl Analysen total	6	5	2	6	0	8
Anzahl signif. Ergebnisse:						
univariat:	2	5	0	6	0	6
multivariat:	1	0	1	0	0	1
Anzahl nicht-signif. Ergebnisse	3	0	1	0	0	1
Differenz signif. minus nicht-signifikante Ergebnisse	0	5	#	6	#	6
7. Enge Beziehung zu Freunden:						
Anzahl Analysen total	9	3	2	2	2	2
Anzahl signif. Ergebnisse:						
univariat:	4	1	0	0	1	0
multivariat:	0	0	0	0	1	0
Anzahl nicht-signif. Ergebnisse	5	2	2	2	0	2
Differenz signif. minus nicht-signifikante Ergebnisse	-1	-1	#	#	#	#
8. Permissives Konsumverhalten Freunde:						
Anzahl Analysen total	7	7	6	5	8	7
Anzahl signif. Ergebnisse:						
univariat:	1	1	1	0	8	1
multivariat:	4	5	2	3	0	3
Anzahl nicht-signif. Ergebnisse	2	1	3	2	0	3
Differenz signif. minus nicht-signifikante Ergebnisse	3	5	0	1	8	1
9. Verminderte Leistungsorientierung:						
Anzahl Analysen total	5	3	6	3	1	6
Anzahl signif. Ergebnisse:						
univariat:	3	3	4	2	1	5
multivariat:	0	0	0	0	0	0
Anzahl nicht-signif. Ergebnisse	2	0	2	1	0	1
Differenz signif. minus nicht-signifikante Ergebnisse	1	3	2	1	#	4

Tabelle 4.2: Fortsetzung

Antezedenzien	A	T	C	H	D	C,H
10. Unkonventionalität, verminderte soziale Integration:						
Anzahl Analysen total	17	9	7	5	0	11
Anzahl signif. Ergebnisse:						
univariat:	8	8	7	5	0	11
multivariat:	2	0	0	0	0	0
Anzahl nicht-signif. Ergebnisse	7	1	0	0	0	0
Differenz signif. minus nicht-signifikante Ergebnisse	3	7	7	5	0	11
11. Reiz- und Risikoorientierung:						
Anzahl Analysen total	8	8	7	4	1	7
Anzahl signif. Ergebnisse:						
univariat:	3	4	2	1	1	2
multivariat:	5	4	4	1	0	4
Anzahl nicht-signif. Ergebnisse	0	0	1	2	0	1
Differenz signif. minus nicht-signifikante Ergebnisse	8	8	5	0	#	5
12. Emotionale Labilität:						
Anzahl Analysen total	12	8	8	6	7	11
Anzahl signif. Ergebnisse:						
univariat:	5	5	3	4	6	6
multivariat:	1	0	0	0	0	0
Anzahl nicht-signif. Ergebnisse	6	3	5	2	1	5
Differenz signif. minus nicht-signifikante Ergebnisse	0	2	-2	2	5	1
13. Permissive Konsumeinstellung:						
Anzahl Analysen total	7	11	3	0	0	0
Anzahl signif. Ergebnisse:						
univariat:	3	5	3	0	0	0
multivariat:	2	5	0	0	0	0
Anzahl nicht-signif. Ergebnisse	2	1	0	0	0	0
Differenz signif. minus nicht-signifikante Ergebnisse	3	9	#	0	0	0

Problemindikatoren Elternhaus
Zahlreiche Studien haben verschiedene Problemindikatoren des Elternhauses verwendet. Diese Antezedenzien beinhalten ein gespanntes Verhältnis zu Hause, sei dies wegen Schwierigkeiten in der elterlichen Beziehung, wegen Verhaltensstörungen der Kinder oder einer zunehmenden Distanz zwischen den Eltern und dem Jugendlichen. Alle Antezedenzien implizieren - aus der Sicht der befragten Personen oder aus der Sicht der Autoren - einen Mangel oder Störfaktor bezüglich einer optimalen Entwicklung der Jugendlichen.

Eine Zusammenfassung dieser Problemindikatoren enthält Tabelle 4.2.2. Daraus geht eindrücklich hervor, dass hinsichtlich des illegalen Drogenkonsums die verwendeten Problemindikatoren häufiger signifikant waren als hinsichtlich der legalen Stoffe Alkohol und Tabak. Bei den illegalen Drogen ergeben sich positive Differenzwerte zwischen 3 und 13, beim Alkohol und Tabak negative Werte von -8 resp. -1. Der Alkoholkonsum ist am seltensten zu diesen Problemindikatoren in signifikanter Beziehung aufgetreten.

Bildungs- und Berufsstatus Eltern
Bei sieben verschiedenen Projektgruppen ist der Bildungs- oder Berufsstatus der Eltern mit dem Konsumverhalten der Jugendlichen in Zusammenhang gebracht worden (Tab. 4.2.3). Bezüglich des illegalen Drogenkonsums zeichnet sich eine schwache Korrelation zwischen höherem Status der Eltern und stärkerem Konsum der Jugendlichen ab, nicht jedoch hinsichtlich des Alkoholkonsums. - Bei zwei Studien (BEN85 und SIE81, SIE88) sind signifikante Zusammenhänge in umgekehrter Richtung aufgetreten: Stärkerer Konsum harter Drogen war mit niedrigem Sozialstatus der Eltern korreliert.

Aus den vorliegenden Studien lassen sich hinsichtlich des Konsums harter Drogen ungefähr gleichviele Hinweise für einen höheren wie für einen niedrigeren Bildungs- und Berufsstatus der Eltern ableiten. Da bei mehreren Studien nicht-signifikante Ergebnisse vorhanden sind und vermutlich in einigen anderen Studien ein nicht-signifikanter Befund auftrat, der nicht dokumentiert wurde, kommt wahrscheinlich dem elterlichen Schul- und Berufsstatus hinsichtlich der hier erfassten Progression keine wichtige Bedeutung zu. Damit wird die Vermutung nicht bestätigt, wonach der Konsum illegaler Drogen mit niedrigem elterlichen Berufsstatus verbunden ist. Der Drogenkonsum ist mit allen elterlichen Bildungsschichten verbunden, auch mit denjenigen, die vermehrt Zugang zu Informationen über gesundheitsgefährdende Verhaltensweisen haben.

Konsumeinstellung der Eltern
Es gibt zu diesem Aspekt zu wenig Studienergebnisse für eine Interpretation.

Konsum der Eltern, Verwandte
Ergebnisse zu diesem Aspekt stehen von fünf verschiedenen Projektgruppen zur Verfügung, wobei der Tabakkonsum der Eltern nur bei einer Studie analysiert wurde. Wir konzentrieren uns deshalb auf den Alkoholkonsum und -abusus der Eltern (Tab. 4.2.4). Es besteht ein deutlicher Zusammenhang zum Alkoholkonsum der Jugendlichen (Differenzwert +9), und auch hinsichtlich des Konsums harter Drogen überwiegen die signifikanten Ergebnisse, nicht jedoch beim Tabak- und Cannabiskonsum. Bei drei Analysen ist auch ein Zusammenhang zwischen der Diagnose Alkoholismus bei einem Elternteil und dem Alkoholkonsum der Studienpersonen aufgetreten.

Wenn man bedenkt, dass schon seit langem ein Zusammenhang zwischen dem Alkoholtrinken der Eltern, insbes. des Vaters, und dem Alkoholtrinken der Kinder vermutet wird, so erstaunt es, dass dazu nur gerade von fünf Forschungsgruppen Ergebnisse vorliegen. Auffallend ist auch, dass beim Tabakkonsums nur eine einzige Studie besteht.

In einer eigenen Studie konnte der Konsum alkoholischer Getränke (Bier, Wein, Spirituosen; Alkoholräusche) von Vater und Mutter, erfasst aus der Beurteilung ihrer Söhne im Alter von 19 Jahren, mit dem Konsumverhalten ihrer Söhne im Alter von 31 Jahren korreliert werden (Sieber, 1988). Erwartungsgemäss bestanden hinsichtlich des Alkoholkonsums signifikante Korrelationen. Nur gerade beim Bierkonsum und bei den Alkoholräuschen der Väter war kein Zusammenhang zum Alkoholtrinken der Söhne aufgetreten. Hinsichtlich des Tabakkonsums der Söhne war der Schmerzmittelkonsum von Vater und Mutter bedeutungsvoll, ferner auch die elterlichen Alkoholräusche. Am unbedeutendsten war die Korrelation hinsichtlich des Cannabiskonsums. Lediglich die Alkoholräusche des Vaters und der Mutter sowie der Spirituosenkonsum der Mutter spielten eine gewisse Rolle.

In der Arbeit von Vaillant (1982) erwies sich der Zusammenhang zwischen Alkoholproblemen und Alkoholismus in der Verwandtschaft als beachtlich (erklärte Varianz von 7.6% in multipler Regression, 456 Pbn) und wichtiger als Schulschwierigkeiten oder broken-home-Indikatoren.

In der Studie von Pandina & Johnson (1989) an 1380 Adoleszenten resultierten entgegen der Erwartungen der Autoren nur vereinzelte Zusammenhänge zwischen dem Merkmal Alkoholismus bei Eltern oder Verwandten und dem Alkoholkonsum der Probanden. Allerdings waren die Personen in dieser Studie noch relativ jung. Einiges deutete darauf hin, dass mit zunehmendem Alter eher Zusammenhänge auftreten, die das Signifikanzniveau erreichten. So war beispielsweise die Rauschhäufigkeit der älteren Studienpersonen gehäuft mit familiärem Alkoholismus verbunden.

Intelligenz, Schulleistungen
Bei drei Studien ist die Intelligenz der Schüler mit dem späteren Konsumverhalten in Verbindung gebracht worden. Aus ihnen gehen hinsichtlich des Alkoholkonsums bei drei Analysen signifikante Zusammenhänge zu erhöhter Intelligenz hervor und bei einer Analyse ein signifikanter Befund zu verminderter Intelligenz. Dieser Zusammenhang zu verminderter Intelligenz betrifft allerdings nicht das Konsumverhalten, sondern Abhängigkeitssymptome. Da lediglich bei einer Analyse ein nichtsignifikantes Ergebnis auftrat, bestehen Hinweise darauf, dass höhere Intelligenz mit regelmässigem Alkoholtrinken korreliert ist, verminderte Intelligenz jedoch mit einer später auftretenden Abhängigkeit. - Die Analysen bezüglich der anderen Substanzen sind zuwenig zahlreich und uneinheitlich, um interpretiert zu werden.

In der Arbeit von Windle & Blane (1989) war verminderte verbale Intelligenz mit einem niedrigen Risiko für Alkoholkonsum verbunden, jedoch mit einem höheren Risiko für Alkoholabhängigkeit innerhalb der Gruppe der Konsumenten. Die Autoren vermuten, dass Personen mit niedriger verbaler Intelligenz den vielfältigen Anforderungen im Laufe der Entwicklung weniger gut gewachsen sind als Personen mit guter verbaler Intelligenz und dass sie demzufolge mit dem Konsum von Alkohol weniger gut umgehen können.

In der Studie von Kellam und Mitarbeiter (1985) zeigten sich höhere Werte im Schulreifetest (erste Klasse) parallel zu häufigem Konsum von alkoholischen Getränken und von Marihuana (als Teenager) verbunden. Der spätere Bier- und Weinkonsum war auch mit erhöhtem IQ (bei Erstklässlern) assoziiert.

Problemindikatoren Schule
In Tabelle 4.2.5 sind die Ergebnisse hinsichtlich der Problemindikatoren zur Schulsituation aufgeführt. Es erstaunt nicht, dass die signifikanten Problemindikatoren bezüglich des Konsums harter Drogen überwiegen, wohl aber bezüglich des Tabakkonsums, wo eine Differenz von +3 vorliegt. Der Tabakkonsum tritt stärker als der Alkoholkonsum in Erscheinung. Dies war auch bei den Initiationsstudien der Fall.

Man kann sich fragen, welche Teilbereiche des Konstruktes 'Sozialisation' besonders wichtig sind. In der Studie von Brook et al.(1989) sind die vier Bereiche Beziehung zu den Eltern, zu den Freunden, Schule und Nachbarschaft einander gegenübergestellt worden. Hier zeigte sich nun, dass abgesehen vom Konsumverhalten der Freunde die Beziehung und emotionale Nähe zu den Eltern wichtig war und in der Pfadanalyse einen direkten Effekt auf das spätere Konsumverhalten hatte. Die Bereiche Schule und Nachbarschaft hatten dagegen keinen eigenständigen, direkten Effekt. Allerdings konnten die Autoren zeigen, dass der Bereich Schule gerade auch für die Prävention wichtig sein kann. Eine harmonische und gut organisierte Schulumgebung verminderte das Risiko zu häufigem Konsum legaler und illegaler Drogen.

Problemindikatoren Arbeit
Die Ergebnisse der arbeitsbezogenen Problemindikatoren sind in Tabelle 4.2.6 dargestellt. Es zeigt sich kein Zusammenhang zum Alkoholkonsum, jedoch zum Konsum illegaler Drogen und - dies wiederum überraschend - zum Tabakkonsum. Bezüglich des Einkommens liegen lediglich von zwei Studien Ergebnisse vor (MAD86, WIN89). Sie weisen auf einen Zusammenhang zwischen erhöhtem Einkommen und Alkohol- sowie Tabakkonsum. Der Zusammenhang ist nicht überraschend: Da Konsumenten von Alkohol und Tabak oft ihre Schulzeit vorzeitig beenden und einer Erwerbstätigkeit nachgehen, ist ihr Einkommen - zu diesem Zeitpunkt in der Entwicklung - höher als dasjenige der in der Schule verbleibenden Altersgenossen.

Beziehungsstruktur zu Freunden
Enge Beziehung zu Freunden, Akzeptanz des Problemverhaltens
Sechs verschiedene Projektgruppen haben die Beziehung zu Freunden in ihre Untersuchung einbezogen. Eine engere Beziehung zu Freunden ist nicht mit der Progression des Konsums von Alkohol und Tabak verbunden (Tab. 4.2.7). Hinsichtlich des illegalen Drogenkonsums sind zuwenig Befunde für eine Interpretation vorhanden.

Konsumverhalten der Freunde
Das Konsumverhalten der Freunde erwies sich als wichtig. Die Konsumenten aller erfassten Substanzgruppen geben an, dass ihre Freunde überdurchschnittlich häufig legale oder illegale Drogen konsumieren (Tab. 4.2.8). Zudem ist die Intensität der Beziehung von Bedeutung: Der Zusammenhang ist bei den besten Freunden am stärksten, gefolgt von den anderen Freunden und den gleichaltrigen Kollegen (Morgan 1989). Eher erstaunlich ist, dass nicht in erster Linie hinsichtlich der illegalen Drogen ein deutlicher Zusammenhang aufgetreten ist, sondern hinsichtlich der legalen Stoffe Alkohol und Tabak (Spalte D in Tab. 4.2.8). - Bei den Ergebnissen zum Konsumverhalten der Freunde wurde auch die Verfügbarkeit (via Freunde) und Griffnähe der Substanz einbezogen. Es ist plausibel, dass die Griffnähe und Beschaffungsleichtigkeit der Substanz von Freunden mit zunehmendem Konsum der Studienperson ansteigt. Je häufiger die Studienperson Freunde hat, die ihr diese Substanzen beschaffen können, desto ausgeprägter ist das später erfasste Konsumverhalten.

Persönlichkeit
Leistungsorientierung, Schulabneigung
Vier Projektgruppen haben den Zusammenhang zur Leistungsorientierung und zur Schulabneigung erfasst. In Tabelle 4.2.9 sind die Ergebnisse zusammengefasst. Bei allen Konsumaspekten überwiegen die signifikanten Befunde. Dies deutet darauf hin,

dass die verminderte Leistungsorientierung und die Schulabneigung ein konsumunspezifisches Merkmal ist.

Unkonventionalität, Lockerung der sozialen Integration
Aspekte der Unkonventionalität, einer sozialkritischen Einstellung, der sozialen Entfremdung, der verminderten Religiosität und Teilnahme am kirchlichen Geschehen sind in 7 Forschungsprojekten einbezogen worden. Gesamthaft geht aus Tabelle 4.2.10 hervor, dass vor allem hinsichtlich des illegalen Drogenkonsums, ferner - und dies überraschend deutlich - auch bezüglich des Tabak- und Alkoholkonsums Zusammenhänge zur Unkonventionalität und zu einer gelockerten sozialen Integration bestehen. Die verminderte Religiosität ist nicht nur bezüglich des illegalen Drogenkonsums wichtig, sondern auch in Zusammenhang mit dem Konsum von Alkohol und Tabak. Die Unkonventionalität erscheint hier eindeutig als substanzunspezifisches Merkmal.

Reiz- und Risikoorientierung; Extraversion; Aggressivität
Der Aspekt Reiz- und Risikoorientierung ist inhaltlich nicht so homogen wie andere oben analysierte Aspekte. Er beinhaltet auch die Konzepte Extraversion und Aggressivität. Wenn später noch mehr Ergebnisse dazu vorliegen werden, kann das Konstrukt für eine grössere Homogenisierung differenziert werden. - Folgende Ergebnisse liegen derzeit vor (Tab. 4.2.11): Überraschend deutlich ist ein Zusammenhang zu allen Konsummerkmalen aufgetreten, wobei er bezüglich Alkohol und Tabak stärker ausgefallen ist als bei den illegalen Drogen. Das Konzept Reizorientierung (sensation seeking) und Extraversion ist somit unspezifisch mit dem Konsumverhalten verbunden.

In der Studie von Choquet et al. (1989) aus Frankreich war die Reizorientierung und die Transgression deutlich mit der Alkohol-Rauschhäufigkeit verbunden gewesen. Diese Studie enthält jedoch keine Signifikanzberechnungen, so dass die Ergebnisse nicht aufgenommen werden konnten.

Aus der Arbeit von Kellam et al. (1985) geht hervor, dass aggressive Schulkinder (Erstklässler) zehn Jahre später häufiger Alkohol, Zigaretten und Marihuana konsumierten. Schüchternheit erwies sich dagegen als ein "Bremsfaktor", wenn sie nicht mit Aggressivität gekoppelt war. Schüchterne und gleichzeitig nichtaggressive Kinder waren später seltener Zigarettenraucher als schüchterne und aggressive Schulkinder. Bezüglich des Marihuanakonsums war der bremsende Effekt der Schüchternheit besonders deutlich. Bemerkenswert war auch, dass Lernschwierigkeiten bei den Erstklässlern in der multivariaten Analyse keinen eigenständigen Effekt auf das spätere Konsumverhalten ausübten, wenn die Aggressivität mitberücksichtigt wurde. - Da in dieser Studie auch die Intelligenz einbezogen worden ist, deuten die Befunde darauf hin, dass wenig schüchterne, aggressive und eher intelligente Schüler später häufiger legale oder illegale Drogen konsumieren. M.a.W. ist die Kreativität und Experimentierfreude eine wichtige Determinante zum Konsumieren bei Jugendlichen.

Indikatoren emotionaler Labilität/Insuffizienz
Auch dieses Konstrukt ist eher heterogen, erfasst aber im Kern so etwas wie psychisch auffälliges - im Sinne eines statistischen Normbegriffes - Erleben und Empfinden (Nervosität, Depressivität, Angst, Zwanghaftigkeit, Selbstwertgefühl). Die Bezeichnung "Emotionale Labilität / Insuffizienz" soll als vorläufige Arbeitsbezeichnung verwendet werden. Die Ergebnisse aus Tabelle 4.2.12 zeigen, dass bezüglich des Alkohol- und Cannabiskonsums die signifikanten Ergebnisse in der Minderheit sind, jedoch hinsichtlich des Tabakkonsums und hinsichtlich des Konsums harter Drogen überwiegen.

Emotionale Unausgeglichenheit ist somit nicht nur mit dem späteren Konsum harter Drogen verbunden, wie dies aufgrund der Ergebnisse an Abhängigen vermutet werden kann, sondern auch mit dem Tabakkonsum. Hier muss kritisch berücksichtigt werden, dass bei einigen Studien ein umfangreiches Persönlichkeitsinstrumentarium verwendet worden ist und daraus vermutlich überwiegend nur die signifikanten Ergebnisse publiziert worden sind. Unter Berücksichtigung dieses Aspektes kann man postulieren, dass sich die Konsumenten hinsichtlich psychopathologischer Merkmale kaum wesentlich von den Abstinenten unterscheiden, mit Ausnahme des Bereiches der Selbstwertproblematik und der Depressivität (emotionale Labilität, Neurotizismus), der mit dem erhöhten Konsum verbunden ist.

In einer eigenen Studie (Sieber, 1988) konnte die Persönlichkeits-Selbstschilderung im Alter von 19 Jahren mit dem späteren Alkohol-, Tabak- und Cannabiskonsum im Alter von 31 Jahren in Verbindung gebracht werden. Die Sekundärskala "Neurotizismus" war mit allen drei Substanzvariablen signifikant positiv korreliert, ebenso die Skala "Depressivität" und "Nervosität" (letztere mit r=.25). Die Korrelationen waren insgesamt nicht hoch, aber in Anbetracht der 12 Jahre Zeitintervall erstaunlich wenig gesunken.

Konsumeinstellungen
Es ist plausibel, wenn bei zeitgleich erhobenen Daten ein Zusammenhang zwischen einer konsumpermissiven Einstellung und dem Konsumverhalten besteht. Weniger sicher erscheint dieser Zusammenhang, wenn in Längsschnittstudien das Konsumverhalten zu einem späteren Zeitpunkt erfasst worden ist. - Aus Tabelle 4.2.14 geht hervor, dass zwischen der permissiven Einstellung zum Alkohol und dem späteren Alkoholkonsum der Personen die signifikanten Zusammenhänge überwiegen. In noch stärkerem Ausmass trifft dies auch für den Tabakkonsum zu. Hinsichtlich des illegalen Drogenkonsums liegen nicht genügend Studienergebnisse vor.

Abweichendes Verhalten
Zu diesem Aspekt sind noch zuwenig Befunde für eine Interpretation vorhanden.

4.3 Kurzzusammenfassung

Die Zusammenfassung der spezifischen und unspezifischen Antezedenzien ergibt folgendes Bild:

a) Substanzspezifische Antezedenzien:
Broken-home-Indikatoren bezüglich des Tabakkonsums
Problemindikatoren Elternhaus bezüglich illegalen Drogen
Alkoholkonsum der Eltern bezüglich des Konsums von Alkohol und harten Drogen
Problemindikatoren Schule bezüglich Tabak und illegalen Drogen
Problemindikatoren Arbeit bezüglich Tabak und illegalen Drogen
emotionale Labilität bezüglich harten Drogen und Tabak

b) Unspezifische Antezedenzien
Konsumverhalten der Freunde
verminderte schulische Leistungsorientierung
Unkonvenitionalität, verminderte soziale Integration
Reiz- und Risikoorientierung

c) Spezifität unklar
Bildungs- und Berufsstatus der Eltern
Intelligenz, Schulleistungen
enge Beziehung zu Freunden
permissive Konsumeinstellung

Wie bei der Initiation ist das Konsumverhalten der Freunde wichtig und ein unspezifisches Antezedenzmerkmal. Es erscheint jedoch nicht an erster Stelle, sondern erst nach der unkonventionellen Einstellung und Lebensorientierung und nach der Reiz- und Risikoorientierung. Die Reiz- und Risikoorientierung tritt auffallend stark in Erscheinung, was für die Initiationsphase nicht zutrifft. Berücksichtigen wir nebst der Reizorientierung und der Unkonventionalität auch noch die emotionale Labilität, welche bezüglich des Tabak- und illegalen Drogenkonsums relevant ist, so entsteht der Eindruck, dass persönlichkeitsspezifische Antezedenzien stärker in den Vordergrund treten als bei der Initiation.

Bemerkenswert ist ferner, dass der Tabakkonsum mit mehreren Problemindikatoren verbunden ist (broken-home, Schule, Arbeit), was in der Initiationsphase nicht so deutlich hervortrat. Erwartungsgemäss sind die Problemindikatoren bei den Konsumenten illegaler Drogen am ausgeprägtesten vorhanden, wobei sich die Probleme von der Schule auf die Arbeitssituation verlagert haben und Probleme und Spannungen im Elternhaus stärker als in der Initiation in Erscheinung treten.

5. Antezedenzien der Konsumveränderung (Typ IV)

5.1 Studienauswahl

In diesem Kapitel werden solche Studien zusammengefasst, die sich mit den Antezedenzien für später eintretende Konsum**veränderungen** befassen. Es ist anzunehmen, dass sich die soziale Umgebung und die Persönlichkeit der Konsumenten seit der Initiationsphase geändert haben und dass nun andere konsumbestimmende Antezedenzien relevant sind als bei der Initiation. Dies dürfte vor allem für Antezedenzien solcher Konzepte zutreffen, die der sozialen Situation primäre Bedeutung zumessen. Konzepte dagegen, die von angeborenen oder in der frühen Entwicklung erworbenen, zur Sucht disponierenden Faktoren ausgehen, müssten für die beiden Phasen Initiation und Progression die gleichen Bedingungsfaktoren ergeben.

Diese Studien unterscheiden sich von den oben beschriebenen Progressionsstudien in erster Linie dadurch, dass die Konsumveränderung explizit erfasst worden ist, d.h. dass das vorangegangene Konsumniveau oder Konsumverhalten in der Auswertung berücksichtigt wird. In der Mehrzahl der Studien erfolgte dies mit der Methode der multiplen Regression, bei einigen anderen Studien durch Bildung von zwei Verlaufsgruppen (Gruppe A: Personen mit einer Konsumzunahme, Gruppe B: Personen ohne Konsumzunahme). Fast alle Studien befassten sich primär mit der Zunahme des Konsums; lediglich einige wenige Studien beinhalteten auch die Abnahme, indem konsumstabile Personen mit abstinent gewordenen Personen verglichen wurden.

Von den total 28 in Tabelle 5.1 aufgeführten Publikationen kommen lediglich 6 nicht aus den USA. Schwerpunkt bildet die grosse Längsschnittstudie der Arbeitsgruppe von Bentler (Bentler, Huba, Newcomb). Bemerkenswert ist das Erscheinungsjahr der Arbeiten: Nur eine Arbeit ist vor 1980 erschienen. Das Durchschnittsalter der Personen liegt zum Zeitpunkt der Erstbefragung bei 15 Jahren. Die Studienpersonen sind somit ca. ein Jahre älter als diejenigen bei den Initiationsstudien.

Tabelle 5.1: Studien zur Konsumveränderung (Typ IV)

Legende:
T1: Ersterhebung, T2: letzte Erhebung, ( ): Näherungswert, da genaue Angaben fehlen.

Autoren Jahr/Nation Abkürzung	Stichprobe	Alter bei T1	Intervall	N-T1	N-T2	Kriterium (Konsumvar.)
ARY et al., 1988; USA ARY88	Schüler der 7., 9. und 10. Klasse	12-16	1 J. 1986?	1171	801	Tabak
BENTLER, 1987; USA BEN87	idem	idem	8 J. 1976-84	1634	722	illeg. Drogen
CHRISTIANSEN et al., 1989; USA CHR89	Schüler der 7.+ 8.Klasse	11-14	1 J. 1984-85	871	637	Alkohol
COLLINS et al. 1987; USA COL87	Schüler der 7. Klasse	12-14	16 Mt. 1981-83	3295	?	Tabak
DONOVAN et al., 1983; USA DON83	Schüler	16-18	7 J. 1969-72	432		Alkohol
	College-Stud.	ca.22	idem	205		Alkohol
FLAY et al. 1989; USA FLA89	Schüler der 6. Klasse	12	6 J. 1979-86	?	560	Tabak
GALAMBOS et al. 1987; Deutschl. GAL87	Schüler aus Familien mit beiden Eltern	11-15	1 J. 1982-84	1000?	373, 249	Alkohol, Zigaretten
GINSBERG et al. 1978; USA GIN78	Studenten	19	3 J. 1971-74	319	274	Marihuana
HUBA et al., 1986; USA HUB86	idem	15-17	idem	1068	847	illeg. Drogen
JESSOR, 1987; USA JES87	Schüler der 7.-9. Klasse	13-15	3 J. 1969-72	389	384	Alkohol

Tabelle 5.1: Fortsetzung

JOHNSON 1988; USA JOH88	Adoleszente	12, 15 18 J.	3 J. 1979-83	928	888	Alkohol, Marihuana
KROHN et al. 1985; USA KRO85	Schüler: Junior High; High School	13-15	3 J. 1980-82	?	523; 379	Tabak
MADDAHIAN et al. 1986; USA MAD86	Schüler der 7.-9. Klasse	13-15	5 J. 1976-80	1634	847	illeg. Drogen
MURRAY et al., 1983; England MUR83	Schüler	11-12	1 J. 1974-75	6330	3971	Tabak
NEWCOMB et al., 1986; USA NEW86a	idem	idem	idem	896	640	Alkohol
NEWCOMB et al.; 1986; USA NEW86b	Schüler der 10.-12.Klasse	16-18	1 J. 1979-80	994	791	illeg. Drogen
NOREM et al. 1984; USA NOR84	Schüler der 9.-11.Klasse	15-17	2 J. ?	368	123	illeg. Drogen
PEDERSON et al., 1984; USA PED84	Schüler der 4.-6.Klasse	9-11	3 J. 1975-78	2583	1682	Zigaretten
SCHLEGEL et al., 1985; Kanada SCH85	Schüler der 9.-12.Klasse	15-18	6 J. 1974-80	1752	916	Alkohol
SIEBER et al. 1982a; Schweiz SIE82a	Stellungspflichtige	19	3 J. 1971-74	1413	841	Alkohol, Tab. illeg. Drogen
SIEBER et al. 1982b; Schweiz SIE82b	Stellungspflichtige	19	3 J. 1971-74	1413	750	Alkohol, Tab. illeg. Drogen
SIEBER 1986; Schweiz SIE86	Stellungspflichtige	19	3 J. 1971-74	1413	750	Alkohol, Tab. illeg. Drogen

Tabelle 5.1: Fortsetzung

SKINNER et al. 1985; USA SKI85	Schüler der 7.-12.Klasse	13-18	3 J. 1980-82	1180?	426	Tabak
STEIN et al., 1987; USA STE87	Studenten der 11.-13.Klasse	17-19	4 J. 1980-84	791	654	illeg. Drogen
TEICHMAN et al., 1989; Israel TEI89	Schüler	15-18	1 J. 1982-83	1900	1446	Drogen
TEMPLE et al., 1985-86; USA TEM85	Studenten nur Männer	18	15 J. 1965-79	309	240	Alkohol
VAILLANT et al. 1984; USA VAI84	Knaben	14	33 J. 1940-73	456	383	Alkoholabusus
WINGARD et al., 1980; USA WIN80	Schüler der 7.-9. Klasse	13-15	1 J. 1975-76	1634	1177	illeg. Drogen

Die mittlere Intervalldauer beträgt bei den Studien 4.5 Jahre. Die Mehrzahl der Studien umfasst eine grosse Personengruppe; bei 4 Studien wurden jeweils über 1000 Personen im Längsschnitt erfasst.

5.2 Ergebnisse

Die signifikanten und nicht-signifikanten Detailergebnisse (analog Tab. A-3.1, Anhang) bildeten die Basis für die nachfolgenden Ausführungen und für die komprimierte Darstellung in den Tabellen 5.2.1 bis 5.2.11. Der Aufbau ist somit identisch mit dem Vorgehen bei Typ II und III.

Problemindikatoren Elternhaus
Tabelle 5.2.1 enthält die Ergebnisse der verschiedenen Antezedenzien. Sie sind nur bezüglich des Alkohol- und Tabakkonsums interpretierbar und ergeben - insgesamt betrachtet - kein signifikantes Ergebnis. Diese Problemindikatoren sind also nicht mit Konsumveränderungen verbunden, wenn das vorausgegangene Konsumniveau mitberücksichtigt wird.

Bildungs- und Berufsstatus der Eltern
Das gleiche, nicht-signifikante Ergebnis erhalten wir auch hinsichtlich des elterlichen Bildungs- und Berufsstatus (Tab. 5.2.2). Bei keiner Studie konnte ein Zusammenhang zwischen diesen Indikatoren und einer Zu- respektive Abnahme des Konsums festgestellt werden. Allerdings sind hinsichtlich des Konsums von illegalen Drogen nur vereinzelt Ergebnisse vorhanden, so dass hierzu keine Aussage möglich ist. Zusammen mit den Ergebnissen der Typen II und III kann gefolgert werden, dass die in den erfassten Studien verwendeten Indikatoren zum Bildungs- und Berufsstatus nicht von Bedeutung sind.

Konsumeinstellung und Konsumverhalten der Eltern
Die Ergebnisse zur Konsumeinstellung wurden mit denjenigen zum Konsumverhalten aggregiert, da zu den Einstellungen separat zuwenig Befunde vorliegen. Aus Tabelle 5.2.3 entnehmen wir, dass keine gesicherten Zusammenhänge zu Konsumveränderungen der Jugendlichen bestehen (Auswertung nur bezüglich Alkohol und Tabak möglich). Der elterliche Tabakkonsum könnte aber - falls weitere Studien noch folgen - von Bedeutung werden, da sich bei drei verschiedenen Projektgruppen multivariat signifikante Zusammenhänge zeigten.

Tabelle 5.2.1-5.2.11: Zusammenfassung der signifikanten und nicht-signifikanten Antezedenzien bezüglich Veränderungen im Konsumverhalten (A, T, C, H, D) - Typ IV

Antezedenzien	A	T	C	H	D	C,H
1. Problemindikatoren Elternhaus:						
Anzahl Analysen total	13	5	1	1	0	1
Anzahl signif. Ergebnisse:						
univariat:	0	0	0	0	0	0
multivariat:	2	1	1	1	0	1
Anzahl nicht-signif. Ergebnisse	11	4	0	0	0	0
Differenz signif. minus nicht- signifikante Ergebnisse	-9	-3	#	#	#	#
2. Statusmerkmale der Eltern (höherer Schulbildungs- und Berufsstatus):						
Anzahl Analysen total	5	2	1	0	0	1
Anzahl signif. Ergebnisse:						
univariat:	0	0	0	0	0	0
multivariat:	0	0	0	0	0	0
Anzahl nicht-signif. Ergebnisse	5	2	1	0	0	1
Differenz signif. minus nicht- signifikante Ergebnisse	-5	-2	#	#	#	#
3. Konsumpermissive Einstellung der Eltern; Konsum Eltern:						
Anzahl Analysen total	3	13	0	0	0	0
Anzahl signif. Ergebnisse:						
univariat:	0	0	0	0	0	0
multivariat:	0	3	0	0	0	0
Anzahl nicht-signif. Ergebnisse	3	10	0	0	0	0
Differenz signif. minus nicht- signifikante Ergebnisse	-3	-7	#	#	#	#
4. Problemindikatoren Schule, Schulleistungen beeinträchtigt:						
Anzahl Analysen total	6	4	1	1	1	1
Anzahl signif. Ergebnisse:						
univariat:	0	0	0	0	0	0
multivariat:	1	3	1	1	0	1
Anzahl nicht-signif. Ergebnisse	5	1	0	0	1	0
Differenz signif. minus nicht- signifikante Ergebnisse	-4	2	#	#	#	#

Legende:
A, T, C, H, D: Konsum von Alkohol, Tabak, Cannabis, Harten Drogen, Drogenindex resp. Faktor.
C, H: illegaler Drogenkonsum; Anzahl Studien mit signifikanten Ergebnissen zum Konsum von Cannabis und/oder harten Drogen
Ergebnisse von weniger als 2 verschiedenen Projektgruppen vorhanden; wird nicht interpretiert

Tabelle 5.2: Fortsetzung

Antezedenzien	A	T	C	H	D	C,H
5. Enge Beziehung zu Freunden; Akzeptanz des Problemverhaltens:						
Anzahl Analysen total	11	3	1	0	1	1
Anzahl signif. Ergebnisse:						
univariat:	0	0	0	0	0	0
multivariat:	3	1	0	0	0	0
Anzahl nicht-signif. Ergebnisse	8	2	1	0	0	1
Differenz signif. minus nicht-						
signifikante Ergebnisse	-5	-1	#	#	#	#
6. Konsum der Freunde, Kollegen:						
Anzahl Analysen total	6	9	6	4	0	6
Anzahl signif. Ergebnisse:						
univariat:	0	0	0	0	0	0
multivariat:	4	8	5	4	0	5
Anzahl nicht-signif. Ergebnisse	2	1	1	0	0	1
Differenz signif. minus nicht-						
signifikante Ergebnisse	2	7	4	4	0	4
7. Verminderte Leistungsorientierung, Schulabneigung:						
Anzahl Analysen total	4	1	0	0	1	0
Anzahl signif. Ergebnisse:						
univariat:	0	0	0	0	0	0
multivariat:	0	0	0	0	1	0
Anzahl nicht-signif. Ergebnisse	4	1	0	0	0	0
Differenz signif. minus nicht-						
signifikante Ergebnisse	-4	#	#	#	#	#
8. Unkonventionalität, verminderte soziale Integration:						
Anzahl Analysen total	19	4	11	9	0	12
Anzahl signif. Ergebnisse:						
univariat:	0	0	0	0	0	0
multivariat:	15	2	7	6	0	9
Anzahl nicht-signif. Ergebnisse	4	2	4	3	0	3
Differenz signif. minus nicht-						
signifikante Ergebnisse	11	0	3	3	#	6
9. Reiz- und Risikoorientierung (inkl. Extraversion):						
Anzahl Analysen total	9	8	6	5	5	6
Anzahl signif. Ergebnisse:						
univariat:	0	0	0	0	0	0
multivariat:	5	4	3	1	1	3
Anzahl nicht-signif. Ergebnisse	4	4	3	4	4	3
Differenz signif. minus nicht-						
signifikante Ergebnisse	1	0	0	-3	-3	0

Tabelle 5.2: Fortsetzung

Antezedenzien	A	T	C	H	D	C,H
10. Emotionale Labilität:						
Anzahl Analysen total	16	7	12	8	6	12
Anzahl signif. Ergebnisse:						
univariat:	0	0	0	0	0	0
multivariat:	3	2	6	4	1	6
Anzahl nicht-signif. Ergebnisse	13	5	6	4	5	6
Differenz signif. minus nicht-						
signifikante Ergebnisse	-10	-3	0	0	-4	0
11. Permissive Konsumeinstellung, positive Wahrnehmung:						
Anzahl Analysen total	6	12	2	0	0	0
Anzahl signif. Ergebnisse:						
univariat:	0	0	0	0	0	0
multivariat:	4	5	0	0	0	0
Anzahl nicht-signif. Ergebnisse	2	7	2	0	0	0
Differenz signif. minus nicht-						
signifikante Ergebnisse	2	-2	#	#	#	#

Problemindikatoren Schule
Problemindikatoren aus dem Bereich der Schule sind nur hinsichtlich des Alkohol- und Tabakkonsums zu interpretieren (Tab. 5.2.4). Bemerkenswert ist, dass beim Tabakkonsum mehrheitlich signifikante Befunde vorliegen, nicht aber beim Alkoholkonsum. (Dies hatte sich auch bei den Studien vom Typ II und III ergeben.) Die Resultate deuten auf einen Zusammenhang zwischen Schulschwierigkeiten und einer Zunahme des Tabakkonsums.

Beziehung zu Freunden, Konsum der Freunde
Die enge Beziehung zu Freunden und die Akzeptanz des Problemverhaltens durch die Freunde war bei den Initiationsstudien ein bedeutsamer Antezedenzbereich (s. Tab. 3.2), jedoch nicht bei den Progressionsstudien. Auch bei den hier erfassten Studien besteht kein Zusammenhang, zumindest was die Konsumveränderungen von Alkohol und Tabak betrifft (siehe Tab. 5.2.5). Hinsichtlich des illegalen Drogenkonsums sind zuwenig Studien vorhanden.

Konsumverhalten der Freunde
Das Konsumverhalten der Freunde erscheint als zentraler, wichtiger Prädiktor für eine spätere Zunahme des Konsums der Studienpersonen. Dies gilt sowohl für die legalen wie auch für die illegalen Substanzen; alle Differenzwerte in Tabelle 5.2.6 sind positiv. In keinem anderen inhaltlichen Bereich sind die Ergebnisse hinsichtlich aller Substanzen so deutlich ausgefallen wie hier. Diese kausale Beziehung "Freunde--Konsum" schliesst nicht aus, dass auch die umgekehrte Kausalrichtung "Konsum--Freunde" möglich ist. Wir werden dies im Schlusskapitel noch diskutieren.

Leistungsorientierung, Schulabneigung
Die Leistungsorientierung ist nur bei wenigen Studien vom Typ IV einbezogen worden, so dass lediglich hinsichtlich des Alkoholkonsums Aussagen möglich sind. Sie belegen keinen signifikanten Zusammenhang zwischen Leistungsorientierung und Konsumzunahme (Tab. 5.2.7).

Unkonventionalität, verminderte soziale Integration
Indikatoren einer unkonventionellen, nonkonformen Lebenshaltung spielen auch bei diesen Studien vom Typ IV eine Rolle. Gemäss Tab. 5.2.8 überwiegen beim Konsum von Alkohol und illegalen Drogen die signifikanten Zusammenhänge. Aber: Bemerkenswert ist, dass der Tabakkonsum hier eine Ausnahme bildet. Die Zunahme ist im Gegensatz zur Phase der Initiation und Progression (s. oben) nicht mit einer nonkonformen Lebenshaltung verbunden (Differenzwert in Tab. 5.2.8 ist Null).

Die Studie von Wingard et al. (1980) gehört mit derjenigen von Sieber (1982a) zu den wenigen Studien, bei der die Ergebnisse von zwei Teilstichproben kreuzvalidiert wurden. Unkonventionalität erschien bei beiden Stichproben als unspezifischer Faktor, der mit einer Zunahme des Konsums legaler und illegaler Drogen verbunden war.

Reiz- und Risikoorientierung, Extraversion, Aggressivität
Die Reiz- und Risikoorientierung (sensation-seeking) ist hier beim Typ IV im Gegensatz zu den Progressionsstudien (Typ III) nicht so zentral. Lediglich hinsichtlich des Alkoholkonsums überwiegen die signifikanten Befunde (Tab. 5.2.9). Beim Tabak- und Cannabiskonsum halten sich die signifikanten und nicht-signifikanten Befunde die Waage. Dieses eher ausgewogene Bild deutet darauf hin, dass die Reiz- und Risikoorientierung und die Extraversion substanzunspezifische Antezedenzien sind.

In den Analysen von Stein et al. (1987) ist hinsichtlich der Extraversion eine Detailanalyse vorgenommen worden. Sie ergab, dass die Extraversionsaspekte Dominanz und Ehrgeiz mit einer Reduktion des Cannabiskonsums verbunden waren, die eigentliche Extraversionsskala jedoch mit einer Zunahme. Wenn also das globale Konstrukt 'Extraversion' (Faktor zweiter Ordnung) aufgespalten wird, ist nur noch die nach aussen gerichtete Reiz- und Erlebnisorientierung wichtig, nicht aber die im sozialen Umfeld relevanten Aspekte Dominanz und Ehrgeiz. Zunehmender Haschischkonsum ist eher mit einer 'Verinnerlichung' und einem Rückzug aus dem sozialen 'Wettbewerb' verbunden. - Personen mit starker Reizorientierung sind vermutlich an der generellen stimmungsverändernden Wirkung interessiert und weniger an einer ganz spezifischen Veränderung. Angst und Depressivität dagegen sind eher spezifisch, vor allem wenn man auch den Konsum von Stimulantien und Sedativa berücksichtigt (Teichman et al., 1989). Diese Erfahrung würde dann auch den spezifischen Konsum einer bestimmten Substanz fördern mit der Absicht, eine gezielte Stimmungsveränderung herbeizuführen, fördern. Damit käme der 'self-medication'-Ansatz von Khantzian (1985) als erklärendes Konzept in Betracht.

Sieber & Bentler (1982b) verwendeten für die Interdependenzanalyse das LISREL-Verfahren. Der Faktor "Extraversion" hatte einen unspezifischen indirekten Effekt auf das spätere Konsumverhalten. Ein vom vorangegangenen Konsumverhalten unabhängiger Persönlichkeitsfaktor, der Erregung und Aggressivität beinhaltete, korrelierte negativ mit der späteren Zunahme des illegalen Drogenkonsums. Rückzug und ein nicht-dominierendes Verhalten ist also eher mit einer Zunahme beim illegalen Drogenkonsum verbunden.

Indikatoren emotionaler Labilität und Insuffizienz
Bei diesen Indikatoren überwiegen für keine Substanz die signifikanten Befunde (Tab. 5.2.10). Es zeigen sich aber Unterschiede im Hinblick auf legale und illegale Substanzen: Bei den illegalen Drogen gibt es mehr Anzeichen dafür, dass die emotio-

nale Labilität und Insuffizienz mit einer Konsumzunahme verbunden sind. Inhaltlich betrifft es v.a. die Depressivität und die pessimistische Lebenshaltung.

In den Arbeiten von Wingard et al. (1980) und Sieber (1982a) erwiesen sich die Merkmale Depressivität und Misstrauen (erhöhte Werte) eher als spezifische Merkmale, die mit dem Konsum illegaler Drogen verbunden waren. Der Konsum legaler Drogen war dagegen eher mit einem Anstieg bei den Merkmalen Ehrgeiz, Leistungsorientierung und Schulaktivitäten gekoppelt.

Konsumeinstellung
Die Hypothese erscheint plausibel, dass eine permissive Konsumeinstellung oder -wahrnehmung eher mit einem späteren Konsumanstieg verbunden ist. Dies trifft gemäss Tab. 5.2.11 für den Alkohol zu, nicht aber für den Tabakkonsum. Hinsichtlich der illegalen Drogen liegen zuwenig Untersuchungen vor.

Abweichendes Verhalten
Das vorliegende Material reicht für eine Interpretation nicht aus.

5.3 Kurzzusammenfassung

Bei der Zusammenfassung und Interpretation der Ergebnisse dieses Kapitels muss beachtet werden, dass bei allen durchgeführten Analysen das bereits früher bestandene Konsumniveau einbezogen wurde, so dass die Antezedenzien nicht mit dem späteren Konsumverhalten, sondern mit den **Veränderungen** im Konsumverhalten in Verbindung gebracht wurden. Dadurch werden die Anforderungen für das Auffinden von signifikanten Zusammenhängen grösser. Dementsprechend sind die Ergebnisse bei der Interpretation auch zu gewichten.

Zunächst zu den Bereichen Elternhaus, Schule, Freunde, Persönlichkeit und Verhalten: Wir stellen fest, dass die erfassten Antezedenzien aus dem Bereich **Elternhaus** keine Bedeutung bezüglich der Konsumzunahme aufweisen. Einschränkend muss allerdings erwähnt werden, dass hinsichtlich des illegalen Drogenkonsums immer noch zuwenig Ergebnisse vorliegen, um diese Aussage fundiert stützen zu können. Für den Alkohol- und Tabakkonsum gilt sie jedoch, so dass dieses Ergebnis die Bedeutung des Elternhauses zumindest für den Konsum legaler Drogen relativiert. Antezedenzien des Elternhauses sind nicht mit einer Zunahme des Konsumierens verbunden. (Dies gilt natürlich nur für die in den Studien erfassten Merkmale und nicht für alle Aspekte der Elternhauses. In den Studien sind jedoch solche Antezedenzien verwendet worden, die aus der Sicht der verschiedenen Projektgruppen als wichtig gewertet worden sind).

Der Bereich **Schule** hat ein überraschendes Ergebnis gebracht: Die verschiedenen Probleme und Schwierigkeiten im Zusammenhang mit der Schule erweisen sich als Risikoindikatoren für eine Zunahme beim Tabakkonsum (Zigarettenrauchen), nicht aber für eine Zunahme beim Alkoholkonsum. Dieses Ergebnis steht nicht isoliert da. Auch bei den weiter oben aufgeführten Befunden zum Typ II und III ist das gleiche Ergebnis aufgetreten (Zusammenhang zum Tabakkonsum, nicht aber zum Alkoholkonsum). Wir werden in der abschliessenden Diskussion auf diesen Befund zurückkommen.

Der Bereich **Freunde** ist deshalb wichtig, weil das Konsumverhalten und die permissive Einstellung der Freunde und Kollegen ganz deutlich in Erscheinung treten. Das Konsumieren der Freunde ist somit wesentlich entscheidender für eine Konsumzunahme als die Rolle der Eltern oder die Situation im Elternhaus. Die Intensität dieser Beziehung zu den Freunden erscheint dabei nicht wichtig, sondern vielmehr das manifeste Konsumverhalten.

Aus dem Bereich **Persönlichkeit** ist es in erster Linie die unkonventionelle und nonkonforme Lebenshaltung, kombiniert mit einer Lockerung der sozialen Integration, die zu einer Konsumzunahme führt. Auch dieser Aspekt verweist - wie das Konsumverhalten der Freunde - auf die Bedeutung der psychosozialen Situation bei der Gestaltung des Umfeldes, das dann für die Konsumzunahme eine begünstigende Wirkung ausübt.

Unklarer ist die Situation bezüglich der **Reiz- und Risikoorientierung**, weil hier signifikante und nicht-signifikante Ergebnisse gleichermassen auftraten. Möglicherweise handelt es sich um einen substanzunspezifischen Persönlichkeitsfaktor von mittlerer Bedeutung.

Ebenfalls offen ist die Bedeutung der **emotionalen Labilität und Insuffizienz** hinsichtlich des illegalen Drogenkonsums, weil sich auch dort die signifikanten und nicht-signifikanten Ergebnisse die Waage halten. Bezüglich des Alkoholkonsums wird allerdings recht klar, dass kein Zusammenhang besteht. Dies ist nicht mit denjenigen theoretischen Ansätzen kongruent, die den Konsum von Alkohol als Regulator der Gefühle und des Wohlbefindens betrachten, indem v.a. Gefühle der Niedergeschlagenheit und der inneren Leere mit Alkohol positiv beeinflusst werden können. Die Indikatoren der emotionalen Labilität und Insuffizienz haben hinsichtlich der Konsumzunahme nicht die gleiche Bedeutung wie die erwähnte Unkonventionalität oder das Konsumverhalten der Freunde. Somit wird nicht die These der "disturbed personality", sondern vielmehr die These einer soziokulturellen Genese unterstützt. Hinsichtlich der **permissiven Konsumeinstellung** fällt auf, dass beim Tabakkonsum der erwartete Zusammenhang nicht eingetreten ist. Offenbar ist die permissive Einstellung dem Rauchen gegenüber für eine Zunahme des Rauchens nicht entscheidend.

6. Konsequenzen des Konsumverhaltens (Typ V)

6.1 Studienauswahl

In den vorangegangenen Abschnitten befassten wir uns mit den Antezedenzien des späteren Konsumverhaltens. Im folgenden geht es nun um mögliche Konsequenzen des Konsumverhaltens. Konsequenzstudien können wichtige Ergebnisse für die Antezedenzforschung liefern: Stellt sich z.B. heraus, dass der Konsum einer Substanz mit bestimmten Folgen verbunden ist, dann kann dies für die Ursachenforschung insofern wegweisende Funktion haben, als neue Studien sich auf diejenigen Antezeenien konzentrieren, die mit den ermittelten Konsequenzen in Zusammenhang stehen. Aus dieser Sicht betrachtet sollten Konsequenz- gegenüber Antezedenzienstudien Priorität haben. - Mit "Konsequenzen" sind hier nicht psychopharmakologische Effekte der eingenommenen Substanzen gemeint, sondern mittel- und längerfristige Auswirkungen auf die gesundheitliche, psychische und soziale Situation des Konsumenten.

Die Frage nach den Konsequenzen wird gegenwärtig v.a. hinsichtlich des Cannabiskonsums in der Öffentlichkeit diskutiert. Dabei zeichnet sich eine gewisse Polarisierung ab, und zwar in "Warner", die auf schädigende Effekte hinweisen, und in eine andere Gruppe, welche die Kausalverbindung hinsichtlich der Schädigung in Frage stellt. Da in der vorliegenden Arbeit neben dem Cannabiskonsum auch Alkohol, Tabak und harte Drogen untersucht werden, sind Quervergleiche und die Ermittlung substanzspezifischer und -unspezifischer Konsequenzen möglich, was der Diskussion eine vertiefende Betrachtungsweise liefern kann.

Bei den "Konsequenzen" muss es sich nicht um eindeutige, direkte Konsequenzen des Konsumierens handeln, sondern um **mögliche** Folgeerscheinungen, deren Bedeutung vor dem Hintergrund anderer Bedingungsfaktoren beurteilt werden muss (u.a. in multivariaten Analysen). Die aufgeführten Konsequenzen können auch eine Folge anderer Einflussgrössen sein. Untersuchungen, die andere mögliche Einflussgrössen einbezogen haben, sind insofern besonders informativ, weil an ihnen die relative Bedeutsamkeit des Konsumierens auf die Konsequenzvariable ersichtlich wird. Solche differenzierteren Ergebnisse werden - sofern vorhanden - berücksichtigt.

Aus Tabelle 6.1 entnehmen wir, dass lediglich 13 Studien - alle nach 1982 publiziert - zu diesem Typ vorliegen. Es ist plausibel, dass die Konsequenzstudien noch nicht so zahlreich sind wie die Antezedenzstudien. Bemerkenswert ist, dass die Mehrzahl dieser Studien aus Skandinavien und nicht - wie bei den Antezedenzien - aus den USA stammt. Das mittlere Alter der Studienpersonen anlässlich der Erstbefragung liegt bei 18 Jahren. Das Beobachtungsintervall ist mit durchschnittlich 10,2 Jahren beträchtlich länger als bei den Antezedenzstudien.

Die ersten Konsequenzstudien befassten sich vorwiegend mit der Frage der zunehmenden Delinquenz und des amotivationalen Syndroms 24) als Folge des Drogenkonsums. Bezeichnenderweise ist nicht der Alkoholkonsum Ausgangspunkt dieser Untersuchungen gewesen, sondern der Konsum von Marihuana und anderen illegalen Drogen. Ferner fällt auf, dass der Tabakkonsum nur in einigen wenigen Arbeiten einbezogen wurde. Auch hier sieht man, wie erst mit dem Auftreten des illegalen Drogenkonsums die Frage nach den Konsequenzen von der epidemiologischen Forschung aufgenommen worden ist. - Inhaltlich steht die Frage nach den gesundheitlichen Konsequenzen des Konsumierens im Vordergrund. Die skandinavischen Studien haben sich hauptsächlich diesem Aspekt gewidmet. Die Konsequenzen hinsichtlich der Berufs- und Beziehungssituation wurden ebenfalls untersucht.

6.2 Ergebnisse

Die Detailergebnisse (analog Tab. A-3.1, Anhang) bildeten die Basis für die nachfolgenden Ausführungen und für die komprimierte Darstellung in der unten aufgeführten Tabelle 6.2. (Die Ergebnisse sind so angeordnet, dass mögliche Konsequenzen des Konsumierens links und das Konsumverhalten als mögliche Ursache rechts aussen aufgeführt sind).

Ausbildung, Arbeit
Aus einigen Studien geht ein Zusammenhang zwischen dem Konsumverhalten und dem (später erfassten) Bildungsniveau und Berufsstatus hervor. Sie sind im Konzept "Problemindikatoren Ausbildung/Arbeit" in Tabelle 6.2.1 zusammengefasst. Der Konsum von Tabak und illegalen Drogen steht mit diesen später aufgetretenen Problemindikatoren in Verbindung (die signifikanten Befunde überwiegen die nicht-signifikanten), nicht aber der Alkoholkonsum. Es ist eher überraschend, dass nebst dem Konsum illegaler Drogen auch der Tabakkonsum mit diesen Problemindikatoren korreliert.

---

24) Das amotivationale Syndrom umfasst Interesselosigkeit, Lethargie, amoralische Einstellung, Verschlechterung der sozialen und persönlichen Situation (s. Kandel, 1978, S. 28).

Tabelle 6.1: Studien zu Konsequenzen des Konsumverhaltens (Typ V)

Legende:
T1: Ersterhebung. T2: letzte Erhebung. (): Näherungswert, da genaue Angabe fehlt.
* In Klammer [] wird angegeben, welche Substanz mit dem Kriterium (Konsequenzvariable) in der Analyse einbezogen wurde.

Autoren Jahr/Nation Abkürzung	Stichprobe	Alter bei T1	Inter-vall	N-T1	N-T2	Kriterium [Konsumvar.]*
ALLEBECK et al., 1988; Schweden ALL88	Stellungs-pflichtige (Männer)	18-19	13 J. 1969-82	50465		Suizid [Alkohol, Drogen]
ANDREASSON et al 1987; Schweden AND87	Stellungs-pflichtige (Männer)	18-19	15 J. 1969-83	45570		Schizophrenie [Cannabis]
ANDREASSON et al 1988; Schweden AND88	Stellungs pflichtige (Männer)	18-19	15 J.	49464		Mortalität [Alkohol]
ANDREASSON et al 1989a; Schweden AND89a	Stellungs-pflichtige (Männer)	19	15 J. 1969-84	49464		psych.Hospi-talisierung, [Alkohol]
ANDREASSON et al 1989b; Schweden AND89b	Stellungs-pflichtige (Männer)	19	15 J. 1969-84	8483	8226	Hospitalisie-rung [Alkohol]
BENSON, 1984; Schweden BEN84	Stellungs-pflichtige	18-19	max.7 J. 1969-76	2571	(752)	Gesundheit [Drogen]
GINSBERG et al. 1978; USA GIN78	Studenten	19	3 J. 1971-74	319	274	Stress [Marihuana]
HALIKAS et al., 1983; USA HAL83	Marihuana-raucher und deren absti-nente Freunde	>18 J.	6-8 J.	150	147	psychosoziale Indikatoren [Marihuana]
HAMMARSRÖM et al 1988; Schweden HAM88	Schüler der obersten Kl.	16	2 J. 1981-83	1083	1073	Bildungsstatus [Alkohol, illeg Drogen]
HOLMBERG, 1985a; Schweden HOL85a	Schüler der 9. Klasse	15	11 J. 1968-79	1047		Gesundheit, Einkommen [Drogen]

Tabelle 6.1: Fortsetzung

Autoren Jahr/Nation Abkürzung	Stichprobe	Alter bei T1	Intervall	N-T1	N-T2	Kriterium [Konsumvar.]*
LERNER et al. 1984; USA LER84	Jugendliche	10-19	ca.15 J. 1956-84	?	133	auffälliges Verhalten [leg./illeg. Drogen]
NEWCOMB et al., 1985; USA NEW85	ehemalige Schüler	17-19	4 J. 1980-84	896	640	Berufserfolg [legale und illeg.Drogen]
PLANT et al. 1985; Schottland PLA85	Schüler	15-16	3-4 J. 1979-83	1036	957	Arbeit [Alkohol, ill.Drogen]

In der Arbeit von Halikas et al. (1983) war das **Bildungsniveau** dann nicht mehr signifikant mit dem vorangehenden Marihuanakonsum korreliert, wenn verschiedene andere Hintergrundfaktoren und Persönlichkeitsindikatoren in die multiple Regression einbezogen wurden. Dies galt auch für den Alkoholkonsum, nicht aber für den Konsum harter Drogen. Der Konsum harter Drogen hatte einen negativen Effekt auf die Schulbildung, selbst auch unter Einbezug der Merkmale "Scheidung der Eltern" und "Verhaltens- und Persönlichkeitsstörungen in der Jugend". Die Analysen zeigen, dass das Konsumverhalten hinsichtlich dieser Konsequenzen an Bedeutung verliert, wenn Merkmale aus der Jugend und aus dem Elternhaus berücksichtigt werden. Lediglich beim Konsum harter Drogen blieb ein eigenständiger Effekt auf das (niedrige) Bildungsniveau bestehen. - Die spätere **Berufstätigkeit** war bei den regelmässigen Marihuanakonsumenten beeinträchtigt gewesen, aber auch bei Schülern mit Schulschwierigkeiten. Auf Konsumenten von Alkohol oder harten Drogen traf dies nicht zu.

Beziehungssituation
Bei den in diesem Abschnitt zusammengefassten Analysen geht es um folgende drei Aspekte: a) (früher) Wegzug aus dem Elternhaus, b) Konkubinat oder Ehe sowie c) Aspekte, die auf einen zu frühen oder zu schnellen "Einstieg" in eine Partnerbeziehung hindeuten (unerwünschte Schwangerschaft, Geburt eines Kindes vor dem 20. Altersjahr, Scheidung). Alle drei Aspekte beinhalten eine frühe, z.T. verfrühte Übernahme der Erwachsenenrolle und werden aufgrund dieser Gemeinsamkeit als "Indikatoren einer frühen Partnerbeziehung/Ehe inkl. Problemindikatoren" in Tab. 6.2.2 zusammengefasst. Die Ergebnisse deuten darauf hin, dass der Konsum illegaler Drogen, insbesondere **harter Drogen**, mit diesem Indikator verbunden ist.

In der erwähnten Studie von Halikas et al. (1983) war das Merkmal "**Scheidung**" mit bereits früher aufgetretenen Verhaltensschwierigkeiten, mit psychologischer Beratung und mit dem broken-home Indikator "Scheidung der Eltern" verbunden, aber nicht mit dem Konsumverhalten. Daraus ist ersichtlich, dass die Ursachen für spätere Beziehungsstörungen wahrscheinlich bis in die frühe Kindheit zurückreichen und dass dem später auftretenden Konsum legaler und illegaler Drogen keine zusätzliche und eigenständige Wirkung zukommt.

Tabelle 6.2.1-6.2.5: Zusammenfassung der signifikanten und nicht-signifikanten Ergebnisse bezüglich des Konsumverhaltens (A, T, C, H, D) und später erfassten Konsequenzen - Typ V

Konsequenz-Variable	A	T	C	H	D	C,H
1. Problemindikatoren Ausbildung, Arbeit:						
Anzahl Analysen total	9	3	6	11	0	11
Anzahl signif. Ergebnisse:						
univariat:	3	3	2	5	0	6
multivariat:	0	0	2	1	0	3
Anzahl nicht-signif. Ergebnisse	6	0	2	5	0	2
Differenz signif. minus nicht-signifikante Ergebnisse	-3	3	2	1	0	7
2. Indikatoren einer frühen Partnerbeziehung/Ehe inkl. Problemindikatoren:						
Anzahl Analysen total	5	3	5	7	0	7
Anzahl signif. Ergebnisse:						
univariat:	1	2	3	4	-	4
multivariat:	0	0	0	1	-	1
Anzahl nicht-signif. Ergebnisse	4	1	2	2	-	2
Differenz signif. minus nicht-signifikante Ergebnisse	-3	#	1	3	0	3
3. Problemindikatoren Gesundheit:						
Anzahl Analysen total	18	2	0	10	0	10
Anzahl signif. Ergebnisse:						
univariat:	9	1	-	9	-	9
multivariat:	3	0	-	0	-	0
Anzahl nicht-signif. Ergebnisse	6	1	-	1	-	1
Differenz signif. minus nicht-signifikante Ergebnisse	6	0	#	8	#	8
4. Problemindikatoren psychisches Wohlbefinden, psychiatr. Befund:						
Anzahl Analysen total	16	2	1	17	0	18
Anzahl signif. Ergebnisse:						
univariat:	7	0	-	12	-	12
multivariat:	1	1	1	1	-	2
Anzahl nicht-signif. Ergebnisse	8	1	0	4	-	4
Differenz signif. minus nicht-signifikante Ergebnisse	0	0	#	9	#	10

Legende:
A, T, C, H, D: Konsum von Alkohol, Tabak, Cannabis, Harten Drogen, Drogenindex resp. Faktor. (Prädiktorvariable)
C, H: illegaler Drogenkonsum; jeweils Anzahl Studien mit Ergebnissen zum Konsum von Cannabis und/oder harten Drogen
Ergebnisse von weniger als 2 verschiedenen Projektgruppen vorhanden; wird nicht interpretiert

Tabelle 6.2: Fortsetzung

Konsequenz-Variable	A	T	C	H	D	C,H
5. Abweichendes Verhalten:						
Anzahl Analysen total	4	0	4	4	1	4
Anzahl signif. Ergebnisse:						
univariat:						
multivariat:						
Anzahl nicht-signif. Ergebnisse						
Differenz signif. minus nicht-						
signifikante Ergebnisse	#	#	#	#	#	#

Gesundheit
Gesundheitsaspekte sind v.a. in Zusammenhang mit dem Konsum von Alkohol und harten Drogen untersucht worden. Die Aufstellung in Tab. 6.2.3 zeigt, dass Konsumenten **harter Drogen** später häufiger gesundheitliche Probleme haben (Differenzwert +8). Dies trifft auch für die **Alkoholkonsumenten** zu (Differenzwert +6). Analysen bezüglich des Cannabiskonsums liegen (noch) keine vor. 25)

Psychische Schwierigkeiten sowie psychiatrische Befunde sind für den Alkoholkonsum - insgesamt betrachtet - nicht dominierend (Differenzwert in Tab. 6.2.4 ist Null), wohl aber für den **Konsum harter Drogen** (+9). Der Konsum harter Drogen steht damit eindeutig mit später auftretenden körperlichen und psychischen Schwierigkeiten in Zusammenhang.

In der Arbeit von Benson et al.(1984) sind Indikatoren der **Morbidität** untersucht worden (Dauer der Krankschreibung, beanspruchte Unterstützungsbeiträge, somatische und psychiatrische ambulante sowie stationäre Behandlung). Sie werden mit dem vorangegangenen Konsum von Alkohol und illegalen Drogen in Beziehung gebracht. Konsumenten illegaler Drogen hatten später deutlich mehr gesundheitliche Schwierigkeiten oder psychiatrische Behandlungen und beanspruchten häufiger soziale Unterstützungsbeiträge als Alkoholkonsumenten. Bemerkenswert war, dass nicht bei den Alkoholabstinenten der niedrigste Anteil an Krankheitsindikatoren bestand, sondern bei der Gruppe mit gemässigtem Alkoholkonsum (U-förmiger Zusammenhang).

Ein ähnliches Ergebnis geht auch aus der Studien von Andreasson et al. (1988) hervor, der die **Mortalität** bei Alkohol- und (sekundär) Cannabiskonsumenten untersuchte. Sowohl die gewaltsamen Todesfälle (ICD E800-999) als auch andere Ursachen (Verkehrsunfälle, Vergiftungen u.a.) steigen mit grösserem Alkoholkonsum (erfasst bei Erstbefragung). Bei den "anderen Todesfällen" besteht kein linearer, sondern eher ein U-förmiger Zusammenhang: Die mittleren Alkoholkonsumenten haben ein geringfügig kleineres Sterberisiko als Abstinente, aber die Mortalität (v.a. Suizidalität) steigt bei Personen mit häufigem Alkoholkonsum sprunghaft an.

In der Arbeit von Holmberg (1985) waren es in erster Linie die starken Drogenkonsumenten, die später häufiger die **Gesundheitsdienste** und Fürsorgestellen beanspruchten; dies in besonderem Masse in Zusammenhang mit dem Dro-

---

25) In den skandinavischen Studien wurde der Cannabiskonsum zusammen mit dem Konsum harter Drogen erfasst.

genabusus. Bei den ehemaligen Schülern mit starkem Drogenkonsum bestanden später häufiger psychotische Symptome oder die Diagnose Drogenabhängigkeit, aber insgesamt nicht so oft wie bei denjenigen Schülern, die frühzeitig aus der Schule ausgeschieden waren. Diese Ergebnisse gelten auch für die gesundheitlichen und sozialen Auswirkungen (univariate Auswertung). Erstaunlich ist in dieser Studie, dass Personen mit vorzeitigem Schulabgang bezüglich der späteren gesundheitlichen Situation den starken Drogenkonsumenten ähnlich oder eher noch auffälliger waren. Die niedrige Schulbildung stellt damit einen beachtlichen Risikoindikator dar.

In der Studie von Andreasson et al. (1989) wird der Zusammenhang zwischen Alkohol und späterer **psychiatrischer Erkrankung** untersucht. Der Alkoholkonsum ist gemäss der multivariaten Analyse ein eigenständiger Risikofaktor für spätere psychiatrische Behandlung. Der Effekt des Drogenkonsums ist etwas schwächer, derjenige des Zigarettenkonsums nochmals etwas geringer, aber noch signifikant. - Man könnte erwarten, dass das Risiko für eine spätere Alkoholerkrankung bei den starken Alkoholkonsumenten besonders hoch ist. Dies trifft zu, aber das Risiko für eine spätere Drogenabhängigkeit war aufgrund dieser Studie noch grösser. Starker Alkoholkonsum (mit 19 Jahren) erweist sich damit als wichtiger Risikoindikator für späteren Alkohol- **und** auch Drogenabusus.

In einer anderen Studie von Andreasson et al. (1987) wird der Zusammenhang zwischen Cannabiskonsum und der späteren Hospitalisierung wegen **Schizophrenie** untersucht. Aus der multivariaten Analyse geht hervor, dass nur der Cannabiskonsum, nicht aber der Alkohol- oder Tabakkonsum einen Risikoindikator für die spätere Erkrankung an Schizophrenie darstellt. Der stärkste Prädikator war das Merkmal "psychiatrische Diagnose anlässlich der militärischen Rekrutierung", gefolgt vom broken-home-Indikator "Eltern geschieden". Obwohl mit zunehmender Konsumhäufigkeit von Cannabis das Schizophrenierisiko ansteigt, ist damit ein kausaler Zusammenhang nicht belegt. 26)

Bei der univariaten Analyse verschiedener Hintergrundfaktoren war in der Studie von Andreasson et al. (1988) der Alkoholkonsum hinsichtlich der **Mortalität** der stärkere Prädiktor als das Zigarettenrauchen und der Cannabiskonsum. In der multivariaten Analyse erscheint nicht der Alkoholkonsum als wichtigster Prädiktor des späteren Todesfalles, sondern "Kontakte mit Polizei oder Behörden während der Jugendzeit" und "psychiatrische Diagnose" im Alter von 19 Jahren. An dritter Stelle steht der Alkoholkonsum, gefolgt von der Variablen "Anzahl Freunde". Die Prädiktoren "Eltern geschieden" und "Cannabiskonsum" waren

---

26) Dies wird hier explizit erwähnt, damit solche Befunde nicht als "Beweise" für die schizophreniefördernde Eigenschaft von Cannabis herangezogen wird.

nicht signifikant. Der Konsum von Alkohol ist somit - verglichen mit dem von Zigaretten und Cannabis - der wichtigere Risikoindikator für die Mortalität, insbesondere für die Suizidalität. Interessant ist, dass "viele gute Freunde" als Risikoindikator und nicht als Protektivfaktor erscheint! Vermutlich repräsentieren diese Freunde nicht Ressourcen bei der Bewältigung von Schwierigkeiten, sondern fungieren eher als gleichgesinnte "Verbündete" bei sozial abweichendem Verhalten. - Aus der multivariaten Analyse geht hervor, dass die einbezogenen Merkmale des sozialen Hintergrundes den Risikoeffekt des Alkoholtrinkens nicht zu eliminieren vermochten. Die soziale Schicht sowie der Broken-Home-Indikator "Scheidung der Eltern" änderten nichts an der Relation zwischen Alkohol und späterem Todesfall.

Allebeck et al. (1988) untersuchten den Zusammenhang zwischen Konsumverhalten, Persönlichkeit, abweichendem Verhalten und späterem **Suizid**. In der univariaten Analyse ist zwar der Konsum von Alkohol und harten Drogen mit späterem Suizid signifikant verbunden, aber nicht mehr in der multivariaten Analyse, wenn andere signifikante Risikoindikatoren wie emotionale Labilität, Polizeikontakte, wenige oder keine Freunde, Schulschwierigkeiten, Alkoholabusus des Vaters, broken home und verminderte Intelligenz mitberücksichtigt werden.

Zusammenfassend zeigen diese Studien: 1. Der bestehende Zusammenhang zwischen Konsumverhalten und später beeinträchtigtem Gesundheitszustand resp. Suizid wird relativiert, wenn andere Risikoindikatoren mitberücksichtigt werden. - 2. Der Zusammenhang zwischen Alkoholkonsum und späterer Mortalität ist nicht linear, sondern U-förmig. Der Zusammenhang bleibt auch bestehen, wenn Risikoindikatoren des sozialen Hintergrundes einbezogen werden. 3. Der Zigarettenkonsum spielt im Gegensatz zum Konsum von Alkohol und harten Drogen eine untergeordnete Rolle.

Abweichendes Verhalten
Für eine Interpretation liegen zuwenig Studienergebnisse vor (siehe Tab. 6.2.5). 27)

---

27) In der Arbeit von Halikas et al. (1983) bestand hinsichtlich des späteren devianten Verhaltens folgendes Bild: Verhaftungen im Zusammenhang mit illegalem Drogenkonsum waren bei den Cannabiskonsumenten signifikant häufiger, ebenso die Anzahl Interaktionen mit der Polizei. Verhaftungen aus anderen Gründen traten bei den Konsumenten harter Drogen häufiger auf. Hinsichtlich der Verkehrsübertretungen spielte das Konsumverhalten keine Rolle, jedoch für Verhaltensprobleme in der Schule und pschologische Beratung. - In diesen Analysen ist der Alkohol nie als signifikanter Prädiktor aufgetreten.

6.3 Kurzzusammenfassung

Bei allen diskutierten Bereichen ist in erster Linie ein Zusammenhang zwischen dem illegalen Drogenkonsum, insbesondere dem Konsum harter Drogen, und den später erfassten "Konsequenzen" aufgetreten. Der Konsum harter Drogen ist demnach mit Problemindikatoren aus verschiedenen Bereichen verbunden. Der Alkoholkonsum hat eine zweitrangige Bedeutung. Der Tabakkonsum figuriert in dieser Rangordnung am Schluss, allerdings mit einer Ausnahme: Der Tabakkonsum war mit Schwierigkeiten in der Ausbildung und am Arbeitsplatz verbunden, und dies deutlicher als der Alkoholkonsum. Dieses Ergebnis ist auf den ersten Blick erstaunlich, passt aber zu den Befunden der Antezedenzstudien, wo ebenfalls beim Tabakkonsum am deutlichsten Zusammenhänge zu Problemindikatoren in der Schule und bei der Arbeit gefunden wurden.

Der Konsum von Alkohol ist - insgesamt betrachtet - nicht mit Schwierigkeiten in der Ausbildung, der Arbeit oder der Partnerbeziehung verbunden, jedoch mit später auftretenden gesundheitlichen Problemen.

Beim Konsum harter Drogen dagegen bestanden zu allen Problembereichen überwiegend signifikante Zusammenhänge. Gewiss wird die Bedeutung dieser Relation etwas vermindert, wenn andere mögliche Risikoindikatoren zusammen mit dem Konsum harter Drogen analysiert werden (multivariate Analysen), aber diese Relativierung findet man auch beim Alkohol- und Tabakkonsum. Es ist deshalb davon auszugehen, dass der Konsum harter Drogen von den hier untersuchten Substanzgruppen die ungünstigste Bilanz hinsichtlich der negativen Konsequenzen aufweist.

Für den Cannabiskonsum liegen insgesamt nur wenige Ergebnisse vor. Dort, wo Vergleiche möglich sind, nimmt der Cannabiskonsum eine mittlere Position zwischen dem Alkoholkonsum und dem Konsum harter Drogen ein. In einzelnen Aspekten wie z.B. der Mortalität ist der Cannabiskonsum von geringerer Bedeutung als der Konsum von Alkohol und Tabak. Hinsichtlich des Schizophrenierisikos waren andere früher aufgetretene Einflussgrössen (z.B. Scheidung der Eltern) wichtiger als der Cannabiskonsum. Auch dieser Befund relativiert die Bedeutung des Cannabiskonsums als eigenständigen Risikofaktor für negative Konsequenzen.

7. Konsequenzen: Entwicklungsveränderungen (Typ VI)

7.1 Studienauswahl

Bei dieser Gruppe von Längsschnittstudien geht es um mögliche Konsequenzen des Konsums legaler und illegaler Drogen im Hinblick auf **Veränderungen** bei einem bestimmten psychosozialen Merkmal. Man will z.b. wissen, ob eine Verschlechterung des Gesundheitszustandes mit dem vorangegangenen Konsumverhalten zusammenhängt. Es werden längerfristige Konsequenzen und keine kurzfristigen Effekte wie z.b. pharmakologische Einflüsse des Drogenkonsums erfasst. Eine Zu- oder Abnahme des psychosozialen Merkmals während der Beobachtungszeit wird mit dem vorangegangenen Konsumniveau (T1) explizit in Verbindung gebracht; das Zielkonzept (abhängige Variable) bezieht sich auf die Veränderung der Konsequenzvariable im Laufe der Zeit. Methodisch wird meistens die multiple Regression eingesetzt, ferner auch das LISREL-Verfahren.

Die in Tabelle 7.1 aufgeführten Studien stammen mit einer Ausnahme aus den USA. Die älteste Arbeit ist 1973 erschienen. Das Durchschnittsalter der Studienpersonen liegt bei ca. 16 Jahren, die mittlere Intervalldauer der Studien beträgt 4,4 Jahre. Im Hinblick auf Konsequenzen im Sinne von Beschwerden, Krankheiten oder psychische Beeinträchtigungen als Folge des Konsumierens ist die Beobachtungszeit der meisten Studien wohl eher zu kurz, um diese Veränderungen abbilden zu können. In der Regel treten solche Störungen - wenn überhaupt - erst viel später auf. Zeigen sich aufgrund der vorliegenden Studien trotzdem Anzeichen gesundheitlicher Störungen, dann muss ihnen besondere Beachtung beigemessen werden.

7.2 Ergebnisse

Die signifikanten und nicht-signifikanten Einzelergebnisse (analog Tab. A-3.1, Anhang) bildeten die Basis für die nachfolgenden Ausführungen und für die komprimierte Darstellung in Tabelle 7.2.

In der Spalte "Konsequenz-Variable" (links) sind die untersuchten Zielkonzepte (abhängige Variable) aufgeführt. Dabei ist zu beachten, dass es sich um Veränderungen dieser Konzepte handelt, die sich zwischen der Ersterhebung (T1) und der Nachuntersuchung (T2) ergeben haben. Das T1-Konsumverhalten wird mit diesen Veränderungen in Verbindung gebracht.

Tabelle 7.1: Studien Typ VI

Legende: T1: Ersterhebung, T2: letzte Erhebung, (): Näherungswert, da genaue Angabe nicht möglich.
* In Klammer [] wird angegeben, welche Substanz mit dem Kriterium (Konsequenzvariable) in der Analyse einbezogen wurde.

Autoren Jahr/Nation Abkürzung	Stichprobe	Alter bei T1	Inter- vall	N-T1	N-T2	Kriterium [Konsumvar.]*
BENTLER, 1987; USA BEN87	Schüler der	13-15	8 J. 1976-84	1634	722	Persönlichkeit [illeg.Drogen]
GALAMBOS et al. 1987; Deutschl. GAL87	Schüler aus Familien mit beiden Eltern	11-15	1 J. 1982-84	1000	373, bak]	Schulsituation [Alkohol, Ta-
GINSBERG et al. 1978; USA GIN78	Studenten	19	3 J. 1971-74	319	274	Stress [Marihuana]
JESSOR et al., 1973; USA JES73	Schüler der 8.-10. Kl. Studenten	13-15 19-22	1 J. 1970-71 idem	747? 276	605 248	Persönlichkeit [Marihuana]
JOHNSON, 1988; USA JOH88	Adoleszente	12,15, 18	3 J. 1979-83	928	882	Konsumeinstel- lungen [Alkohol Marihuana]
JOHNSTON et al. 1978, USA JOH78	Schüler der 10. Klasse	15-16	8 J. 1966-74	2213	1260	Delinquenz illeg. Drogen
KANDEL et al., 1986; USA KAN86	Schüler	15-16	9 J. 1971-80		1004	psychosozi- ale Aspekte [legale und illeg. Drogen]
MELLINGER et al. 1978; USA MEL78	Studenten	17-19	2,5 J. 1969-72	960	834	Schulsituation [Marihuana]
NEWCOMB et al., 1986a; USA NEW86a	ehemalige Schüler	17-19	4 J. 1980-84	896	640	Selbstbeein- trächtigung [Alkohol]
NEWCOMB et al., 1987; USA NEW87	ehemalige Schüler	17-19	4 J. 1980-84		654	Gesundheit [legale und illeg. Drogen]

Tabelle 7.1: Fortsetzung

Autoren Jahr/Nation Abkürzung	Stichprobe	Alter bei T1	Inter- vall	N-T1	N-T2	Kriterium [Konsumvar.]*
NEWCOMB et al., 1988; USA NEW88	Schüler der 7.-9.Klasse	13-15	8 J. 1976-84	1634	739	psychosozia- le Aspekte [Drogen]
PENTZ, 1985; USA PEN85	Schüler der 6.-9.Klasse	12-15	2 J. ca.1982	1472	254	Soziale Kompe- tenz [Alkoh./Tabak]
STEIN et al., 1987; USA STE87	Studenten, 11.-13.Kl.	17-19	4 J. 1980-84	791	654	Persönlichkeit [illeg. Drogen]

Ausbildung, Arbeit
Wie bei den Studienergebnissen des Typ V haben wir wiederum die Problemindikatoren Ausbildung und Arbeit zusammengefasst. Die Ergebnisse in Tab. 7.2.1 belegen - insgesamt betrachtet - keinen Zusammenhang zwischen dem Konsumieren und später eintretenden ungünstigen Veränderungen in der Ausbildung oder Arbeitssituation (keine positiven Differenzwerte in Tab. 7.2.1). Erwähnenswert ist aber der Unterschied zwischen Alkohol und illegalen Drogen: Beim Alkoholkonsum bestehen kaum Hinweise auf einen derartigen Zusammenhang, beim Konsum illegaler Drogen zeichnet sich jedoch ein Zusammenhang ab (Differenzwert = 0 in Spalte C,H).

In der Studie von Newcomb & Bentler (1988) war der Drogenkonsum, unter statistischer Kontrolle anderer Faktoren, mit zunehmend **niedrigem Bildungsstatus** verbunden. Der Konsum harter Drogen hatte zusätzlich einen direkten Zusammenhang zu vorzeitigem Schulabschluss. Personen dagegen, die vorwiegend Alkohol konsumierten, waren stärker bildungsorientiert und konformer mit sozialen Erwartungen als Personen mit sowohl Alkohol- als auch illegalem Drogenkonsum (signifikanter direkter Effekt).

In dieser Arbeit bestand auch ein deutlicher Zusammenhang zwischen dem allgemeinen Drogenkonsum und der späteren **beruflichen Instabilität**, insbesondere der Anzahl Entlassungen und der erhaltenen Arbeitslosenunterstützung. Zu einem geringen Teil ist der frühere Drogenkonsum auch mit einer **Einkommensverbesserung** verbunden; dies vermutlich deshalb, weil Drogenkonsumenten früher in das Erwerbsleben eintreten und dann auch früher zu besser bezahlten Tätigkeiten kommen. Dieses Ergebnis ist aber abhängig vom untersuchten Zeitraum innerhalb der individuellen Entwicklung. Längerfristig könnten sich die Verhältnisse ändern, so dass die besser geschulten Abstinenten oder leichten Konsumenten später besser verdienen. Es mag denn auch nicht so sehr erstaunen, dass Drogenkonsum in dieser Studie nicht mit **beruflicher Unzufriedenheit** verbunden war und dass der Konsum harter Drogen sogar signifikant mit **Zufriedenheit** korrelierte. Auch dieses Ergebnis könnte aber phasentypisch sein und bei längerer Beobachtungsdauer verschwinden.

Tabelle 7.2.1-7.2.8: Zusammenfassung der signifikanten und nicht-signifikanten Ergebnisse bezüglich des Konsumverhaltens (A, T, C, H, D;) und später erfassten Konsequenzen - Typ VI

Konsequenz-Variable	A	T	C	H	D	C,H
1. Problemindikatoren Ausbildung, Arbeit:						
Anzahl Analysen total	8	3	7	7	12	10
Anzahl signif. Ergebnisse:						
univariat:	0	0	0	0	0	0
multivariat:	2	2	2	3	5	5
Anzahl nicht-signif. Ergebnisse	6	1	5	4	7	5
Differenz signif. minus nicht-signifikante Ergebnisse	-4	#	-3	-1	-2	0
2. Indikatoren einer frühen Partnerbeziehung/Ehe inkl. Problemindikatoren:						
Anzahl Analysen total	14	3	11	12	15	13
Anzahl signif. Ergebnisse:						
univariat:	0	0	0	0	0	0
multivariat:	4	1	3	7	6	9
Anzahl nicht-signif. Ergebnisse	10	2	8	5	9	4
Differenz signif. minus nicht-signifikante Ergebnisse	-6	-1	-5	2	-3	5
3. Problemindikatoren Gesundheit:						
Anzahl Analysen total	9	10	8	9	10	9
Anzahl signif. Ergebnisse:						
univariat:	0	0	0	0	0	0
multivariat:	1	7	1	2	3	2
Anzahl nicht-signif. Ergebnisse	8	3	7	7	7	7
Differenz signif. minus nicht-signifikante Ergebnisse	-7	4	-6	-5	-4	-5

Legende:
A, T, C, H, D: Konsum von Alkohol, Tabak, Cannabis, Harten Drogen, Drogenindex resp. Faktor. (Prädiktorvariable)
C, H: illegaler Drogenkonsum; jeweils Anzahl Studien mit Ergebnissen zur Konsequenzvariable
Ergebnisse von weniger als 2 verschiedenen Projektgruppen vorhanden; wird nicht interpretiert

Tabelle 7.2: Fortsetzung

Konsequenz-Variable	A	T	C	H	D	C,H
4. Problemindikatoren psychisches Wohlbefinden, psychiatr. Befund:						
Anzahl Analysen total	3	3	2	4	5	4
Anzahl signif. Ergebnisse:						
univariat:	0	0	0	0	0	0
multivariat:	-	2	-	2	5	2
Anzahl nicht-signif. Ergebnisse	3	1	2	2	0	2
Differenz signif. minus nicht-signifikante Ergebnisse	#	#	#	0	5	0
5. Unkonventionalität, Nonkonformität:						
Anzahl Analysen total	3	0	6	3	2	3
Anzahl signif. Ergebnisse:						
univariat:	0	0	0	0	0	0
multivariat:	3	0	3	-	-	-
Anzahl nicht-signif. Ergebnisse	0	0	3	3	2	3
Differenz signif. minus nicht-signifikante Ergebnisse	3	#	0	#	#	-3
6. Selbstwertgefühl gesteigert:						
Anzahl Analysen total	4	0	4	2	0	4
Anzahl signif. Ergebnisse:						
univariat:	0	0	0	0	0	0
multivariat:	3	-	2	1	-	3
Anzahl nicht-signif. Ergebnisse	1	-	2	1	-	1
Differenz signif. minus nicht-signifikante Ergebnisse	2	#	0	#	#	2
7. Selbstwertgefühl beeinträchtigt:						
Anzahl Analysen total	3	2	1	0	0	0
Anzahl signif. Ergebnisse:						
univariat:	0	0	0	0	0	0
multivariat:	2	2	1	-	-	-
Anzahl nicht-signif. Ergebnisse	1	0	0	-	-	-
Differenz signif. minus nicht-signifikante Ergebnisse	1	#	#	#	#	#
8. Abweichendes Verhalten:						
Anzahl Analysen total	4	2	4	6	6	7
Anzahl signif. Ergebnisse:						
univariat:	0	0	0	1	0	1
multivariat:	0	0	1	3	3	4
Anzahl nicht-signif. Ergebnisse	4	2	3	2	3	2
Differenz signif. minus nicht-signifikante Ergebnisse	-4	#	-2	2	0	3

Obwohl in der Arbeit von Kandel und Mitarbeiter (1986) der vorangegangene Konsum von illegalen Drogen und von Zigaretten mit **niedrigerem Bildungsniveau** korrelierte, erwies sich in der multivariaten Analyse nur das Zigarettenrauchen als signifikanter Prädiktor. Das Zigarettenrauchen bekommt hier - einmal mehr - eine spezielle Bedeutung. Zunehmende **berufliche Instabilität** (arbeitslos, häufiger Stellenwechsel) war hinsichtlich der illegalen Drogen am deutlichsten, gefolgt vom Alkoholkonsum. Auch zum Marihuanakonsum bestand ein Zusammenhang, nicht jedoch zum Zigarettenrauchen.

Zusammenfassend gewinnt man den Eindruck, dass das Konsumverhalten nicht mit einer Verschlechterung der Berufs- und Arbeitssituation einhergeht. Zum Teil ist der Konsum harter Drogen sogar mit beruflicher Zufriedenheit und einer Einkommensverbesserung verbunden. Bei den Konsumenten illegaler Drogen sind aber Anzeichen einer solchen Verschlechterung vorhanden, die sich möglicherweise erst zu einem späteren Zeitpunkt in der individuellen Entwicklung manifestieren.

Beziehungs- und Wohnsituation
Die Indikatoren einer frühen Partnerbeziehung/Ehe, die dem Konzept der Entwicklungsakzeleration und der frühen Übernahme der Erwachsenenrolle zugeordnet werden können, weisen lediglich beim Konsum illegaler Drogen auf einen signifikanten Gesamtzusammenhang hin. Das Bild wird deutlicher, wenn Problemindikatoren der Partnerschaft miteinbezogen werden (Tab. 7.2.2). Wir entnehmen daraus, dass der Konsum harter Drogen häufiger mit einer Zunahme solcher Problemsituationen zu einem späteren Zeitpunkt verbunden ist.

In der Arbeit von Newcomb & Bentler (1988) ist der vorangegangene Konsum von Alkohol und illegalen Drogen mit Heirat, Familienbildung und mit Scheidung verbunden. Die Übernahme von Erwachsenenrollen geschieht demnach bei diesen Konsumenten früher als bei den Abstinenten. Der Konsum harter Drogen ist zusätzlich mit Schwierigkeiten in der Partnerbeziehung verbunden. Auch die soziale Konformität war mit früher Familienbildung und mit Scheidung assoziiert. Es scheinen somit beide Aspekte, die soziale Konformität einerseits und der Drogenkonsum andererseits mit Schwierigkeiten in der Partnerbeziehung verbunden zu sein. - Zwischen Frauen und Männern sind diesbezüglich keine wesentlichen Unterschiede aufgetreten.

In der Studie von Kandel und Mitarbeiter (1986) waren die Effekte auf die familienbezogene Rollenbildung bei den Frauen etwas stärker als bei den Männern. Abgesehen von der erhöhten Trennungs- oder Scheidungsrate bei den starken Zigarettenraucherinnen war nur der Konsum illegaler Drogen relevant. Hier bestanden Zusammenhänge zur Trennungs- und Scheidungsrate sowie zum Schwangerschaftsabbruch.

Zusammenfassend entsteht aus den aufgeführten Studien ein Bild, wonach Alkohol- und illegaler Drogenkonsum mit frühem Eintritt in die Erwachsenengesellschaft zusammenhängt. Der Konsum illegaler Drogen und insbesondere der Konsum harter Drogen ist aber auch häufiger mit Schwierigkeiten und Unzufriedenheit in der Partnerbeziehung, mit Partnerwechsel, Trennung/Scheidung und Schwangerschaftsabbruch verbunden. Die Verlagerung der negativen Aspekte auf die Gruppe der starken Konsumenten ist deutlich zu erkennen. Das Zigarettenrauchen (nur bei einer Studie einbezogen) war bei Frauen auch mit häufiger Trennung oder Scheidung assoziiert. Bei den Cannabiskonsumenten finden wir eine zunehmende Distanzierung von den Eltern und eine Zuwendung zu Freunden, die sie in ihrer Lebenshaltung unterstützen. Engere Partnerbeziehungen spielen dabei eine gewisse Rolle und kommen häufiger vor. Zum Sexualverhalten besteht keine direkt signifikante Beziehung.

Gesundheit
Die Relation zwischen dem Konsumverhalten und Veränderungen (Verschlechterungen) des körperlichen Gesundheitszustandes ist bei allen Substanzgruppen erfasst worden. Ein Vergleich ist daher ideal. Der Konsum harter Drogen und - erstaunlicherweise - der Tabakkonsum ist mit später aufgetretenen gesundheitlichen Beeinträchtigungen verbunden (Tab. 7.2.3), nicht aber der Konsum von Alkohol und Cannabis. (Es ist bemerkenswert, dass oft dann, wenn der Tabakkonsum mit genügend Befunden vertreten ist, ein unerwartet ungünstiges Ergebnis auftritt).

Psychische Beeinträchtigungen und psychiatrische Befunde sind nur bei wenigen Studien dieses Typs einbezogen worden. Sie weisen darauf hin, dass ein unspezifischer Zusammenhang zwischen dem "Drogenkonsum allgemein" und psychischen Beeinträchtigungen besteht (Spalte D in Tab. 7.2.4).

In der Arbeit von Newcomb & Bentler (1987) wird die Gesundheit als Konsequenzaspekt untersucht und mit dem Konsum von Alkohol, Zigaretten, Cannabis und harten Drogen vier Jahre früher in Zusammenhang gebracht. Der Zusammenhang war allgemein schwach, aber gleichwohl signifikant. Drogenkonsum allgemein (als Faktor) hatte einen negativen Effekt auf das gesundheitliche Befinden, ebenso das Zigarettenrauchen und der Konsum von Cannabis und harten Drogen. Erstaunlicherweise hatte in der multivariaten Analyse nur das Zigarettenrauchen einen eigenständigen, direkten Effekt auf Gesundheitsindikatoren wie gesundheitliche Probleme und Arztkonsultationen; beim illegalen Drogenkonsum bestanden indirekte Effekte zu späteren körperlichen Beschwerden und Arztkonsultationen.

Der Drogenkonsum führt in dieser Studie zu einer zunehmenden subjektiven gesundheitlichen Beeinträchtigung, aber nicht zu (objektiven) körperlichen Symptomen und Beschwerden. Dies gilt insbesondere auch für den Cannabiskonsum. Nur hinsichtlich des Zigarettenrauchens wurde eine Zunahme bei einigen Symptomen beobachtet (Atembeschwerden, subjektiver Gesundheitszustand, Arztkonsultationen). Dieses Ergebnis weist darauf hin, dass die kurzfristigen negativen Konsequenzen des Tabakkonsums eher bedeutender sind als diejenigen der anderen Substanzen und dass diese Effekte bezüglich des Zigarettenrauchens bisher wahrscheinlich unterbewertet wurden.

Der Konsum harter Drogen war mit ärztlichen Notfallkonsultationen verbunden, was auf die Krisenanfälligkeit dieser Personen hinweist. Der Alkoholkonsum spielte, verglichen mit den anderen Substanzen, eine unbedeutende Rolle. - Da alle Effekte in dieser Studie in die negative Richtung weisen, ist es möglich, dass die gesundheitlichen Konsequenzen problematischer werden, wenn ein grösserer Zeitabschnitt als die vier Jahre in dieser Studie beachtet wird.

In der Arbeit von Newcomb & Bentler (1988) war der allgemeine Drogenkonsum signifikant mit einem Anstieg der Werte auf der Skala "Psychotizismus" und mit tieferen Werten auf der Skala "Besonnenheit" verbunden. Drogenkonsum ist mit einem Anstieg bizarrer und unüblicher (kreativer) Gedanken, Einstellungen oder Verhaltensweisen verbunden. Das planende und strukturierende Denken (Besonnenheit) hat eher abgenommen. Beides zusammen deutet darauf hin, dass kognitive Prozesse eher negativ beeinträchtigt worden sind. Hinzu kommt, dass der Konsum harter Drogen mit einer Zunahme von Suizidgedanken verbunden war. - Erstunlicherweise hatte der Konsum von Alkohol positive Konsequenzen: Alkohol korrelierte mit einem Rückgang depressiver Verstimmungen und mit verbesserten sozialen Beziehungen. - Bemerkenswert ist auch, dass der allgemeine Drogenkonsum nicht mit einer Zunahme des erlebten Stresses, auch nicht mit den Variablen "Lebenssinn" oder "Depressivität" verbunden war.

In der Studie von Kandel und Mitarbeiter (1986) bestand bei den Männern ein Zusammenhang zwischen regelmässigem Marihuanakonsum und häufigen Krankheitsphasen. Zigarettenrauchen war mit später auftretenden Atemschwierigkeiten, illegaler Drogenkonsum mit drogenbezogenen Gesundheitsproblemen verbunden. Im Unterschied dazu gab es beim Alkoholkonsums einige positive Effekte: So war regelmässiges Trinken mit weniger gesundheitsbedingten Leistungsausfällen korreliert. - Psychische und psychosomatische Probleme und die Beanspruchung psychiatrischer Hilfe waren nur mit dem illegalen Drogenkonsum signifikant verbunden. Erstaunlicherweise bestand ein Zusammenhang zwischen Zigarettenrauchen und einer Zunahme der Depressivität und, bei den Männern, eine Zunahme der psychosomatischen Beschwerden.

Aus dieser Studie geht hervor, dass drogenspezifische, (homotypische) Konsequenzen existieren. Der Konsum illegaler Drogen ist mit der eher frühen Übernahme der Erwachsenenrolle verbunden, ebenso mit instabiler Partner- und Arbeitsbeziehung und mit delinquentem Verhalten. Als Kontrast dazu erscheint der Alkoholkonsum mit auffallend wenigen negativen Konsequenzen in dieser Studie. Beim Zigarettenrauchen sind demgegenüber eher überraschend häufig negative Konsequenzen aufgetreten. - Die Autoren betonen, dass der Konsum einer bestimmten Substanz mit einem dafür typischen Konsequenzmuster verbunden ist.

Ginsberg & Greenley (1978) untersuchten den Zusammenhang zwischen Marihuanakonsum und dem drei Jahre später erfassten **Stress**, bei dem v.a. psychosomatische Beschwerden registriert wurden. Cannabiskonsum war in der multivariaten Analyse mit einer Stressreduktion verbunden. Dies könnte bedeuten, dass regelmässiger Cannabiskonsum eine stressmindernde Funktion hat (weniger psychische Beschwerden). Damit werden die üblichen Stresstheorien in Frage gestellt.

Zusammenfassend fällt auf, dass beim Alkohol- und Cannabiskonsums nebst negativen Aspekten auch positive Veränderungen aufgedeckt wurden, dagegen beim Zigarettenkonsum überwiegend und bei den harten Drogen generell nur negative Konsequenzen. Die Ergebnisse sind also in zweifacher Hinsicht interessant: 1. Sie dokumentieren, dass der Konsum von Alkohol und Cannabis nicht nur mit negativen, sondern auch mit positiven Konsequenzen verbunden ist, und dass 2. die möglichen negativen Konsequenzen in Zusammenhang mit dem Tabakrauchen erstaunlich deutlich sind und vermutlich bisher unterschätzt wurden.

Persönlichkeit
Die Ergebnisse bezüglich der Persönlichkeit sind nur beschränkt interpretierbar, weil (zur Zeit) nur wenige Befunde vorliegen. Der Konsum von Alkohol steht mit einer zunehmenden Unkonventionalität in Verbindung, nicht aber der Cannabiskonsum (Tab. 7.2.5). Gemäss der Arbeit von Newcomb & Bentler (1988) sind es v.a. die starken Alkoholkonsumenten, die eine zunehmend nonkonforme Einstellung einnehmen. - Der Zusammenhang zwischen dem Cannabiskonsum und der Unkonventionalität wurde bereits dargestellt (s. z.B. Tab. 6.1). Es kann sein, dass die bereits früher bestehende unkonventionelle Einstellung bei den Cannabiskonsumenten nicht noch weiter ansteigt, weil dies nicht mehr in dem Masse möglich ist wie z.B. bei den Alkoholkonsumenten, die sich diesbezüglich noch eher verändern können ("Decken-Effekt").

Veränderungen im Sinne einer Verbesserung des Selbstwertgefühls sind in Zusammenhang mit dem Alkoholkonsum aufgetreten, aber auch mit dem Konsum illegaler Drogen (Tab. 7.2.6 und 7.2.7).

Die Studie von Newcomb et al. (1986) befasst sich mit dem Einfluss des Alkoholkonsums auf die Unzufriedenheit mit sich selbst und der Lebenssituation. Die LISREL-Analyse ergab einen Zusammenhang zwischen dem vorangegangenen Alkoholkonsum und dem Gefühl der Selbstbeeinträchtigung (Self-Derogation) in Richtung einer abnehmenden Beeinträchtigung. Der Alkoholkonsum ist demnach mit positiven Veränderungen des Selbstwertgefühls verbunden.

In der Arbeit von Pentz (1985) geht es um die soziale Kompetenz und Selbstwirksamkeit im Zusammenhang mit dem Konsum von Bier, Wein, Spirituosen und Zigaretten (keine illegalen Drogen). Regelmässiger Konsum dieser Substanzen führte zwei Jahre später zu einer Abnahme der Selbstwirksamkeit und der sozialen Fähigkeiten (LISREL-Analyse). Daraus ergibt sich die Hypothese, dass der Konsum nicht Stress vermindernd, sondern eher Stress induzierend wirken könnte.

Abweichendes Verhalten
Aus Tab. 7.2.8 entnehmen wir, dass der Konsum harter Drogen - nicht unerwartet - mit einer späteren Zunahme des abweichenden Verhaltens verbunden ist.

In der Arbeit von Newcomb & Bentler (1988) war der allgemeine Drogenkonsum (Faktor) mit später häufiger auftretenden Drogenvergehen korreliert, aber nicht mit Gewaltkriminalität oder Eigentumsdelikten, zu denen eine signifikant negative Beziehung bestand. Bei Konsumenten harter Drogen bestand jedoch eine Beziehung zu späteren Gewaltdelikten, insbesondere bei häufigem Konsum von harten Drogen. Für regelmässige Alkoholkonsumenten zeigte sich eine negative Beziehung zu Diebstahl. Dies könnte so interpretiert werden, dass junge Personen, die im Laufe der Zeit ein alkohol-dominantes Konsummuster entwickeln, gewisse Vergehen wie Stehlen etc. eher wieder aufgeben und dass sich demgegenüber bei den Konsumenten harter Drogen ein anderes, drogenspezifisches Devianzmuster bildet. Aus dieser Studie geht ferner hervor, dass sich der Einfluss normabweichender Freunde auf das spätere deviante Verhalten der Zielpersonen ungünstig auswirkt.

7.3 Kurzzusammenfassung

Konsequenzen des Konsums legaler und illegaler Drogen sind dann besonders bedeutungsvoll, wenn der Konsum in Zusammenhang mit Veränderungen eines psychosozialen Merkmals auftritt. Solche **Entwicklungsveränderungen** sind hier erfasst worden (Studien des Typ VI). Die auffallenden Ergebnisse sind:

1. Es besteht ein Zusammenhang zwischen dem Konsum illegaler, insbesondere harter Drogen und dem frühen "Einstieg" in eine Partnerbeziehung resp. Ehe, verbunden mit früh auftretenden Schwierigkeiten in dieser Beziehung.

2. Ebenfalls wichtig ist der Zusammenhang zwischen dem Konsum harter Drogen und einer Verschlechterungen des Gesundheitszustandes. Überraschend deutlich ist hier auch der Zigarettenkonsum mit solchen Verschlechterungen aufgetreten.

3. Abweichende Verhaltensweisen haben beim Konsum harter Drogen zugenommen.

4. Der Konsum von Alkohol und illegalen Drogen hing häufiger mit einer Steigerung des Selbstwertgefühls zusammen als mit einer Beeinträchtigung.

5. Der Konsum von Alkohol ist am wenigsten mit Problemindikatoren verbunden.

6. Der Konsum von Alkohol und Cannabis korreliert nicht mit einer Verschlechterung der Ausbildungs- und Arbeitssituation.

7. Der Stellenwert des Tabakkonsums ist in mancher Hinsicht unklar; insgesamt liegen dazu (noch) sehr wenige Studienergebnisse vor.

8. Antezedenzien versus Konsequenzen (Typ VII)

8.1 Studienauswahl

Bei den persönlichkeitsorientierten Erklärungsansätzen entstand schon sehr früh die Frage, ob eine bestimmte "prämorbide Persönlichkeitsstruktur" zu späterem Konsummissbrauch führe oder ob umgekehrt das Konsumverhalten die Ursache für später auftretende Persönlichkeitsstörungen sei. Aktuell ist in diesem Zusammenhang die Frage, ob der Konsum von Cannabis oder harten Drogen zu Veränderungen der Persönlichkeit führt. Aber auch andere Bereiche wie die soziale Integration, das soziale Netz, die Ausbildungs- und Arbeitssituation u.a. sind angesprochen. Haben diese Bereiche einen Einfluss auf das Konsumverhalten oder werden sie durch den Drogenkonsum beeinflusst? 28)

Für die Beantwortung dieser Frage werden solche Längsschnittstudien herangezogen, die das Konsumverhalten (KV) **und** ein weiteres psychosoziales Merkmal (X) sowohl bei der Erstbefragung als auch bei einer späteren Befragung einbezogen und alle Korrelationen zwischen diesen vier Variablen ermittelt haben (s. Abb. 8.1). Die Korrelation zwischen dem psychosozialen Merkmal und dem späteren Konsumverhalten (KV-T2) repräsentiert den Antezedenz-Aspekt (Korrelation d), die Korrelation zwischen dem T1-Konsum und dem späteren psychosozialen Merkmal den Konsequenz-Aspekt (Korrelation c). Wichtig sind somit die Kreuzkorrelationen (c und d in Abb. 8.1), deren relative Stärke Auskunft über das Verhältnis zwischen Antezedenz und Konsequenz ergibt.

Es ist durchaus möglich, dass eine tatsächlich vorhandene Ursache nicht zu einem messbaren Effekt führt, wegen zu kurzer Beobachtungsperiode oder aus anderen Gründen. Ein nicht-signifikantes Ergebnis ist deshalb noch kein Beweis dafür, dass kein kausaler Zusammenhang vorliegt. Die relative Stärke der beiden Pfade c und d ist deshalb lediglich eine grobe Annäherung an die tatsächlichen Abhängigkeiten. Die Berechnungen können aber trotzdem aufschlussreich sein, insbesondere dann, wenn bei mehreren Studien ähnliche Ergebnisse auftreten.

Zu dieser Fragestellung liegen bisher nur wenige Studien vor (Tab. 8.1). Sie stammen mit einer Ausnahme aus den USA und überwiegend aus der Arbeitsgruppe von Bentler und Newcomb.

---

28) Dass auch beide Kausalrichtungen gleichzeitig wirksam sein können wird nicht ausgeschlossen. Ein solches Ergebnis wäre besonders beachtenswert.

Abbildung 8.1: Autokorrelationen (b, e), synchrone Kreuzkorrelationen (a, f) sowie zeitverschobene Kreuzkorrelationen (c, d)

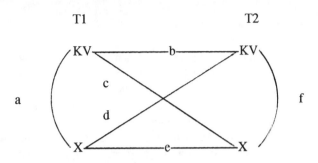

Legende:
KV: Konsumverhalten   X: Psychosoziales Merkmal

8.2 Ergebnisse

Die Kreuzkorrelationen (Kreuzeffekte) dieser Studien sind in Tabelle 8.2 zusammengefasst. Entscheidend ist die Stärke der beiden Effekte c und d. Überwiegt die Korrelation c, so bedeutet dies, dass v.a. das Konsumverhalten einen bedeutsamen Effekt im Sinne einer Konsequenz auf das spätere psychosoziale Merkmal hat. Ist die Korrelation d stärker, dann impliziert dies, dass v.a. das psychosoziale Merkmal einen Effekt im Sinne einer Antezedenz auf das spätere Konsumverhalten hat. Sind an Stelle von Korrelationen Strukturkoeffizienten berechnet worden, gilt diese Interpretation für Konsumveränderungen resp. Veränderungen in der psychosozialen Variablen. Um die Zusammenhänge übersichtlicher darzustellen wird in der Tab. 8.2 rechts aussen angegeben, ob c überwiegt (c>d) oder kleiner ist (c<d). Das Kriterium für "grösser/kleiner" ist bei einem Differenzwert von c-d = 0.05 pragmatisch angesetzt worden, wobei c oder d signifikant sein müssen.

Zum Bereich **Nonkonformität** sind in Tab. 8.2 einige Studien aufgeführt, welche die Kausalrichtung von der Einstellung (Persönlichkeit) zum Konsumverhalten stützen (c<d). Eine nonkonforme Einstellung und Lebenshaltung wirkt somit begünstigend auf das spätere Konsumverhalten. In den Bereichen **Delinquenz** und **Gewissenhaftigkeit** gibt es für eine Interpretation noch zu wenig Studienergebnisse. Ausserdem sind die vorliegenden Resultate uneinheitlich. Bei der **Extraversion** sind beim Konsum der legalen Drogen Alkohol und Tabak die Pfade d stärker, was ebenfalls auf eine Kausalrichtung von der Persönlichkeit zum Konsumverhalten hinweist. Bezüglich der illegalen Drogen sind die Ergebnisse uneinheitlich. - Im Hinblick auf die Konzepte **"Selbstwertgefühl, Unzufriedenheit"** treten beim Alkoholkonsum

Tabelle 8.1: Studien Typ VII

Legende: T1: Ersterhebung, T2: letzte Erhebung, (): Näherungswert, da genaue Angabe nicht möglich.

Autoren Jahr/Nation Abkürzung	Stichprobe	Alter bei T1	Intervall	N-T1	N-T2	Konsumvariable
BENTLER 1987; USA BEN87	Schüler der 7., 9. und 10. Klasse	12-16	8 J. 1976-84	1634	722	illeg. Drogen
FRIEDMAN et al. 1987; USA FRI87	Schüler der 9.-11.Klasse	15	17 Mt. 1985?		232	Alkohol, illeg. Drogen
JESSOR et al., 1978; USA JES78	Schüler der 7.-9. Klasse	13-15	2 J. 1970-72	589	432	Marihuana/
JOHNSTON et al. 1978; USA	Schüler der 10. Klasse,	15-16	8 J. 1966-74	2213	1260	illeg. Drogen/
NEWCOMB et al., 1988; USA NEW88	Schüler der 7.-9.Klasse	13-15	8 J. 1976-84	1634	739	Alkohol, illeg. Drogen
NEWCOMB et al., 1986; USA NEW86	ehemalige Schüler	17-19	4 J. 1980-84	896	640	Alkohol
PENTZ 1985; USA PEN85	Schüler der 6.-9. Klasse	12-15	2 J. 1982-84	1472	254	Alkohol, Zigaretten
SIEBER 1990; Schweiz SIE90	Stellungspflichtige	19-31	12 J. 1971-83	3155	1577	Alkohol, Tabak Cannabis
STEIN et al. 1987; USA STE87	Studenten, 11.-13. Kl.	17-19	4 J. 1980-84	791	654	illeg. Drogen

beide Kausalrichtungen auf: Der Alkoholkonsum führt einerseits zu einer Verminderung im Selbstwertgefühl, (die Studie NEW86 ist eine Ausnahme), das verminderte Selbstwertgefühl ist andererseits aber auch mit einer Konsumzunahme verbunden. Beim Tabak liegen zu wenig Ergebnisse vor; beim Cannabiskonsum ist dieser Aspekt nicht relevant (hauptsächlich nicht-signifikante Ergebnisse). - Bei den **psychischen und psychosomatischen Beschwerden** überwiegen eher die Pfade d als c, aber dieses Ergebnis basiert nur auf zwei Studien. - Die einzelnen Studien zeigen folgendes:

In der Arbeit aus der Gruppe von Jessor & Jessor (1978) wurden die **permissive Einstellung zu abweichendem Verhalten (Toleranz zu Devianz)** und der Marihuanakonsum von High School-Studenten einander gegenübergestellt. Folgende Ergebnisse sind aufgetreten: Sowohl bei den Männern als auch bei den Frauen war die Korrelation zwischen der Devianz-Toleranz und dem späteren Marihuanakonsum stärker als die Korrelation zwischen Marihuanakonsum und der späteren Devianz-Toleranz (d>c). Diese Ergebnisse stützen die von Jessor postulierte Kausalrichtung von der Persönlichkeit zum Verhalten, d.h. von der Toleranz zu deviantem Verhalten zum Konsum von Marihuana. 29)

In der Studie von Friedman et al. (1987) wurde der Drogenkonsum mit **psychopathologischen Symptomen** in Verbindung gebracht. Es handelte sich um eine Kurzversion der SCL-90-R-Skala mit 53 Items, die zusätzlich zu den 9 Einzelskalen einen Globalindex liefert.

Beim Drogenkonsum wurde in dieser Studie ein Gesamtkonsum-Index erstellt, der auch Alkohol, jedoch nicht Tabak enthielt. Die beiden Pfade c und d unterscheiden sich nicht wesentlich. Die Autoren interpretieren diese Ergebnisse dahingehend, dass ein additiver oder kumulativer Interaktionseffekt vorliegt, bei dem psychische Symptome die Tendenz zum Konsum von Drogen erhöhen und der Drogenkonsum die Tendenz zu psychischen Beschwerden fördert. Die Autoren weisen aber auch darauf hin, dass das Intervall von 17 Monaten eher zu kurz war, um mögliche Veränderungen zu erfassen.

Eine umfangreichere Analyse im Hinblick auf vier Persönlichkeitskonstrukte **(Gewissenhaftigkeit, Extraversion, Selbstwertgefühl und soziale Konformität)** und dem Konsumverhalten (Alkohol, Cannabis, harte Drogen) haben Stein, Newcomb & Bentler (1987) vorgelegt (separat nach Geschlecht; Intervall von 4 Jahren). Sie verwendeten dabei das von Bentler (1985) entwickelte EQS-Analyseverfahren. Nur sechs von 24 Pfadkoeffizienten von den T1-Persönlichkeitsmerkmalen zum späteren Konsumverhalten waren siginfikant

---

29) Ähnliche Ergebnisse zeigten sich auch auch bei der Analyse nach einem Jahr.

Tabelle 8.2: Kreuzkorrelationen bei Studien, die bei der Ersterhebung (T1) und bei der Nachuntersuchung (T2) das Konsumverhalten und ein psychosoziales Merkmal erfasst haben.

Legende:
K/P: K=Korrelations-, P=Pfadkoeffizient
c: Kreuzkorrelation (Pfadkoeffizient) gem. Abb. 8.1
d: Kreuzkorrelation (Pfadkoeffizient) gem. Abb. 8.1
c|d: c>d: c ist signifikant und grösser als d
c<d: d ist signifikant und grösser als c
ns: beide Koeffizienten sind nicht signifikant
c=d: beide Koeffizienten sind signifikant und ungefähr gleich stark ausgeprägt (Unterschied <= 0.05)
1) keine genauen Angaben vorhanden

Studie	Konsumvariable-psychosoz. Variable	K/P	c	d	c|d
Soziale Nonkonformität, Toleranz zu Devianz					
JES78	Marihuana-Toleranz zu Devianz, Frauen	K	0.16	0.31	c<d
JES78	Marihuana-Toleranz zu Devianz, Männer	K	0.21	0.53	c<d
NEW88	Drogen-Soz. Nonkonformität	P	ns	0.20	c<d
STE87	Alkohol-Soz. Nonkonformität, Männer	P	0.02	0.04	ns
STE87	idem, Frauen	P	-0.02	0.21	c<d
STE87	Cannabis-Soz. Nonkonformität, Männer	P	-0.38	0.15	c>d
STE87	idem, Frauen	P	-0.12	0.04	ns
STE87	Harte Drogen-Soz.Nonkonformität, M.	P	-0.14	0.48	c<d
STE87	idem, Frauen	P	-0.06	0.44	c<d
BEN87	Cannabis-Gesetzestreue, soz. Konform.	P	ns	ns	ns
Delinquenz, Aggressivität					
JOH78	illeg. Drogen-Delinquenz	P	0.22	0.25	ns
JOH78	illeg. Drogen-Aggressivität	P	0.11	0.15	c<d
Gewissenhaftigkeit					
STE87	Alkohol-Gewissenhaftigkeit, M.	P	0.06	0.18	c<d
STE87	idem, Frauen	P	0.17	-0.01	c>d
STE87	Cannabis-Gewissenhaftigkeit, M.	P	0.06	-0.10	ns
STE87	idem, Frauen	P	0.10	0.12	c=d
STE87	Harte Drogen-Gewissenhaftigk. M.	P	-0.02	-0.08	ns
STE87	idem, Frauen	P	0.08	-0.02	ns
Extraversion					
SIE90	Alkohol-Extraversion	P	0.00	0.05	c<d
STE87	Alkohol-Extraversion, Männer	P	0.04	-0.03	ns
STE87	idem, Frauen	P	0.06	0.07	ns
SIE90	Tabak-Extraversion	P	0.02	0.06	c<d
SIE90	Cannabis-Extraversion	P	0.09	0.01	c>d
STE87	Cannabis-Extraversion, Männer	P	0.04	-0.12	c<d
STE87	idem, Frauen	P	0.03	0.00	ns
STE87	Harte Drogen, Männer	P	0.01	-0.09	ns
STE87	idem, Frauen	P	0.02	0.06	ns

Tabelle 8.2: Fortsetzung

Studie	Konsumvariable-psychosoz. Variable	K/P	c	d	c/d
Selbstwertgefühl, Unzufriedenheit					
STE87	Alkohol-Selbstwertgefühl, Männer	P	0.09	0.08	ns
STE87	idem, Frauen	P	0.03	0.00	ns
NEW86	Alkohol-Selbstbeeinträchtigung	P	-0.08	ns	c>d
PEN85	Alkohol/Zig.-Selbstwirksamkeit	P	sig.	1)	c>d
PEN85	Alkohol/Zig.-soziale Kompetenz	P	sig.	1)	c>d
NEW86	Alkohol-unzufrieden mit Kontakten zu Freunden	P	0.07	ns	c>d
NEW86	Alkohol-unzufrieden mit sozialer Umgebung	P	0.08	ns	c>d
NEW86	Alkohol-unzufrieden mit Zukunftsperspektive	P	ns	0.06	c<d
SIE90	Alkohol-emotionale Labilität	P	0.01	0.09	c<d
SIE90	Alkohol-Depressivität	P	0.02	0.12	c<d
SIE90	Tabak-Depressivität	P	0.10	0.04	c>d
SIE90	Tabak-emotionale Labilität	P	0.06	0.05	c=d
STE87	Cannabis-Selbstwertgefühl, Männer	P	-0.08	0.01	ns
STE87	idem, Frauen	P	-0.01	0.04	ns
BEN87	Cannabis-Selbstakzeptanz	P	0.09	-0.07	c>d
BEN87	Cannabis-Selbstbeeinträchtigung	P	ns	ns	ns
SIE90	Cannabis-emotionale Labilität	P	0.01	0.02	ns
SIE90	Cannabis-Depressivität	P	0.01	0.04	ns
STE87	Harte Drogen-Selbstwertgefühl, Männer	P	-0.01	-0.04	ns
STE87	idem, Frauen	P	-0.05	-0.05	ns
Psychische Beschwerden					
FRI87	ill. Drogen+Alkohol-psych. Beschwerden	K	0.22	0.17	c=d
SIE90	Alkohol-Nervosität, psychosom. Beschw.	P	0.02	0.15	c<d
SIE90	Tabak-Nervosität	P	0.04	0.02	ns
SIE90	Cannabis-Nervosität	P	-0.05	0.06	c<d

(Pfade d). Der einzige Kreuzeffekt, der bei Männern und Frauen auftrat, war der Zusammenhang zwischen der sozialen Nonkonformität und dem späteren Konsum harter Drogen. Zwei Kreuzeffekte vom T1-Drogenkonsum zu späteren Persönlichkeitsvariablen waren signifikant. Die Autoren schliessen daraus, dass mehr Evidenz für einen Effekt von der Persönlichkeit zum späteren Konsumverhalten vorhanden ist als umgekehrt, weil die Persönlichkeitsmerkmale stärker mit Veränderungen im späteren Konsumverhalten korrelierten als umgekehrt.
- Hinsichtlich der Extraversion bestand ein negativer Zusammenhang zum T2-Cannabiskonsum. Die Detailanalyse ergab, dass vor allem die Aspekte Dominanz/Führerrolle und Ehrgeiz mit vermindertem Cannabiskonsum korrelierten.

Bentler (1987) untersuchte die Kreuz-Effekte zwischen dem Cannabiskonsum und der **Selbstakzeptanz** anhand des Analyseverfahrens EQS. Der Cannabiskonsum hatte einen signifikant positiven Effekt auf die spätere Selbstakzeptanz (Pfad c=0.09), die Selbstakzeptanz auf das spätere Konsumverhalten jedoch einen negativen Effekt (Pfad d=-0.07). Häufiger Cannabiskonsum ist demnach mit einer verbesserten, später angestiegenen Selbstakzeptanz verknüpft. Umgekehrt ist aber gute Selbstakzeptanz zum Zeitpunkt der Ersterhebung mit einer Verminderung des späteren Cannabiskonsum verbunden. Sie hat also vermutlich eine bremsende Wirkung auf die Initiation in den Cannabiskonsum. Diese Ergebnisse sind mit der Theorie von Kaplan (1970, 1975) konsistent. Er postuliert, dass Veränderungen im Selbstwertgefühl, insbesondere eine Zunahme der Selbstbeeinträchtigung, zu einer Zunahme des abweichenden Verhaltens und in der Folge davon zu einem Anstieg des Selbstwertgefühls führen. - In dieser Arbeit ist auch der Zusammenhang zwischen dem Cannabiskonsum und der Selbstbeeinträchtigung (negatives Selbstbild) sowie Gesetzestreue (soziale Konformität) untersucht worden. Die vier Kreuzeffekte waren jedoch nicht signifikant.

In der Analyse von Newcomb & Bentler (1988) wird die Interaktion des Drogenkonsums (Alkohol, Cannabis, harte Drogen) mit **sozialer Konformität** verglichen, wieder unter Verwendung der EQS-Methode (Intervall von 8 Jahren). Es bestand keine signifikante direkte Beziehung zwischen dem Drogenkonsum in der Adoleszenz und der sozialen Konformität im Erwachsenenalter, wohl aber eine signifikante Beziehung zwischen der sozialen Konformität in der Adoleszenz und dem vermindertem Konsum im Erwachsenenalter. Diese Ergebnisse entsprechen den oben aufgeführten Befunden aus der Studie von Jessor bezüglich der Toleranz für Devianz.

Newcomb, Bentler & Collins (1986) analysierten in ihrer Längsschnittstudie den Zusammenhang zwischen Alkoholkonsum und folgenden vier Konstrukten 1) **Unzufriedenheit mit Beziehungen zu Freunden, 2) Unzufriedenheit bezüglich der Zukunft (negative Zukunftsperspektive), 3) Unzufriedenheit mit sozialer**

Umgebung und 4) Selbstbeeinträchtigung (negatives Selbstbild). Der Alkoholkonsum war mit einer Zunahme der Unzufriedenheit hinsichtlich der Beziehung zu den Freunden und der sozialen Umgebung sowie mit einer verminderten Selbstbeeinträchtigung verbunden (Pfad c signifikant). Der Alkoholkonsum ist somit - wie der oben erwähnte Cannabiskonsum - mit einem Ansteigen des positiven Selbstwertgefühls verbunden. Von allen vier oben erwähnten Variablen hatte nur die negative Zukunftsperspektive einen signifikanten Effekt auf den späteren Alkoholkonsum (Pfad d). Negative Zukunftsperspektiven könnten mit verminderten Erwartungen hinsichtlich des Erfolges in Schule und Beruf in Zusammenhang stehen. (Siehe dazu auch die Ergebnisse der Antezedenzstudien).

Im Zentrum der 4-Jahres-Längsschnittstudie von Johnston et al. (1978) steht - bezogen auf den Studientyp VII - die Frage nach der Kausalbeziehung zwischen Drogenkonsum und **Delinquenz**. Führt der Konsum illegaler Drogen zu einem Anstieg der Delinquenz oder führt delinquentes Verhalten zu späterem Drogenkonsum? Die Ergebnisse zeigen, dass die gebildeten 5 Gruppen mit unterschiedlichem Konsum illegaler Drogen bereits zu einem früheren Zeitpunkt - als die Personen noch keine illegalen Drogen konsumierten - unterschiedliche Scores auf den Devianzskalen aufwiesen und dass die Delinquenz kaum als Folge des Drogenkonsums betrachtet werden kann. Detailanalysen ergaben sodann, dass möglicherweise ein geringfügiger zusätzlicher Delinquenz-Effekt infolge des Drogenkonsums vorhanden ist. Die Analyse der Kreuzkorrelationen ergab jedoch keinen Hinweis auf einen solchen Zusatzeffekt. Weitere Analysen zeigten, dass Veränderungen im Konsumverhalten nicht mit Veränderungen im Delinquenzverhalten korrelierten, was gegen die Annahme einer kausalen Verknüpfung spricht. Die Autoren schliessen aus dieser Studie an nicht-abhängigen Personen, dass der Konsum illegaler Drogen nicht zu einer erhöhten Delinquenz führt. Der umgekehrte Kausalzusammenhang, wonach Delinquenz zu Drogenkonsum führt, scheint eher plausibel zu sein.

In der Arbeit von Pentz (1985) wurde der Alkohol- und Zigarettenkonsum mit der **Selbstwirksamkeit** und der **sozialen Kompetenz** in Verbindung gebracht. Ein höheres Konsumniveau anlässlich der Erstbefragung hing mit einer Verminderung der Selbstwirksamkeit und der sozialen Kompetenz zwei Jahre später zusammen. Dieses Ergebnis wird als Hinweis darauf gedeutet, dass der Konsum von Alkohol und Zigaretten nicht stressreduzierend, sondern eher stressinduzierend wirkt.

In einer eigenen Längsschnittstudie über ein Intervall von 12 Jahren (Sieber, 1988, 1990) wurde das Freiburger Persönlichkeitsinventar FPI zu beiden Zeitpunkten eingesetzt. Die höchsten Kreuzkorrelationen zeigten sich für Tabakkonsum und Nervosität ($c=0.19$, $d=0.19$), für Tabakkonsum und Extraversion ($c=0.13$, $d=0.18$) sowie für Alkoholräusche und Nervosität ($c=0.11$, $d=0.20$). Die multivariate Analyse ergab, dass zwischen den vier Prädiktoren **Nervosität, Depressivität, emotionale Labilität und Extraversion** signifikante Effekte zum späteren Alkoholkonsum und der Rauschhäufigkeit bestanden (standardisierte Regressionskoeffizienten), jedoch keine "Konsequenz-Effekte". Die vier Persönlichkeitsmerkmale waren demnach mit einer Konsumzunahme beim Alkohol verbunden, der Alkoholkonsum jedoch nicht mit Veränderungen in diesen Persönlichkeitsmerkmalen. - Beim Tabakkonsum zeigte sich ein gemischtes Bild: Die emotionale Labilität war mit einer Konsumzunahme verbunden, tendenziell auch die Depressivität ($p<0.10$), der Tabakkonsum führte aber auch zu höheren Werten auf den beiden Skalen Depressivität und emotionale Labilität. Beim Tabakkonsum sind somit beide Kreuzeffekte wichtig. - Hinsichtlich des Cannabiskonsums bestand zwischen der Nervosität und dem späteren Konsum ein signifikanter Zusammenhang. Bemerkenswert ist die Tendenz, dass der frühe Haschischkonsum mit einer Abnahme der Nervosität zusammenhing ($p<0.10$). Dieser stabilisierende Effekt des Haschischkonsums ist auch schon bei anderen Untersuchungen festgestellt worden (s. Studien Typ V und VI).

8.3 Kurzzusammenfassung

Da noch nicht viele Studien zum Typ VII durchgeführt wurden, kann die Frage nach replizierbaren Befunden deshalb nur für einige wenige Aspekte geprüft werden. Bezüglich der **Einstellung zu abweichendem Verhalten** liegen einige Ergebnisse vor, welche die Kausalrichtung von der Einstellung (Persönlichkeit) zum Konsumverhalten stützen. Dies entspricht auch den Ergebnissen der Initiationsstudien. Die Einstellung zu unkonventionellem, abweichendem Verhalten kann somit zu den Ursachen des späteren Konsumverhaltens gerechnet werden.

Die verschiedenen, unter der Rubrik "**Selbstwertgefühl, Unzufriedenheit**" zusammengefassten Aspekte lassen keine eindeutigen Aussagen zu. Beim Alkoholkonsum gibt es Resultate, die für beide Kausalrichtungen sprechen. Bei drei Studien bestanden Hinweise dafür, dass der Cannabis- und Alkoholkonsum mit einer Reduktion der Selbstbeeinträchtigung verbunden war.

Die **Extraversion** ist eher mit einer Zunahme des Konsums von Alkohol und Tabak aufgetreten; beim Konsum illegaler Drogen waren die Ergebnisse uneinheitlich. Es gibt Vermutungen, dass beim Cannabiskonsum eher die Introversion mit dem späteren regelmässigen Konsum korreliert. Dies könnte andeuten, dass regelmässige Haschischraucher sich zunehmend von solchen sozialen Situationen zurückziehen, die von Geselligkeit und dominantem Verhalten geprägt sind.

Insgesamt liegen mehr Befunde vor, die eine Kausalrichtung von der Persönlichkeit zum späteren Konsumverhalten postulieren als umgekehrt, vom Konsumverhalten zur späteren Persönlichkeit. 30) Dies trifft v.a. für den Cannabiskonsum zu. 31) Dieses Ergebnis deutet darauf hin, dass präventive Bemühungen angebracht sind, die sich auf den Zusammenhang zwischen Persönlichkeit und späterem Drogenkonsum ausrichten.

---

30) Bei 16 Studienergebnissen ist der Pfad d grösser, bei 10 Ergebnissen der Pfad c.
31) Bei den Ergebnissen hinsichtlich des Cannabiskonsums war bei acht Studien der Pfad d grösser und nur bei drei Studien der Pfad c.

9. Integration und Diskussion

9.1 Ausgangssituation

Ziel der vorliegenden Arbeit war, die weltweit vorhandenen Längsschnittstudien zum Konsum legaler und illegaler Drogen bei jungen Erwachsenen so zu analysieren, dass ein Gesamtüberblick über den Forschungsstand und die Forschungsergebnisse entsteht. Dabei geht es auch um die Bedeutung der Prävention und die Schnittstellen zur epidemiologischen Drogenforschung.

Die Motivation zu dieser Arbeit entstand u.a. aus dem Anliegen, die Ergebnisse einer eigenen Längsschnittstudie mit denjenigen anderer Studien zu vergleichen und in einen grösseren Zusammenhang zu stellen. Ausschlaggebend war jedoch, dass eine **Übersichtsarbeit und Literaturanalyse** über dieses Forschungsgebiet bisher fehlt, bei der sowohl legale als auch illegale Drogen einbezogen werden und zwischen verschiedenen Entwicklungsphasen des Konsumverhaltens unterschieden wird. Ein solcher integrativer Ansatz wird v.a. im Hinblick auf die Prävention dringend benötigt. Er dient aber auch der Verfeinerung der Theorienbildung.

In der psychosozial-orientierten Drogenforschung sind mit der Verbreitung illegaler Drogen zu Beginn der 70er Jahre markante Änderungen eingetreten. Untersuchungen an Klinikpopulationen haben an Bedeutung verloren und epidemiologische Studien an repräsentativen Gruppen der Allgemeinbevölkerung sind mehr und mehr in Erscheinung getreten. Damit verbunden war der Wechsel von der vorwiegend defizitorientierten, auf die Psychopathologie der auffällig gewordenen Person gerichteten Perspektive, hin zu einer breiteren Betrachtung, die das soziale Umfeld, das Beziehungsnetz und die persönlichen Ressourcen mehr beachtet. Drogenforschung war nicht mehr nur Forschung an bereits abhängigen Personen, sondern an jungen Menschen, die z.B. vor ihrem ersten Konsumerlebnis standen oder die in der Experimentierphase waren. Drogenkonsum wurde nun als etwas Prozesshaftes verstanden, das in einen allgemeinen entwicklungspsychologischen Ablauf eingebunden war. Demzufolge wurde auch der Prozess der Veränderung explizit in die Forschung aufgenommen.

Mehr und mehr setzte sich die Überzeugung durch, dass wir den Konsummissbrauch nur dann verstehen, wenn wir die Entstehungsbedingungen des "normalen" Konsumverhaltens kennen. Informationen über den "natürlichen Verlauf" des Konsumverhaltens der Normalpopulation sind deshalb für eine wirkungsvolle Prävention von entscheidender Bedeutung. Diese ganzheitliche Betrachtung führte auch dazu, dass nicht nur der Konsum einer Droge, z.B Cannabis, Gegenstand der Analyse war, sondern dass das Konsumverhalten umfassender untersucht und die "vergessenen" legalen Drogen Alkohol und Tabak in die Analyse einbezogen wurden.

Der Überblick über die bestehende Drogenforschung (Kap.1) und die erste Durchsicht des vorhandenen Studienmaterials führte in der vorliegenden Arbeit zu einer Analysestrategie, bei der **Antezedenzien** des Einstiegs, der Progression und der Konsumveränderungen sowie mögliche **Konsequenzen** des Konsums legaler und illegaler Drogen studiert werden. Es wurden epidemiologisch orientierte, prospektive Längsschnittstudien einbezogen, die Jugendliche und Adoleszente bis zum 20. Altersjahr erfassen. Die Überlegungen für die Wahl dieses Vorgehens sind in Kap. 2 ausführlich erörtert worden. In den einleitenden Kapiteln haben wir auch auf die Schnittstellen zwischen Antezedenz- und Konsequenzforschung sowie der Prävention Bezug genommen und u.a. festgestellt, dass für die Umsetzung der Ergebnisse in präventives Handeln operative Hilfsannahmen notwendig sind. In der Einleitung sind wir auch auf die besonderen Möglichkeiten von Längsschnittanalysen und auf die Kritik an der epidemiologischen Drogenforschung eingegangen.

9.2 Studienauswahl und Bewertung der Ergebnisse

Die erwähnte neue Perspektive sollte in der vorliegenden Arbeit berücksichtigt werden. Dies bedeutete, dass epidemiologisch ausgerichtete Studien an möglichst repräsentativen Bevölkerungsgruppen einbezogen werden sollten, Studien, die auch den Prozesscharakter des Konsumverhaltens berücksichtigen. Dies ist - im Gegensatz zu Querschnittsstudien - bei Längsschnittstudien am ehesten gewährleistet. Die Studienergebnisse sollten so strukturiert werden, dass einzelne Phasen in der Entwicklung des Konsumverhaltens separiert werden können (Initiaion, Progression).

Die Beschaffung der Literatur stützt sich u.a. auf drei verschiedene elektronische Suchdienste (MEDLINE, PsycINFO, ESF-Datenbank). Im ersten Schritt der Literaturanalyse galt es, eine Gliederung des vorhandenen Studienmaterials zu erarbeiten, die einerseits die erwähnten Zielvorgaben und andererseits das verfügbare Studienmaterial berücksichtigt, so dass eine integrale Analyse möglich wird. Dies führte zu sieben Studientypen resp. Analyseverfahren (Typ I - VII). Davon befassen sich drei Studientypen mit den Antezedenzien des Konsumverhaltens (Typ II: Initiation; Typ III: Progression; Typ IV: Konsumveränderung) und zwei Studientypen enthalten Konsequenzenstudien (Typ V: Konsequenzen, Typ VI: Entwicklungsveränderungen). Typ VII beinhaltet eine Kombination der Antezedenz- mit der Konsequenzanalyse. Die rein deskriptiv orientierten Studien vom Typ I wurden nicht berücksichtigt.

Die signifikanten und auch die nicht-signifikanten Ergebnisse der Studien vom Typ II bis VII sind gruppiert und inhaltlich gleichen oder ähnlichen Bereichen zugewiesen worden. Diese Bereiche sind: Elternhaus und Kindheit, Konsumverhalten der Eltern und Geschwister, Schule, Arbeit, Beziehung zu Freunden, Konsumverhalten der Freunde, Persönlichkeit sowie abweichendes Verhalten der Studienperson.

Befunde, bei denen Ergebnisse nur von einer Projektgruppe vorlagen, sind in die Interpretation nicht aufgenommen worden, auch dann nicht, wenn mehrere verschiedene Analysen (Publikationen) vorlagen. Ebenfalls nicht berücksichtigt sind Ergebnisse, die keiner Signifikanzprüfung unterzogen wurden. Die Studienergebnisse sind hinsichtlich der wichtigsten Substanzgruppen (Alkohol, Tabak, Cannabis, harte Drogen) getrennt analysiert worden. Damit sollte ersichtlich werden, welche Ergebnisse substanzspezifisch resp. unspezifisch sind. Auch kann ein Vergleich des legalen mit dem illegalen Drogenkonsum durchgeführt werden. 32) Der Konsum von Medikamenten ist in der Analyse nicht enthalten, weil dazu nur vereinzelt Längsschnittergebnisse vorliegen.

Bei der Zusammenfassung der verschiedenen Studienergebnisse wurde ein linear-additives Modell verwendet, bei dem die signifikanten Befunde eines inhaltlich homogenen Bereichs addiert und davon die Anzahl der nicht-signifikanten Ergebnisse subtrahiert wurden. Je stärker die signifikanten Ergebnisse überwiegen, desto eher wurde der Zusammenhang gesamthaft als bedeutungsvoll und replizierbar interpretiert. (Analoge Interpretation für die nicht-signifikanten Ergebnisse).

Dieses Verfahren hat Vor- und Nachteile. Ein Nachteil besteht darin, dass die Stärke des Effektes (erklärte Varianz) und die Qualität der einzelnen Studien nicht berücksichtigt werden. a) Zur Stärke der Effekte: Bei den zahlreichen multivariaten Analysen sind Angaben über die Effekte (erklärte Varianz) sehr stark abhängig von den verwendeten Prädiktorvariablen und von der Wahl des multivariaten Analyseverfahrens. Eine Analyse auf der Basis von Effektstärken ist deshalb für das vorliegende Studienmaterial nicht möglich, (s. auch Kap. 2.4.3).

b) Zur Qualität: Eine Möglichkeit zur Berücksichtigung der Qualität der Studien besteht in der Bildung eines Qualitätsindexes, der bei der Interpretation mitberücksichtigt wird. Die Beurteilung der Qualität ist allerdings beim vorliegenden Studienmaterial sehr schwierig. Eine Elimination von Studien auf der Basis eines fraglichen Güte-

---

32) Bei der Unterscheidung der verschiedenen Gruppen Alkohol, Tabak, Cannabis, harte Drogen ist zu erwähnen, dass Alkohol- und Tabakkonsum oft gemeinsam vorkommen und dass Personen mit Cannabiskonsum sehr oft auch Zigarettenraucher sind. Diese Überschneidungen konnten in der vorliegenden Untersuchung zum Teil berücksichtigt werden (in der Kategrorie D in den Ergebnistabellen). - Vor allem die Konsequenzstudien sind von diesem Aspekt betroffen: Ein signifikantes Ergebnis im Sinne einer Konsequenz der Substanz X ist deshalb mit Vorsicht zu interpretieren, wenn nicht in der Analyse das Konsumverhalten anderer Substanzen Y-Z einbezogen worden ist, was nur bei wenigen Studien zutrifft.

kriteriums wäre nicht zu verantworten. Ein Gruppenvergleich von Studien mit "guter" resp. "weniger guter" Qualität kommt kaum in Frage, da für eine Differenzierung zur Zeit noch zuwenig Studien vorhanden sind.

Ein anderer kritischer Aspekt betrifft das "Äpfel-Birnen-Problem", d.h. der Fehler des additiven Verfahrens, wenn inhaltlich unterschiedliche Ergebnisse aufsummiert werden. Sind die einzelnen Ergebnisse inhaltlich jedoch als Teilaspekt eines übergeordneten Konzeptes oder Konstruktes zu verstehen, dann ist das additive Vorgehen allerdings weniger problematisch.

Die Vorteile bei der Differenzbildung der signifikanten und nicht-signifikanten Ergebnisse liegen darin, dass dieses Verfahren ein einfaches und transparentes Verfahren darstellt und mit dem vorhandenen Studienmaterial realisiert werden konnte. Die Gliederung der Ergebnisse nach inhaltlich unterschiedlichen Kriterien, aber auch die Analyse bezüglich Substanz- und Phasenspezifität war mit dem eingeschlagenen Verfahren ohne weiteres durchführbar. Auch ist es möglich, weitere Studienergebnisse anzufügen und mit wenig Aufwand eine neue, aktualisierte Standortbestimmung durchzuführen.

9.3 Standortbestimmung der Antezedenz- und Konsequenzforschung

9.3.1 Das Studienmaterial

Die Mehrheit (54) der 79 erfassten Publikationen stammt aus den USA. Mit deutlichem Abstand folgen Studien aus Schweden (11 Arbeiten), der Schweiz (5), aus England und Israel (je 2) sowie Deutschland, Irland, Kanada, Dänemark und Schottland mit je einer Publikation. 33) Die grosse Forschungsaktivität in den USA ist begreiflich, wenn man bedenkt, dass der Konsum illegaler Drogen zuerst in den USA Verbreitung fand. Es ist aber nicht verständlich was den Konsum von Alkohol und Tabak betrifft.

Aus Abbildung 9.1 geht hervor, dass die erste Studie 1966 publiziert wurde, der eigentliche "Aufschwung" aber erst 1978 kam (u.a. mit dem Sammelband von Kandel, 1978). Dies gilt v.a. für die Antezedenzstudien. Konsequenzstudien sind erst rund 7 Jahre später in Erscheinung getreten. Bei den Initiationsstudien (Typ II) sind zuerst Arbeiten zum Konsum von Cannabis und anderen illegalen Drogen erschienen, erst später folgten Arbeiten zum Alkohol- und Tabakkonsum. Das durchschnittliche Publikationsjahr liegt für Studien zum illegalen Drogenkonsum bei 1977, für Alkohol

---

33) Eine der nichtberücksichtigten Längsschnittstudien ist z.B. die Arbeit von Choquet et al. (1989) aus Frankreich. In dieser Arbeit sind leider keine Signifikanzberechnungen dokumentiert.

und Tabak bei 1984! - Ein deutlicher Studienzuwachs ist in den letzten Jahren für Tabak zu verzeichnen (parallel zum angestiegenen Interesse am Nichtrauchen), während für Alkohol ein genereller Mangel an Initiationsstudien besteht (nur eine Arbeit gegenüber zehn beim Tabak). - Die Studien vom Typ III bis VII sind zeitlich später aufgetreten. Bei den Konsequenzstudien besteht v.a. hinsichtlich des Tabakkonsums ein eklatanter Mangel.

Abbildung 9.1: Publikationsjahr der Längsschnittstudien: Kumulierte Häufigkeit der publizierten Arbeiten total sowie differenziert nach Antezedenzstudien (Typ II-IV) und Konsequenzstudien (Typ V, VI).

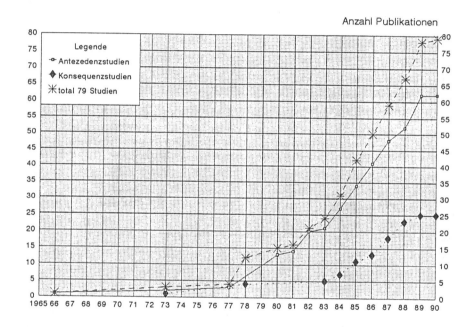

Das Durchschnittsalter der Studienpersonen zum Zeitpunkt der ersten Befragung schwankt zwischen 14 Jahren (Typ-II-Studien) und 18 Jahren (Typ V), die durchschnittliche Intervalldauer liegt zwischen 4,5 Jahren (Typ II) und 10,2 Jahren (Typ V).

Zusammenfassend kann man feststellen, dass Längsschnittstudien zum Konsum legaler und illegaler Drogen einen noch jungen Forschungsansatz darstellen und Publikationen mit wenigen Ausnahmen erst nach 1978 erschienen sind. Nicht der seit langem verbreitete Konsum von Alkohol und Tabak war ausschlaggebend für das Aufkommen der Längsschnittstudien, sondern die rasche Verbreitung des Konsums von Cannabis und anderen illegalen Drogen. Obwohl sich der Konsum illegaler Drogen - mit einiger Verzögerung - auch in Europa verbreitete, bestehen auffallend wenig Arbeiten aus diesem geographischen Raum.

9.3.2 Methodik und Stichproben der Längsschnittstudien

Zur Rekrutierung der **Studienpopulation**: In der Mehrzahl der Studien wurden Schüler und Studenten untersucht. Nur bei 5 Projektgruppen sind andere Populationen einbezogen worden (Kinder im Vorschulalter: Stewart, Knop; Stellungspflichtige der Armee: Benson, Allebeck/Andreasson, Sieber). Die Repräsentativität von Erhebungen bei Schülern und insbesondere bei Studenten ist eingeschränkt, da zum Zeitpunkt der Erhebung immer einige Schüler/Studenten fehlen und die ausgewählten Schulen nicht alle Schüler repräsentieren. In der Regel sind öffentliche Schulen, aber keine Privatschulen berücksichtigt worden. - Besser ist die Repräsentativität bei den Stellungspflichtigen, sofern alle Männer eines bestimmten Jahrganges aufgeboten werden (was für die hier vorhandenen Studien zutrifft). Diese Studien haben allerdings zwangsläufig den Nachteil, dass sie keine Frauen einbeziehen.

Alter und Geschlecht: Das Durchschnittsalter der in den Studien erfassten Personen liegt bei ca. 16 Jahren (Ersterhebung). Die Personen der Antezedenzstudien sind durchschnittlich 1-2 Jahre jünger als diejenigen der Konsequenzstudien. - Die Männer sind stärker vertreten als die Frauen: Bei mehreren Studien sind nur Männer befragt worden, aber keine einzige Studie hat ausschliesslich Frauen berücksichtigt.

Die **Ausschöpfungsquote** (retention rate) zum Zeitpunkt der Ersterhebung (T1) liegt - soweit in den Publikationen angegeben - zwischen 99% und 41%, wobei lediglich eine Studie unter 50% liegt. Diese Quote sinkt mit zunehmender Dauer der Studien (Panelsterblichkeit). Gründe für den Rückgang liegen u.a. in der Dauer des Intervalls, der unterschiedlichen Population, aber auch in situativen Aspekten der Erhebung. (Ein follow-up innerhalb der obligatorischen Schulzeit führt in der Regel zu einer grösseren Ausschöpfungsquote als eine Nachuntersuchung im Erwachsenenalter). - Der Anteil der Studienpersonen am Ende der Längsschnittanalyse, bezogen auf die ursprünglich anvisierte Zielpopulation bei der Ersterhebung, liegt im Durchschnitt bei 61% und schwankt zwischen 98% und 12%. 34). In Tabelle 9.1 sind die Ausschöpfungsquoten für einige grössere Längsschnittstudien aufgeführt.

In der Studie von Jessor und Mitarbeiter (1978) wurden ursprünglich 1126 Schüler angesprochen (N-tot.). Davon willigten nur 52% ein, an der Längsschnittstudie

---

34) Da nicht alle Studien die genauen Zahlen bezüglich Ausgangssituation und Panelsterblichkeit enthalten, sind diese Angaben nur Näherungswerte.

teilzunehmen. Nach 12 Jahren konnten noch 65% der T1-Stichprobe resp. 34% der ursprünglichen Zielpopulation von N-tot.=1126 einbezogen werden. Der Ausfall ist somit bereits bei der Erstbefragung beträchtlich.

In der Längsschnittstudie der Arbeitsgruppe von Bentler in Los Angeles sind bei T1 1634 Schüler befragt worden. Leider sind keine genauen Angaben über die Grundpopulation bekannt (Newcomb & Bentler, 1988). Schulen aus Bezirken mit eher niedrigem Sozialstatus waren bei der Selektion etwas übervertreten, um den erwarteten grösseren Ausfall bei dieser Population zu kompensieren. Nach acht Jahren befanden sich noch 45% der T1-Stichprobe in der Studie.

Auch im Längsschnittprojekt von Kandel und Mitarbeiter (New York) ist die Grundpopulation nicht näher bekannt. Der Ausfall beim ersten follow-up nach 6 Monaten war beträchtlich (34%). Nach 9 Jahren konnten noch knapp 16% der T1-Population wieder interviewt werden.

Die Längsschnittstudie von Sieber et al. (1981) basiert auf einer Alterskohorte 19jähriger Männer, die anlässlich der militärischen Stellungspflicht (Kanton Zürich) befragt wurden. Da die Rekrutierung für alle Schweizer Männer obligatorisch ist, konnte bei T1 eine Ausschöpfungsquote von 99% erreicht werden. Eine erste Nachbefragung nach 3 Jahren an einer Teilstichprobe ergab eine Rücklaufquote von 60%. Die Nachuntersuchung nach 12 Jahren im Alter von 31 Jahren führte zu einer Ausschöpfungsquote von 50% bezogen auf T1 resp. 49% bezogen auf die ursprüngliche Zielpopulation. Die Gesamt-Ausschöpfungsquote von 49% ist der höchste follow-up-Wert der in Tabelle 9.1 aufgeführten Studien.

Wir sehen aus dieser Aufstellung, dass bei einigen Studien bereits zu Beginn ein beachtlicher Teil der Zielpersonen nicht einbezogen werden kann, selbst auch dann nicht, wenn die Rekrutierung mit viel Sorgfalt und Aufwendung durchgeführt wird. Später muss mit einem Panelschwund gerechnet werden, der die Repräsentativität nochmals reduziert. Der Frage der Verzerrung der Studienergebnisse infolge des Ausfalls verdient deshalb besondere Beachtung.

9.3.3 Verlässlichkeit und Validität der Ergebnisse
Die Verlässlichkeit und die Validität der Studienergebnisse sind von verschiedenen Einflussfaktoren abhängig: 1. von der Verlässlichkeit und Replizierbarkeit der erhobenen Daten, 2. von der Verzerrung infolge mangelnder Repräsentativität (Aufsschöpfungsquote bei T1, Panelsterblichkeit) und 3. von der Gültigkeit der Angaben, d.h. vom Ausmass, in dem es gelang, das Konsumverhalten und die psychosozialen Einflussgrössen der Studienpersonen mit standardisierten Interviewfragen zu erfassen.

Tabelle 9.1: **Ausschöpfungsquote (AQ) resp. Panelsterblichkeit bezogen auf die Ersterhebung (N-T1) und die anvisierte Grundpopulation (N-total) bei vier ausgewählten Längsschnittstudien**

Studie	T	Intervall (Jahre)	N-T	AQ bezüglich: N-T1	N-tot.
Jessor et al.	T1	-	589	-	(52%)
Schüler	T4	3	483	82%	42%
(N-tot.=1126)	T5	10	403	68%	36%
	T6	12	384	65%	34%
Bentler et al.	T1	-	1634	-	-
Schüler	T2	1	1177	72%	-
(N-tot. unbekannt)	T4	3	994	61%	-
	T5	4	640	39%	-
	T9	8	739	45%	-
Kandel et al.	T1	-	8206	-	-
Schüler	T2	0,5	5423	66%	-
(N-tot.=unbekannt)	T3	9	1325	16%	-
	T3	9	1004	12%	-
Sieber et al.	T1	-	3155	99%	-
Stellungspflichtige	T2	3	841	60%	*)
(N-tot.=3187)	T3	12	1577	50%	49%

*) Teilstichprobe, N-tot.: anvisierte Grundpopulation

a) Verlässlichkeit, Reliabilität

Die heikle Befragungsthematik, der Konsum von illegalen Drogen und damit das Eingeständnis eines normabweichenden Verhaltens führte dazu, dass diese Problematik in der Mehrzahl der Studien ausführlich untersucht worden ist. Dabei wurden methodisch verschiedene Ansätze verfolgt:

a) Gegenüberstellung von anonym und nicht-anonym befragten Personen (z.B. Ruppen, Müller, Baumann & Angst, 1973)

b) Verwendung von fiktiven Drogen, um "Konsumenten" dieser Drogen als "Renommierer" zu entlarven (z.B. Jasinski, 1973; Sieber & Angst, 1981).

c) Überprüfung der Konsistenz bei der Beantwortung logisch verknüpfter Kontrollfragen (z.B. Ruppen et al., 1973)

d) Gegenüberstellung sämtlicher eingegangener Fragebogen mit den lückenlos ausgefüllten Fragebogen (Mühlemann & Battegay, 1975)

e) Gegenüberstellung von Personen mit konsistentem resp. inkonsistentem Antwortverhalten, wobei die Konsistenz aufgrund verschiedener, zeitlich auseinanderliegender Befragungen (follow-up) ermittelt wird (Sieber, 1979; Pederson, 1990).

f) Ermittlung der Retest-Reliabilität (Epstein & Collins, 1977; Sieber, 1988)

Auf die Detailergebnisse kann hier nicht eingegangen werden; eine Diskussion dieser verschiedenen Ansätze ist Sieber (1988) zu entnehmen. Die vorhandenen Untersuchungen zu diesem Problembereich zeigen insgesamt ein positives Bild: Die überwiegende Mehrheit der Studienpersonen geben verlässliche Auskünfte zum Konsum legaler aber auch illegaler Drogen. Pederson (1990, S. 28) schreibt dazu: "Generally this study agrees with other studies and indicates an overall relatively high level of longitudinal consistency regarding drug use responses. This kind of survey must therefore be regarded as a relatively reliable instrument in collecting information regarding drug use."

Was die Verlässlichkeit und Validität der psychosozialen Variablen betrifft, so liegen hier weit weniger Methodenstudien vor. Allerdings handelt es sich bei diesen Variablen oft um teststatistisch konstruierte Skalen, deren Gütekriterien überprüft worden sind. Ferner sind soziodemographische Merkmale bezüglich Verlässlichkeit und Validität weniger problematisch als Konsumangaben.

b) Verzerrung infolge mangelnder Repräsentativität
Wir haben oben erläutert, dass bei der Mehrzahl der Studien bereits anlässlich der Ersterhebung ein Teil der anvisierten Zielpopulation nicht erfasst werden kann und dass die Repräsentativität mit zunehmender Dauer der Studie infolge Panelschwund abnimmt. Längsschnittuntersuchungen bieten nun die Möglichkeit, die Verzerrungen infolge der fehlenden "Aussteiger" zu charakterisieren und das Ausmass der Verzerrung abzuschätzen, indem die verbliebenen Studienpersonen mit den "Aussteigern" aufgrund der bereits bei der Ersterhebung erfassten Angaben verglichen werden. Einige der vorliegenden Studien haben diesen Vergleich durchgeführt. Hier ein Auszug daraus:

In der Arbeit von Sieber (1988) ist diese Analyse zu zwei verschiedenen Zeitpunkten, nach 3 und 12 Jahren, durchgeführt worden. Folgende bei der Ersterhebung erfassten Merkmale korrelierten bei **beiden** Nachuntersuchungen positiv mit der Antwortneigung:

> höhere Schul- und Berufsausbildung
> höherer Berufsstatus und höheres Einkommen des Vaters
> elterliche Ehe nicht geschieden oder nicht getrennt
> als Kind/Jugendlicher bei Eltern aufgewachsen
> Wohnsitz mit 19 Jahren bei den Eltern
> militärische Diensttauglichkeit
> niedriger Konsum von Tabak, Alkohol und Haschisch
> häufige Kirchenbesuche
> positive Einstellung zur Armee
> geringe Nervosität, geringes Dominanzstreben
> höhere Offenheit (Selbstkritik)

Die Repräsentativität dieser Studie ist insofern beeinträchtigt, als Personen aus sozialen Randgruppen und mit niedrigem Bildungs- und Berufsstatus etwas unterrepräsentiert sind. Diese Merkmale der Antwortneigung sind stabile Eigenschaften, da sie konsistent bei zwei zeitlich verschiedenen Analysen aufgetreten sind. (Die Korrelationen waren signifikant, aber nicht hoch).

In der "Attrition"-Analyse der Studie von Newcomb & Bentler (1988) wurden ebenfalls nur schwache Effekte gefunden. Folgende Merkmale charakterisieren Personen, die in der Studie verblieben, von solchen, die ausgeschieden waren: Die Studienpersonen waren

> weniger sozial attraktiv
> eher grosszügig
> intelligenter
> eher verletzlich
> weniger liberal
> mehr vertrauenswürdig
> eher weiblich
> hatten höheren Bierkonsum
> hatten verminderten Zigarettenkonsum

Die Autoren folgern: "These extensive analyses indicate that the loss of subjects between 1980 and 1984 was not largely due to systematic self-selection or other influences based on personality, emotional distress, social support, or drug use." (Newcom & Bentler, 1988, S. 47).

In der Arbeit von Ary & Biglan (1988) wurden ebenfalls die "attriters" und die "remainers" miteinander verglichen. Die Aussteiger waren wie folgt charakterisiert: häufigerer Konsum von Zigaretten, Marihuana und Alkohol; niedrigerer Sozialstatus; Eltern, Geschwister und Freunde waren stärkere Zigarettenraucher. "In sum, "problem" adolescents in "problem" settings were less likely to participate in the follow up assessment." (p. 364).

In der Studie von Buchfield et al. (1989) korrelierte die Antwortneigung mit folgenden Merkmalen: weiblich, höherer Bildungsstatus der Eltern, niedrige Geschwisterzahl.

Bei Ginsberg & Greenley (1978) bestand kein Zusammenhang zum Marihuanakonsum oder zu Stressindikatoren, dagegen waren die Aussteiger besser über die Studenten-Subkultur orientiert als die Studienpersonen.

In der Studie von Skinner et al. (1985) war der Zigarettenkonsum bei den Aussteigern ebenfalls erhöht. Diese Schüler hatten auch eine schwächere Bindung zur Mutter, wurden weniger von den Eltern beaufsichtigt und gehorchten weniger.

Dieser Ausschnitt aus den Analysen zeigt, dass bei einigen Studien Unterschiede zwischen den in den Studien verbliebenen Personen und den Aussteigern bestehen. Die Aussteiger gehören eher bildungsschwächeren, sozialen Randgruppen an und konsumieren häufiger Drogen, insbesondere ihr Zigarettenkonsum ist grösser. Die Zusammenhänge sind jedoch nicht stark und in zahlreichen anderen Studien sind keine signifikanten Unterschiede gefunden worden. Der Verzerrungseffekt kann deshalb - gesamthaft betrachtet - als nicht sehr gross bezeichnet werden.

Wie wirkt sich dieser Verzerrungseffekt aus? In vielen Studien wirkt sich der Effekt so aus, dass die vorgefundenen Ergebnisse noch deutlicher ausgefallen wären, wenn die Aussteiger hätten einbezogen werden können. Wurde z.B. eine Korrelation zwischen dem Tabakkonsum der Studienpersonen und niedrigem Bildungsstatus festgestellt, so würde dieser Zusammenhang noch deutlicher ausfallen, wenn die Aussteiger ebenfalls einbezogen werden könnten. Der Verzerrungseffekt wirkt sich nicht so aus, dass die Interpretation der Studienergebnisse in Frage gestellt wird. Dieser Fall tritt häufiger auf als die umgekehrte Situation, bei der die Verzerrung zu einer falschen Ergebnisinterpretation führt. - Der Verzerrungseffekt muss aber weiterhin im Auge behalten werden. Dies v.a. bei Studien mit grosser Ausfallquote und einer zahlenmässig kleinen Studienpopulation, bei der "seltene Ereignisse" wie der regelmässige Konsum harter Drogen ganz aus dem Studienmaterial verschwinden könnten.

c) Validität
Zur Validität des selbstberichteten Konsums legaler und illegaler Drogen liegen verschiedene Untersuchungen vor. Hinsichtlich des Alkohols hat Midanik (1982) eine Literaturübersicht vorgelegt. Daraus geht hervor, dass die Validität der Angaben in

der Mehrzahl der Studien als gut bezeichnet werden kann. Allerdings gibt es Unterschiede: Die Validität der aktuellen Konsumhäufigkeit ist besser als diejenige von Trinkmustern. Fremdangaben waren Selbstangaben nicht überlegen.

Die Validität der Selbstangaben über das Zigarettenrauchen haben Baumann & Koch (1983) untersucht. Studenten füllten einen Fragebogen aus, ohne zu wissen, dass anschliessend ein Atemtest mit Kohlenmonoxydbestimmung folgte. Gleichzeitig wurden die Mütter der Studenten über das Rauchen ihrer Söhne befragt. Zwischen diesen Messungen bestand eine gute Übereinstimmung. Die Sensitivität und die Spezifität bei den Müttern und die Spezifität bei den Studenten lag über 90%. Bei anderen Studien wurde die Thiocyanat-Konzentration der Speichelproben ermittelt (Ary, 1988; Skinner, 1985).

Benson & Holmberg (1985) überprüften die Validität von Angaben zum Drogenkonsum, indem sie die Angaben aus Fragebögen mit denjenigen aus Interviews und Registereintragungen verglichen. Sie beurteilten die Validität der Fragebogen-Items als gut.

Goodstadt, Cook & Gruson (1978) zeigten, dass übertrieben starker Konsum selten vorkommt, häufiger jedoch die Verzerrung in Richtung niedriger Konsum. Auch Singele, Kandel & Johnson (1975) betonen, dass die Tendenz zur Untertreibung grösser ist als zur Übertreibung. In der Studie von Smart & Blair (1978) wird eine gute Validität für Fragebogenangaben belegt.

Die Methode der Kreuzvalidierung ist bei einigen wenigen Studien angewendet worden (Sieber & Bentler, 1982; Sieber, 1988; Wingard et al., 1980). Sie führte zu konsistenten Ergebnissen, solange die Analyse nicht auf einem allzu differenzierten Niveau vorgenommen wurde. (Nur knapp signifikante multivariate Ergebnisse waren nicht stabil.)

Zusammenfassend kann die Validität der Konsumangaben als gut bezeichnet werden, solange sie sich auf ein konkretes und aktuelles Konsumverhalten bezieht. Seltene oder zeitlich länger zurückliegende Konsumhandlungen sind dagegen weniger valide.

9.3.4 Statistische Analyseverfahren
In der Mehrzahl der vorliegenden Studien wurde bei der statistischen Analyse das Verfahren der Korrelationsberechnung verwendet. Veränderungen im Konsumverhalten ergeben sich dabei aus der Residualvarianz der Korrelation zwischen dem T1- und dem T2-Konsumverhalten. Der nicht-erklärte Varianzanteil repräsentiert die Konsumveränderung, die dann mit verschiedenen Prädiktorvariablen in Zusammenhang gebracht wird. Ein kritischer Punkt bei der Korrelationsanalyse ist der folgende: In der Korrelationsberechnung wird nicht unterschieden, von welchem Konsumniveau aus die Veränderung erfolgt. So wird eine Person mit einer Konsumzunahme

von Null (Abstinenz) auf Stufe 1 (leichter Konsum) einer anderen Person gleichgestellt, die eine Zunahme von "mittel" (Stufe 3) auf "stark" (Stufe 4) hat. Beide Personen weisen rechnerisch eine gleich starke Zunahme auf, sind jedoch vermutlich sehr unterschiedlich strukturiert. Die erste Person entspricht einem "Späteinsteiger", während sich die zweite Person bereits auf einem recht fortgeschrittenen Niveau des gewohnheitsmässigen Konsums befindet. Die erste Person macht den Schritt zum "normalen", durchschnittlichen Konsumverhalten, während die zweite Person eher zu einer Gruppe mit "abnormalem" Konsumverhalten gehört. Da die Korrelationsanalyse das unterschiedliche Ausgangsniveau nicht mitberücksichtigt und in der Folge diese beiden Personentypen bezüglich der Zunahme gleich behandelt werden, entfallen u.U. wichtige Feinheiten in der Analyse. Veränderungsanalysen, die ausschliesslich auf Korrelationsberechnungen basieren, werden deshalb der gestellten Aufgabe nicht ganz gerecht. Dies gilt teilweise auch für die komplexen Analyseverfahren kausaler Modelle (LISREL, EQS). Es empfiehlt sich deshalb, zielgerichtete ergänzende Berechnungen im Sinne eines Gruppenvergleichs von Personen mit unterschiedlichem Ausgangsniveau vorzunehmen.

Noch eine Bemerkung zur "erklärten" Varianz: Würde man für die Interpretation nur die Höhe der Korrelationen resp. den Anteil der erklärten Varianz heranziehen, kann dies leicht zu einer Unterschätzung der Bedeutsamkeit der Resultate führen. Eine Korrelation von $r=0.3$ entspricht "lediglich" einer Varianzaufklärung von 9%, was als unbedeutend gewertet werden kann. Wird der Zusammenhang jedoch als Risikorate angegeben, sieht dies anders aus. Dazu ein Beispiel aus Schwarzer & Leppin (1989):

> Unter den Patienten mit Lungenkrebs befanden sich in der wichtigen Studie von Lubin et al. (1984) 3% Nichtraucher und 87% Raucher, also 29mal so viele. Schwarzer & Leppin haben unter Einbezug der Gesunden das relative Risiko ermittelt, das 5,2 beträgt. Die Wahrscheinlichkeit, an Lungenkrebs zu erkranken, ist für Raucher etwa 5mal so hoch wie für Nichtraucher. Berechnet man aus den Daten die entsprechende Korrelation, so erhält man eine Punktvierfelder-Korrelation von $phi=.24$, was einer Varianzaufklärung von (nur) 6% entspricht. Diesen niedrigen Prozentwert würde man kaum beachten, wäre man nicht von der Schädlichkeit des Rauchens überzeugt. Das erwähnte relative Risiko von 5,2 ist demgegenüber überzeugender und - angesichts der Gesundheitskonsequenzen - wirklichkeitsgerechter. Greenland (1987) spricht sich deshalb für die Verwendung von Risikofaktoren gegenüber Korrelationen oder Effektgrössen aus.

9.3.5 Zeit-, Alters- und Kohorteneffekte

Ergeben sich im Konsumverhalten im Laufe der Längsschnittstudie gesamthaft betrachtet Veränderungen, z.B. eine generelle Zunahme beim durchschnittlichen Tabakkonsum, dann kann dies auf drei verschiedene Effekte zurückgeführt werden:

a) Zeiteffekte: Dies sind Veränderungen, die sich im Laufe der Beobachtungszeit ergeben und zu einem gesamtgesellschaftlichen Phänomen gehören (säkulare Trends). (Beim Tabak ist in den letzten Jahren ein Rückgang des Konsums festzustellen.)

b) Alterseffekte: Darunter sind Veränderungen zu verstehen, die auf die individuelle Entwicklung und Reifung der Person zurückzuführen sind. (z.B. Zunahme des Alkoholkonsums im jungen Erwachsenenalter, Konsumrückgang im späteren Erwachsenenalter.)

c) Kohorteneffekte: Dies sind Veränderungen, die nur bestimmte Kohorten (Alterskohorten, Schulklassen etc.) betreffen und eine längerdauernde Wirkung ausüben; (z.B. hatte die Hippiekultur v.a. auf solche Personen einen Einfluss, die in den Jahren 1965-70 in der Adoleszenz waren. Personen, die vor oder nach dieser Zeitperiode in die Adoleszenz kamen, wurden nicht in dem Masse davon betroffen).

Diese drei Effekte analytisch auseinanderzuhalten, ist methodisch sehr schwierig. Die direkte Kombination einer Längsschnittstudie mit wiederholten Querschnittserhebungen bringt diesbezüglich aufschlussreiche Informationen; die genaue Ermittlung der einzelnen Effekte ist jedoch nicht möglich (siehe dazu O'Malley et al., 1984).

In welcher Weise hat dies für die Ergebnisse der vorliegenden Literaturanalyse eine Bedeutung? Betrachten wir z.B. die Initiationsstudien: Der Einstieg in den illegalen Haschischkonsum war zu Beginn der "Drogenwelle" (Ende der 60er Jahre) ein deutlich unkonventionelles Verhalten. Zwanzig Jahre später war dies nicht mehr der Fall, da ein beachtlicher Teil der Jugendlichen Cannabiskontakt hatte. Auffällig und unkonventionell ist nun vielmehr das Spritzen von Heroin oder der Konsum von "Designer-Drogen". Wenn also bei den ersten Studien ein Zusammenhang zwischen Unkonventionalität und Cannabis-Initiation gefunden wurde, später aber nicht mehr, dann heben sich die signifikanten und die nicht-signifikanten Studienergebnisse vielleicht gerade auf. Bei der Interpretation würde deshalb die Unkonventionalität nicht als bedeutsames Ergebnis der Initation betrachtet werden. - Wir sehen somit, dass sich bei den vorliegenden Ergebnissen Alters- und Zeiteffekte so überlagern können, dass möglicherweise vorhandene Antezedenzien der Initiaton nicht aufgedeckt werden können. Vorhandene Zeiteffekte verschleiern u.U. Alterseffekte. Wenn bei unserer Zusammenfassung der Studienergebnisse dennoch die signifikanten Studienergebnisse stärker vertreten sind, dann bedeutet dies, dass sie trotz möglicherweise abschwächenden Zeit- und Kohorteneffekten bedeutsam sind, d.h. es handelt sich um Merkmale, die primär von der individuellen Entwicklung und nicht vom Zeitgeist oder von Kohorteneinflüssen bestimmt werden.

9.3.6 Theoretische Konzepte der Längsschnittstudien
Nachdem bei der hier zu diskutierenden Standortbestimmung methodische Aspekte angesprochen wurden, sollen nun auch die verwendeten theoretischen Konzepte einbezogen werden. In der Literatur gibt es eine beachtliche Anzahl von theoretischen Ansätzen zur Erklärung des Konsummissbrauchs. Die wohl umfassendste Übersichtsarbeit haben Lettieri & Welz (1983) vorgelegt. Die Frage ist nun, welche Konzepte bei den hier bearbeiteten Längsschnittstudien implizit oder explizit verwendet worden sind und welche davon aufgrund der Ergebnisse eher bestätigt werden. Ferner interessiert zu wissen, welche unterschiedliche Bedeutung die einzelnen theoretischen Ansätze für die Prävention haben.

Einige der hier integrierten Studien gehen nicht von einem theoretischen, sondern vielmehr von einem epidemiologischen Denkansatz aus. In der Arbeit von Temple & Fillmore (1985) beispielsweise geht es um die Frage der Stabilität des Konsumverhaltens und des Problemtrinkens im Laufe der Zeit. Stellen wir fest, dass das Konsumverhalten sehr stabil ist und die Korrelation zwischen der Adoleszenz und dem späteren Erwachsenenalter beachtlich ist, würde dies für die Prävention bedeuten, dass sie sinnvollerweise sehr früh - vielleicht schon vor der Adoleszenz - eingesetzt wird. Ist das Konsumverhalten andererseits nicht stabil, wären solche Präventivmassnahmen fehl am Platze. - Diese und andere epidemiologische Fragestellungen können u.U. für die Prävention relevanter sein als theorieorientierte Studien. - Im folgenden gehen wir kurz auf die verwendeten theoretischen Ansätze ein.

a) Antezedenzstudien
Gruppiert man die vorhandenen Antezedenzstudien aufgrund ihres theoretischen Ansatzes, so lassen sich zwei grosse (1 und 2) und mehrere kleine Gruppen (3 bis 9) unterscheiden.

1. Am häufigsten sind **sozialpsychologisch-integrative Studien** vertreten. Diese Studien berücksichtigen Erklärungskonzepte aus der Psychologie, der Sozialpsychologie und der Soziologie. Der Konsum von Drogen wird nicht nur in Zusammenhang mit einer individuellen Eigenart oder Problematik gesehen, sondern auch als Resultat der Interaktion mit den Eltern und dem weiteren sozialen Umfeld, insbesondere der gleichgesinnten Freunde, aber auch der Schule und Nachbarschaft. Zu dieser Gruppe gehören die Studien aus den Arbeitsgruppen von Jessor, Kandel Bentler u.a.. Präventive Bemühungen konzentrieren sich bei diesem Ansatz auf sehr unterschiedliche Bereiche.

Jessor & Jessor (1978) formulierten die Theorie des Problemverhaltens (problembehavior), die den Beginn verschiedener, normabweichender Verhaltensweisen in einem entwicklungspsychologischen Kontext formulierten. Problemverhalten wird definiert als ein Verhalten, das aus der Sichtweise der Normen der konventionellen Gesellschaft unerwünscht, für den Einzelnen jedoch funktional und adaptiv ist. Der Gegenbegriff ist konventionelles Verhalten, das sozial anerkannt ist und dem normativ erwarteten Verhalten entspricht. Die Definition des Problemverhaltens orientiert sich zudem stark am Alter der Person: Alkoholkonsum oder Geschlechtsverkehr ist bei Kindern ein Problemverhalten, nicht jedoch bei Erwachsenen. - Je stärker Jugendliche in ein generelles Muster auffälliger Verhaltensweisen involviert sind, desto eher konsumieren sie Drogen, insbesondere auch illegale Drogen. Wenn dies zutrifft und ein solches generelles Muster normabweichender Verhaltensweisen vorliegt, dann wären präventive Bemühungen eher auf die gesamte Lebenssituation des Adoleszenten zu fokussieren und nicht nur z.B. auf alkoholspezifische Antezedenzien.

Kandel et al. (1978) legen den Akzent ihres Ansatzes auf die Bedeutung der sozialen Umgebung (Eltern, Freunde) für das Konsumverhalten der Jugendlichen. Ursprünglich wurde dabei von einer "hydraulischen" Theorie der interpersonalen Beeinflussung ausgegangen (Kandel & Lesser, 1972), bei der die Einstellungen und Werte der gleichgesinnten Freunde umso deutlicher übernommen werden, je umfassender die Werte der Eltern zurückgewiesen werden. Später wurde dieser Ansatz so verändert, dass für gewisse Lebensbereiche beide Werthaltungen ihren Einfluss ausüben können, ohne sich gegenseitig auszuschliessen. - Ein anderer Kernpunkt des Ansatzes von Kandel ist das "Sequenzmodell" des Drogenkonsums. Darin wird postuliert, dass die Progression des Drogenkonsums innerhalb einer bestimmten Hierarchie oder Sequenz der Substanzen erfolgt. Der Konsum einer bestimmten Droge erhöht die Wahrscheinlichkeit, dass die in der Hierarchie nächstfolgende Droge konsumiert wird. Ist diese "Gesetzmässigkeit" stärker als die Wirkung anderer Einflüsse (z.B. Freunde, Eltern), dann müssten sich präventive Bemühungen eher auf die in der Sequenz vorangehende Droge konzentrieren als auf die anderen Einflussgrössen.

2. An zweiter Stelle stehen Studien, die dem Konzept der **auffälligen (prämorbiden) Persönlichkeit** zugeordnet werden können. In insgesamt 14 Publikationen liegt das Hauptinteresse bei solchen vorwiegend defizitorientierten Persönlichkeitsaspekten, von denen ein Zusammenhang zum späteren Konsumverhalten postuliert wird. Der Konsum von Drogen wird dabei als Bewältigungsmechanismus betrachtet, dessen Ziel die Verminderung von Angst, Belastung, Depression, fehlender sozialer Kompetenz u.a. (Stress-Coping-Modell) ist. Dazu gehören auch der "self-derogation-Ansatz" (Selbstbeeinträchtigung, vermindertes Selbstwertgefühl) von Kaplan (1983), die negative Wahrnehmung und Bewertung sozialer Gelegenheiten (Brunswick & Messeri, 1984), die "Selbstmedikations-These" von Khantzian (1985) und die "Spannungsreduktions-These" von Conger (1956). Zum Ansatz der auffälligen Persönlichkeit können auch Studien gezählt werden, die kognitive Fähigkeiten resp. Defizite untersucht haben (z.B. die verbale Intelligenz bei Schülern der unteren Klassen).

Im Ansatz von Kaplan (1980, 1982) wird der Konsum von Drogen als eine **unangemessene Reaktion auf Gefühle der Selbstentwertung und Selbstbeeinträchtigung** gesehen, die aus dem Kontakt mit den gleichgesinnten Freunden entstanden sind. Der Drogenkonsum führt dazu, dass die Person in der Gruppe akzeptiert und anerkannt wird. Dies macht es unwahrscheinlicher, dass inskünftig erneut abwertende und ausgrenzende Ereignisse eintreten, was das Selbstwertgefühl steigert. Die Frage ist, ob der Konsum von Drogen eine spezifische oder aber eine unspezifische Reaktion auf verschiedene Gefühle darstellt. Bry et al. (1982) gehen davon aus, dass es nicht so sehr darauf ankomme, was genau bewältigt werden soll, sondern wie stark die erlebte Beeinträchtigung ist, die es zu bewältigen gilt. Dies führt zur Überlegung, dass Probleme oder Beeinträchtigungen aus verschiedensten Erlebnisbereichen zu einem "Problemindex" zusammenzufassen sind, um einen Indikator für deren Ausmass zu erhalten.

Brunswick & Messeri (1984) verfolgten zwei Ansätze, die zu unterschiedlichen geschlechtsspezifischen Ergebnissen führten: Bei Männern war eine **negative Wahrnehmung sozialer Möglichkeiten** später mit häufigerem Zigarettenkonsum verbunden; Rauchen war mit einer Abnahme der Unzufriedenheit gekoppelt. Bei Frauen bestand ein Zusammenhang zwischen Sorgen über mangelnde Schulleistungen und Zigarettenkonsum. Beiden Ergebnissen gemeinsam ist die wahrgenommene Unzufriedenheit als Indikator des Konsumierens.

Ein anderes Persönlichkeitskonzept befasst sich mit dem Begriff der **Reizorientierung (sensation-seeking)**. Ein Übersicht über relevante Studien im Drogenbereich geben Teichman et al. (1989). Zwei Erklärungsversuche bieten sich an: Möglicherweise besteht zwischen der Reizorientierung und den pharmakologischen Eigenschaften der Droge ein Zusammenhang. Personen mit einer ausgeprägten Stimulusorientierung ("Reizhunger") würden dementsprechend häufiger Stimulantien oder Halluzinogene konsumieren. Der zweite Ansatz postuliert, dass diese Personen v.a. deshalb Drogen konsumieren, weil sie eine bewusstseinsverändernde und enthemmende Wirkung ausüben, ungeachtet der spezifischen Wirkung (Stimulation, Beruhigung).

Im **"self-medication-Ansatz"** von Khantzian (1985) und in der **"tension-reduction"** Hypothese von Conger (1956) werden Drogen konsumiert, um Spannungen und Ängste zu mildern und um depressiven Verstimmungen zu entgehen.

Christiansen et al. (1989) analysierten die **Erwartungshaltungen** hinsichtlich der Wirkung des Alkohols. Diese Arbeitsgruppe konnte zeigen, dass solche Erwartungshaltungen schon vor dem Konsumbeginn vorhanden waren und das spätere Konsummuster mitbestimmten. Beim Erwerb der Erwartungshaltungen spielen die

Eltern, die Medien und die Freunde vermutlich eine zentrale Rolle. Sind sie einmal ausgebildet, ist es möglich, dass eine Person die erwarteten, erwünschten Effekte "produziert", wenn die Droge konsumiert wird. So wird das Konsumverhalten durch den Prozess der "selbsterfüllenden Prophezeiung" verstärkt.- Für die Prävention wäre es wichtig zu wissen, welche Erwartungshaltung häufig anzutreffen und besonders stark ausgeprägt ist.

Der Logik der "prämorbiden" Persönlichkeit folgend müssten sich präventive Bemühungen auf die Verminderung dieser Defizite resp. auf die Stärkung dieser Persönlichkeitsdimensionen konzentrieren und demzufolge möglichst frühzeitig einsetzen. Falls dieser theoretische Ansatz der auffälligen Persönlichkeit bestätigt wird, wäre weiter nach deren Ursache zu fragen. Dies führt uns zu Vermutungen, wonach bereits in der Kindheit und in der Jugend und insbesondere im Elternhaus Auffälligkeiten bestanden. Damit wird das Defizitmodell auf das soziale Umfeld ausgeweitet.

3. Die dritte Gruppe von Antezedenzstudien geht von einem Erklärungskonzept aus, das eine Kausalrichtung zwischen **Schwierigkeiten im Elternhaus** und dem späteren Konsummissbrauch postuliert. Solche Schwierigkeiten können sich ungünstig auf die Persönlichkeitsentwicklung und später auf das Konsumverhalten auswirken. Präventive Bemühungen müssten bei diesem Ansatz ebenfalls möglichst früh eingesetzt und auf das Elternhaus ausgerichtet werden. Wenn dieser Ansatz bestätigt wird, dann wäre das Konsumverhalten nicht primär Ursache einer Persönlichkeitsstörung, sondern Folge der bereits früher bestandenen Schwierigkeiten im elterlichen Umfeld. Drei Studien widmeten sich explizit diesem Ansatz.

4. Vier Arbeiten beziehen sich ausschliesslich auf den Zusammenhang zwischen dem Konsum der Eltern/Geschwister und dem Konsumverhalten der Studienpersonen. Diese Studien gehen in der Mehrzahl von einem **lerntheoretischen Ansatz (Modellernen)** aus. Ergebnisse, welche diesen Ansatz stützen, würden solche präventiven Massnahmen nahelegen, die das Konsumverhalten der Eltern anvisieren.

5. Die Bedeutung der **gleichgesinnten Freunde und Kollegen** ist in vielen sozialpsychologischen Studien berücksichtigt worden. Aus theoretischer Sicht können drei Ebenen der Beeinflussung unterschieden werden: (1) Das bei Freunden wahrgenommene Konsumverhalten dient als Modell und wird übernommen. (2) Es erfolgt eine Angleichung an die bei den Freunden wahrgenommene Einstellung und Bewertung des Drogenkonsums über soziale Verstärker. (3) Entscheidend bei der Beeinflussung durch die Freunde ist die Qualität der Bindung des Einzelnen an die Gruppe. - Lediglich eine Studie (Morgan, 1989) hat sich explizit mit der Qualität der Bindung befasst. Für präventive Bemühungen wird es wichtig sein zu wissen, ob z.B. das Verhalten oder die Einstellungen der Freunde oder aber die Qualität der Beziehung von entscheidender Bedeutung ist.

6. Sozialpsychologische Studien **ohne** die Berücksichtigung der Persönlichkeit sind nur vereinzelt zu verzeichnen (zwei Arbeiten).

7. Smart (1980) postulierte, dass das Experimentieren mit Drogen von deren **Verfügbarkeit** abhängig ist. Dies würde bedeuten, dass es v.a. in der Initiationsphase auf die Verfügbarkeit ankommt. Das Konzept der Griffnähe und Verfügbarkeit ist in verschiedenen Querschnittsanalysen einbezogen worden, so u.a. auch in einer eigenen Studie (Sieber, 1988). Bei den vorliegenden Längsschnittstudien haben sich jedoch nur zwei Arbeiten mit dem Konzept der Verfügbarkeit von Drogen und dem Konsumverhalten befasst (Maddahian, 1986 und Teichman et al., 1989).

8. In einer Arbeit geht es um die "**maturing out-These**" resp. die Instabilität des Konsumverhaltens im Laufe der Zeit (Temple & Fillmore, 1985). Wenn gemäss dieser These belegt werden kann, dass sich das Konsumverhalten im Laufe der Entwicklung stark ändert und der Konsum in der Adoleszenz ein schlechter Prädiktor für das spätere Konsumverhalten und insbesondere für den Konsummissbrauch ist, dann ist es kaum sinnvoll, präventive Bemühungen sehr früh in der Jugend anzusetzen. Solche Bemühungen müssten sich vielmehr auf Situationen konzentrieren, die direkt mit dem Problemverhalten gekoppelt sind (z.B. Alkohol am Steuer).

9. Ebenfalls nur eine Längsschnittstudie befasst sich mit der Vorhersage des **Zeitpunktes der Konsuminitiation**. Dieser Ansatz geht der Frage nach, zu welchem Zeitpunkt auffällige Verhaltensweisen entstehen und ob der Konsum von Drogen in ein generelles Muster abweichender Verhaltensweisen eingebunden ist. Mit diesem Ansatz kann auch die These überprüft werden, nach der der spätere Konsum umso stärker ist, je früher der Konsumeinstieg erfolgt.

Eine Gegenüberstellung verschiedener theoretischer Ansätze am gleichen Datensatz haben Ginsberg et al. (1978) vorgelegt. Sie orientierten sich an (a) der Referenzgruppen-Theorie, (b) der "Commitment" oder Kontrolltheorie, (c) der Stresstheorie und (d) der "Involvement"-Theorie. Kernpunkt in der Referenzgruppen-Theorie sind Gruppen oder Freunde, die einen wichtigen Orientierungsrahmen für den Einzelnen bilden. Die "Commitment"-Theorie postuliert, dass abweichendes Verhalten bei einer Person eher auftritt, wenn ihre Bindung zu Normen und Werten der Gesellschaft schwächer ist. Die Stresstheorie geht davon aus, dass eine Person Drogen konsumiert, um persönliche Probleme oder Belastungen zu vermindern und zu bewältigen. Die "Involvement"-Theorie besagt, dass eine Person normabweichendes Verhalten nicht übernimmt, wenn sie sehr stark in konventionelle oder traditionelle Aktivitäten eingebunden ist. Attraktive Angebote der Freizeitgestaltung und ein beachtliches Arbeitspensum schützen demnach vor dem Konsum verschiedenster Drogen. - Der Ansatz der Referenzgruppen-Theorie hat sich in dieser Studie am besten, derjenige der "Involvement"-Theorie am wenigsten gut bewährt.

b) Konsequenzstudien
Die Mehrzahl der berücksichtigten Längsschnittstudien zur Erfassung möglicher Konsequenzen hat sich auf den Bereich Gesundheit und auf Schwierigkeiten in der Partnerschaft, der Ausbildung und der Arbeit ausgerichtet. Theoretische Überlegungen zum Prozess sind in den Arbeiten eher selten anzutreffen. Erwähnt wird das "Stress response model" (Pentz, 1985): Danach erhöht sich längerfristig der Stress als Folge des Drogenkonsums, weil andere, adaptivere Bewältigungsformen als der Konsum von Drogen gar nicht erst erlernt oder bereits wieder verlernt worden sind. Als Folge resultiert eine Abnahme der sozialen Kompetenz und ein Anstieg der unbewältigten Belastungen.

Konsequenzstudien können wichtige Resultate für die Antezedenzforschung bringen - selbst auch dann, wenn das Konsumverhalten gar nicht einbezogen wurde! Erfahren wir z.B. aus der Konsequenzforschung, dass gesundheitliche oder psychosoziale Beeinträchtigungen im **Erwachsenenalter** mit Problemindikatoren aus der Kindheit oder frühen Jugend in Zusammenhang stehen, dann wäre der Konsum von Drogen, der ebenfalls mit diesen Beeinträchtigungen korreliert ist, nicht mehr als Hauptursache für die Beeinträchtigungen zu werten, sondern die bereits früher bestandenen Problemindikatoren. Der Zusammenhang Drogenkonsum --> Konsequenzen (Beeinträchtigungen) wäre in diesem Falle möglicherweise eine Scheinkorrelation. Die Studie von Halikas et al. (1983) zeigt z.B., dass die "Konsequenzen" des Cannabiskonsums verschwinden, wenn in der multivariaten Auswertung solche bereits früher bestandenen Problemindikatoren einbezogen werden.

Zusammenfassend kann festgehalten werden, dass sozialpsychologische Erklärungsansätze für den Konsum legaler und illegaler Drogen mit einem breiten, integrativen Repertoire von Konzepten (Persönlichkeit, Eltern, Freundeskreis, Schule u.a.) im vorliegenden Studienmaterial am häufigsten vertreten sind. Die zweitgrösste Gruppe bilden Studien mit dem Ansatz der auffälligen (prämorbiden) Persönlichkeit. Die vorliegenden Konsequenzstudien sind mit wenigen Ausnahmen nicht von theoretischen Konzepten ausgegangen. Diese Studien können aber wichtige Ergebnisse für die Drogenfoschung liefern, sogar auch dann, wenn das Konsumverhalten nicht einbezogen worden ist.

9.4 Einschränkung der vorliegenden Literaturanalyse

Nach dieser Standortbestimmung der methodischen und theoretischen Ansätze der hier integrierten Längsschnittstudien folgt nun - vor der Diskussion der Ergebnisse -

eine Zusammenfassung der Einschränkungen, die sich durch das gewählte methodische Vorgehen und das Studienmaterial ergeben. Es betrifft dies folgende Einschränkungen:

1. Drogenforschung, die sich mit Verhaltensweisen, der Persönlichkeit und der sozialen Situation von einzelnen Individuen befasst und die wie in der vorliegenden Literaturanalyse, Antezedenzien oder Risikoindikatoren ermittelt, geht davon aus, dass die wichtigen Ursachen für den späteren Konsummissbrauch in der Person und ihrem unmittelbaren Umfeld liegen. Der gesellschaftliche und kulturelle Rahmen wird dabei nicht aufgenommen. Dadurch besteht die Gefahr der Einseitigkeit, indem der individuumszentrierte Ansatz eine besondere Beachtung erfährt. Diese Einschränkung muss v.a. auch im Hinblick auf die Prävention erwähnt werden, bei der nicht nur personenorientierte, sondern auch systemorientierte Prävention zu beachten ist.

2. Studien mit einem rein qualitativen Ansatz oder ohne Signifikanzüberprüfung sind nicht einbezogen worden. (Solche Studien sind allerdings bei Längschnittanalysen selten anzutreffen).

3. Spezifische Detailergebnisse der empirischen Studien sind nicht erfasst worden. Damit gehen interessante Informationen verloren. Dies ist ein generelles Problem bei Reviews, die darauf ausgerichtet sind, einen "gemeinsamen Nenner" vorhandener Ergebnisse zu finden.

4. Signifikante Befunde werden im allgemeinen häufiger publiziert als nicht-signifikante. Wenn deshalb zu einer bestimmten Fragestellung nur wenig mehr signifikante als nicht-signifikante Einzelbefunde vorliegen, ist dieses Ergebnis mit Vorsicht zu interpretieren.

5. Der Konsum mehrerer verschiedener Substanzen ist nur z.T. berücksichtigt worden. Wenn eine Person häufig Alkohol trinkt, dann ist es nicht unbedeutend, ob sie noch andere Substanzen ebenfalls häufig konsumiert. Nur bei einem Teil der Studien ist dieser "multiple" Konsum einbezogen worden. - Der Medikamentenkonsum wurde nicht integriert, da dazu noch zuwenig Längsschnittstudien vorliegen.

6. Projekte, über die mehrere verschiedene Publikationen vorliegen, erhalten ein etwas stärkeres Gewicht als Studien, über die nur eine Publikation vorliegt, da stichprobenspezifische Einflüsse gleich in mehrere Publikationen "einfliessen".

7. Die Studienpopulationen sind i.d.R. sehr umfangreich, aber nicht vollständig repräsentativ, da mehr oder weniger grosse Anteile an Ausfällen vorliegen (Ausschöpfungsquote, Panelsterblichkeit). Zudem sind Frauen weniger repräsentiert als Männer.

8. Geschlechtsspezifische Zusammenhänge sind bisher noch wenig untersucht worden. Solche Effekte wären aber für die Prävention besonders wichtig.

9. Bei den Konsequenzstudien wird in der Regel nicht der direkte Effekt eines bestimmten Konsumverhaltens erfasst, da in den Analysen andere Substanzen als intervenierende Variablen statistisch nur selten kontrolliert werden. Die Interpretation kann deshalb nur im Sinne einer **möglichen** Konsequenz erfolgen.

10. Bei den integrierten Längsschnittstudien sind mit wenigen Ausnahmen stets alle Personen gesamthaft in die Analyse einbezogen worden. Die Bildung von speziellen Personengruppen (z.B. Typologie mittels Clusteranalyse), die dann im Längsschnitt analysiert werden, wurde bei keiner Studie vorgenommen. Solche 'Personencluster' könnten aber gerade im Hinblick auf die zielgruppenspezifische Prävention wichtig werden.

11. Der kulturelle Wertwandel, der auch die Konsumgewohnheiten der Jugendlichen betrifft, konnte nicht berücksichtigt werden. So ist es möglich, dass Antezedenzien, die zu Beginn der Drogenwelle, bis ca. Mitte der 70er Jahre relevant waren, später an Bedeutung verloren. Solche Veränderungen sind nicht abgebildet. (Eine Aufteilung der Studien in zwei Gruppen (z.B. bis 1975 resp. ab 1976) scheitert an der z.T. kleinen Zahl der Studien.)

9.5 Ergebnisse der Antezedenzforschung

9.5.1 Bedeutungsvolle Antezedenzien

Für einen Gesamtüberblick über alle Studienergebnisse können - bei dem eingeschlagenen methodischen Vorgehen - die Ergebnisse der Studien vom Typ II, III und IV zusammengefasst dargestellt und interpretiert werden. Dazu sind in Tabelle 9.2 die Differenzwerte der drei Studientypen - inhaltlich gruppiert - wiedergegeben und in der Zeile "total" aufsummiert (Ergebnisse der Tabellen 3.2, 4.2 und 5.2). Diese aufsummierten Differenzwerte sind ein Hinweis dafür, in welchem Ausmass die signifikanten oder die nicht-signifikanten Ergebnisse insgesamt überwiegen. Für die Interpretation ist zunächst das Vorzeichen wichtig, dann die absolute Höhe der Differenz. Diese Werte sind keine exakte Wiedergabe des Gesamtergebnisses, da sie Verzerrungen enthalten. [35] Sie vermitteln jedoch einen Eindruck, in welche Richtung die Ergebnisse weisen und wo Schwerpunkte liegen. - Für die folgende Zusammenfassung werden die Bereiche Elternhaus, Freunde, Schule/Arbeit, Persönlichkeit sowie Eltern und Freunde als Konsummodelle unterschieden.

---

[35] Sie basieren auf einer unterschiedlichen Studienzahl; "grosse" Längsschnittstudien sind infolge mehrerer Publikationen in der Tendenz überrepräsentiert.

Elternhaus
Problemindikatoren aus dem Elternhaus sind nicht mit dem Alkoholkonsum verbunden; in Tab. 9.2, Zeile "total" beträgt der Wert -17. Sie sind aber deutlich mit dem Konsum illegaler Drogen assoziiert (Spalte C,H: +14). Der Tabakkonsum nimmt eine Zwischenposition ein. Die **permissive Einstellung** der Eltern dem Konsumieren gegenüber und ihr **Konsum** von Alkohol und Tabak ist mit dem Konsum von Alkohol und harten Drogen ihrer Söhne/Töchter verbunden. Der Schul- und Berufsstatus der Eltern ist hier unbedeutend. **Im Vordergrund steht somit der Zusammenhang zwischen Problemindikatoren im Elternhaus und dem Konsum illegaler, v.a. harter Drogen.** Wir haben es deshalb mit einer substanzspezifischen Wirkung zu tun. Entscheidend für dieses Ergebnis ist nicht die Initiation, sondern die Phase der Progression. **Problemindikatoren im Elternhaus haben erst nach einer gewissen Gewöhnungsphase und vorwiegend nur im Hinblick auf harte Drogen einen konsumfördernden Effekt.**

Freunde
Die enge **Beziehung zu Freunden**, welche - mehr oder weniger ausgeprägt - eine **permissive Konsumeinstellung** haben und Problemverhalten akzeptieren, hat in der Phase der Initiation eher eine konsum**un**spezifische Wirkung. Die enge Beziehung ist v.a. beim Cannabiskonsum beachtlich. In der Progressionsphase verschwindet der Einfluss hinsichtlich des Alkohol- und Tabakkonsums. Bei den illegalen Drogen liegen für eine Interpretation zu wenig Ergebnisse vor. - Das **Konsumverhalten der Freunde** ist sowohl für die Initiation als auch für die Progression ein wichtiger Antezedenzfaktor. Es handelt sich um einen substanz**un**spezifischen Faktor, der bei den legalen und illegalen Drogen wirksam ist. Bemerkenswert ist der starke Zusammenhang beim Tabakkonsum (+16 in Zeile "total" Tab. 9.2). Dass diese Zusammenhänge bereits in der Phase der Initiation auftreten, unterstreicht die Bedeutung der gleichgesinnten Freunde für den Konsumeinstieg.

Dabei ist aber auch zu bedenken, dass Jugendliche solche Freunde "ausgewählt" haben, die einen konsumfördernden Einfluss ausüben. Es liegt demnach nicht nur am konsumfördernden Einfluss der Freunde, sondern auch am "Auswahlprozess". Jugendliche suchen sich i.d.R. solche Freunde aus, die ihnen am besten entsprechen, die für sie interessant sind und eine ähnliche Gesinnung haben. Damit sind Aspekte der Persönlichkeit angesprochen, die bei der Selektion bereits in der Phase der Initiation eine Rolle spielen. - Wenn das Konsumverhalten der Freunde im Sinne des "Lernens am Modell" einen Effekt auf die Studienperson ausgeübt hat, dann hatte diese Person dem Freund auch "Gelegenheit" gegeben, eine Modellwirkung auszuüben. Modellernen erfolgt deshalb nicht unabhängig von der Person resp. der Persönlichkeit des Lernenden.

Tab. 9.2: Summarische Darstellung der Differenzwerte aus den Tabellen 3.2, 4.2 und 5.2.

Legende:
Positive Werte bedeuten, dass Studien mit signifikanten Ergebnissen überwiegen. Bei negativen Werten überwiegen Studien mit nicht-signifikanten Befunden.

A, T, C, H, D: Konsum von **A**lkohol, **T**abak, **C**annabis, **H**arten Drogen, **D**rogenindex resp. Faktor.
C, H: illegaler Drogenkonsum; Anzahl Studien mit Ergebnissen zum Konsum von Cannabis und/oder harten Drogen
Ergebnisse von weniger als 2 verschiedenen Projektgruppen vorhanden; wird nicht interpretiert

Antezedenzien	A	T	C	H	D	C,H
Problemindikatoren Elternhaus:						
Typ II	2	#	-1	-3	0	1
Typ III	-10	4	3	8	3	13
Typ IV	-9	-3	#	#	#	#
total	-17	1	2	5	3	14
Statusmerkmale der Eltern (höherer Bildungs- und Berufsstatus):						
Typ II	#	0	-3	#	0	-3
Typ III	-7	#	0	1	1	1
Typ IV	-5	-2	#	#	#	#
total	-12	-2	-3	1	1	-2
Konsumpermissive Einstellung der Eltern; Konsum Eltern:						
Typ II	#	2	-5	1	0	#
Typ III	9	-4	-3	2	#	-1
Typ IV	-3	-7	#	#	#	#
total	6	-9	-8	3	0	-1

Tab. 9.2 Fortsetzung

	A	T	C	H	D	C,H
Problemindikatoren Schule:						
Typ II	-1	2	5	#	0	5
Typ III	0	3	#	1	#	1
Typ IV	-4	2	#	#	#	#
total	-5	7	5	1	0	6
Problemindikatoren Arbeit:						
Typ II	-	-	-	-	-	-
Typ III	0	5	#	6	#	6
Typ IV	-	-	-	-	-	-
Enge Beziehung zu Freunden; Akzeptanz des Problemverhaltens:						
Typ II	3	1	7	0	0	7
Typ III	-1	1	#	#	#	#
Typ IV	-5	-1	#	#	#	#
total	-3	1	7	0	0	7
Konsum der Freunde, Kollegen:						
Typ II	1	4	4	1	0	3
Typ III	3	5	0	1	8	1
Typ IV	2	7	4	4	0	4
total	6	16	8	6	8	8
Verminderte Leistungsorientierung, Schulabneigung:						
Typ II	4	#	4	0	0	2
Typ III	1	3	2	1	#	4
Typ IV	-4	#	#	#	#	#
total	1	3	6	1	-	6
Unkonventionalität, verminderte soziale Integration:						
Typ II	-3	2	9	#	0	12
Typ III	3	7	7	5	0	11
Typ IV	11	0	3	3	#	6
total	11	9	19	8	0	29

Reiz- und Risikoorientierung:

Typ II	#	1	#	0	0	#
Typ III	8	8	5	0	#	5
Typ IV	1	0	0	-3	-3	0
total	9	9	5	-3	-3	5

Emotionale Labilität:

Typ II	#	0	-3	-1	0	-2
Typ III	0	2	-2	2	5	1
Typ IV	-10	-3	0	0	-4	0
total	-10	-1	-5	1	1	-1

Permissive Konsumeinstellung, positive Wahrnehmung:

Typ II	3	3	5	-1	0	7
Typ III	3	9	#	0	0	0
Typ IV	2	-2	#	#	#	#
total	8	10	5	-1	0	7

Abweichendes Verhalten:

Typ II	0	2	3	-1	#	8
Typ III, IV	-	-	-	-	-	-

Schule, Arbeit
Problemindikatoren in der Schule oder bei der Arbeit sind erstaunlicherweise hinsichtlich des Tabakkonsums am deutlichsten als Antezedenzfaktoren aufgetreten, und zwar sowohl in der Phase der Initiation als auch später in der Progression. Auch der Konsum illegaler Drogen wird davon beeinflusst. Im Gegensatz dazu sind beim Alkoholkonsum keine Zusammenhänge belegt (-5 in Zeile "total" in Tab. 9.2). Der Einfluss ist daher vermutlich eher substanzspezifisch und nicht generalisiert.

Persönlicheit
Die **unkonventionelle, nonkonforme Einstellung** ist das auffallendste Persönlichkeitsmerkmal, das mit der Initiation und der Progression verbunden ist. Der Effekt ist hinsichtlich des illegalen Drogenkonsum generell (C,H: +29) und des Cannabiskonsums (+19 in der Zeile "total" in Tab. 9.2) eindrücklich belegt. Hinsichtlich des Alkoholkonsums besteht eine auffallende Veränderung zwischen der Initiation und der Progression: Der Beginn des Alkoholtrinkens ist nicht mit der Unkonventionalität

verbunden, wohl aber die Progression (+11 bei den Typ IV-Studien). Die Unkonventionalität ist deshalb für die Initiation und Progression des illegalen Drogenkonsums und auch für die Progression des Alkoholkonsums von Bedeutung. Hinsichtlich der Progression hat sie somit eine breite, substanzunspezifische Wirkung.

Ein anderer Persönlichkeitsaspekt mit Antezedenzwirkung ist die **Reiz- und Risikoorientierung**. Sie spielt beim Einstieg in das Zigarettenrauchen und bei der Progression des Alkohol- und Cannabiskonsums eine Rolle. Wahrscheinlich handelt es sich um einen substanzunspezifischen Antezedenzindikator, der aber hinsichtlich des Tabakkonsums seine grösste Bedeutung hat.

Die verminderte **schulische Leistungsorientierung** ist mit der Initiation in den Alkohol- und Cannabiskonsum verbunden, ferner mit der Progression aller erfassten Substanzen. Es handelt sich deshalb auch eher um einen substanzunspezifischen Effekt.

Von allen aufgeführten Persönlichkeitsmerkmalen repräsentiert die **emotionale Labilität** am ehesten das, was unter "auffälliger, prämorbider Persönlichkeit" subsumiert werden kann. Die vorliegenden Ergebnisse belegen insgesamt jedoch keine Antezedenzwirkung der emotionalen Labilität. Dies gilt besonders für den Alkohol- und Cannabiskonsum (Werte von -10 resp. -5 in der Zeile "total" in Tab. 9.2). Beim Tabakkonsum und beim Konsum harter Drogen ist das Bild weniger eindeutig; ein Zusammenhang ist nicht genügend belegt. Der theoretische Ansatz der prämorbiden, psychopathologisch auffälligen Persönlichkeit wird damit für die hier erfassten Längsschnittstudien nicht unterstützt.

Erwartungsgemäss sind die **permissive Konsumeinstellung** und die **positive Wahrnehmung** gegenüber dem Konsumieren bedeutungsvolle Indikatoren. Auffallend klar ist dies bei den legalen Drogen Alkohol und Tabak. Bemerkenswert ist, dass dies auch bereits für die Initiation zutrifft und unspezifisch für alle erfassten Drogen ist.

Eltern und Freunde als Konsummodelle
Es wurde bereits darauf hingewiesen, dass zwischen dem Konsumverhalten der Freunde und demjenigen der Studienpersonen eine Korrelation besteht. Wird das Konsumverhalten und die konsumpermissive Einstellung der Freunde **und** der Eltern zusammengefasst, so ist v.a. hinsichtlich des Alkoholkonsums der Studienpersonen ein Effekt vorhanden (in Progressionsphase). Beim Konsum von Tabak und illegalen Drogen spielen überwiegend nur die Freunde eine Rolle. Dass bezüglich des Tabakrauchens der Eltern gesamthaft betrachtet kein Zusammenhang aufgedeckt wurde, überrascht. Gerade das Zigarettenrauchen der Eltern ist ein Verhalten, das den Kindern z.T. während Jahren täglich mehrmals "Modell" gestanden hat. Man hätte hier am ehesten einen Nachahmungseffekt erwarten können. Dies ist jedoch nicht eingetreten.

9.5.2 Substanzspezifische und -unspezifische Antezedenzien

Für die Prävention ist es wichtig zu wissen, ob der Konsum einer bestimmten Droge mit Antezedenzien gekoppelt ist, die nur gerade für diese Droge bedeutungsvoll sind und nicht auch für andere Substanzen. Unter substanzspezifischen Antezedenzien werden solche Indikatoren verstanden, bei denen eindeutig nicht zu allen drei Substanzgruppen Alkohol, Tabak und illegale Drogen ein Zusammenhang vorliegt, d.h. bei mindestens einer dieser drei Substanzgruppen muss in Tab. 9.2 ein negativer Differenzwert vorliegen. Unspezifische Antezedenzien sind solche, die bei allen drei Substanzgruppen Alkohol, Tabak und illegalen Drogen positive Differenzwerte aufweisen.

In Tab. 9.3 werden die substanzspezifischen (s) und unspezifischen Antezedenzien (u) zusammenfassend dargestellt, wie sie sich aufgrund von Tab. 9.2 ergeben. Sie sind für die drei Typen II, III und IV wie auch für das Total (von Tab. 9.2) separat aufgeführt. Als "vermutlich nicht relevante Antezedenzien" sind solche bezeichnet, die in Tabelle 9.2 mehrheitlich negative Differenzwerte aufweisen.

Zu den **substanzspezifischen** Antezedenzien gehören die Problemindikatoren im Elternhaus, die in erster Linie auf den Konsum illegaler Drogen, v.a. harter Drogen, einen Effekt ausüben. Zum Alkohol besteht eindeutig kein Zusammenhang (Differenzwert von -17 in Zeile "total" Tab. 9.2). Die Problemindikatoren des Elternhauses werden deshalb als spezifische Antezedenzien bewertet. Die konsumpermissive Einstellung der Eltern und ihr Konsumverhalten ist v.a. mit dem Alkoholkonsum verbunden. Bei den Problemindikatoren der Schule besteht hinsichtlich des Tabakkonsums, aber auch bezüglich des Konsums illegaler Drogen ein Zusammenhang, nicht jedoch zum Alkoholkonsum. Die enge Beziehung zu den Freunden ist in der Phase der Progression ebenfalls ein spezifisches Merkmal für den Konsum illegaler Drogen. - Wir sehen, dass der Alkoholkonsum unter dem Gesichtspunkt der Spezifität eine untergeordnete Bedeutung hat.

Zu den **substanzunspezifischen** Antezedenzien gehören: das Konsumverhalten der Freunde, die verminderte schulische Leistungsorientierung, die unkonventionelle, nonkonforme Lebenshaltung, die Reiz- und Risikoorientierung, die permissive Konsumeinstellung und die positive Bewertung des Konsumierens, sowie die enge Beziehung zu Freunden (nur Initiation). - Die Zusammenstellung in Tab. 9.3 zeigt, dass in der unteren Hälfte bei den Persönlichkeitsmerkmalen mehrheitlich ein substanzunspezifischer Zusammenhang vorliegt. Dies weist darauf hin, dass ein genereller Persönlichkeitsfaktor, den man "Konsumenten-Persönlichkeit" nennen könnte, einen Einfluss auf das Konsumverhalten hat, nicht jedoch eine "Alkohol-" oder "Tabakpersönlichkeit".

Tab. 9.3: Substanzspezifische und -unspezifische Antezedenzien bei den Studien des Typs II, III und IV

Antezedenzbereich	Typ II	Typ III	Typ IV	total*
Problemindikatoren Elternhaus	.	s	.	s
Bildungsstatus Eltern	-	.	-	-
Konsumpermissive Einstellung und Konsumverhalten der Eltern	.	s	-	s
Problemindikatoren Schule	s	s	.	s
Enge Beziehung zu Freunden	u	.	-	s
Konsumverhalten Freunde	u	u	u	u
Leistungsorientierung	.	u	.	u
Unkonventionalität	s	u	u	u
Reiz- und Risikoorientierung	.	u	.	u
Emotionale Labilität	-	s	-	-
Permissive Konsumeinstellung	u	.	.	u

Legende:
s: spezifische Antezedenz
u: unspezifische Antezedenz
-: vermutlich nicht relevante Antezedenz
.: Entscheid über Spezifität unklar
*: bezieht sich auf Zeile "total" in Tab. 9.2

Auffallend in Tab. 9.3 ist ferner, dass die Bereiche Elternhaus und Schule (obere Hälfte von Tab. 9.3) dagegen eher substanzspezifische Wirkung haben, und zwar spezifisch im Sinne von Problemindikatoren, die mit erhöhtem Konsum von Tabak und illegalen Drogen in Verbindung stehen, und spezifisch im Sinne einer permissiven, konsumbegünstigenden Haltung der Eltern, die mit erhöhtem Alkoholkonsum der Jugendlichen korreliert ist. Die Ergebnisse könnten für die Prävention bedeuten, dass bezüglich der Persönlichkeit ein breiter, möglichst alle Substanzen umfassenden Ansatz angebracht ist, hinsichtlich des Elternhauses und der Schule jedoch eher spezifische Prävention indiziert ist.

9.5.3 Phasenspezifische Antezedenzien

Die Ergebnisse der Antezedenzforschung sind unter den drei Gesichtspunkten Initiation, Progression und Konsumveränderung untersucht worden. Interessant ist nun die Frage, ob und wie sich diese Phasen aufgrund der vorliegenden Ergebnisse unterscheiden lassen. Gemäss den einleitenden Bemerkungen (Kap. 1) müssten solche Unterschiede auftreten. - Als Basis für die Beurteilung dienen wiederum die Differenzwerte (signifikante minus nicht-signifikante Befunde) in der oben aufgeführten Tabelle 9.2. Die aggregierten Ergebnisse sind in Tabelle 9.4 zusammengefasst.

Als phasenspezifische Antezedenzien werden solche Merkmalsbereiche bezeichnet, für die bei den Differenzwerten in Tab. 9.2 ein Unterschied zwischen der Initiation (Typ II) und der Progression (III) oder Konsumveränderung (IV) besteht (zuerst positive, später negative Differenzwerte oder umgekehrt). Phasenunspezifische Antezedenzien sind solche, die bei allen drei Typen positive Differenzwerte aufweisen.

Zunächst fällt in Tab. 9.4 auf, dass deutlich mehr unspezifische Antezedenzien (U) vorliegen als spezifische (insgesamt 11 gegenüber nur 5 spezifischen Antezedenzien). Die Phasenunspezifität dominiert somit das Bild. Dies bedeutet, dass die Mehrzahl der Antezedenzbereiche eine längerfristige Wirkung auf das Konsumverhalten hat. Das stellt für die Prävention eine Erleichterung dar, da es wesentlich komplizierter wird, wenn z.B. Präventionsbotschaften oder Intentionen je nach Entwicklungsphasen verschieden formuliert werden müssen. Bemerkenswert ist auch, dass bei den illegalen Drogen kein einziges initiationsspezifisches Antezedenzmerkmal besteht. Initiationsspezifische Antezedenzien treten - mit einer Ausnahme beim Tabak - nur beim Alkoholkonsum auf. Der Alkoholkonsum nimmt damit eher eine Sonderstellung ein, während der Tabakkonsum eher zum Muster der illegalen Drogen passt.

Nun zu den Ergebnissen in Tab. 9.4 im einzelnen: Bei der Initiation des **Alkoholkonsums** sind die Problemindikatoren des Elternhauses von Bedeutung, später aber kaum mehr. Dies trifft auch für die Schulabneigung und die verminderte Leistungsorientierung zu, in der Tendenz auch für die Problemindikatoren der Schule. Ein ähnliches Bild erhalten wir auch bezüglich der Beziehung zu solchen Freunden, die eine konsumpermissive Einstellung haben: Diese Beziehung ist in der Phase der Initiation wichtig, später aber deutlich weniger. - **Diese Ergebnisse deuten an, dass Problemindikatoren im Bereich Elternhaus und Schule und die Vorbildfunktion der Eltern und Freunde mit der Initiation des Alkoholkonsums verbunden sind, aber hinsichtlich der Progression an Bedeutung verlieren.** Ausnahmen bilden die soziale Integration und Unkonventionalität: Diese Aspekte spielen bei der Initiation keine wichtige Rolle, wohl aber bei der Progression des Konsumverhaltens.

Bei der **Initiation des Zigarettenrauchens** sind die Ergebnisse weniger deutlich ausgefallen. Aus dem Bereich Eltern spielen die permissive Konsumeinstellung und ihr Konsumverhalten bei der Initiation eine Rolle. Beim Tabakkonsum fällt auf, dass es mehrere phasenunspezifische Antezedenzien gibt, so die Probleme in der Schule, der Konsum der Freunde, die Unkonventionalität und die Reiz- und Risikoorientierung.

Bei der **Initiation des Cannabiskonsums** haben wir kein eindeutig gesichertes Initiationsmerkmal, dies u.a. deshalb, weil zu den Studien vom Typ III und IV noch zu wenig Einzelergebnisse vorliegen. Aufgrund der Höhe der Differenzwerte spielen jedoch Schulprobleme, eine verminderte Leistungsorientierung, die enge Beziehung zu gleichgesinnten Freunden, die permissive Konsumeinstellung sowie abweichendes Verhalten eine wichtige Rolle. Das Konsumverhalten der Freunde sowie die unkonventionelle Lebenshaltung sind phasenunspezifisch.

Der Einstieg in den Konsum harter Drogen ist schwierig zu beurteilen, da diesbezüglich zu wenig Ergebnisse vorliegen. Fasst man den **Konsum von Cannabis** und den **Konsum harter Drogen** zusammen, dann zeigt sich auch hier, dass die Phasenunspezifität überwiegt und kein gesichertes Initiationsmerkmal vorliegt. Betrachtet man wiederum die Höhe der Differenzwerte, so spielen bei der Initiation dieser Drogen die Schulprobleme, die enge Beziehung zu gleichgesinnten Freunden, die permissive Konsumeinstellung sowie - besonders deutlich - das abweichende Verhalten eine wichtige Rolle. Das Konsumverhalten der Freunde sowie die unkonventionelle Lebenshaltung sind wiederum phasenunspezifisch.

Tab. 9.4: Phasenspezifische und -unspezifische Antezedenzien

	A	T	C	H	D	C,H
Problemindikatoren Elternhaus	I	-	-	-	-	-
Bildungsstatus Eltern	-	-	-	-	-	-
permissive Einstellung Eltern und Konsumverhalten der Eltern	-	I	-	-	-	-
Problemindikatoren Schule	-	U	-	-	-	-
enge Beziehung zu Freunden	I	-	-	-	-	-
Konsumverhalten Freunde	U	U	U	U	-	U
schulische Leistungsorientierung	I	-	-	-	-	-
Unkonventionalität	P	U	U	-	-	U
Reiz- und Risikoorientierung	-	U	-	-	-	-
emotionale Labilität	-	-	-	-	-	-
permissive Konsumeinstellung	U	-	-	-	-	-

Legende:
I = initiationsspezifische Antezedenz
P = progressionsspezifische Antezedenz
U = unspezifische Antezedenz
- = Spezifität unklar

Die Ergebnisse zeigen, dass bezüglich des Alkoholkonsums mehr initiationsspezifische Antezedenzien vorliegen als bei den anderen Substanzen. Beim Tabak und den illegalen Drogen sind dagegen mehr unspezifische Antezedenzien vorhanden. Inhaltlich betrachtet sehen wir, dass Merkmale aus dem Elternhaus und die enge Beziehung zu den Freunden eher initiationsspezifisch sind. Das Konsumverhalten der Freunde, die Unkonventionalität, die Reiz- und Risikoorientierung sowie die permissive Konsumeinstellung sind eher phasenunspezifische Antezedenzien. Gerade diese Merkmale sind aber - wie oben erwähnt - auch **substanz**unspezifisch. Sie erhalten deshalb für die Prävention eine besondere Bedeutung, weil sie das gesamte Konsumverhalten betreffen und über einen grösseren Zeitraum (Initiation bis Progression) wirksam sind. Auf die anderen Antezedenzien trifft dies nicht zu.

Antezedenzien, die bei allen Analysen bezüglich Alkohol, Tabak, Cannabis etc. mehr nicht-signifikante als signifikante Ergebnisse aufweisen, können als nicht-relevant bezeichnet werden. Dies ist bei keinem der erfassten Bereiche (Tab. 9.2) aufgetreten. Es gibt jedoch zwei Antezedenzbereiche, die in die Nähe dieser Bewertung fallen: Die **Indikatoren der emotionalen Labilität und der Bildungs- und Berufsstatus der Eltern**.

Phasenspezifische Problemindikatoren
Wenn die verschiedenen Problemindikatoren der Bereiche Elternhaus, Schule und Arbeit sowie das abweichende Verhalten zusammengefasst werden (Tab. 9.5), so erhalten wir beim illegalen Drogenkonsum auffallend viele Studien mit signifikanten Ergebnissen (Differenz zwischen signifikanten und nicht-signifikanten Studienergebnissen bei C,H = +34, unterste Zeile in Tab. 9.5). Dies gilt auch für die Phase der Initiation separat betrachtet (+14 in Zeile "total Initiation"). Der **illegale Drogenkonsum** ist demnach mit Antezedenzien verbunden, die Problemindikatoren aus den verschiedensten psychosozialen Bereichen betreffen. Das Bild wird hier in der Gesamtbetrachtung sehr deutlich: Es ist in erster Linie der Konsum illegaler Drogen, der mit diesen Problemindikatoren verbunden ist, und zwar nicht erst mit zunehmender Konsumerfahrung, sondern bereits schon in der Phase der Initiation. Präventive Bemühungen müssten von daher gesehen bereits in einer frühen Phase die erwähnten Problemindikatoren einbeziehen.

Erstaunlicherweise erscheint an zweiter Stelle der Tabakkonsum (+15, unterste Zeile in Tab. 9.5), gefolgt von harten Drogen (+11). Beim Alkoholkonsum überwiegen demgegenüber klar die nicht-signifikanten Studienergebnisse (-22). Dieser markante Unterschied zwischen den beiden legalen Substanzen Alkohol und Tabak entspricht nicht den Erwartungen. Es wäre plausibler gewesen, wenn der Alkoholkonsum und nicht der Tabakkonsum mit Problemindikatoren verbunden wäre, da z.B. exzessiver, sozial auffälliger Alkoholabusus in der Adoleszenz nicht selten anzutreffen ist, exzessives Rauchen dagegen weitgehend unbemerkt existiert und erst Jahrzehnte später gesundheitliche Auswirkungen auftreten.

Die Differenzierung nach Antezedenzien der Initiation (Typ II) und der Progression (Typ III und IV) in Tab. 9.5 zeigt, dass der Unterschied zwischen Alkohol und Tabak nicht in der Initiationsphase, sondern in der Progressionsphase erfolgt. Die erfassten Problemindikatoren haben somit bezüglich Alkohol keine "Langzeitwirkung", wohl aber hinsichtlich des Tabakkonsums und der illegalen Drogen. Dieser auffallend wichtige Stellenwert der Problemindikatoren für das Tabakrauchen muss eine Neuorientierung in der Prävention implizieren.

Tab. 9.5: Zusammenfassung der verschiedenen Problemindikatoren, differenziert nach Initiations- und Progressionsphase

	A	T	C	H	D	C,H
Initiation:						
Typ II Problemindikatoren Elternhaus	2	#	-1	-3	0	1
Typ II Problemindikatoren Schule	-1	2	5	#	0	5
Typ II abweichendes Verhalten	0	2	3	-1	#	8
total Initiation	1	4	7	-4	0	14
Progression:						
Typ III Problemindikat. Elternhaus	-10	4	3	8	3	13
Typ IV Problemindikat. Elternhaus	-9	-3	#	#	#	#
Typ III Problemindikatoren Schule	0	3	#	1	#	1
Typ IV Problemindikatoren Schule	-4	2	#	#	#	#
Typ III Problemindikatoren Arbeit	0	5	#	6	#	6
Typ IV Problemindikatoren Arbeit	-	-	-	-	-	-
Typ III abweichendes Verhalten	-	-	-	-	-	-
Typ IV abweichendes Verhalten	-	-	-	-	-	-
total Progression	-23	11	3	15	3	20
total Initiation + Progression	-22	15	10	11	3	34

Legende:
Ergebnisse von weniger als 2 verschiedenen Projektgruppen vorhanden, wird nicht interpretiert.

Phasenspezifität der Indikatoren zum Elternhaus
In Tabelle 9.6 sind die Problemindikatoren im Elternhaus, die konsumpermissive Einstellung der Eltern und der elterliche Konsum zusammengefasst und in die Initiations- und Progressionsphase aufgeteilt. Betrachten wir die einzelnen Substanzgruppen, so wird ein Unterschied zwischen den legalen und illegalen Drogen bezüglich der Initiation resp. Progression erkennbar (in Tabelle 9.6): Das Elternhaus spielt v.a. bezüglich der Progression beim illegalen Drogenkonsum eine Rolle, (positive Werte in Tab. 9.6), nicht jedoch beim Alkohol und Tabak (negative Werte). Bei den legalen Drogen ist eher ein Zusammenhang zur Initiation festzustellen.

Dies könnte dahingehend interpretiert werden, dass Spannungen im Elternhaus - verbunden mit einer permissiven Konsumeinstellung der Eltern - eher mit dem Einstieg in den Konsum solcher Substanzen verbunden ist, die symbolhaft den Einstieg in die Erwachsenengesellschaft repräsentieren, und dies sind die legalen Drogen Alkohol und Tabak. Es erscheint hier die Sequenz: Spannungen mit Eltern --> Wunsch nach Ablösung vom Elternhaus und Partizipation am Erwachsenenstatus --> früher Beginn mit dem Konsum der sozial akzeptierten legalen Drogen Alkohol und Tabak. - Bei den illegalen Drogen dagegen erscheint eher die Sequenz: Spannungen im Elternhaus --> Distanzierung von sozialen Normen und Erwartungen --> Progression des illegalen Drogenkonsums. Der Einfluss des Elternhauses auf das Konsumverhalten ist somit substanz- und phasenspezifisch.

Aus diesen Ergebnissen lässt sich auch die Arbeitshypothese ableiten, dass sich Spannungen im Elternhaus im wesentlichen in zwei Formen auswirken: entweder im Sinne einer frühen Initiation in das legale Konsumverhalten (und in die Erwachsenengesellschaft) oder im Sinne einer Progression des illegalen Drogenkonsums (und Distanzierung von der Erwachsenengesellschaft).

Phasenspezifische Antezedenzien der Persönlichkeit
Fassen wir die Ergebnisse der Bereiche unkonventionelle Lebensorientierung, nonkonformer Lebensstil, Reiz- und Risikoorientierung und emotionale Labilität zusammen und gruppieren wir sie in die beiden Phasen Initiation und Progression, so entnehmen wir Tabelle 9.7, dass die Persönlichkeit nicht so sehr für die Initiation, sondern eher für die spätere Phase der Progression relevant ist (höhere Werte in der Zeile III+IV in Tab. 9.7).

Tab. 9.6: Zusammenfassung der Problemindikatoren des Elternhauses sowie der konsumpermissiven Einstellung der Eltern und deren Konsumverhalten, differenziert nach Initiations- und Progressionsphase

	A	T	C	H	D	C,H
Initiation:						
Typ II Problemindikat. Elternhaus	2	#	-1	-3	0	1
Typ II Konsumpermissive Einstellung	#	2	-5	1	0	#
total Initiation	2	2	-6	-2	0	1
Progression:						
Typ III Problemindikat. Elternhaus	-10	4	3	8	3	13
Typ IV Problemindikat. Elternhaus	-9	-3	#	#	#	#
Typ III Konsumpermiss. Einstellung	9	-4	-3	2	#	-1
Typ IV Konsumpermiss. Einstellung	-3	-7	#	#	#	#
total Progression	-13	-10	0	10	3	12

Legende:
Ergebnisse von weniger als 2 verschiedenen Projektgruppen vorhanden, wird nicht interpretiert.

Besonders deutlich ist dies für den Alkoholkonsum: Der Einstieg ist nicht mit den Persönlichkeitsantezedenzien verbunden (-3 in Tab. 9.7), aber die Konsumprogression (+13). Dies deutet darauf hin, dass das Konsumieren in der späteren Phase eher die Funktion einer Belastungs- und Problembewältigung übernimmt als in der Initiationsphase. Drogen repräsentieren in der Progressionsphase ein Instrument zur Verbesserung der Gratifikationsbilanz.

Tab. 9.7: Zusammenfassung der persönlichkeitsspezifischen Antezedenzien, differenziert nach Initiations- und Progressionsphase

	A	T	C	H	D	C,H
Initiation:						
Typ II Reizorientierung	#	1	#	0	0	#
Typ II Unkonventionalität	-3	2	9	#	0	12
Typ II Emot. Labilität	#	0	-3	-1	0	-2
total Initiation	-3	3	6	-1	0	10
Progression:						
Typ III Reizorientierung	8	8	5	0	#	5
Typ IV Reizorientierung	1	0	0	-3	-3	0
Typ III Unkonventionalität	3	7	7	5	0	11
Typ IV Unkonventionalität	11	0	3	3	#	6
Typ III Emot. Labilität	0	2	-2	2	5	1
Typ IV Emot. Labilität	-10	-3	0	0	-4	0
total Progression (III+IV)	13	14	13	7	-2	23

Legende:
Ergebnisse von weniger als 2 verschiedenen Projektgruppen vorhanden, wird nicht interpretiert.

9.6 Ergebnisse der Konsequenzforschung

Aus der Typologie der Längsschnittstudien sind zwei Gruppen von Studien hervorgegangen, die sich mit den möglichen Konsequenzen des Konsumierens befassen: Typ V und VI. In Tabelle 9.8 sind die Ergebnisse für die drei Bereiche Ausbildung/Arbeit, Gesundheit/psychisches Wohlbefinden und Partnerbeziehung zusammengefasst. Die Ergebnisse stammen aus den Tabellen 7.2 und 8.2.

Ausbildung, Arbeit: Eine Verschlechterung der Ausbildungs- oder der Arbeitssituation ist mit dem Konsum von harten Drogen und Tabak aufgetreten, nicht jedoch beim Alkoholkonsum (Tab. 9.8). Wir hatten dieses Ergebnis auch bei den Antezedenzstudien vorgefunden: Auch dort war der Zusammenhang beim Tabak stärker als beim Alkohol. Problemindikatoren in der Schule und bei der Arbeit sind somit einerseits Indikatoren der Initiation und Progression in den Konsum von Tabak und illegalen Drogen, andererseits führt dieses Konsumverhalten auch zu einer Fortsetzung und Persistenz dieser Problemindikatoren. Der Bereich Ausbildung und Arbeit hat deshalb eine besonders wichtige Bedeutung, zumal im weiteren auch ökonomische und soziale Funktionen damit verbunden sind.

Tab. 9.8: Zusammenfassung der Konsequenzstudien. Summarische Darstellung der Differenzwerte aus den Tabellen 7.2 und 8.2.

Kriterium (Konsequenzvariable)	A	T	C	H	D	C,H
Problemindikatoren Ausbildung/Arbeit:						
Typ V	-3	3	2	1	0	7
Typ VI	-4	#	-3	-1	-2	0
total	-7	3	-1	0	-2	7
Problemindikatoren Gesundheit und psychisches Befinden:						
Typ V	6	0	#	17	#	18
Typ VI	-7	4	-6	-5	1	-5
total	-1	4	-6	12	1	13
Indikatoren einer frühen Partnerbeziehung/Ehe und Problemindikatoren:						
Typ V	-3	#	1	3	0	3
Typ VI	-6	-1	-5	2	-3	5
total	-9	-1	-4	5	-3	8

Legende:
A, T, C, H, D: Konsum von **A**lkohol, **T**abak, **C**annabis, **H**arten **D**rogen, Drogenindex resp. Faktor. (Prädiktorvariable)
C, H: illegaler Drogenkonsum; Anzahl Studien mit Ergebnissen zum Konsum von Cannabis und/oder harten Drogen
Ergebnisse von weniger als 2 verschiedenen Projektgruppen vorhanden; werden nicht interpretiert

Gesundheit, psychisches Befinden: Eine Verschlechterung des Gesundheitszustandes und des psychischen Wohlbefindens ist in erster Linie mit dem Konsum harter Drogen verknüpft, aber auch mit dem generellen Drogenkonsum (Spalte C, H in Tab. 9.8) und - wenn auch abgeschwächt - mit dem Tabakkonsum. Der Tabakkonsum hat auch hier wiederum einen grösseren Effekt als der Konsum von Alkohol.

Partnerbeziehung: Eine frühe Partnerbeziehung resp. Ehe und früh auftretende Partnerschwierigkeiten sind mit dem Konsum illegaler Drogen, insbesondere mit dem Konsum harter Drogen verbunden, nicht jedoch mit dem Alkohol- und Tabakkonsum.

Betrachten wir alle drei Bereiche zusammen, so ist der Konsum von Alkohol gesamthaft gesehen nicht mit den hier erfassten Konsequenzen kombiniert, wohl aber der Konsum von illegalen, v.a. harten Drogen, und von Tabak. Diese Substanzen nehmen demnach auch bei den Konsequenzen eine wichtige Sonderstellung ein.

Die Rolle des Cannabiskonsums
Die Konsequenzen bei der "weichen" Droge Cannabis sind in der öffentlichen Diskussion v.a. um die Freigabe resp. Legalisierung von besonderer Bedeutung. Die vorliegenden Ergebnisse belegen gesamthaft betrachtet keinen Zusammenhang hinsichtlich möglicher Konsequenzen im Sinne von Schwierigkeiten bei der Arbeit/Ausbildung, in der Partnerschaft und bezüglich der Gesundheit (negative Differenzwerte in den Zeilen "total" in Tab. 9.8). Dort, wo Vergleiche zum Konsum anderer Substanzen möglich sind, nimmt der Cannabiskonsum eine mittlere Position zwischen dem Konsum von Alkohol und von harten Drogen ein; im Vergleich zum Tabakkonsum sind erstaunlicherweise weniger negative Konsequenzen aufgetreten. In einzelnen Aspekten (z.B. Mortalität) ist der Cannabiskonsum von geringerer Bedeutung als der Alkohol- und Tabakkonsum. Hinsichtlich des Schizophrenierisikos waren andere Einflussgrössen (z.B. geschiedene Eltern) wichtiger als der Cannabiskonsum. Auch aus der zusammenfassenden Darstellung in Tab. 9.8 geht hervor, dass im Vergleich zum Tabakkonsum der Cannabiskonsum seltener mit negativen Konsequenzen verbunden war. In allen drei Bereichen überwiegen beim Cannabiskonsum die nichtsignifikanten Ergebnisse, beim Tabakkonsum trifft dies nur für einen Bereich zu.

Die Aufstellung in Tab. 9.8 zeigt im weiteren deutlich den Unterschied zwischen dem Konsum von Cannabis und den harten Drogen in den Bereichen Gesundheit und psychisches Befinden: Beim Cannabis überwiegen die nichtsignifikanten Ergebnisse (-6), beim Konsum harter Drogen besteht ein Wert von +12!

In verschiedenen Analysen verschwanden die Zusammenhänge zwischen dem Konsumverhalten und einer möglichen Konsequenz, wenn andere Faktoren in die multivariaten Analyse einbezogen wurden. Bemerkenswert ist, dass dies bei einigen Analysen hinsichtlich des Tabakkonsums nicht eingetreten ist. Beispiele: a) Nach Newcomb & Bentler (1987) hatte das Zigarettenrauchen einen eigenständigen Effekt auf spätere Gesundheitsindikatoren, nicht jedoch der Cannabiskonsum und der "allgemeine Drogenkonsum" (Gesamtindex). - b) Kandel et al. (1986) zeigten, dass Zigarettenrauchen mit niedrigem Bildungsniveau korrelierte (multivariat), nicht jedoch der Konsum illegaler Drogen.

Zusammenfassend stellen wir fest, dass die vorhandenen Längsschnittergebnisse die in der Öffentlichkeit z.T. als dramatisch geschilderten Konsequenzen des Cannabiskonsums nicht belegen.

Konsequenzrelevante Antezedenzien
Der Konsum von Drogen kann im Laufe der Zeit zu bestimmten Konsequenzen führen. Solche Effekte sind, wie erwähnt, hinsichtlich gesundheitlicher und psychischer Beschwerden sowie der Problemindikatoren bei der Ausbildung/Arbeit und in der Beziehung/Ehe aufgetreten. Es besteht nun die Frage, welche Antezedenzien aus der vorliegenden Literaturübersicht mit welchem Konsumverhalten in Verbindung stehen, das dann später - im Falle einer Konsumzunahme - zu bestimmten Konsequenzen führt. Es geht also um die Verbindung Antezedenz -> Konsum -> Konsequenz. Folgende Antezedenzien sind in dieser Hinsicht relevant:

> Problemindikatoren Elternhaus und Schule
> enge Beziehung zu Freunden
> Konsum der Freunde
> verminderte schulische Leistungsorientierung
> Unkonventionalität
> Reiz- und Risikoorientierung
> permissive Konsumeinstellung
> abweichendes Verhalten

Diese Antezedenzien sind also besonders wichtig, weil sie möglicherweise mit den erwähnten Konsequenzen in den Bereichen Gesundheit, psychisches Wohlbefinden, Ausbildung, Arbeit und Partnerschaft in Verbindung stehen. Sicher ist das nicht, da die Zusammenhänge aus den getrennt erfassten Forschungsansätzen, der Antezedenzforschung und der Konsequenzforschung, zusammengesetzt werden und nicht aus Studien stammen, die diese Kausalverbindung in einer Drei-Punkt-Erhebung (T1-T2-T3) erfasst haben. Einige der vorliegenden Längsschnittuntersuchungen enthalten zwar mehrere Erhebungen, es liegt aber keine Analyse vor, wie sie zu dieser Fragestellung notwendig wäre, nämlich die Verbindung von Antezedenz- und Konsequenzanalyse bei Berücksichtigung sowohl der Antezedenzvariablen als auch des Konsumverhaltens. Dieser Fragestellung ist bisher noch nicht nachgegangen worden. Es wäre aber sinnvoll, wenn sich die Drogenforschung inskünftig auch mit diesen konsequenzrelevanten Antezedenzien befassen würde.

Antezedenzien versus Konsequenzen
Die heikle Frage nach Ursache und Wirkung ist in Kapitel 8 im Zusammenhang mit den Studien vom Typ VII angesprochen worden. Wir haben dort festgestellt, dass insgesamt mehr Befunde vorliegen, die eine Kausalrichtung von der Persönlichkeit zum späteren Konsumverhalten belegen als umgekehrt, also vom Konsumverhalten zur später erfassten Persönlichkeit. Dies unterstreicht die Bedeutung der Persönlichkeit als Kausalfaktor für das Konsumverhalten und korrespondiert insbesondere auch mit den Ergebnissen aus der Progressionsphase, bei der die Persönlichkeit auch relevante Prädiktoren für das Konsumverhalten erbrachte.

9.7 Implikationen für die Theorienbildung

Die vorliegenden Ergebnisse haben wichtige Implikationen für die Theorienbildung. Allerdings ist es nicht möglich, die verschiedenen theoretischen Ansätze mit den vorhandenen Ergebnissen direkt in Verbindung zu bringen; das Studienmaterial ist dafür zu heterogen. Die Ergebnisse weisen jedoch darauf hin, welche theoretischen Positionen im Einklang und welche im Widerspruch zu den vorliegenden Befunden stehen.

a) Antezedenzforschung:
9.7.1 Auffällige, prämorbide Persönlichkeit
Das Konzept der auffälligen Persönlichkeit als zentraler Aspekt des Konsummissbrauchs ist in mehreren theoretischen Ansätzen enthalten. (Für eine Übersicht siehe Lettieri & Welz, 1983; Sieber, 1988). Wird dieses Konzept eng, auf psychopathologische Persönlichkeitsaspekte interpretiert, dann wird es durch die vorliegenden Ergebnisse nicht bestätigt. Die unter dem Konstrukt "emotionale Labilität" erfassten Studienergebnisse enthalten psychopathologische Aspekte, aber sie stehen insgesamt betrachtet nicht in einem Zusammenhang zum Konsumverhalten. Vor allem hinsichtlich des Alkohol- und Cannabiskonsums besteht klar kein Zusammenhang (negative Werte in Tab. 9.2).

Wird das Konzept der auffälligen Persönlichkeit breiter gefasst und werden Einstellungen und Werthaltungen eingeschlossen, dann zeigt sich allerdings ein Zusammenhang zum Konsumverhalten. Von entscheidender Bedeutung ist dabei die unkonventionelle, nonkonforme Lebenshaltung und die verminderte soziale Integration, die mit allen Konsumvariablen verbunden ist. Auch die verminderte Leistungsorientierung, die permissive Konsumeinstellung und die Reiz- und Risikoorientierung sind Persönlichkeitsaspekte, welche die Konsumenten charakterisieren.

Die vorliegenden Ergebnisse unterstützen somit nicht unbedingt diejenigen theoretischen Ansätze, die bisher am stärksten vertreten wurden und defizit- resp. psychopathologieorientiert sind, sondern Persönlichkeitsaspekte auf der Ebene der Einstellungen, die deutlich vom Sozialisierungsprozess mitbeeinflusst werden. Es sind nicht die wichtigen Konzepte wie Angst, Depressivität, "Ich-Stärke", Neurotizismus etc., von denen ein Einfluss auf das Konsumverhalten erwartet worden ist, sondern Einstellungsvariablen wie z.b. die erwähnte Nonkonformität, die von Bedeutung sind. Der "klassische", auf die prämorbide Persönlichkeit ausgerichtete Ansatz wird nicht bestätigt. - Die erwähnten unspezifischen Persönlichkeitsmerkmale sprechen gegen die Annahme einer "Alkohol-" oder "Tabakpersönlichkeit", sondern eher für eine "Konsumentenpersönlichkeit". In weiteren Längsschnittstudien wäre zu prüfen, ob auch zu anderen Formen abweichenden Verhaltens ein Zusammenhang besteht. Würde dies zutreffen, dann wäre auch die Bezeichnung "Konsumentenpersönlichkeit" immer noch zu spezifisch.

9.7.2 Theorie des Problemverhaltens

Kernpunkt der sozialpsychologischen Theorie von Jessor & Jessor (1977), Jessor (1987) ist das Konzept "Anfälligkeit für Problemverhalten" (problem behavior proneness), das sich aus der Wechselbeziehung der drei "erklärenden Systeme" Persönlichkeit, Umwelt und Verhalten ergibt. Die Anfälligkeit Jugendlicher für Problemverhalten bezieht sich auf mehrere verschiedene Bereiche, so auf den illegalen Drogenkonsum, das Problemtrinken, das Sexualverhalten, Protestaktivitäten sowie deviantes Verhalten einschliesslich Lügen, Stehlen und Aggressivität. Zentral ist nun, dass alle diese Verhaltensweisen im wesentlichen durch das gleiche Konstrukt, die "psychosoziale Anfälligkeit" (psychosocial proneness, Jessor, 1987, S. 332) bedingt werden. Die Variablen, die psychosoziale Anfälligkeit repräsentieren, können gemäss Jessor generell auch als psychosoziale Risikofaktoren für Problemverhalten bezeichnet werden.

Die hier vorliegende Studienzusammenfassung bezieht sich nicht auf alle diese verschiedenen Aspekte des Problemverhaltens, sondern nur auf den Konsum legaler und illegaler Drogen. Diese Verhaltensweisen müssten gemäss der Theorie im wesentlichen von den gleichen Prädiktoren (Antezedenzien) verursacht werden, die das Konstrukt "psychosoziale Anfälligkeit" repräsentieren. Aber auch die Konsequenzen des übermässigen Konsums der verschiedenen Drogen müssten untereinander Ähnlichkeiten aufweisen, da sie Konsequenzen eines generellen und übergreifend wirkenden Konzeptes sind. Um diesen Ansatz anhand der vorliegenden Ergebnisse zu überprüfen, haben wir - wie oben dargestellt - in Tabelle 9.2 die substanzspezifischen und -unspezifischen Antezedenzien für die drei Studientypen II, III und IV aufgeführt. Gemäss der Theorie würden wir vor allem unspezifische Merkmale erwarten.

Aus Tabelle 9.2 ist zu entnehmen, dass v.a. das Konsumverhalten der Freunde und die nonkonforme, unkonventionelle Lebenshaltung substanzunspezifische Antezedenzien darstellen. Ferner gehören die verminderte schulische Leistungsorientierung, die Reiz- und Risikoorientierung und die permissive Konsumeinstellung auch eher zu den unspezifischen Merkmalen. Andererseits bestehen auch einige spezifische Antezedenzien, die mit dem Konsum von Tabak und illegalen Drogen, nicht aber mit dem Alkoholkonsum verbunden sind. Damit wird der theoretische Ansatz des Problemverhaltens teilweise unterstützt. Grund für diese nur teilweise Bestätigung liegt in der Sonderrolle des Alkoholkonsums, der weniger gut als die anderen Substanzen zum Konstrukt der "psychosozialen Anfälligkeit" passt.

9.7.3 Motivspezifische Antezedenzien
Das Motiv für den Konsum von Drogen könnte möglicherweise mit dem späteren Konsumverhalten und den Konsequenzen in Verbindung stehen (Carman, 1979). Wenn Drogen eingenommen werden, um psychische Belastungen und unangenehme Gefühle zu vermindern, dann kann aus diesem Bewältigungsverhalten eher eine Abhängigkeit entstehen als wenn Drogen aus Experimentierfreude konsumiert werden, oder um bei gleichgesinnten Freunden akzeptiert zu werden. Daraus wäre abzuleiten, dass in der Phase der Initiation vor allem die gleichgesinnten Freunde und die Experimentierfreude eine Rolle spielen, und dass diese Merkmale später bei fortgesetztem Konsum an Bedeutung verlieren. Später würde aber die belastungs- und spannungsreduzierende Funktion des Drogenkonsums wichtiger. Damit würde man im Laufe der Zeit - von der Initiation zur Progression - eine Veränderung im Muster der wichtigen Antezedenzien erwarten.

Werden diese Überlegungen durch die vorliegenden Ergebnisse gestützt? Die enge Beziehung zu gleichgesinnten Freunden in der Phase der Initiation ist deutlich belegt (Tab. 9.2, Typ II). Dieser Beziehungsaspekt trifft auf die Phase der Progression nicht mehr zu (Typ III, IV). Allerdings liegen hier noch zu wenig Studien vor, um die Bedeutungsverminderung der Freunde klar zu belegen. Die Emotionalität als Indikator vorhandener psychischer Spannungen und Belastungen spielt in der Phase der Initiation keine Rolle, wohl aber in der Phase der Progression (Typ III, Tab. 9.2). Dieser theoretische Ansatz steht somit nicht in Widerspruch zu den vorliegenden Ergebnissen.

9.7.4 Lernen am Modell der Eltern und Freunde
Die Konsumgewohnheiten der **Eltern** als Modellverhalten und die konsumpermissive Einstellung der Eltern sind in verschiedenen Studien untersucht worden. Aus theoretischer Sicht würde v.a. beim Tabakkonsum ein Einfluss auf das Konsumverhalten der Jugendlichen erwartet, weil dieses Konsumverhalten in der Regel täglich und über einen langen Zeitraum "Modell" gestanden hat. Bei den Initiationsstudien wird dieser Ansatz bestätigt, aber nur in der Tendenz (+2 in Tab. 9.2), bei den Studien des Typ III und IV jedoch nicht. Hinsichtlich des Konsums von Alkohol und teilweise auch har-

ten Drogen ist das Alkoholtrinken der Eltern von Bedeutung. Aus einigen Studien gibt es Hinweise, dass das **manifeste** Konsum**verhalten** der Eltern einen grösseren Einfluss hat als deren Einstellung.

Was den Konsum der **Freunde** als Modellverhalten betrifft, so besteht ein deutlich stärkerer Zusammenhang. Besonders beim Tabakkonsum ist die Beziehung ausgeprägt. Bemerkenswert ist auch, dass diese Zusammenhänge bereits in der Phase der Initiation auftreten. Je ausgeprägter das Konsumverhalten der Freunde ist, desto wahrscheinlicher ist es, dass die Studienperson auch Drogen konsumieren wird. Wir haben bereits darauf hingewiesen, dass dieses Ergebnis nicht nur den Ansatz des Lernens am Modell stützt. Es besteht auch die Möglichkeit, dass Jugendliche aufgrund ihrer Lebensorientierung (Unkonventionalität, Reizorientierung u.a.) Freunde auswählen, die eine ähnliche Lebenshaltung wie sie haben. Dazu gehört u.a. auch der Konsum von Drogen. Der Jugendliche übernimmt dieses Konsumverhalten ebenfalls, aber nicht nur allein aufgrund des Vorbildverhaltens, sondern auch als Folge des von ihm bevorzugten und ausgewählten Freundeskreises. Der enge Zusammenhang zwischen dem Konsumverhalten der Freunde und demjenigen der Studienpersonen ist somit nicht ausschliesslich auf das Modellernen zurückzuführen. Er beruht auch auf der bereits vorbestandenen Gesinnung und Lebenshaltung, die den "Auswahlprozess" der Freunde mitbestimmten. - Gesamthaft betrachtet wird der Ansatz des Modellernens nicht in überzeugendem Sinne bestätigt.

9.7.5 Selbstbeeinträchtigung
Die Theorie der Selbstbeeinträchtigung von Kaplan (1980, 1982) postuliert, dass Drogenkonsum eine unangemessene Reaktion auf Gefühle der Selbstentwertung und Selbstbeeinträchtigung darstellt, die im Zusammenhang mit den Eltern oder Repräsentanten der sozial integrierten Gesellschaft entstanden sind (s. auch Gutscher, 1985, 1988). Die Unterstützung durch die gleichgesinnten Freunde ist dann entscheidend. Wir haben gesehen, dass v.a. in der Phase der Initiation die Beziehung zu Freunden sehr wichtig ist. Ferner liegen Ergebnisse vor, nach denen der Konsum von Drogen zu einer verminderten Beeinträchtigung des Selbstwertgefühls führen kann (Newcomb et al., 1986; Newcomb & Bentler, 1988). Dieser Ansatz steht somit nicht im Widerspruch zu den vorliegenden Ergebnissen.

b) Konsequenzforschung:
9.7.6 Beeinträchtigung der Gesundheit und des psychischen Befindens
Die Mehrzahl der Konsequenzstudien beschäftigt sich mit möglichen gesundheitlichen Auswirkungen des Drogenkonsums, die jedoch nicht unmittelbar mit der Konsumeinnahme und Intoxikation in Verbindung stehen. Diese psychoaktiven Effekte des Drogenkonsums können längerfristig verschiedene kognitive und emotionale Prozesse verändern, so dass bisher verwendete Bewältigungsprozesse nicht mehr adäquat funktionieren und es zu Anpassungsschwierigkeiten kommt. Es ist auch

möglich, dass der chronische Drogenkonsum Veränderungen des Wahrnehmungsapparates und der neurologischen Funktionen bewirkt, was sekundär ebenfalls zu Anpassungsstörungen führt. Damit muss vermutet werden, dass Schwierigkeiten in der Schul- und Berufsausbildung entstehen, die möglicherweise später auch auf andere Bereiche ausstrahlen. Es gibt eine umfangreiche Literatur über Schädigungsmöglichkeiten, auf die an dieser Stelle nicht eingegangen werden kann.

Aus den vorliegenden Ergebnissen geht hervor, dass vor allem hinsichtlich des Konsums von harten Drogen ein beachtlicher Zusammenhang zu gesundheitlichen und psychischen Beeinträchtigungen besteht (Tab. 9.8). Auch die als direkte Folge des Drogenkonsums erfassten Beeinträchtigungen (Typ VI) sind nicht zu übersehen. Auffallend ist nun der Stellenwert der anderen erfassten Substanzen: Der Tabakkonsum steht bereits an zweiter Stelle, und bezüglich des Alkohol- und Cannabiskonsums sind insgesamt keine schädigenden Wirkungen im erfassten Altersbereich belegt (negative Werte in allen Zeilen "total" in Tab. 9.8). Nebst dem Konsum harter Drogen erscheint somit überraschend der Tabakkonsum als wichtige Ursache für gesundheitliche und psychische Beeinträchtigungen. Es ist deshalb angebracht, die gesundheitlichen Konsequenzen des Tabakrauchens inskünftig stärker zu beachten.

9.7.7 Störung der Entwicklung, Entwicklungsverzögerung
Eine theoretische Grundannahme, die bei verschiedenen Ansätzen auftritt, besagt, dass der Drogenkonsum beim jungen Menschen die normale psychosoziale Entwicklung insofern beeinträchtigt, als gewisse Aufgaben nicht gemeistert und wichtige Entwicklungsschritte nicht abgeschlossen werden können, so dass eine Entwicklungsverzögerung eintritt. Hinsichtlich des Alkoholkonsums haben wir aufgrund der vorliegenden Ergebnisse für diese Position kaum Anhaltspunkte. Tendenziell anders sieht es beim Konsum von Tabak und harten Drogen aus: In der Ausbilungs- und Arbeitssituation sind verschiedene Problemindikatoren vorhanden, ebenso in der Partnerschaft oder Ehe, ferner bestehen gesundheitliche (somatische) Schwierigkeiten und Beeinträchtigungen im psychischen Wohlbefinden. Offensichtlich gelingt diesen Konsumenten eine der Altersnorm entsprechende Bewältigung wichtiger Lebensaufgaben nicht. Diese Ergebnisse stehen deshalb nicht im Widerspruch zur Position der Entwicklungsbeeinträchtigung resp. -Entwicklungsverzögerung.

9.7.8 Pseudoemanizipation, frühreife Entwicklung
Ein anderer Ansatz postuliert demgegenüber eine Entwicklungsakzeleration in Zusammenhang mit dem Drogenkonsum (Newcomb & Bentler, 1988). Danach übernehmen Drogenkonsumenten früher als andere Rollen der Erwachsenen. Sie verlassen früher Schule und Elternhaus, treten früher ins Erwerbsleben ein, sind früher sexuell aktiv und bilden eine Partnerschaft oder Ehe, aus der Kinder hervorgehen. Bei dieser frühreifen Entwicklung wird die berufliche Ausbildung und die psychosoziale Entwicklung "abgekürzt", so dass die Lebensaufgaben nicht adäquat gemeistert werden

und es häufig zu Schwierigkeiten bei der Bewältigung dieser Erwachsenenrollen kommt. Baumring & Moselle (1985) haben in diesem Zusammenhang den Begriff der "Pseudoemanzipation" geprägt.

Betrachten wir die vorliegenden Ergebnisse, so sprechen verschiedene Befunde für diese These, aber nicht für alle Drogen in gleichem Masse. Indikatoren einer frühen Partnerbeziehung und Ehe sowie Schwierigkeiten in diesem Bereich zeigen sich im Zusammenhang mit dem Konsum harter Drogen (Tab. 9.8). Probleme im Zusammenhang mit der Ausbildungs- und Berufssituation sind hinsichtlich der illegalen Drogen, aber auch bezüglich des Tabakkonsums vorhanden. Oft wurde die Ausbildung abgebrochen oder vorzeitig beendet. Berücksichtigt man zudem die oben erwähnten Ergebnisse aus der Antezedenzforschung, wonach bei diesen Personen Schwierigkeiten im Elternhaus und in der Schule bereits **vor** der Konsuminitiation bestanden, sowie auch die verminderte soziale Integration und stärkere Zuwendung zu gleichgesinnten Freunden, dann ergibt sich das Bild einer frühen Ablösung oder Distanzierung vom Elternhaus und einer ebenso frühen Übernahme von Rollen des Erwachsenenstatus. Beides sind Indikatoren einer frühreifen Entwicklung, die mit Schwierigkeiten verbunden ist und deshalb den Anschein einer Pseudoemanzipation erweckt. Dieser Ansatz ist deshalb - was den Konsum harter Drogen und z.T. auch den Tabakkonsum betrifft - mit den vorliegenden Daten zu vereinbaren. Für den Alkoholkonsum ist er jedoch nicht zutreffend.

9.7.9 Inadäquates Bewältigungsverhalten
In dem von Pentz (1985) diskutierten "stress-response-model" erhöht sich längerfristig der Stress als Folge des Drogenkonsums, weil andere, adaptivere Bewältigungsformen als der Konsum von Drogen nicht erlernt oder sogar verlernt wurden. Hendin & Haas (1985) sprechen in diesem Zusammenhang auch von einem regressiven Bewältigungsstil, den Cannabiskonsumenten praktizieren und der ein Ausweichen vor Problemkonfrontationen bedeutet, bei dem Problemlösungen nicht gesucht und erprobt werden. - Beim vorliegenden Studienmaterial sind es die Typ-VI-Studien, die solche Veränderungen als (mögliche) Folge des Drogenkonsums erfassen. Solche Veränderungen in Richtung Beeinträchtigung der Gesundheit und des psychischen Befindens sind vorhanden, aber nur beim Konsum von harten Drogen und von Tabak. Das Stress-response-Modell ist somit teilweise mit den vorliegenden Ergebnissen kompatibel.

9.7.10 Das Amotivationale Syndrom
Das Amotivationale Syndrom als Folge des Drogenkonsums wird v.a. in Zusammenhang mit dem Cannabiskonsum genannt. Zu diesem Syndrom gehören Interessensverlust, Lethargie, Verminderung des moralischen Urteilens sowie soziale und persönliche Desorientierung (Kandel, 1978, S. 28). Bei den vorliegenden Studien ist dieses Syndrom nie explizit untersucht worden. Die vorhandenen Ergebnisse, die

Teilaspekte dieses Syndroms erfassten, belegen jedoch keinen solchen Zusammenhang zum Cannabiskonsum. Eine Zunahme der Schwierigkeiten in der Schule oder am Arbeitsort ist nicht aufgetreten (Tab. 9.8, Typ VI). Damit wird nicht ausgeschlossen, dass in der Phase der Cannabisintoxikation kurzfristig Wirkungen im Sinne des Amotivationalen Syndroms eintreten. Langzeiteffekte, die Gegenstand der hier analysierten Studien waren, sind jedoch nicht vorhanden, so dass die These des Amotivationalen Syndroms nicht belegt werden kann. 36)

9.7.11 Positive Konsequenzen?
Aus einigen Einzelergebnissen geht hervor, dass der Konsum nicht nur "negative", sondern auch "positive" Konsequenzen hatte. In der Arbeit von Newcomb et al. (1986) war der Alkoholkonsum mit später erfassten positiven Veränderungen des Selbstwertgefühls im Sinne einer verminderten Beeinträchtigung verbunden. Bei Ginsberg & Greenley (1978) zeigte der Cannabiskonsum in der multivariaten Analyse eine später eintretende Stressreduktion. In einer neueren Arbeit von Newcomb & Bentler (1988) war der Alkoholkonsum mit einem Rückgang depressiver Verstimmungen und mit verbesserten sozialen Beziehungen verbunden. In dieser Studie bestand im weiteren eine Korrelation zwischen dem Konsum harter Drogen und der beruflichen Zufriedenheit, ein Ergebnis, das wir dem früheren Einstieg in die Erwerbstätigkeit und der vorübergehend finanziellen Besserstellung zugeschrieben haben. - Aus diesen Befunden geht hervor, dass nicht nur Zusammenhänge zu unvorteilhaften, sondern auch zu subjektiv erwünschten Konsequenzen aufgedeckt wurden.

9.7.12 Bewirkt Drogenkonsum Drogenabusus?
Der Konsum einer Substanz kann aus pharmakologischen Gründen zu einem regelmässigen Konsum und schliesslich zur Abhängigkeit führen. Entsprechende physiologische, pharmakologische und biochemische Theorien sind bei Lettieri & Welz (1983) zusammengefasst worden. Aber auch andere theoretische Ansätze erklären die Abhängigkeitsbildung (z.B. Sieber, 1988). Der regelmässige Konsum einer Substanz kann ferner zum Konsum anderer Substanzen führen. Die Arbeitsgruppe von Kandel hat dazu verschiedentlich empirische Belege geliefert (Kandel et al., 1986; Yamaguchi & Kandel, 1984). Eine mögliche Konsequenz des Drogenkonsums ist deshalb die Wahrscheinlichkeit einer zunehmend stärkeren Involvierung in das Konsumverhalten. Daher kann die These aufgestellt werden, dass der Konsum von Drogen den späteren Drogenmissbrauch verursacht und zwischen dem Konsumverhalten in der Adoleszenz und demjenigen im Erwachsenenalter eine Korrelation besteht.

---

36) Newcomb & Bentler (1988) kommen zum gleichen negativen Resultat.

Eigenartigerweise ist der Zusammenhang zwischen dem Konsumverhalten in der Adoleszenz und demjenigen im Erwachsenenalter bisher nur vereinzelt untersucht worden. Chassin (1984) hat auf diesen Mangel hingewiesen und in diesem Zusammenhang geschrieben: "Currently, little information exists concerning the long-range implications of adolescent substance use." (p. 132).

Der Zusammenhang zum späteren Konsumverhalten und insbesondere zum Problemkonsum gehört in der vorgestellten Typologie der Längsschnittstudien zum Typ I (Kapitel 2). Dieser Studientyp wird in die vorliegende Literaturanalyse nicht einbezogen. In den hier untersuchten Studien vom Typ II bis VII liegen aber zu dieser Fragestellung Angaben vor. Sie sind in Tabelle 9.9 zusammengestellt. Die höchste Stabilität finden wir beim Tabakkonsum (Werte zwischen r=.49 und r=.60). Es ist erstaunlich, dass das Rauchen derart hohe Stabilitätswerte aufweist und in der Studie von SIEBER (1988) selbst nach 12 Jahren noch eine Korrelation von r=.56 bestand. Vergleicht man diese Stabilitätsangaben mit den Korrelationen zwischen psychosozialen Merkmalen und dem späteren Konsumverhalten, so stellen wir fest, dass das Rauchen in der Adoleszenz mit Abstand der beste Prädiktor für das Rauchen im Erwachsenenalter ist. Aus diesem Grunde ist es unbestritten, dass präventive Bemühungen sinnvollerweise schon in der Adoleszenz eingesetzt werden. - Beim Konsum von Cannabis und insbesondere beim Alkoholkonsum bestehen grössere Schwankungen. Aber auch diese Werte belegen, dass das vorangehende Konsumverhalten zu den besten Prädiktoren für das spätere Konsumverhalten gehört. Aus der Arbeit von Donovan et al. (1983) geht hervor, dass das spätere Problemtrinken mit der Konsumhäufigkeit bei der Erstbefragung korreliert (.25 bis .48), so dass für Alkohol auch zum sozial auffälligen Trinken ein klarer Zusammenhang besteht. Diese Korrelation ist zwar beachtlich, aber die damit erklärte Varianz liegt im Maximum bei 25%. Dies bedeutet, dass noch lange nicht jeder Adoleszente, der in seiner Jugend überdurchschnittlich viel getrunken hat, später zum sozial auffälligen Trinker wird. Die These aber, wonach das Konsumverhalten in der Adoleszenz bei einem Teil der Jugendlichen später im Erwachsenenalter zu einem Konsummissbrauch und zu einer Abhängigkeit führt und deshalb für die Prävention relevant ist, wird somit bestätigt.

Tab. 9.9: Stabilität des Konsumverhaltens: Korrelationen zwischen dem Konsumverhalten der Ersterhebung (T1) und dem später erfassten Konsumverhalten (T2); (Intervall in Jahren)

Studie	Intervall	Konsumvariable	Korrelat.
Donovan et al.1983	6	Problemtrinken	.25-.48
		Bier	.17-.39
		Spirituosen	.11-.19
		Durchschnittl.Alkohol	.04-.25
		Alkoholräusche	.04-.40
		Marihuanakontakt	.14-.38
		Marihuana Häufigkeit	.05-.38
Friedman et al. 1987	1,5	Alkohol, illeg. Drogen	.45
Ginsberg, 1978	3	Marihuana	.64
Jessor, 1978	2	Cannabis Männer	.45
		Cannabis Frauen	.53
Johnston, 1978	4	illegale Drogen	.48
Plant, 1985	3	Alkohol letztes Mal	
		- Männer	.10
		- Frauen	.20
		Alkohol letzte Woche	
		- Männer	.20
		- Frauen	.00
		Tabak	
		- Männer	.60
		- Frauen	.60
		illegaleDrogen	
		- Männer	.40
		- Frauen	.30
Pederson, 1984	3	Tabak	.49
Sieber, 1988	12	Alkoholräusche	.28
		Tabak	.56
		Cannabis	.36
Stein et al., 1987	4	Alkohol	.43-.71
		Cannabis	.66-.79
		harte Drogen	.31-.66

9.8 Implikationen für die Prävention
Wir haben im einleitenden Abschnitt 1.6.6 über die Relation zwischen Antezedenzforschung und Prävention festgehalten, dass die Antezedenzforschung durchaus einen wichtigen Beitrag zur Eingrenzung relevanter Erklärungsansätze liefert, an denen sich die Primärprävention orientieren kann. Aber der Übergang von einer Erklärungshypothese zur konkreten Interventionsmassnahme hat keineswegs den Charakter einer stringenten Ableitung. Erst wenn das Antezedenzwissen mit operativen Hilfsannahmen in Verbindung gesetzt werden kann, ist die Voraussetzung für präventives Handeln gegeben. Qualifiziertes Wissen über Erklärungsansätze ist somit noch keine Garantie für ein erfolgreiches Interventionshandeln, was aber nicht bedeutet, dass die Antezedenzforschung nutzlos wäre. Wir werden im folgenden auf mögliche operative Hilfsannahmen, welche eine Brücke zur Prävention schlagen, hinweisen. Eine Zusammenstellung folgt in Tabelle 9.10.

9.8.1 Antezedenz- und Konsequenzanalyse
Betrachten wir die vorliegenden Ergebnisse der **Antezedenzanalyse** im Hinblick auf die primäre Prävention, so fällt einmal der deutliche Zusammenhang zwischen den verschiedenen **Problemindikatoren** (Elternhaus, Schule, Arbeit, abweichendes Verhalten) und dem Konsum illegaler Drogen auf. Aber auch bezüglich des Tabakkonsums erwiesen sich diese Problemindikatoren als relevant.37) Daraus ist abzuleiten, dass diese Problembereiche in der Prävention Beachtung finden sollten. Dies ist sicher nicht einfach zu realisieren, v.a. die Problemindikatoren im Elternhaus und das abweichende Verhalten sind schwierig anzugehen. In den Bereichen Schule und Arbeitssituation lassen sich vielleicht eher präventive Überlegungen gezielt umsetzen. Die hier angesprochene Reduktion dieser Problemindikatoren muss v.a. bei der Formulierung der Erziehungs-, Ausbildungs- und Gesundheitspolitik berücksichtigt werden. Die Schwierigkeiten in den Bereichen Schule und Arbeit weisen darauf hin, dass die Anforderungen für die regelmässigen Konsumenten eher herabgesetzt resp. vermehrt adäquate Lernhilfen angeboten werden sollten. Für diese Gruppe müssten die Anstrengungen zur sozialen Integration eher unterstützt werden, wenn es um eine Neuformulierung der Präventionspolitik gehen soll.

Problemindikatoren im Elternhaus aber auch in der Schule deuten darauf hin, dass die **affektive Erziehung** besondere Beachtung verdient. Affektive Erziehung zielt darauf ab, die emotionale Entwicklung günstig zu beeinflussen. Dazu gehört, dass die Selbsteinschätzung und die intra- und interpersonalen Fähigkeiten verbessert werden. Sie geht davon aus, dass Fähigkeiten, die mit dem affektiven Bereich verknüpft sind,

---
37) Hier ist auch auf solche Stimmen zu verweisen, die die Institution Schule als Risikofaktor betrachten (Gottraux, 1984). Müller (1980) schreibt dazu: "In der Tat lässt sich nachweisen, um bei der Schule zu bleiben, dass sie selbst es ist, die zu einem guten Teil Ängste und Konflikte erzeugt und damit eine Voraussetzung schafft, die Jugendliche zu Alkohol- und Drogenkonsumenten disponieren." (S. 33).

sowohl lehr- als auch lernbar sind. Bewusstmachung individueller Werte und Bedürfnisse sowie deren Rolle im Entscheidungsprozess fördern ein verantwortungsbewusstes Handeln, das auch den Umgang mit Drogen einschliesst. Die Vertreter der "Humanistischen Psychologie" haben den Ansatz der affektiven Erziehung ins Zentrum ihrer Überlegungen gestellt.

Problemindikatoren des Elternhauses deuten aber auch an, dass die **Kommunikation** zwischen den Eltern und den Jugendlichen gestört sein kann und eine Verbesserung nützlich wäre. Klein & Swisher (1983) haben in einem Programm zur Verbesserung kommunikativer Fähigkeiten von Eltern (Communication and Parenting Skills) anhand eines "Sensitivity to children"-Indexes eine signifikante Zunahme des Erwerbs solcher Fähigkeiten festgestellt. Die Überprüfung, dass die Verbesserung intrafamiliärer Kommunikation sich präventiv auf den problematischen Umgang mit psychoaktiven Stoffen auswirkt, ist allerdings noch nicht unternommen worden.

Die Versuche, Lehrern verschiedene affektive Erziehungstechniken beizubringen, um sie gegenüber den affektiven Bedürfnissen der Schüler zu sensibilisieren, haben sich als recht ermutigend erwiesen (Schaps et al., 1984). Dabei stellte sich auch heraus, dass diesbezüglich besser geschulte Lehrer eine stärkere Wirkung auf die Schüler hatten als nicht geschulte Lehrer (Newman et al., 1984). - Die Annahme, dass sich eine Verbesserung der Kommunikation im Elternhaus und in der Schule günstig auf den problematischen Umgang mit Drogen auswirkt, ist plausibel und gibt auch Anlass zu Hoffnungen, sie muss aber im einzelnen noch überprüft werden.

Die Bewältigung von Schwierikeiten im Elternhaus und in der Schule kann präventiv auch durch Vermittlung von **personalen und sozialen Fähigkeiten** angegangen werden. Programme, die diese Fähigkeiten fördern, enthalten z.B. die folgenden Komponenten: allgemeine Entscheidungsfähigkeit, Resistenztechniken, Erhöhung der Selbsteinschätzung, Stress- und Angstreduktionstechniken, kommunikative Fähigkeiten, Selbstbehauptungsfähigkeiten.

In einer Übersichtsarbeit von 117 Social-skills-Trainingstudien berichten Pentz & Tolan (1983), dass sich die Vermittlung von sozialen Fähigkeiten positiv auf prosoziales Verhalten auswirkt. Die Auswirkungen auf das Konsumverhalten sind jedoch nicht völlig klar: Dupon & Jason (1984) finden keine Wirkung eines Assertiveness-Training-Programmes auf den Drogenkonsum von Jugendlichen. Bei Pentz (1983) wird ein moderierender Einfluss auf das Konsumverhalten festgestellt. Auch hier besteht Hoffnung, dass auf diesem Wege ein positiver Effekt bezüglich des Konsummissbrauchs erzielt werden kann, aber der Nachweis dazu steht noch aus.

Ein anderes Ergebnis der Antezedenzanalyse unterstreicht die grosse Bedeutung der **gleichgesinnten Freunde** und v.a. auch deren Konsumverhalten. Dies zeigt die enge

Bindung des Konsumverhaltens an die Beziehungsdimension. Wenn es gelingt, die relativ hohe Bewertung des Konsumierens von legalen und illegalen Drogen bei der Risikogruppe zu vermindern und die damit verbundenen Werthaltungen zu verändern, (wie dies am Beispiel der Nichtraucherbewegung ersichtlich ist), dann dürfte erwartet werden, dass dadurch auch das Konsumverhalten Jugendlicher im positiven Sinn beeinflusst wird.

Die Bedeutung der Freunde ist in der Drogenprävention explizit aufgenommen worden. Da bei Jugendlichen die Glaubwürdigkeit von Erwachsenen oft eingeschränkt ist, erweisen sich andere Jugendliche und nicht Erwachsene als wirksame Sender von Drogenbotschaften. Im Bereich der Drogenprävention und insbesondere in der Raucherprävention sind Adoleszente wiederholt erfolgreich als "Erzieher" und **Kommunikatoren** (peer leaders) eingesetzt worden (Klepp et al., 1986). Gleichaltrige als Drogenerzieher fungieren als bessere Rollenmodelle als Erwachsene, wenn sie den Nichtkonsum demonstrieren. Sie signalisieren, dass der Drogenkonsum nicht die Norm ist und geben ihren abstinenten Kollegen Unterstützung, eine Unterstützung, die v.a. bei starkem Gruppendruck zum Konsumieren unentbehrlich ist. Durch ihr Verhalten geben sie ein Beispiel, wie konkret dem Gruppendruck begegnet werden kann. Ferner wird durch sie die Bewertung der Gesundheit positiv verstärkt.

Peer leaders als Vermittler von **Resistenztechniken** sind z.T. mit Erfolg eingesetzt worden. Flay (1985) kommt in einer Übersichtsarbeit über die vorliegenden Evaluationen zu Inokulationsansätzen (Immunisierung) zu einem positiven Resultat. Der Effekt ist nicht nur hinsichtlich des Tabak-, sondern auch des Marihuanakonsums vorhanden, was die Bedeutung dieses Präventionsansatzes nochmals unterstreicht.

Das **Konsumverhalten und die permissive Konsumeinstellung der Eltern** erwies sich insgesamt betrachtet nicht als ein sehr bedeutungsvoller Prädiktor. Bei der Initiation in das Tabakrauchen und der Progression des Alkoholkonsums sind aber möglicherweise wichtige, präventionsrelevante Zusammenhänge vorhanden. Wenn das Konsumverhalten der Eltern aufgrund präventiver Bemühungen verändert werden kann, könnte dies u.U. einen beachtlichen Effekt erbringen, weil das Modellverhalten auf alle Angehörigen der Familie einen Einfluss hat. Hinzu käme auch der gesundheitsfördernde Effekt für die Eltern selbst. Solche indirekten, auf das übergeordnete System ausgerichteten Präventionsansätze könnten u.U. eine weitaus grössere Wirkung erzielen als die auf die Zielpopulation direkt bezogene Prävention.

Einer der bedeutendsten Antezedenzfaktoren ist die unkonventionelle, nonkonforme Lebenshaltung, die mit einer verminderten sozialen Integration gekoppelt ist. Je ausgeprägter diese Einstellung ist, desto grösser ist der Stellenwert des Konsumierens legaler und illegaler Drogen. Bemerkenswert ist, dass dies nicht nur für den Konsum illegaler Drogen zutrifft, sondern auch für den Alkohol- und Tabakkonsum. Dieser

Zusammenhang ist somit nicht nur deshalb vorhanden, weil der Konsum illegaler Drogen eine nicht-konforme Handlung repräsentiert und zum Ausdruck dieser Lebenshaltung verwendet wird. Würde dies zutreffen, würde bei den legalen Drogen kaum ein Zusammenhang bestehen. Dies ist aber nicht der Fall. Die Legalisierung der illegalen Drogen würde deshalb diese Beziehung zwischen Unkonventionalität und Konsumverhalten wahrscheinlich nicht zum Verschwinden bringen. - Ziel präventiven Handelns könnte möglicherweise darin bestehen, andere, weniger problematische Verhaltensweisen als den Konsum von Drogen mit der Unkonventionalität in Verbindung zu bringen.

Diese Überlegung gilt auch für die Reiz- und Risikoorientierung ("sensation seeking"), die auch einen Antezedenzfaktor darstellt. Die Suche nach einem ungebundenen, erregenden Leben mit hedonistischer Lebenserfahrung ist eine erklärungskräftige Wertorientierung, die mit dem Konsumverhalten verbunden ist und die Richtung andeutet, in welcher **alternative Erlebnisangebote** geschaffen werden könnten. Hier kann deshalb postuliert werden, dass jede Massnahme, die dazu geeignet ist, dass Jugendliche Erlebnisangebote aufgreifen oder neue Erlebnisfelder selbst schaffen, präventiv wirkt. Solche Alternativen definiert Cohen (1973) als "...those constructive and viable attitudes, values, orientations, experiences, live styles, opportunities, activities, peer suits, and programs which can prevent significant drug abuse or diminish drug abuse by providing greater satisfaction than can drugs do." (p. 1).

Wenn solche Alternativen zu Gratifikationen führen, die denjenigen ähnlich sind, die sich dem Individuum aus dem Konsum von Drogen ergeben, besteht Aussicht auf Erfolg, dass Gratifikationen auf nicht-chemischem Weg gesucht und beibehalten werden.

Wir haben weiter oben darauf hingewiesen, dass die Umsetzung dieser Ergebnisse aus der Antezedenzforschung in präventives Handeln in der Regel nicht direkt erfolgen kann, sondern dass wir operative Grundannahmen postulieren müssen, die auf den Konsum von Drogen bezogen sind und die die Formulierung einer präventiven Strategie erleichtern. Solche operativen Annahmen und die dazu relevanten oder möglichen präventiven Strategien sind in Tabelle 9.10 für verschiedene Antezedenzien aufgeführt - Antezedenzien, die in der vorliegenden Literaturanalyse zur Sprache gekommen sind. Die theoretischen Ansätze sind nach den folgenden institutionellen Gesichtspunkten gegliedert: Individuum, Familie, Schule, Freundeskreis und Drogen. Die Aufstellung orientiert sich an der Publikation vom Bundesamt für Gesundheitswesen (1990), S. 175.

Tab. 9.10: Antezedenzien des Drogenkonsums resp. -missbrauchs und mögliche Strategien der Prävention (gem. BAG, 1990)

Antezedenz	Theoretischer Bezug	Operative Annahme	Präventive Strategie
a) Individuelle Ebene			
Emotionale Labilität	Persönlichkeitstheorie	automedikative Funktion des Drogenkonsums	Früherfassung von Problemkindern, Psychotherapie Vermittlung von Coping-Fähigkeiten
Tiefe Selbsteinschätzung	Stress-/ Copingtheorie	Drogenkonsum als adaptive Antwort auf ein degradiertes Selbst	Vermittlung von Erfolgserlebnissen Selbstbehauptungstraining
Devianzneigung	Subkultur-/ Sozialisationstheorie	Drogenkonsum durch soziale Entfremdung	Vermittlung von sozialer Kompetenz
Reizorientierung (sensation seeking)	Theorie des excitatorischen Systems	Drogenkonsum zur Kompensation von Reizarmut und Unterstimulation	Schaffung von Erlebnisangeboten
Permissive Einstellung zu Drogen	Attitüdentheorie	Einschätzung der Gefährdung durch Drogen bestimmt Konsumverhalten	Dissuasive Informierung
Alkohol- und Tabakkonsum	Stress-/ Copingtheorie	Früher Kontakt mit "gatekeeper" Drogen beschleunigt die Drogensequenz	Vermittlung dissuasiver Information, Angebot von Alternativen

Antezedenz	Theoretischer Bezug	Operative Annahme	Präventive Strategie
b) Familie			
Familiäre Kohäsion Disruptionen	Sozialisationstheorie	Funktionsverlust der Familie führt zu frühzeitiger Ablösung von ihr	Früherkennung, Funktionsersatz durch Lebensstrukturierung, Vermittlung personaler Kompetenzen
Belohnungs-/ Bestrafungsmuster	Sozialisationstheorie	Zu starke oder zu schwache Kontrolle führt zu Rückzug aus Familie	Parent Effectiveness Training (PET). The Power of Positive Parenting
Emotionales Klima	Sozialisationstheorie	erlebte Hostilität von seiten der Eltern führt zu Rückzug aus Familie	Elternschulung (siehe oben)
Stressevozierende Ereignisse	Stress- / Copingtheorie	Personelle Ressourcen unzureichend, um familiären Stress zu bewältigen	Life skilltraining
Konsum der Eltern von legalen und illegalen Drogen	Soziales Lernen Modellernen	Vorbildwirkung	persuasive Informierung der Eltern u. Kinder
Permissives Konsumverhalten der Eltern	idem	Attitüdenformierung	wie oben

Antezedenz	Theoretischer Bezug	Operative Annahme	Präventive Strategie
c) Schule			
Leistungsorientierung	Sozialisation Erfolgslernen	Permanentes Leistungsversagen führt zu Ablehung der Leistungsnormen	Vermitteln von Erfolgserlebnissen Schulpolitik
Schulklima	Sozialisation	geringer Support durch Lehrer führt zu Ablehnung von Schulnormen	Lehrertraining Teacher Effectiveness Training (TET) Schulpolitik
d) Freundeskreis:			
Konsum der Freunde	Soziales Lernen	Drogen als Symbol sozialer Zugehörigkeit	soziale Inokulation
Permissive Einstellung zum Drogenkonsum	Soziales Lernen Attitüdenformierung	Drogenkonsum führt zu Integration in extrafamiliärem Supportsystem	soziale Inokulation
e) Droge:			
Drogensequenz	Lerntheorie	legale Drogen als "gatekeeper"	Verhütung des Konsums legaler Drogen

Aus den Ergebnissen der **Konsequenzanalyse** geht hervor, dass v.a. der Konsum von illegalen Drogen und von Tabak mit negativen Konsequenzen verbunden ist. Dies bedeutet, dass das Tabakrauchen weit stärker als bisher in die Prävention einbezogen werden muss. Die überraschend grosse Bedeutung des Tabakrauchens ist eines der wichtigsten Ergebnisse der vorliegenden Literaturanalyse, ferner auch die Verbindung des Tabakkonsums mit den Problemindikatoren im Bereich Schule und Arbeit.

Die ungünstigen Auswirkungen des Konsums von illegalen Drogen und von Tabak auf die Ausbildungssituation und die z.T. frühe Partnerschaft resp. Familiengründung deuten an, dass die oben erwähnte Tendenz der "Pseudoemanzipation" gebremst werden sollte. Dazu erscheint es unumgänglich, dass die Schul- und Berufsausbildung den Möglichkeiten und Bedürfnissen der Risikogruppe besser angepasst wird und persönlichkeitsbildend wirken kann, so dass ein vorzeitiger Ausstieg verhindert und die Persönlichkeitsreifung länger unterstützt werden kann.

9.8.2 Substanzspezifische Prävention
Die vorliegenden Ergebnisse der Antezedenz- und Konsequenzanalyse zeigen, dass der Konsum illegaler, v.a. harter Drogen und der Tabakkonsum mit mehr Problemindikatoren verbunden ist als der Alkoholkonsum. Von daher betrachtet wäre die Prävention in erster Linie auf diese Substanzen auszurichten. Eine spezifische Wirkung besteht auch von der permissiven, konsumbegünstigenden Haltung der Eltern zum Alkoholkonsum der Jugendlichen. - Aus den Ergebnissen (Tab. 9.3) geht aber auch klar hervor, dass der Konsum aller erfassten Substanzen mit einer bestimmten Lebenshaltung, mit Einstellungen und Werthaltungen verknüpft ist, die substanzunspezifisch sind (Unkonventionalität, Reiz- und Risikoorientierung, verminderte schulische Leistungsorientierung, permissive Konsumeinstellung). Für diese unspezifischen Antezedenzien aus dem Bereich der Persönlichkeit ist ein breiter, auf das gesamte Konsumverhalten ausgerichteter Präventionsansatz indiziert. Insgesamt spricht von den Ergebnissen her betrachtet mehr für den ganzheitlichen Ansatz, da in der Regel nur der Alkoholkonsum eine etwas speziellere Rolle spielt. Bei regelmässigen Konsumenten von illegalen Drogen und von Tabak ist zudem auch der Alkoholkonsum überdurchschnittlich stark ausgeprägt.

Die vorliegenden Ergebnisse haben aber auch überraschend deutlich gezeigt, dass der Tabakkonsum stärker als bisher vermutet mit Risiko-Antezedenzien und negativen Konsequenzen gekoppelt ist. Der Tabakkonsum ist somit vermehrt und stärker als bisher in der Prävention zu berücksichtigen. Bisherige Ansätze haben sich zu oft auf den Konsum illegaler Drogen und auf den Alkohol konzentriert.

9.8.3 Phasenspezifische Prävention
In welchem Zeitpunkt ist es sinnvoll, mit der primären Prävention zu beginnen? Schon recht früh vor der Initiation oder erst später? Man würde hier spontan antworten: Natürlich schon vor der Initiation! Prävention aber, die schon sehr früh eingreift, basiert auf der Annahme, dass mit der Reduktion der Anzahl Einsteiger auch eine Reduktion des später auftretenden Konsummissbrauchs zu erzielen ist, d.h. dass die Antezedenzien der Initiation eine Langzeitwirkung haben und früh einsetzende Prävention deshalb angebracht ist.

Die vorliegenden Ergebnisse zeigen, dass mehrere Antezedenzien eine Wirkung sowohl hinsichtlich der Initiation als auch der Progression haben (Tab. 9.4) und eine früh einsetzende Prävention rechtfertigen. Es hat deutlich mehr phasen**un**spezifische Antezedenzien als spezifische. Diese phasenunspezifischen Antezedenzien haben deshalb für die Prävention eine wichtige Bedeutung. Zudem ist es für die Prävention wesentlich einfacher, wenn sie nicht für die verschiedenen Phasen unterschiedliche Präventionsbotschaften oder Interventionen formulieren muss. - Aber auch Antezedenzien, die ausschliesslich hinsichtlich der Initiation wichtig sind, können für die Prävention relevant sein, da das Konsumverhalten nach der Initiation (in der Adoleszenz) deutlich mit dem späteren Konsumverhalten und auch dem Konsummissbrauch im Erwachsenenalter korreliert. Initiationsspezifische Antezedenzien sind deshalb bei präventiven Überlegungen nicht auszuschliessen.

Hier taucht auch die Frage auf, ob ein zeitliches Hinausschieben der Initation als Präventionsziel sinnvoll wäre. Zur Zeit wissen wir noch zu wenig darüber, ob "Früheinsteiger" ein grösseres Risiko als "Späteinsteiger" aufweisen, später einmal häufiger Drogen zu konsumieren. Möglicherweise erreichen "Früheinsteiger" schneller in ihrer Entwicklung ein gewisses Konsumniveau, kommen aber auch schneller wieder davon weg.

9.8.4 Zielgruppenspezifische Prävention
Wir können uns fragen, ob die vorliegenden Ergebnisse Hinweise dafür geben, präventive Massnahmen auf bestimmte Zielgruppen zu richten und wenn ja auf welche, oder ob eher eine generelle, nicht auf spezielle Gruppen gerichtete Prävention indiziert wäre. Zielgruppenspezifische Prävention stände dann zur Diskussion, wenn aus der Antezedenzforschung hervorgeht, dass Antezedenzien mit einem spezifischen Konsumverhalten in Verbindung stehen. Dies könnte z.B. der starke, missbräuchliche Konsum sein, oder der Konsum einer bestimmten Substanz. Wenn beispielsweise ein Antezedenzfaktor nur bei starken Konsumenten relevant ist, bei anderen Personengruppen aber nicht, dann wäre eine zielgruppenspezifische Prävention in Erwägung zu ziehen. Dies ist der Fall, wenn zwischen der Antezedenz (Risikoindikator) und dem Konsummissbrauch ein deutlich kurvilinearer Zusammenhang besteht. Liegt jedoch ein linearer Zusammenhang vor, dann spräche dies gegen eine gruppenspezifische Intervention.

Bei den hier integrierten Längsschnittstudien ist die Frage der Linearität mit wenigen Ausnahmen nicht analysiert worden. Es gibt jedoch Anhaltspunkte dafür, dass möglicherweise kurvilineare Beziehungen vorliegen. Aus der Studie von Newcomb et al. (1986b) geht hervor, dass die von ihnen analysierten Risikofaktoren dann für die starken Konsumenten von Cannabis und harten Drogen besonders relevant waren, wenn sie in Kombination mit anderen Risikofaktoren auftraten. Ferner entnehmen wir den Ergebnissen mehrerer Tabellen, dass Antezedenzien insbesondere dann für die Konsumenten harter Drogen und z.T. auch für das Tabakrauchen bedeutsam waren, wenn Indikatoren **aus verschiedenen Bereichen zusammengefasst** wurden. Diese beiden Befunde deuten darauf hin, dass die Summenbildung von Risiko- oder Problemindikatoren insbesondere bei den regelmässigen und starken Konsumenten illegaler Drogen von Bedeutung sind.

Andere, aus den vorliegenden Ergebnissen abgeleitete Überlegungen sprechen eher gegen eine gruppenspezifische Prävention: Die Zusammenhänge (Korrelationen) zwischen den Antezedenzien und dem Konsumverhalten sind in der Regel nicht hoch, so dass die Definition und Bildung von Risikogruppen auf keiner soliden Basis steht. Diese Gruppenbildung wäre mit vielen Willkürentscheiden verbunden, die empirisch wenig abgestützt sind. Ferner haben wir gesehen, dass die Antezedenzien nur in Ausnahmefällen mit dem Konsum einzelner Substanzen korrelieren und dass die substanzunspezifischen Antezedenzien überwiegen. Auch dies ist eher ein Argument gegen eine Bildung von Risikogruppen. Hinzu kommen die in Kap. 1 erwähnten Bedenken bei der Identifikation von Risikopopulationen; (Kritik am klassischen Präventionsmodell).

Diese Ergebnisse und Überlegungen sprechen zur Zeit eher gegen eine zielgruppenspezifische Prävention. Die Drogenforschung hat sich aber dieser Frage bisher noch wenig angenommen. Es ist deshalb sinnvoll, wenn inskünftig die Frage der Kurvilinearität der Beziehung explizit angegangen wird. Hier ist auch zu bemerken, dass diese Frage nach einer zielgruppenspezifischen Prävention mit Hilfe der Typenbildung angegangen werden kann. Die untersuchten Personen würden dabei verschiedenen Gruppen oder Typen zugeordnet, deren Mitglieder innerhalb einer Gruppe eine hohe Ähnlichkeit aufweisen (Personencluster). Dieser Ansatz ist jedoch in der Längsschnitt-Drogenforschung bis jetzt noch nicht oft angewendet worden.

9.9 Schlussbemerkungen und Ausblick

Übersichtsarbeiten und Literaturanalysen auf dem Gebiet der epidemiologischen Drogenforschung fehlen bisher weitgehend. Für eine Standortbestimmung, aber auch wegen der grossen Bedeutung der Prävention werden solche Arbeiten jedoch dringend benötigt. Erst anhand von ihnen kann eine umfassende Standortbestimmung vorgenommen werden, die nicht auf den Ergebnissen von wenigen, lokalspezifischen Befunden basiert.

Mit der vorliegenden integralen Literaturanalyse ist eine Typologie verschiedener Längsschnittanalysen entwickelt worden, in die praktisch das gesamte Studienmaterial publizierter Längsschnittstudien einbezogen werden konnte. Diese Typologie berücksichtigt sowohl die Antezedenz- als auch Konsequenzforschung, unterscheidet nach Initiation und Progression und bezieht explizit den Ansatz der Veränderungsmessung ein. Der Konsum von legalen und illegalen Drogen wird gleichermassen behandelt. - Die Beurteilung der Informationen aus den 79 Arbeiten stützt sich auf die statistische Signifikanz der Einzelergebnisse. Dieses Kriterium erwies sich einerseits als gemeinsame Vergleichsbasis verwendbar und zum anderen als transparent. Im übrigen kann die Literaturanalyse ohne grossen Aufwand neue Ergebnisse einbeziehen und somit aktualisiert werden.

Die bedeutungsvollen, aber auch die nicht-relevanten Antezedenzien und Konsequenzen sind aus dem Studienmaterial herausgearbeitet und mit theoretischen Konzepten in Verbindung gebracht worden. Es konnte gezeigt werden, mit welchen theoretischen Ansätzen die Ergebnisse vereinbar sind und mit welchen nicht. Die wichtigsten **Ergebnisse** werden hier nochmals kurz zusammengefasst:

1. Die substanzunspezifischen und die phasenunspezifischen Antezedenzien bestimmen das Bild. Insbesondere das Konsumverhalten der Freunde, die unkonventionelle Lebenshaltung, die Reiz-/Risikoorientierung und die permissive Konsumeinstellung sind weitgehend substanz- und phasen**un**spezifische Merkmale. Präventionsansätze, die sich auf diese Antezedenzmerkmale abstützen, dürften deshalb eine breite Wirkung erzielen; sie müssen sich weder auf eine bestimmte Substanz noch auf eine spezielle Phase ausrichten.

2. Die Unspezifität ist für die Prävention insofern günstig, da damit nicht für verschiedene Substanzen und Phasen unterschiedliche Präventionsbotschaften oder Interventionen formuliert werden müssen. Im weiteren können Präventionsmassnahmen bereits frühzeitig eingesetzt werden, vor Beginn des Konsummissbrauchs.

3. Im Zusammenhang mit diesem Überwiegen der Unspezifität ergeben sich einige Antezedenzien von besonderer Bedeutung: Problemindikatoren aus verschiedenen psychosozialen Bereichen stehen vor allem mit dem Konsum illegaler Drogen in Verbindung. Erstaunlicherweise sind die Problemindikatoren auch hinsichtlich des Tabakkonsums relevant. Dieser wichtige Stellenwert der Problemindikatoren für das Tabakrauchen impliziert eine Neuorientierung in der Prävention.

4. Für den Alkoholkonsum haben Problemindikatoren im Elternhaus und in der Schule eher eine spezifische Wirkung. Es ist möglich, dass diese Problemindikatoren und der überdurchschnittliche Alkoholkonsum als Folge des Bedürfnisses auftreten, sich möglichst früh in die Erwachsenengesellschaft integrieren zu wollen. Dies würde auch mit dem Ergebnis übereinstimmen, wonach später - nach erfolgter Integration - diese Problemindikatoren in den Hintergrund treten (keine "Langzeitwirkung").

5. Die Persönlichkeit gewinnt in der späteren Phase der Progression als Antezedenzfaktor an Bedeutung. Dies weist darauf hin, dass das Konsumieren später eher die Funktion einer Belastungs- und Problembewältigung übernimmt als in der Initiationsphase. Drogen repräsentieren in der Progressionsphase Instrumente zur Verbesserung der Gratifikationsbilanz.

6. Eine Verschlechterung der Ausbildungs- und Arbeitssituation oder des Gesundheitszustandes sowie Probleme in der Partnerschaft sind in erster Linie mit dem Konsum harter Drogen und Tabak aufgetreten, deutlich seltener jedoch mit dem Alkoholkonsum. Nebst dem Konsum harter Drogen erscheint somit überraschend der Tabakkonsum als wichtige Ursache für gesundheitliche und psychische Beeinträchtigungen.

7. Das Konsumverhalten ist nicht nur mit unvorteilhaften (negativen) Konsequenzen verbunden. Beim Konsum von Cannabis und Alkohol bestehen auch Zusammenhänge zu erwünschten Konsequenzen (Rückgang depressiver Verstimmungen, Verbesserung der sozialen Beziehungen). Der Cannabiskonsum nimmt bezüglich der negativen Konsequenzen eine mittlere Stellung zwischen dem Konsum von Alkohol und dem Konsum harter Drogen ein; im Vergleich zum Tabakkonsum sind erstaunlicherweise wenig negative Konsequenzen aufgetreten.

9. Es liegen mehr Befunde vor, die eine Kausalrichtung von der Persönlichkeit zum späteren Konsumverhalten belegen als umgekehrt, vom Konsumverhalten zur später erfassten Persönlichkeit.

10. Die These, gemäss derer das Konsumverhalten in der Adoleszenz bei einem Teil der Jugendlichen später im Erwachsenenalter zu einem Konsummissbrauch und zu einer Abhängigkeit führt, wird bestätigt. Insbesondere beim Tabakrauchen ist der Zusammenhang eng. Dies zeigt, dass früh einsetzende primärpräventive Massnahmen wichtig sind.

11. Der theoretische Ansatz der "Anfälligkeit für Problemverhalten" wird teilweise unterstützt, v.a. für den Konsum von Tabak und illegalen Drogen. Der Ansatz motivspezifischer Antezedenzien und die Theorie der Selbstbeeinträchtigung stehen nicht im Widerspruch zu den vorliegenden Ergebnissen. Konsumieren als Folge des Lernens am Modell der Eltern wird z.T. durch die Ergebnisse gestützt.

12. Der Einfluss der Persönlichkeit im Sinne einer "prämorbiden", psychopathologisch auffälligen Persönlichkeit, die als Ursache für den Konsummissbrauch postuliert wird, kann nicht bestätigt werden. Wird dagegen das Konzept "Persönlichkeit" breiter gefasst und die Unkonventionalität, die Reiz- und Risikoorientierung und die verminderte Leistungsorientierung miteinbezogen, finden wir Zusammenhänge zum Konsumverhalten.

13. Beim Konzept der "Pseudoemanzipation" wird davon ausgegangen, dass die psychosoziale Entwicklung "abgekürzt" wird und es beim Eintritt in das Erwachsenenalter zu Schwierigkeiten kommt. Der Konsum von Drogen kann diesen pseudoemanzipatorischen Prozess unterstützen. Der Ansatz ist im Hinblick auf den Konsum von harten Drogen und Tabak mit den vorliegenden Ergebnissen zu vereinbaren, nicht jedoch mit dem Alkoholkonsum.

14. Nicht der seit langem verbreitete Konsum von Alkohol und Tabak war ausschlaggebend für das Aufkommen von epidemiologischen Längsschnittstudien, sondern die rasche Verbreitung des Konsums von Cannabis und anderen illegalen Drogen. Es waren also nicht die Gefährdungslogik, das gesundheitliche Risiko oder die volkswirtschaftliche Belastung des legalen Konsummissbrauchs, die den Anstoss für die epidemiologische Drogenforschung gaben, sondern der zunehmende Konsum kulturfremder Drogen.

Die Ergebnisse der Antezedenzforschung umreissen die Bedeutung des Elternhauses, der Schule, der Freunde und der persönlichen Lebensorientierung. Eine umfassende Theorie zum Drogenkonsumverhalten wird deshalb diese vier Bereiche explizit berücksichtigen müssen. Psychopathologie-orientierte Konzepte dagegen sind für die hier anvisierte Population junger Erwachsener weniger von Bedeutung.

Überrascht haben die Ergebnisse zum Tabakkonsum: Aus den verschiedenen Einzelstudien war bisher nie so deutlich geworden, dass der Tabakkonsum mit verschiedenen Problemindikatoren verbunden ist - Antezedenzien wie auch Konsequenzen. Allzuoft sind diesbezüglich überwiegend nur die illegalen Drogen und der Alkoholkonsum beachtet worden. Dass dieses Ergebnis sichtbar wurde, ist v.a. auf das eingeschlagene methodische Vorgehen zurückzuführen, bei dem die verschiedenen Substanzen Alkohol, Tabak, Cannabis und harte Drogen gesondert und gleichwertig in die Analyse aufgenommen wurden.

Wurde der Zusammenhang zwischen Problemindikatoren und dem Tabakkonsum bisher unterschätzt, so sieht die Situation für den Cannabiskonsum eher umgekehrt aus: Der Cannabiskonsum ist gemäss den vorliegenden Ergebnissen nicht dermassen eng mit den Problemindikatoren verknüpft, wie dies aufgrund der öffentlichen Bewertung z.T. befürchtet wird. Der Konsum harter Drogen korreliert erwartungsgemäss am engsten mit Problemindikatoren und gesundheitlichen Schwierigkeiten.

Für die künftige Forschung ist zu wünschen, dass Längsschnittstudien stärker Theorie-orientiert angelegt werden und dass auch alternative, konkurrierende Ansätze einbezogen werden. Dies würde eine Übersicht über bestätigte und nicht bestätigte Theorien ermöglichen, was zusammen mit der Antezedenz- und Konsequenzforschung - wie sie hier vorgebracht worden ist - zu einem vertieften Verständnis der Drogenproblematik führen wird. Die vorliegende Arbeit hat auch auf die Bedeutung der Kombination von Antezedenzforschung und Konsequenzforschung für die Prävention hingewiesen. Das Zusammenwirken **beider** Forschungsansätze ist für die Prävention am aufschlussreichsten. Unter diesem Gesichtspunkt sind deshalb solche Studien besonders relevant, die sowohl die Antezedenzien als auch die Konsequenzen einbeziehen. Das erfordert Längsschnittstudien mit mindestens drei Erhebungen.

Eines der Anliegen dieser Arbeit war, die Bedeutung der epidemiologischen Drogenforschung für die Prävention und die Schnittstelle dieser beiden Wissenschaftsbereiche aufzuzeigen. Von den gemeinsamen vier wichtigen Antezedenzbereichen Elternhaus, Schule, Freunde und persönliche Lebensorientierung sind das Konsumverhalten der Eltern und die ungünstige Schulsituation besonders hervorzuheben. Kann das Konsumverhalten der Eltern verändert werden, dann wird sich dies im günstigsten Fall auf alle Kinder auswirken. Was die Schule betrifft, so ist sie für die präventionsrelevante Zielgruppe der regelmässigen Konsumenten oft zu stark leistungsorientiert. Die Schule wird den Fähigkeiten dieser Schüler und ihren Bedürfnissen nach einer unkonventionellen, Reiz- und Risiko-orientierten Lebenshaltung zu wenig gerecht.

Die Frage, ob substanzspezifische Prävention indiziert ist, wurde aufgrund der Analyse eher verneint. Das gleiche gilt auch für die zielgruppenspezifische Prävention. Die Ergebnisse deckten im weiteren verschiedene phasenunspezifische Antezedenzien auf, die sowohl für die Initiation als auch für die Progression von Bedeutung sind. Diese Antezedenzien könnten für die Prävention deshalb wichtig werden, weil sie eine "Breitbandwirkung" haben und für Schüler und junge Erwachsene in unterschiedlichen Konsumphasen relevant sind.

Diese Überlegungen bezüglich der Schlussfolgerungen für die Prävention deuten an, in welcher Richtung präventive Ansätze gehen können. Eine detailliertere Bearbeitung der Ergebnisse für eine Umsetzung in präventives Handeln war nicht Gegenstand der vorliegenden Literaturanalyse. Diese muss sinnvollerweise von Spezialisten der Prävention geleistet werden. Die Ergebnisse stellen jedoch eine empirisch fundierte Grundlage für eine solche Arbeit dar. Sie geben eine Orientierungshilfe, in welchen inhaltlichen Bereichen (substanzspezifisch oder unspezifisch) sowie zu welchen Zeitpunkten (Initiation, Progression) Prävention sinnvoll erscheint.

Was die Kritik am klassischen Präventionsansatz angeht so ist bis zu einem gewissen Grad auch die epidemiologische Drogenforschung davon betroffen. Diese Forschung beschäftigt sich, wie wir gesehen haben, zu einem grossen Teil mit individuellen Schwierigkeiten und mit der Ermittlung von Risikoindikatoren. Sie ist deutlich Defizit-orientiert. Es besteht die Gefahr, dass aus den vorhandenen Ergebnissen einseitige, lediglich auf das Individuum bezogene Programme aufgestellt werden, die den sozial strukturellen Rahmen "vergessen" und mittels Risikofaktoren Risikopersonen ermitteln, bei welchen die Entstehung einer Störung verhindert oder eine bereits vorhandene Störung eliminiert werden soll. Explizit formulierte Handlungsanweisungen etwa nach dem Muster: "Hoher Blutdruck + hohe Cholesterinwerte + Stress = Teilnahme am Präventionsprogramm" sind jedoch aus den vorliegenden Ergebnissen nicht abgeleitet worden. Die Korrelationenen zwischen den Antezedenzien (Risikoindikatoren) und dem späteren Konsummissbrauch sind nicht so stark, dass auf dieser Basis explizite Handlungsanweisungen für die Prävention zu rechtfertigen wären. In den analysierten Längsschnittstudien ist dies auch nie formuliert worden. Vielmehr haben die Autoren jeweils eher globale Empfehlungen abgegeben, dass ihre vorgefundenen Ergebnisse für die Prävention nützlich seien.

Die (primäre) Prävention des Drogenkonsums war bisher nicht besonders erfolgreich. Die Übersichtsarbeiten über zahlreiche Forschungsprojekte hinterlassen eher ein ernüchterndes Bild (Plant, 1985, S. 109, 133). Allerdings zeichnet sich hier ein positiver Trend ab, wie dies aus der Übersicht des BAG (1990) hervorgeht.[38] Präventionsprogramme aus jüngster Zeit weisen bessere Erfolgsergebnisse aus als früher durchgeführte Programme. Trotz dieser Aussichten müssen wir davon ausgehen, dass grundlegende Erkenntnisse wahrscheinlich noch fehlen, sonst würden die Resultate von Präventionsprogrammen eher in die Nähe des erhofften Erfolges kommen. Eine intensivere Forschungstätigkeit ist deshalb notwendig. Dies betrifft ganz besonders auch die ätiologische Drogenforschung.

Die Verbindung zwischen der epidemiologischen Drogenforschung und der Prävention ist z.Zt. nicht sehr eng. Sie kann gefördert werden, wenn die Informationsbedürfnisse von seiten der Präventionsforschung deutlicher als bisher formuliert werden. **Schnittstellen** bestehen u.a. in folgenden Bereichen:

1. Präventionskampagnen, die auf Informationsvermittlung und Aufklärung basieren, benötigen Antworten auf die Frage nach den Ursachen. Damit ist die Antezedenzforschung explizit angesprochen.

2. Präventionsprogramme können niemals völlig "aus dem Leeren" entworfen werden. Sie sind immer auf eine bestimmte Zielpopulation ausgerichtet. Dies bedingt,

---

[38] Informationsprogramme zeigen auf der Verhaltensebene kaum die erwarteten Wirkungen, z.T. bestehen auch Bumerang-Effekte. Programme, die auf die Bewusstmachung individueller Werte und Bedürfnisse abzielen, sind bisher ebenfalls kaum erfolgreich gewesen. Die Vermittlung von Informationen haben sich bei Eltern und Lehrern auf der Wissensebene als wirksam erwiesen, nicht aber auf der Verhaltensebene. Anlass zu Optimismus geben Programme, die mit dem Vermitteln von Resistenztechniken durch peer leaders arbeiten.

dass die Zielgruppe möglichst genau umschrieben werden kann, und zwar nicht nur hinsichtlich demographischer Merkmale, sondern auch was ihre psychosoziale Entwicklung angeht, ihre Lebensgewohnheiten, Erwartungen, Hoffnungen etc.. Die epidemiologische Drogenforschung kann mithelfen, ein getreues Abbild dieser Aspekte zu liefern - ein Abbild, das möglichst nicht durch die Brille des Zeitgeistes oder durch stereotype Meinungen über diese Personen verzerrt ist.

3. Bei der Durchführung von Präventionsprogrammen gibt es auch Misserfolge. Es entsteht dann die Frage nach den Ursachen des Misserfolgs. Auch hier kann die Drogenforschung u.U. Informationen liefern, die Hinweise über die Gründe abgeben (z.B. geschlechtsspezifische Wahrnehmung oder mangelhafte Umsetzung der Präventionsbotschaft u.a.).

4. Wenn es in einem Präventionsprogramm darum geht, die persönlichen Ressourcen für ein bestimmtes Präventionsziel zu verbessern und zu stärken, so wird gefragt, um welche Ressourcen es primär geht. Die Antezedenzforschung kann hier Antworten liefern.

5. Geht es in der Prävention darum, die äussere Lebenssituation und die Gestaltung der Lebensräume zu verbessern, dann muss man wissen, in welchen Lebensräumen die Zielgruppe lebt und was ihr in diesem Lebensraum fehlt. Die auf das soziale Umfeld ausgerichtete Drogenforschung kann auch hier Informationen liefern.
Da der Erfolg von Präventionsprogrammen im Bereich des Konsums/Abusus von Substanzen bisher - wie erwähnt - nicht allzu überzeugend war, scheint es sinnvoll und notwendig, die Zusammenarbeit zwischen der Präventions- und der Drogenforschung besser zu koordinieren. Erfolgreiche Präventionsprogramme könnten zum Anlass intensiverer Drogenforschung werden, so dass deren Ergebnisse bei revidierten Präventionsprogrammen einbezogen werden können. Je präziser die Präventionsforschung Fragen formulieren kann, desto exakter kann die Drogenforschung darauf eingehen. Eine Kooperation ist deshalb angebracht.

10. Literaturverzeichnis

(Die Buchstaben a, b etc. hinter den Jahreszahlen beziehen sich auf die in Kap. 3-8 verwendeten Studienbezeichnungen)

Abelin, T. (1990). Tabak oder Gesundheit - weltweit. Schweizerische Ärztezeitung, 71, 1041-1044.

Allebeck, P., Allgulander, C. & Fisher, L.D. (1988). Predictors of completed suicide in a cohort of 50465 young men: role of personality and deviant behavior. British Medical Journal, 297, 176-178.

Allegrante, J.P., O'Rourke, T.W. & Tuncalp, S. (1977- 78). A multivariate analysis of selected psychosocial variables on the development of subsequent youth smoking behavior. Journal of Drug Education, 7, 237-248.

Andreasson, S., Allebeck, P., Engström, A. & Rydberg, U. (1987). Cannabis and schizophrenia. A longitudinal study of Swedish conscripts. The Lancet, 26, 1483-1486.

Andreasson, S., Allebeck, P. & Romelsjö, A. (1988). Alcohol and mortality among young men: Longitudinal study of Swedish conscripts. British Medical Journal, 296, 1021-1025.

Andreasson, S., Allebeck, P. & Romelsjö, A. (1989a). Hospital Admissions among young men: the role of alcohol. Paper presented at the 2nd meeting of the Collaborative Alcohol-Related Longitudinal Project. San Francisco.

Andreasson, S. & Allebeck, P. (1989b). Alcohol and psychiatric illness: Longitudinal study of psychiatric admissions in a cohort of Swedish conscripts. Paper presented at the 2nd meeting of the Collaborative Alcohol-Related Longitudinal Project. San Francisco.

Antons, K. & Schulz, W. (1976). Normales Trinken und Suchtentwicklung. Göttingen: Hogrefe.

Arbeitsgruppe "Suchtprävention Gesundheitsförderung" (1991). Suchtpräventionskonzept. Verfasst im Auftrag der Direktion des Gesundheitswesens des Kantons Zürich. Forschung und Dokumentation Institut für Sozial- und Präventivmedizin der Universität Zürich, Nr. 7.

Ary, D.V. & Biglan, A. (1988). Longitudinal changes in adolescent cigarette smoking behavior: Onset and cessation. Journal of Behavioral Medicine, 11, 361-382.

Austin, G.A., Macari, M.A. & Lettieri, D.J. (1979). Guide to the drug research literature. Rockville, Maryland: National Institute on Drug Abuse.

Bachmann, J.G., D'Malley, P. & Johnston, J. (1978). Youth in transition. Adolescence to adulthood - change and stability in the lives of young men. Ann Arbor: ISR.

Baier, H. (1982). Big Brother lässt grüssen. Präventive Medizin - ein Herrschaftsmittel des Sozialstaates. Medikament und Meinung, 5, 3-15.

Barnea, Z., Rahav, G. & Teichman, M. (1987). The reliability and consistency of self-reports on substance use in a longitudinal study. British Journal of Addiction, 82, 891-898.

Battegay, R., Gisin, M. & Bergol, A.M. (1980). Suchtmittelkonsum 26jähriger Männer. Schweizerische Aerztezeitung, 61, 1821-1823.

Battegay, R., Gisin, M. & Raillard, U. (1981). Nachuntersuchung ehemaliger Rekruten bezüglich ihres Alkohol-, Tabak-, Drogen- und Medikamentenkonsums. Schweizerische Medizinische Wochenschrift, 111, 1094-1100.

Battegay, R., Schlösser, C. & Wacker, H.R. (1988). Alkohol-, Tabak- und Drogenkonsum bei Schweizer Männern vom 20. bis zum 33. Lebensjahr. Schweizerische Medizinische Wochenschrift, 118, 1004-1010.

Bauman, K.E. (1980). Predicting adolescent drug use. New York: Prager.

Bauman, K.E. & Koch, G.G. (1983). Validity of self-reports and descriptive and analytical conclusions: The case of cigarette smoking by adolescents and their mothers. American Journal of Epidemiology, 118, 90-98.

Baumrind, D. & Moselle, K.A. (1985). A developmental perspective on adolescent drug use. Advances in Alcohol and Substance Use, 5, 41-67.

Benson, G. (1984). Drug-related medical and social conditions in military conscripts. Acta psychiatrica Scandinavica, 70, 550-558.

Benson, G. & Holmberg, M.B. (1985a). Validity of questionnaires in population studies on drug use. Acta Psychiatrica Scandinavica, 71, 9-18.

Benson, G. (1985b). Course and outcome of drug abuse in military conscripts. Acta psychiatrica Scandinavica, 71, 38-47.

Benson, G. (1985c). Course and outcome of drug abuse and medical and social conditions in selected young drug abusers. Acta psychiatrica Scandinavica, 61, 48-66.

Bentler, P.M. (1978). The interdependence of theory, methodology, and empirical data: Causal modeling as an approach to contstruct validation. In Denise B. Kandel (Ed.), Longitudinal research on drug use. Empirical findings and methodological issues (p. 267-302). London: Hemisphere.

Bentler, P. (1986). Theory and implementation of EQS: A structural equations program. Los Angeles: BMDP Statistical Software.

Bentler, P.M. (1987). Drug use and personality in adolescence and young adulthood: structural models with nonnormal variables. Child Development, 58, 65-79.

Block, J. & Hahn, N. (1971). Lives through time. Berkeley: Bancroft Books.

Bohman, M.A. (1971). A comparative study of adopted children, foster children and children in their biological environment born after undesired pregnancis. Supplement 221 to Acta Paediatrica Scandinavica.

Bohman M. & Sigvardsson S. (1978). An 18-year prospectiv longitudinal study of adopted boys. In Anthony, Koupernik & Chiland (Eds.), The child in his family: Vulnerable children. New York: John Wiley.

Brandstädter, J. & Von Eye, A. (1982). Psychologische Prävention. Bern: Huber.

Brandtstädter, J. (1982). Methodische Grundfragen psychologischer Prävention. In J. Brandtstädter & A. von Eye (Hrsg.), Psychologische Prävention (S. 37-79). Bern: Huber.

Brenna, H.B. (1983). Predicting drug abuse: Review and reformulation. The International Journal of the Addictions, 18, 223-233.

Brennan, A.F., Walfish, S. & AuBuchon, P. (1986). Alcohol use and abuse in college students. II. Social/environmental correlates, methodological issues, and implications for intervention. The International Journal of the Addictions, 21, 475-493.

Brook, J.S., Nomura, C. & Cohen, P. (1989). A network of influences on adolescent drug involvement: Neighborhood, school, peer and family. Genetic, Social, and General Psychology Monographs, 115, 123-145.

Brunswick, A.F. & Messeri, P. (1984). Gender differences in the processes leading to cigarette smoking. Journal of Psychosocial Oncology, 2, 49-69.

Bruun, K. (1965). The drinking habits of 18-year-old males in the northern capitals, 1960 and 1964. Alkoholpolitik, 4, 2-12.

Bry, B.H., McKeon, P. & Pandina, R.J. (1982). Extent of drug use as a function of a number of risk factors. Journal of Abnormal Psychology, 91, 273-279.

Bundesamt für Gesundheitswesen (1990). Soziale und präventive Aspekte des Drogenproblems unter besonderer Berücksichtigung der Schweiz. Lausanne: Schweizerische Fachstelle für Alkoholprobleme.

Burchfiel, C.M., Higgins, M.W., Keller, J.B., Butler, W.J. & Donahue, R.P. (1989). Initiation of cigarette smoking in children and adolescents of Tecumseh, Michigan. American Journal of Epidemiology, 130, 410-415.

Busch, W. (1965). Die fromme Helene. Humoristischer Hausschatz. Köln: Buch- und Verlagsgemeinschaft.

Cadoret, R.J., Cain, C.A. & Grove, W.M. (1980). Development of alcoholism in adoptees raised apart from their alcoholic biologic relatives. Archives of General Psychiatry, 37, 561-63.

Caetano, R., Suzman, R.M., Rosen, D.H. & Vorhees-Rosen, D.J. (1983). The Shetland islands: Longitudinal changes in alcohol consumption in a changing environment. British Journal of Addiction, 78, 21-36.

Carman, R.S. (1979). Motivations for drug use and problematic outcomes among rural junior high school students. Addictive Behaviors, 4, 91-93.

Charlton, A. & Blair, V. (1989). Redicting the onset of smoking in boys and girls. Social Science and Medicine, 29, 813-818.

Chassin, L. (1984). Adolescent substance use and abuse. Advances in Child Behavioral Analysis and Therapy, 3, 99-152.

Cherry, N. & Kiernan, K. (1976). Personality scores and smoking behaviour. A longitudinal study. British Journal of Preventive and Social Medicine, 30, 123-131.

Choquet, S. & Ledoux, H.M. (1988). La santé des adolescents. Approche longitudinale des consommations de drogues et des troubles somatiques et psychosomatiques, 327 adolescents suivis de 16 à 18 ans. Paris: INSERM, La Documentation Française.

Choquet, M., Menke, H. & Ledoux, S. (1989). Self-reported alcohol consumption among adolescents and the signification of early onset. Social Psychiatry and Psychiatric Epidemiology, 24, 102-112.

Christiansen, B.A., Smith, G.T., Roehling, P.V. & Goldman, M.S. (1989). Using alcohol expectancies to predict adolescent drinking behavior after one year. Journal of Consulting and Clinical Psychology, 57, 93-99.

Clark, W.B. (1976). Loss of control, heavy drinking and drinking problems in a longitudinal study. Journal of Studies on Alcohol, 37, 1256-1290.

Clausen, J.A. (1978). Longitudinal studies of drug use in the high school: Substantive and theoretical issues. In Denise B. Kandel (Ed.), Longitudinal research on drug use. Empirical findings and methodological issues (p. 235-248). London: Hemisphere.

Cloninger, R.C., Sigvardsson, S. & Bohman, M. (1988). Childhood personality predicts alcohol abuse in young adults. Alcoholism: Clinical and Experimental Research, 12, 494-505.

Coffey, T.G. (1982). Beer Street - Gin Lane - Aspekte des Trinkens im 18. Jahrhundert. In G. Völger & K. von Welck (S.192-201), Rausch und Realität. Drogen im Kulturvergleich. Hamburg: Rowohlt.

Cohen, A.Y. (1973). Alternatives to drug abuse: Steps toward prevention. Washington: National Institute of Drug Abuse (NIDA).

Collins, L.M., Sussman, S., Rauch, J.M., Dent, C.W., Johnson, A.C., Hansen, W.B. & Flay, B.R. (1987). Psychosocial predictors of young adolescent cigarette smoking: A sixteen-month, three-wafe longitudinal study. Journal of Applied Social Psychology, 17, 554-573.

Conger, J.J. (1956). Alcoholism: Theory, problem and challenge, II: reinforcement theory and the dynamics of alcoholism. Quarterly Journal of Studies on Alcohol, 17, 296-305.

Dannecker, M. (1989). Kann empirische Sexualforschung kritisch sein?. Zeitschrift für Sexualforschung, 2, 207-215.

De Lint, J. (1982). Der Konsum psychotroper Substanzen aus epidemiologischer und historischer Sicht. Drogalkohol, 6, 43-55.

Degkwitz, R., Helmchen, H., Kockott, G. & Mombour, W.H. (1980). Diagnoseschlüssel und Glossar psychiatrischer Krankheiten. Berlin: Springer.

DiFranza, J.R. & Guerrera, M.P. (1990). Alcoholism and Smoking. Journal of Studies on Alcohol, 51, 130-135.

Döbert, R. (1978). Sinnstiftung ohne Sinnsystem?. In W. Fischer & W. Marhold (Hrsg.), Religionssoziologie als Wissenssoziologie (S. 52-78). Stuttgart: Kohlhammer.

Donovan, J.E., Jessor, R. & Jessor, L. (1983). Problem drinking in adolescence and young adulthood. Journal of Studies on Alcohol, 44, 109-137.

Dreher, E. & Dreher, M. (1985). Wahrnehmung und Bewältigung von Entwicklunsaufgaben im Jugendalter. In R. Oerter (Hrsg.), Lebensbewältigung im Jugendalter (S. 30-61). Weinheim: VCH Verlagsgemeinschaft.

DUDEN (1982). Fremdwörterbuch, DUDEN Bd. 5. Mannheim: Duden Verlag.

Dupont, P.J. & Jason, L. (1984). Assertiveness training in a preventive drug education program. Journal of Drug Education 14, 365-378.

Eder, A. & Aarö, L.E. (1989). Rauchen und soziale Integration. DROGALKOHOL, 13, 177-186.

Edwards, G. & Busch, C. (1981). Drug problems in Britain: A review of ten years. London: Academic Press.

Eidgenössische Betäubungsmittelkommission (1983). Drogenbericht 1983. Bern: Eidg. Drucksachen und Materialzentrale.

Ekerdt, D.J., De Labry, L.O. & Glynn, R.J. (1989). Change in Drinking Behaviors with Retirement: Findings from the Normative Aging Study. Journal of Studies on Alcohol, 50, 347-353.

Epstein, L.H. & Collins, F.L. (1977). The measurement of situational influences of smoking. Addictive Behaviours, 2, 47-53.

Epstein, F.H. (1978). Risikofaktor, Risikoindikator und Pathogenese. Medizinische Klinik, 73, 381-387.

Ernst, C. (1989). Alkoholmissbrauch, Alkoholabhängigkeit, Alkoholismus. Ein Leitfaden für Ärzte und andere in der Alkoholismus-Behandlung tätige Personen. Bundesamt für Gesundheitswesen, Bern (Hrsg.). Bern: Eidg. Drucksachen und Materialzentrale.

Eysenck, H.J. (1978). An excercise in mega-silliness. American Psychologist, 33, 517-518.

Eysenck, H.J. (1980). The Causes and Effects of Smoking. London: Routledge & Kegan Paul.

Fahrenkrug, H. & Müller, R. (1989). Alkohol und Gesundheit in der Schweiz. Lausanne: Schweiz. Fachstelle für Alkoholprobleme, Arbeitsberichte der Forschungsabteilung, 20.

Fahrenkrug Hermann (1990). Neue Drogen - neue Märkte - neue Süchte? Oder: Bekommt die Schweiz den amerikanischen Schnupfen?. Drogalkohol 2, 83-92.

Fazey, C. (1977). The aetiology of psychoactive substance use. Paris: UNESCO.

Feuerlein, W., Küfner, H., Ringer, C. & Antons, K. (1979). Münchner Alkoholismustest (MALT), Manual. Weinheim: Beltz.

Feuerlein, W. (1984). Alkoholismus - Missbrauch und Abhängigkeit. Entstehung -Folgen - Therapie. Stuttgart: Thieme (3. Aufl.).

Fillmore, K.M. (1974). Drinking and problem drinking in early adulthood and middle age. An exploratory 20-year follow-up study. Quarterly Journal of Studies on Alcohol, 35, 819-840.

Fillmore, K.M. (1987). Prevalence, incidence and chronicity of drinking patterns and problems among men as a function of age: A longitudinal and cohort analysis. British Journal of Addiction, 82, 77-83.

Fillmore, K.M. (1988). Alcohol use across the life course. A critical review of 70 years of international longitudinal research. Toronto: Addiction Research Foundation.

Fitzgerald, J.L. & Mulford, M.A.H.A. (1984). Seasonal changes in alcohol consumption and related problems in Iowa, 1979-1980. Journal of Studies on Alcohol, 45, 363-368.

Fitzgerald, J.L. & Mulford, M.A.H.A. (1986). Drinking Frequency Changes in Selected Contexts by Season in Iowa, 1979-1980. Journal of Studies on Alcohol, 47, 311-315.

Flay, B.R., d'Avernas, J.R., Best, J.A., Kersell, M.W. & Ryan, K.B. (1983). Cigarette smoking: Why young people do it and way of preventing it. In P. McGrath and P. Firestone (Eds.), Pediatric and Adolescent Behavioral Medicine (p. 132-183). New York: Springer.

Flay, B.R. (1985). What we know about the social influences approach to smoking prevention: Review and recommendations. In R.J. Battjes & C.S. Bell (Eds.), Prevention Research: Deterring Drug Abuse Among Children and Adolescents. (p. 112-186). Rockville MD: NIDA Research Monograph 63.

Flay, B.R., Koepke, D., Thomson, S.J., Santi, S., Best, A. & Brown, S.K. (1989). Six-year follow-up of the first Waterloo school smoking prevention trial. American Journal of Public Health, 79, 1371-1376.

Fleming, J.P., Kellam, S.G. & Brown, C.H. (1982). Early predictors of age at first use of alcohol, marijuana, and cigarettes. Drug and Alcohol Dependence, 9, 285-303.

Fleming, R., Leventhal, H., Glynn, K. & Ershler, J. (1989). The role of cigarettes in the initiation and progression of early substance use. Addictive Behaviors, 14, 261-272.

Flett R. & Casswell, S. (1987). Alcohol knowledge and experience in children aged 9 and 11. The New Zealand Medical Journal, 100, 747-749.

Franzkowiak, P. (1986). Risikoverhalten und Gesundheitsbewusstsein bei Jugendlichen. Berlin: Springer.

Franzkowiak, P. (1987). Risikoverhalten als Entwicklungsaufgabe. Zur "subjektiven Vernunft" von Zigarettenrauchen und Alkoholkonsum in der Adoleszenz. In U. Laaser, G. Sassen, G. Murza & P. Sabo (Hrsg.), Prävention und Gesundheitserziehung (S. 63-84). Berlin: Springer,.

Fricke, R. & Treinies, G. (1985). Einführung in die Metaanalyse. Bern: Huber.

Friedman, A.S., Utada, A.T., Glickman, N.W. & Morrissey, M.R. (1987). Psychopathology as an antecedent to, and as a "Consequence" of substande use, in adolescence. Journal of Drug Education, 17, 233-244.

Funke, W., Funke, J., Klein, M. & Scheller, R. (1987). Trierer Alkoholismusinventar (TAI). Handanweisung. Göttingen: Hogrefe.

Gaedt, F., Gaedt, C. & Reuband, K.H. (1976). Zur Rauschmittelberichterstattung der Tageszeitungen in der Bundesrepublik und West-Berlin. Ergebnisse einer Inhaltsanalyse. In K.-H. Reuband (Hrsg.), Rauschmittelkonsum (S. 79-107). Wiesbaden: Akademische Verlagsgesellschaft.

Galambos, N.L. & Silbereisen, R.K. (1987). Substance use in west German youth: A longitudinal study of adolescents' use of alcohol and tobacco. Journal of Adolescent Research, 2, 161-174.

Gerhardt, U. (1982). Probleme der Definition sozialer Risikofaktoren. In H.H. Abholz, D. Borgers, W. Karmaus & J. Korporal (Hrsg.), Risikofaktorenmedizin - Konzept und Kontroverse (S. 65-75). Berlin, New York: de Gruyter.

Ghodsian, M. & Power, C. (1987). Alcohol consumption between the ages of 16 and 23 in Britain: a longitudinal study. British Journal of Addiction, 82, 175-180.

Gillis, L.S. & Stone, G.L. (1977). The fate of drinkers - A six-year follow-up study of a community survey. South African Medical Journal, 51, 789-791.

Ginsberg, I.J. & Greenley, J.R. (1978). Competing theories of marijuana use: A longitudinal study. Journal of Health and Social Behavior, 19, 22-34.

Glass, G.V. (1976). Primary, secondary and meta-analysis in social research. Educational Researcher, 10, 3-8.

Goodstadt, M.S., Cook, G. & Gruson, V. (1978). The validity of reported drug use: The randomized response technique. The International Journal of the Addictions, 13, 359-367.

Goodwin, D.W., Van Dusen, K.T. & Mednick S.A. (1984a). Longitudinal research in alcoholism. Boston: Kluwer-Niojhoff.

Goodwin, D.W. (1984b). Studies of familial alcoholism: A growth industry. In D.W. Goodwin, K.T. Van Dusen & S.A. Mednick (Eds.), Longitudinal research in alcoholism (p. 97-106). Boston: Kluwer-Niojhoff.

Gottraux, M. (1984). Prävention: Von Worten zu Taten. Drogalkohol, 8, 16-24.

GPI (1990). Oberste Sorge der Schweizerinnen und Schweizer? Drogen. Gesundheitspolitische Informationen, 13, 7.

Grawe, K. (1981). Überlegungen zu möglichen Strategien der Indikationsforschung. In U. Baumann (Hrsg.), Indikation zur Psychotherapie (S. 221-236). München: Urban & Schwarzenberg.

Grawe, K. (1988). Psychotherapeutische Verfahren im wissenschaftlichen Vergleich. Praxis Psychotherapie und Psychosomatik, 33, 153-167.

Grawe, K., Bernauer, F. & Donati, R. (1990). Psychotherapien im Vergleich: Haben wirklich alle einen Preis verdient?. Psychotherapie und medizinische Psychologie, 40, 102-114.

Greenland, S. (1987). Quantitative methods in the review of epidemiologic literature. Epidemiologic Reviews, 9, 1-30.

Gutscher, H. (1985). Verhalten unter Belastung - Wege in die Selbstgefährdung. Eine sozialpsychologische Analyse von Belastungsreaktionen. In H.J. Braun, Selbstzerstörung Suizid (S. 125-139). München: Artemis Verlag.

Gutscher H. (1988). Suicide: Beyond the regulation of emotion. In H.-J. Möller, A. Schmidtke & R. Welz (Eds.), Current Issues of Suicidology (p. 390-395). Berlin, Heidelberg: Springer.

Halikas, J.A., Weller, R.A., Morse, C.L. & Hoffman, R.G. (1983). Regular marijuana use and its effect on psychosocial variables: A longitudinal study. Comprehensive Psychiatry, 24, 229-235.

Hammarström, A., Janlert, U. & Theorell, T. (1988). Youth unemployment and ill health: Results from a 2-year follow-up study. Social Science and Medicine, 26, 1025-1033.

Harrison, G.P., Ionescu-Pioggia, M., Aizley, H.G. & Varma, D.K. (1990). Drug use and life style among college undergraduates in 1989: A comparison with 1969 and 1978. American Journal of Psychiatry, 147, 998-1001.

Hasin, D.S., Grant, B. & Endicott, J. (1990). The natural history of alcohol abuse: Implications for definitions of alcohol use disorders. American Journal of Psychiatry, 147, 1537-1541.

Havighurst, R.J. (1972). Development tasks and education. New York: Davis McKay.

Hedges, L.V. & Olkin, I. (1985). Statistical methods for meta-analysis. New York: Academic Press.

Heidenberger, K. (1983). Strategische Analysen der sekundären Hypertonieprävention. Berlin: Springer.

Heimann, H. & Zimmer, F.T. (1987). Chronisch psychisch Kranke. Stuttgart: Gustav Fischer.

Hendin, H. & Haas, A.P. (1985). The adaptive significance of chronic marijuana use for adolescents and adults. Advances in Alcohol and Substance Abuse, 5, 99-115.

Hermos, J.A., Locastro, J.S., Glynn, R.J., Bouchard, G.R. & De Gabry, L.O. (1988). Predictors of Reduction and Cessation of Drinking in Community Dwelling Men: Results from the Normative Aging Study. Journal of Studies on Alcohol, 49, 363-368.

Hobi, U. (1982). Gibt es eine spezielle Suchtpersönlichkeit?. Therapeutische Umschau, 39, 579-585.

Hoerning, E.M. (1980). Biographische Methode in der Sozialforschung. Das Argument, 22, 677-688.

Hoffmann, H., Loper, R.G. & Kammeier, M.L. (1974). Identifying future alcoholics with MMPI alcoholism scales. Quarterly Journal of Studies on Alcohol, 35, 490-498.

Holmberg, M.B. (1985a). Longitudinal studies of drug abuse in a fifteen-year-old population. 2. Antecedents and consequences. Acta psychiatrica Scandinavica, 71, 80-91.

Holmberg, M.B. (1985b). Longitudinal studies of drug abuse in a fifteen-year-old-population. 5. Prognostic factors. Acta psychiatrica Scandinavica, 71, 207-210.

Holmberg, M.B. (1985c). Longitudinal studies of drug abuse in a fifteen-year-old population. 1. Drug career. Acta psychiatrica Scandinavica, 71, 67-79.

Homel, R. (1986). Policing the drinking driver: Random breath testing and the process of deterrence. Department of Transportation, Federal Office of Road Safety. Report No. CR42, New South Wales, Australia.

Hornung, R. (1989). Gesundheitspsychologie: eine neue Perspektive. Bulletin der Schweizer Psychologen, 10, 3-14.

Huba, G.J., Wingard, J.A. & Bentler, P.M. (1983). Rahmenbedingungen für eine multifaktorielle Theorie des Drogenkonsums. In D.J. Lettieri & R. Welz (Hrsg.), Drogenabhängigkeit - Ursachen und Verlaufsformen (S. 104-109). Weinheim: Beltz.

Huba, G.J., Newcomb, M.D. & Bentler, P.M. (1986). Adverse drug experiences and drug use behaviors: A one-year longitudinal study of adolescents. Journal of Pediatric Psychology, 11, 202-219.

Hunter, J.E., Schmitdt, F.L. & Jackson, G.B. (1982). Cumulating research findings across studies. Beverly Hills: Sage.

INDEX & Fachmagazin Betriebswirtschaft (1991). Des Schweizer's "Sorgenkatalog" im Langzeitvergleich. INDEX, 1, 52-53.

Jasinsky, M. (1973). Rauschmittelkonsum Hamburger Schüler. Zweite Repräsentativerhebung an Hamburger Schulen. In Berichte und Dokumente aus der Freien und Hansestadt Hamburg, 387.

Jessor, R. (1979). Marihuana: A review of recent psychosocial research. In R.L. Dupont, A. Goldstein, J. O'Donnell (Eds.), Handbook on Drug Abuse (p. 337-355). Washington D.C.: National Institute on Drug Abuse.

Jessor, R. (1987). Problem-Behavior Theory, Psychosocial Development, and Adolescent Problem Drinking. British Journal of Addiction, 82, 331-342.

Jessor, R., Jessor, S.L. & Finney, J. (1973). A social psychology of marijuana use: Longitudinal studies of high school and college youth. Journal of Personality and Social Psychology, 26, 1-15.

Jessor, R. & Jessor, S.L. (1977). Problem Behavior and Psychosocial Development. A Longitudinal Study of Youth. New York: Academic Press.

Jessor, R. & Jessor, S.L. (1978). Theory testing in longitudinal research on marihuana use. In D.B. Kandel (Ed.), Longitudinal Research on Drug Use (p. 41-72). New York: Wiley & Sons.

Jessor, R. & Jessor, S.L. (1978). Theory testing in longitudinal research on marihuana. In D.B. Kandel (Ed.), Longitudinal research on drug use (p. 41-72). New York: Wiley & Sons.

Jessor, R. & Jessor, S.L. (1983). Ein sozialpsychologisches Modell des Drogenkonsums. In D. J. Lettieri & R. Welz (Hrsg.), Drogenabhängigkeit - Ursachen und Verlaufsformen (S. 110-117). Weinheim: Beltz.

Jöreskog, K.G. & Sörbom, D. (1978). LISREL IV Users Guide. Chicago: National Education Research.

Johnson, V. (1988). Adolescent alcohol and marijuana use: A longitudinal assessment of a social learning perspective. American Journal Drug-Alcohol-Abuse, 14,(3), 491-439.

Johnston, L.D., O'Malley, P.M. & Eveland, L.K. (1978). Drug and delinquency: A search for causal connections. In D.B. Kandel (Ed.), Longitudinal Research on Drug Use (p. 137-156). New York: Wiley & Sons.

Johnston, L.L.D. (1986). Amerikanische Studenten und Drogen (1975-1983). In D. Korczak (Hrsg.) Die betäubte Gesellschaft (S. 30-36). Frankfurt a. Main: Fischer.

Jones, M.C. (1968). Personality correlates and antecedents of drinking patterns in adult males. Jounal of Consulting and Clinical Psychology, 32, 2-12.

Kandel, D.B. (1978). Longitudinal research on drug use. New York: Wiley & Sons.

Kandel, D.B., Kessler, R.C. & Margulies, R.Z. (1978). Antecedents of adolescent initiation into stages of drug use. A developmental analysis. In D.B. Kandel (Ed.), Longitudinal research on drug use (p. 73-100). New York: Wiley & Sons.

Kandel, D.B., Davies, M., Karus, D. & Yamaguchi, K. (1986). The consequences in young adulthood of adolescent drug involvement. Archives of General Psychiatry, 43, 746-754.

Kaplan, H. (1983). Das Selbstachtungsmotiv als Ergänzungsvariable des Drogenkonsums. In Lettieri & R. Welz (Hrsg.), Drogenabhängigkeit. Ursachen und Verlaufsformen (S. 139-142). Weinheim: Beltz.

Kay, E.J., Lyons, A., Newman, W., Mankin, D. & Loeb, R.C. (1978). A longitudinal study of the personality correlates of marijuana use. Journal of Consulting and Clinical Psychology, 46, 470-477.

Kellam, S.G., Ensminger, M.E. & Simon, M.B. (1980). Mental health in first grade and teenage drug, alcohhol and cigarette use. Drug and Alcohol Dependence, 5, 273-304.

Kellam, S.G., Brown, H.C. & Fleming, J.P. (1985). Longitudinal community epidemiological studies of drug use: Early aggressiveness, shyness, and learning problems. In L.N. Robins (Ed.), Studying Drug Abuse (p. 52-92). New Brunswick: Rutgers University Press.

Kendell, R.E., de Roumanie M. & Ritson, E.B. (1983). Effect of economic changes on Scottish drinking habits 1978-82. British Journal of Addiction, 78, 365-379.

Kenny, D.A. (1979). Correlation and causality. New York: Wiley.

Keup, W. (1981). Zahlen zur Gefährdung durch Drogen und Medikamente. In H.-G. Schmidt (Hrsg.), Jahrbuch zur Frage der Suchtgefahren 1981 (S. 22-36). Hamburg: Neuland.

Khantzian, E.J. (1985). The self medication hypothesis of addictive disorders: focus on heroin and cocaine dependence. American Journal of Psychiatry, 142, 1259-1264.

Klein, M.A. & Swisher, J.P. (1983). A statewide evaluation of a communication and parenting skills programm. Journal of Drug Education, 13 (1), 73-82.

Klepp, K.J., Halper, A. & Perry, C. (1986). The efficacy of peer leaders in drug abuse prevention. Journal of School Health, 65, 407-411.

Knop, J., Goodwin, D., Teasdale, T.W., Mikkelsen, U. & Schulsinger, F. (1984). A Danish prospective study of young males at high risk for alcoholism. In D.W. Goodwin, K.T. Van Ousen & S.A. Mednick, 1984, Longitudinal Research in Alcoholism (p. 107-124). Boston: Kluwer-Niojhoff.

Korczak, D. (1986). Die betäubte Gesellschaft. Frankfurt a. Main: Fischer.

Krohn, M.D., Skinner, W.F., Massey, J.L. & Akers, R.L. (1985). Social learning theory and adolescent cigarette smoking: A longitudinal study. Social Problems, 32, 455-473.

Kuhn, T.S. (1979). Die Struktur wissenschaftlicher Revolutionen. (2., revidierte und um das Postskriptum von 1969 ergänzte Auflage). Frankfurt am Main: Suhrkamp.

La Vecchia, C., Levi, F. & Gutzwiller, F. (1987). Fumée et santé: Une épidémie évitable. Médecin et Hygiène, 45, 3453-3462.

Lawrance, L. & Rubinson, L. (1986). Self-efficacy as a pedictor of smoking behavior in young adolescents. Addictive Behaviors, 11, 367-382.

Lazarsfeld Paul F. (1978). Some episodes in the history of panel analysis. In Denise B. Kandel (Ed.), Longitudinal research on drug use. Empirical findings and methodological issues (p. 249-265). London: Hemisphere.

Lerner, J.V. & Vicary, J.R. (1984). Difficult temperament and drug use: Analyses from the New York longitudinal study. Journal of Drug Education, 14, 1-8.

Lettieri, D.J. (1975). Predicting adolescent drug abuse: A review of issues, methods and correlates. Rockville, Maryland: National Institue on Drug Abuse, Research Issues 11.

Lettieri, D.J. & Welz, R.H. (1983). Drogenabhängigkeit - Ursachen und Verlaufsformen. Weinheim: Beltz.

Levine, H.G. (1982). Die Entdeckung der Sucht - Wandel der Vorstellungen über Trunkenheit in Nordamerika. In G. Völger & K. von Welck (Hrsg.), Rausch und Realität. Drogen im Kulturvergleich. (S. 212-224). Hamburg: Rowohlt.

Lilienfeld, A.M. (1976). Foundations of epidemiology. New York: Oxford University Press.

Loper, R.G., Kammeier, S.L. & Hoffmann, H. (1973). MMPI characteristics of college freshman males who later became alcoholics. Journal of Abnormal Psychology, 82, 159-162.

Lubin, J.H., Blot, W.J., Berrino, F., Flamant, R., Gillis, C.R., Kunzer, M., Schmahl, D. & Visco, G. (1984). Patterns of lung cancer according to type of cigarette smokers. International Journal of Cancer, 33, 569-576.

Luborsky, L., Singer, B. & Luborsky, L. (1975). Comparative studies of psychotherapies. Is it true that "Everyone has won and all must have prizes"?. Archives of General Psychiatry, 32, 995-1008.

Maccoby, E.E. & Jacklin, C.N. (1974). The psychology of sex differences. Stanford, California: Stanford University Press.

Maddahian, E., Newcomb, M.D. & Bentler, P.M. (1986). Adolescents' Substance Use: Impact of Etnicity, Income and Availability. Advances in Alcohol and Substance abuse, 6, 63-78.

Mann, P. (1987). Hasch. Zerstörung einer Legende. Frankfurt a. Main: Fischer.

Markus Brüderlin & Dr.med. (Herrn). Bergstrasse 122. 8032 Zürich.

May, A.R. (1972). Europarat-Symposium über Drogenabhängigkeit, Report Nr. 1. Strassburg: WHO.

Mayer, J.E. & Filstead, W.J. (1980). Adolescence and Alcohol. Cambridge, Massachusetts: Ballinger/Harper & Row.

McCaul, K.D., Glasgow, R., O'Neill, K.H., Freeborn, V. & Rump, B.S. (1982). Predicting adolescent smoking. The Journal of School Health, 52, 342-346.

McCord, W. & McCord, J. (1960). Origins of alcoholism. Stanford, CA: Stanford University Press.

Mellinger, G.D., Somers, R.H., Bazell, S. & Manheimer, D.I. (1978). Drug use, academic performance and career indecision: Longitudinal data in search of a model. In D.B. Kandel, Longitudinal Research on Drug Use (p. 157-178). Washington: Hemisphere.

Meyer-Fehr, P. (1987). Drogentherapie und Wertwandel. Orientierungsmuster in Therapeutischen Gemeinschaften. Weinheim: Deutscher Studien Verlag.

Midanik, L. (1982). The validity of self-reported alcohol consumption and alcohol problems: A literature review. British Journal of Addiction, 77, 357-382.

Möbus, C. & Schneider, W. (1986). Strukturmodelle für Längsschnittdaten und Zeitreihen. LISREL, Pfad- und Varianzanalyse. Bern: Huber.

Morgan, M. (1989). Closeness and peer group influence. Paper presented at the 2nd meeting of the Collaborative Alcohol-Related Longitudinal Project. San Francisco.

Mühlemann, R. & Battegay, R. (1975). Inkonsistenz in der Beantwortung eines Fragebogens über Alkohol-, Nikotin- und Drogenkonsum. Ausmass der dadurch bedingten Verzerrung der Gesamtresultate. Sozial- & Präventiv-Medizin, 20, 19-20.

Müller, R. (1980). Erziehung zur Gesundheit - Wundermittel oder wirkungslos?. Drogalkohol, 4, 30-34.

Mulford, H.A. (1983). Stress, alcohol intake and problem drinking in Iowa. Stress and Alcohol Use, 321-332.

Murray, M., Swan, A.V., Johnson, M.R.D. & Bewley, B.R. (1983). Some factors associated with increased risk of smoking by children. Journal of Child Psychology and Psychiatry and Allied Disciplines, 24, 223-232.

Muster, E. (1988). Zahlen und Fakten zu Alkohol- und Drogenproblemen 1988. Lausanne: Schweizerische Fachstelle für Alkoholprobleme SFA.

Neugarten, B.L. (1979). Time, age and the life cycle. American Journal of Psychiatry, 136, 887-894.

Newcomb, M.D. & Bentler, P.M. (1985). The impact of high school substance use on choice of young adult living environment and career direction. Journal of Drug Education, 15, 253-261.

Newcomb, M.D. & Bentler, P.M. (1986). Frequency and sequence of drug use: A longitudinal study from early adolescence to young adulthood. Journal of Drug Education, 16, 101-120.

Newcomb, M.D., Bentler, P.M. & Collins, C. (1986aa). Alcohol use and dissatisfaction with self and life: A longitudinal analysis of young adults. The Journal of Drug Issues, 16, 479-494.

Newcomb, M.D. & Bentler, P.M. (1986ab). Cocaine Use among adolescents: Longitudinal associations with social context, psychopathology, and use of other substances. Addictive Behaviors, 11, 263-273.

Newcomb, M.D., Maddahian, E. & Bentler, P.M. (1986b). Risk factors for drug use among adolescents: Concurrent and longitudinal analyses. American Journal of Public Health, 76, 525-531.

Newcomb, M.D. & Bentler, P.M. (1987). The impact of late adolescent substance use on young adult health status and utilization of health services: A structural equation model over four years. Social Science and Medicine, 24, 71-82.

Newcomb, M.D. & Bentler, P.M. (1988). Consequences of Adolescent Drug Use. Impact on the Lives of Joung Adults. Newbury Park (California): Sage.

Newman, I.M., Mohr, P., Badger, B. & Gillespie, M.S. (1984). Effects of teacher preparation and student age on a alcohol and drug education curriculum. Journal of Drug Education, 14, 23-36.

Nickel, H. (1976). Entwicklungspsychologie des Kindes- und Jugendalters, Band II: Schulkind und Jugendlicher. Bern: Huber.

Niederberger, J.M. (1987). Rauchen als sozial erlerntes Verhalten. Stuttgart: Enke.

Norem-Hebeisen, A., Johnson, D.W., Anderson, D. & Johnson, R. (1984). Predictors and concomitants of changes in drug use patterns among teenagers. The Journal of Social Psychology, 124, 43-50.

Nunes, B.V., Frank, K.A. & Kornfeld, D.S. (1987). Psychologic teatment for the type A behavior pattern and for coronary heart disease: A meta-analysis of the literature. Psychosomatic Medicine, 48, 159-173.

Oden, M. (1968). The fulfillment of promise: 40-year follow-up of the Terman gifted group. Genetic and Psychology Monograph, 77, 3-93.

Öjesjö, L. & Hagnell, O. (1980). Prevalence of male alcoholism in a cohort observed for 25 years. Scandinavian Journal of Social Medicine, 8, 55-61.

Öjesjö, L. (1981). Long-term outcome in alcohol abuse and alcoholism among males in the Lundby general population, Sweden. British Journal of Addiction, 76, 391-400.

O'Malley, P.M., Bachman, J.G. & Johnston, L.D. (1984). Period, age, and cohort effects on substance use among American youth, 1976-82. American Journal of Public Health, 74, 682-691.

Pandina, R.J. & Johnson, V. (1989). Familial drinking history as a predictor of alcohol and drug consumption among adolescent children. Journal of Studies on Alcohol, 50, 245-253.

Paton, S., Kessler, R.C. & Kandel, D.B. (1977). Depressive mood and illegal drug use: A longitudinal analysis. Journal of Genetic Psychology, 131, 267-289.

Pedersen, W. (1990). Reliability of durg use responses in a longitudinal study. Scandinavian Journal of Psychology, 31, 28-33.

Pederson, L.L., Baskerville, J.C. & Lefcoe, N.M. (1984). Multivariate prediction of cigarette smoking among children in grades six, seven and eight. In Seymour Eisman, A. Wingard, Joseph & Huba, J. George (Eds.), Drug Abuse. Foundation for a psychosocial Approach. (p. 129-141). Firmingdale (New York): Baywood.

Pentz, M.A. (1983). Prevention of adolescent substance abuse through social skill development. In T.J. Glynn, C.G. Leukefeld & J.P. Ludford (Eds.), Preventing adolescent drug abuse (p. 56-81). Rockville, MD: NIDA Research Monograph 47.

Pentz, M.A. & Tolan, P. (1983b). Social skill training with adolescents: A critical review of time trends, dimensions and outcome 1972-1982. Unpublished Paper.

Pentz, M.A. (1985). Social competence and self-efficacy as determinants of substance use in adolescence. In Saul & Wills Shiffman, Thomas Ashby (Eds.), Coping and Substance Use. New York: Academic Press.

Pfeifer, A. & Schmidt, P. (1987). LISREL. Die Analyse komplexer Strukturgleichungsmodelle. Stuttgart, New York: Gustav Fischer.

Plant, M.A., Peck, D.F. & Samuel, E. (1985). Alcohol, drugs, and school-leavers. London: Tavistock Publications.

Pschyrembel, W. (1990). Klinisches Wörterbuch. Berlin: Walter de Gruyter.

Quensel, S. (1982). Drogenelend. Cannabis, Heroin, Methadon. Für eine neue Drogenpolitik. Frankfurt: Campus.

Rappaport, J. (1985). The power of empowerment language. Social Policy 16, 15-31.

Reuband, K.H. (1989). Illegale Drogen. In Deutsche Hauptstelle gegen die Suchtgefahren (Hrsg.), Jahrbuch '90. Zur Frage der Suchtgefahren (S. 113-155). Hamburg: Neuland.

Reynolds, C. & Nichols, R. (1976). Personality and behavioural correlations of cigarette smoking. One-year follow-up. Psychological Reports, 38, 251-258.

Robins, L.N. (1966). Deviant children grown up. Baltimore: Wiliams and Wilkins.

Robins, L.N. (1973). The Vietnam drug user returns. Final report to the special action office for drug abuse prevention. Contract No. HSM-42-72-75.

Robins, L.N. & Ratcliff, K.S. (1978). Risk factors in the continuation of childhood and antisocial behavior into adulthood. International Journal of Mental Health, 7, 96-116.

Robins, L.N. & Smith, E.M. (1980). Longitudinal studies of alcohol and drug problems: Sex differences. In Y. Israel, F.B. Glaser, H. Kalant, R.E. Popham, W. Schmidt & R.G. Smart (Eds.), Research advances in alcohol and drug problems, (p. 203-232). New York: Plenum.

Robins, L.N. (1985). Studying drug abuse. New Brunswick: Ruthgers University Press.

Roland Stähli & lic.phil., P.F.S.P. (Herrn). Beckhammer 9. 8057 Zürich.

Rosenthal, K.R. (1984). Meta-analytic procedures for social research. Beverly Hills: Sage.

Ruppen, R., Müller, U., Baumann, U. & Angst, J. (1973). Zur Prüfung der Aussagegenauigkeit bei einer Befragung über Drogenkonsum. Zeitschrift für Präventivmedizin, 18, 173-181.

Sahihi, A. (1989). Designer-Drogen. Die Neue Gefahr. Weinheim, Basel: Beltz.

Schaps, E., Moskowitz, J.M., Condon, J.W. & Malvin, H. (1984). A process and outcome evaluation of an affective teacher training primary prevention program. Journal of Alcohol Drug Education, 29, 35-64.

Schenk, J. (1975). Droge und Gesellschaft. Berlin: Springer.

Schenk, J.H. (1976). Drogenkonsum und Drogenabhängigkeit bei Jugendlichen. Ulm: Süddeutsche Verlagsgemeinschaft.

Schenk, J. (1979). Die Persönlichkeit des Drogenkonsumenten. Göttingen: Hogrefe.

Schenk, J. (1982). Suchtmittelmissbrauch. In J. Brandtstädter & A. von Eye, (Hrsg.), Psychologische Prävention (S. 241-274). Bern: Huber.

Scherrer, S. (1982). Die Genese der Betäubungsmittelgesetze in der Bundesrepublik Deutschland und in den Niederlanden. Kriminologische Studien, 42. Göttingen: Otto Schwartz.

Schlegel, R.P., Manske, S.R. & d'Avernas, J.R. (1985). Alcohol and drug abuse in young adults: Selected findings in a longitudinals study. Bulletin of the Society of Psychologists in Addicitve Bahaviors, 4, 213-225.

Schlegel, R.P., d'Avernas, J.R. & Manske, S.R. (1985). Longitudinal patterns of alcohol use: Psychosocial predictors of transition. Health and Clinical Psychology, 5, 201-222.

Schmerl, C. (1984). Drogenabhängigkeit. Kritische Analyse psychologischer und soziologischer Erklärungsansätze. Opladen: Westdeutscher Verlag.

Schmidbauer, W. & Vom Scheidt, J. (1984). Handbuch der Rauschdrogen. Frankfurt a. Main: Fischer.

Schneider, W. (1984). Biographie und Lebenswelt von Langzeitcannabiskonsumenten. Berlin: Express Edition, Internationale Hochschulschriften.

Schneider, W. (1986). Die gesellschaftliche Produktion des Drogenkonsums. In D. Korczak (Hrsg.), Die betäubte Gesellschaft (S. 45-62). Frankfurt a. Main: Fischer.

Schneider, W. & Edelstein, W. (1990). Inventory of European longitudinal studies in the behavioural and medical sciences. München und Berlin: Max-Plank-Institut für Bildungsforschung.

Schreiber, M. (1985). Längsschnittuntersuchung zum Alkoholkonsum. Herbert Ziegler (Hrsg.), Jahrbuch '85' zur Frage der Suchtgefahren. Hamburg: Neuland.

Schwarzer, R. & Leppin, A. (1989). Sozialer Rückhalt und Gesundheit. Eine Meta-Analyse. Göttingen, Toronto, Zürich: Hogrefe.

Schweizerische Fachstelle für Alkoholprobleme: siehe SFA.

Segal, B., Huba, G.J. & Singer, J.L. (1980). Prediction of college drug use from personality and inner experience. The International Journal of the Addictions, 15, 849-867.

SFA (1989). Sucht hat viele Ursachen. Lausanne: Schweiz. Fachstelle für Alkoholprobleme SFA (Hrsg.).

Shapiro, D.A. (1985). Recent applications of meta-analysis in clinical research. Clinical Psychology Review, 5, 13-34.

Sieber, M. (1979a). Retest-Untersuchung zur Stabilität beim Persönlichkeitsfragebogen FPI. Diagnostica, 25, 181-190.

Sieber, M. (1979b). Zur Zuverlässigkeit von Eigenangaben bei einer Fragebogenuntersuchung. Zeitschrift für experimentelle und angewandte Psychologie, 26, 334-340.

Sieber, M. (1979c). Social background, attitudes and personality in a three-year follow-up study of alcohol consumers. Drug and Alcohol Dependence, 4, 404-417.

Sieber, M.F. (1981). Personality scores and licit and illicit substance use. Personality and individual differences, 2, 235-241.
Sieber, M. (1984). Protesthaltung und illegaler Drogenkonsum bei jungen Männern. Eine sozialpsychologische Studie. Schweizerische Zeitschrift für Psychologie und ihre Anwendungen, 3, 163-176.
Sieber, M. (1985). Zur Verletzung von Modellannahmen in der Regressionsanalyse. Schweizerische Zeitschrift für Soziologie, 11, 515-529.
Sieber, M. (1986). Vorhersage des Alkohl-, Tabak und Haschischkonsums. Ergebnisse einer Verlaufsuntersuchung über 12 Jahre. Psychiatrische Universitätsklinik Zürich, Forschungsdirektion. Forschungsbericht, Mai 1986.
Sieber, M.F. (1986). Persönlichkeitskorrelate des Drogenkonsums. - Eine Kausalanalyse mit dem LISREL-Verfahren. In C. Möbus & W. Schneider (Hrsg.), Strukturmodelle für Längsschnittdaten und Zeitreihen (S. 198-208). Bern: Huber.
Sieber, M. (1988). Zwölf Jahre Drogen. Verlaufsuntersuchung des Alkohol-, Tabak- und Haschischkonsums. Bern: Huber.
Sieber, M. (1990). Antezedenzien und Konsequenzen des Konsums von Alkohol, Tabak und Cannabis. Ergebnisse einer 12-Jahres Längsschnittstudie. Interner Forschungsbericht der Psychiatrischen Universitätsklinik Zürich (Publikation in Vorbereitung).
Sieber, M., Angst, J. & Baumann, U. (1976). Entwicklung des Drogen-, Alkohol- und Tabakkonsums. Schweizerische medizinische Wochenschrift, 106, 1-7.
Sieber, M. & Angst, J. (1977). Zur Epidemiologie des Drogen-, Zigaretten- und Alkoholkonsums bei jungen Männern. Schweizerische medizinische Wochenschrift, 107, 1912-1920.
Sieber, M. & Angst, J. (1979). Risikofaktoren für starkes Zigarettenrauchen bei jungen Männern. Schweizerische medizinische Wochenzeitschrift, 109, 115-122.
Sieber, M. & Angst, J. (1981). Drogen-, Alkohol- und Tabakkonsum. Ein Beitrag zur Epidemiologie und Ätiologie bei jungen Erwachsenen. Bern: Huber.
Sieber, M.F. & Bentler, P.M. (1982a). Zusammenhänge zwischen Persönlichkeitsmerkmalen und späterem Konsum legaler und illegaler Drogen bei jungen Männern. Eine Längsschnittuntersuchung. Zeitschrift für experimentelle und angewandte Psychologie, 29, 649-668.
Sieber, M.F. & Bentler, P.M. (1982b). Kausalmodelle zur Persönlichkeit und dem späteren Konsum legaler und illegaler Drogen. Schweizerische Zeitschrift für Psychologie, 41, 1-15.
Sieber, M., Stähli, R. & Angst, J. (1985). Entwicklung des Alkohol-, Tabak- und Medikamentenkonsums bei 19jährigen Männern. Schweizerische Medizinische Wochenschrift, 115, 865-870.
Single, E., Kandel, D. & Johnson, B.D. (1975). The reliability and validity of drug use responses in a large scale longitudinal survey. Journal of Drug Issues, 5, 426-443.
Sintonen, H. (1981). An approach to economic evaluation of actions for health. Helsinki: Ministry of Social Affairs and Health Research Department.
Skinner, W.F., Massey, J.L., Kron, M.D. & Lauer, R.M. (1985). Social influences and constraints on the initiation and cessation of adolescent tobacco use. Journal of Behavioral Medicine, 8, 353-376.
Smart, R.G. & Blair, N.L. (1978). Test-retest reliability and validity information for a high school drug use questionnaire. Drug and Alcohol Dependence, 3, 265-271.

Smart, R. (1983). Verfügbarkeits- und Anfälligkeitstheorie für den Missbrauch illegaler Substanzen. In D. Lettieri & R. Welz (Hrsg.), Drogenabhängigkeit (S. 56-60). Basel: Beltz.

Smith, G.K. (1970). Personality and smoking: A review of the empirical literature. In W.A. Hunt (Ed.), Learning Mechanismus in Smoking (p. 42-61). Chicago: Aldine.

Smith, G.M. & Fogg, C.P. (1978). Psychological prodictors of early use, late use, and nonuse of Marihuana among teenage students. In D.B. Kandel (Ed.), Longitudinal Research of Drug Use (p. 101-114). New York: Wiley & Sons.

Smith, M.L., Glass, G.V. & Miller, T.I. (1980). The benefits of psychotherapy. Baltimore, London: John Hopkins Press.

Smith, G.M. (1983). Wahrgenommene Effekte des Substanzengebrauchs. In D.J. Lettieri & F. Welz (Hrsg.), Drogenabhängigkeit - Ursachen und Verlaufsformen (S. 61-70). Weinheim: Beltz.

Smith, G.M. (1986). Adolescent personality traits that predict young adult drug use. Comprehensive Therapy, 12, 44-50.

Sobell, L.C., Sobel, M.B., Kozlowski, L.T. & Toneatto, T. (1990). Alcohol or tobacco research versus alcohol and tobacco research. British Journal of Addiction, 85, 263-269.

Sondheimer, G. & Eichenberger, M. (1989). Alkoholismus: Ansichtssache? Diagnose und Therapie des Alkoholismus aus der Sicht der Forel-Klinik. Ellikon a.d. Thur: Forel-Klinik (Hrsg.).

Sondheimer, G. (1990). Diagnose und Behandlung des Alkoholismus. Hospitalis, 60, 510-519.

Stäcker, K.H. & Bartmann, U. (1974). Psychologie des Rauchens. Heidelberg: Quelle & Meyer.

Stall, R. (1986). Change and stability in quantity and frequency of alcohol use among aging males: a 19-year follow-up study. British Journal of Addiction, 81, 537-544.

Stark, W. (1989). Lebensweltbezogene Prävention und Gesundheitsförderung. Konzepte und Strategien für die psychosoziale Praxis. Freiburg i.B.: Lambertus.

Stehmanns, H. (1971). Soziale Auswirkungen des Alkoholismus - einmal anders gesehen. In W. Feuerlein & D. Sandmann (Hrsg.), Alkoholismus - Bedingungen, Auswirkungen, Behandlung (S. 262-275). Hamm: Deutsche Hauptstelle gegen die Suchtgefahren.

Stein, J.A., Newcomb, M.D. & Bentler, P.M. (1987). Personality and drug use: Reciprocal effects across four years. Personality and individual Differences, 8, 419-430.

Stewart, L. & Livson, N. (1966). Smoking and rebelliousness: A longitudinal study from childhood to maturity. Journal of Consulting Psychology, 30, 225-229.

Stolleis, M. (1982). "Von dem grewlichen Laster der Trunckenheit" - Trinkverbote im 16. und 17. Jahrhundert. In G. Völger & K. von Welck (Hrsg.), Rausch und Realität. Drogen im Kulturvergleich (S. 177-191). Hamburg: Rowohlt.

Straus, R. & Bacon, S.D. (1953). Drinking in college. New Haven, CN: Yale University Press.

Surgeon General's Advisory Committee on Smoking and Health (1964). Smoking and Health. Washington, D.C.: U.S. Government Printing Office.

Tecklenburg, U. & (SAKRAM) (1991). Das spezialisierte Behandlungssystem für Alkoholabhängige. Stationäre Therapie und Rehabilitation 1984 bis 1990. Lausanne: Furrer.

Teichman, M., Rahav, G. & Barnea, Z. (1987). Alcohol and psychoactive drug use among Israeli adolescents: An epidemiological and demographic investigation. The International Journal of the Addictions, 22, 81-92.

Teichman, M., Barnea, Z. & Ravav, G. (1989). Personality and substance use among adolesents: a longitudinal study. British Journal of Addiction, 84, 181-190.

Temple, M.T. & Fillmore, K.M. (1985-86). The variability of drinking patterns and problems among young men, age 16-31: A longitudinal study. The International Journal of the Addictions, 2O, 1595-1620.

Temple, M.T. & Leino, E.V. (1989). Long-term outcomes of drinking: A 20-year longitudinal study of men. British Journal of Addiction, 84, Paper 88/181.

Thamm, B.G. (1987). Drogenproblem in der Europäischen Gesellschaft - Untersuchungsausschuss des Europäischen Parlaments 1985-1986. Suchtgefahren, 33, 459-463.

Trice, H.M. & Beyer, J.M. (1982). A sociological property of drugs. Journal of Studies on Alcohol, 38, 244-263.

Uchtenhagen, A. (1989). Epidemiologie der Suchtmittelabhängigkeit. Schweizer Archiv für Neurologie und Psychiatrie, 140, 407-419.

Vaillant, G.E. (1980). Natural history of male psychological health: VIII. Antecedents of alcoholism and "Orality". American Journal of Psychiatry, 137, 181-186.

Vaillant, G.E. (1983). The natural history of alcoholism. Cambridge (MA): Harvard University Press.

Vaillant, G., Brighton, J. & McArthur, C. (1970). Physicians' use of mood-altering drugs: 20-year follow-up report. New England Journal of Medicine, 282, 365-370.

Vaillant, G.E. & Milofsky, E.S. (1982). The etiology of alcoholism. A prospective viewpoint. American Psychologist, 37, 494-503.

Vaillant, G.E. & Milofsky, E.S. (1984). Natural history of male alcoholism: Paths to recovery. In D.W. Goodwin, K.T. Van Dusen & S.A. Mednick (Eds), Longitudinal Research in Alcoholism, (p. 53-71). Bosten: Kluwer-Niojhoff.

Vobruba, G. (1983). Prävention durch Selbstkontrolle. In Manfred M. Wambach (Hrsg.), Der Mensch als Risiko. Zur Logik von Prävention und Früherkennung. Frankfurt: Suhrkamp.

Völker, U. (1982). Überlegungen zur Prophylaxe des Jugendalkoholismus. Soziale Arbeit, 2, 57-65.

Vogt, I. (1990). Abhängigkeit und Sucht: Anmerkungen zum Menschenbild in Suchttheorien. Drogalkohol 2, 140-148.

Von Wartburg, J.P. (1985). Genetische Suchtposition: Mögliche biochemische Mechanismen. In W. Keupp (Hrsg.), Biologie der Sucht (S. 15-30). Berlin: Springer.

Wambach, M.M. (1983). Der Mensch als Risiko. Zur Logik von Prävention und Früherkennung. Frankfurt: Suhrkamp.

WHO (1976). Constitution. World Health Organisation, Genf.

WHO (1986a). Research for health for all. Regional Office for Europe. Research actions, Volume 2., Stockholm.

WHO (1986b). Ottawa charta for health promotion. Ottawa: World Health Organisation.

WHO Expert Committee (1977). Health needs of adolescents. World Health Organisation, WHO Technical Report Series No. 609, Geneva.

WHO expert committee on dependence-porducing drugs (1964). Thirteenth Report. WHO Technical Report Series, No 273. Genf.

WHO expert committee on drug dependence (1969). Sexteenth Report. WHO Technical Report Series, No. 407. Genf.

WHO-Memorandum (1981). Nomenclature and classification of drug- and alcohol-related problems: a WHO memorandum. Bulletin of the World Health Organisation, 59, 225-242.

Windle, M. & Blane, H.T. (1989). Cognitive ability and drinking behavior in a national sample of young adults. Alcoholism, 13, 43-48.

Wingard, J.A., Huba, G.J. & Bentler, P.M. (1980). A longitudinal analysis of personality structure and adolescent substance use. Personality and Individual Differences, 1, 259-272.

Wittmann, W.W. (1985). Evaluationsforschung. Berlin: Springer.

World Health Organisation: siehe WHO

Wormser, R. (1976). Manifester Inhalt und latente Vorurteile der Drogenberichterstattung. Eine Inhaltsanalyse Münchner Tageszeitungen. In K.-H. Reuband, (Hrsg.), Rauschmittelkonsum (S. 111-124). Wiesbaden: Akademische Verlagsgesellschaft.

Yamaguchi, K. & Kandel, D.B. (1984). Patterns of drug use from adolescence to young adulthood: 3. predictors of progression. American Journal of Public Health, 74, 673-681.

11. Anhang

Tabelle A-3.1: Signifikante und nicht-signifikante Antezedenzien der Konsuminitiation. Auszug aus dem gesamten Tabellenteil. (Erläuterungen siehe Kap. 3.2)

Legende:
A: Konsum von Alkohol, T: Tabak, C: Cannabis, H: Harte Drogen, D: Drogen allgemein (als Summenindex oder als Faktor): signifikante Korrelation zur Prädiktorvariable.
kleine Buchstaben: bivariater Zusammenhang signifikant
grosser Buchstabe: multivariater Zusammenhang signifikant
m, f: Korrelation ist nur bei den Männern resp. Frauen signifikant.
- bedeutet, dass die Substanz nicht in die Analyse einbezogen worden ist.
1 bedeutet, dass die Substanz im Faktor 'Drogen allgemein' enthalten ist.
2 bedeutet, dass Marihuana in der Variable 'harte Drogen' enthalten ist.
Abkürzungen der Studien siehe ...
ns: Zusammenhang nicht signifikant (p > 0.05)
? Ergebnis unklar oder ungenügend dokumentiert

Studie	Antezedenzien (Prädiktorvariable)	A	T	C	H	D

1. SOZIALISATION (ELTERNHAUS, SCHULE, ARBEIT)

Studie	Prädiktorvariable	A	T	C	H	D
	Problemindikatoren Elternhaus, Bindung zu Eltern:					
KAN78	nicht intakte Familie	ns	-	c	ns	-
YAM84	Distanzierte Beziehung zu Eltern	-	-	ns	ns	-
KAN78	Distanz zum Vater	a	-	c	h	-
KAN78	Distanz zur Mutter	a	-	ns	h	-
SKI85	idem	-	T	-	-	-
SCH85	Eltern uneinig in der Erziehung	A	-	-	-	-
JES78	Diskrepanz Eltern-Freunde	-	-	c-f	-	-
JES77	idem	ns	-	c	-	-
JES73	idem	-	-	ns	-	-
SCH85	idem	A	-	-	-	-
JES78	Unterstützung durch Eltern vermindert	-	-	ns	-	-
JES77	idem	a	-	c	-	-
SCH85	idem	A	-	-	-	-
KAN78	dominante Mutter	ns	-	ns	ns	-
KAN78	dominanter Vater	ns	-	ns	ns	-
JES78	Kontrolle durch Eltern vermindert	-	-	ns	-	-
JES77	idem	ns	-	c	-	-
SCH85	idem	A	-	-	-	-
SKI85	idem	-	t	-	-	-
KAN78	Bestrafung vermindert	ns	-	ns	ns	-
SCH85	Leistungserwartungen der Eltern vermindert	A	-	-	-	-
JES78	Eltern billigen Problemverhalten	-	-	ns	-	-
JES73	idem	-	-	c	-	-
JES77	idem	a	-	c	-	-
	Anderes:					
SKI85	stärkere Bindung zum Vater	-	T	-	-	-

	Bildungs- und Berufsstatus Eltern:					
ARY88	Bildungsstatus Eltern	-	ns	-	-	-
KAN78	Bildungsstatus Vater	ns	-	ns	ns	-
BUR89	höhere Schulbildung der Eltern	-	T-m	-	-	-
GIN78	Berufsstatus des Vaters	-	-	ns	-	-
KAN78	Familieneinkommen	ns	-	ns	ns	-
	Diverses:					
BUR89	Familiengrösse: Kleinfamilie	-	T-f	-	-	-
	Konsumeinstellung Eltern:					
SCH85	Eltern akzeptieren Alkoholtrinken	A	-	-	-	-
KAN78	tolerant gegenüber Spirituosenkonsum	ns	-	-	-	-
	usw.					

Ende des Auszuges

12. Sachregister

Abhängigkeit 29
abweichendes Verhalten 27,110, 151, 163
Adoleszenz 22
Adoptivstudien 32
affektive Erziehung 223
Aggressivität 126, 139
Alkoholforschung 46
Alterseffekte 187
Amotivationales Syndrom 219
Anti-empirisches Klima 58
Antwortneigung 184
"Aepfel-Birnen-Problem" 94
Arbeit 125
aufklärerische Funktion 58
Ausbildung, Arbeit 156
Ausgrenzung 27
Ausgrenzungsprozesse 20
Ausschöpfungsquote 180

Berufsstatus 134, 143
Berufsstatus Eltern 122, 134
Bewältigungsstrategien 20
Bewältigungsverhalten 219
Beziehungssituation 159
Bildungsstatus 134, 156
biologische Marker 32
broken home 32, 146

Cannabis 212

Delinquenz 172
Depressivität 172
Doppelmoral 26
Droge 27
Drogenabhängigkeit 27,28,31
Drogenforschung 31,57,67
Drogenhandel 16
Drogenmissbrauch 27,29
Drogenproblematik 17

Effektstärken 93
Einstellung 173
Einstellungsforschung 36
Eltern 216,225
Elternhaus 102,118, 208
Emotionale Labilität 109,127,139
Entwicklungsaufgaben 23
Entwicklungsprozess 43
Entwicklungsveränderungen 153
Entwicklungsverzögerung 218
Epidemiologie 42,67
epidemiologische Drogenforschung 17
erklärte Varianz 187
Erkenntnisprozess 37
Erlebnisangebote 226
Erklärungsansätze 194
Erwachsenenkultur 26
Erwartungshaltungen 191
Erziehungstechniken 224
Extraversion 33,126,139,166,172

Frauen 195
Freunde 125,138,171,192,217
Früheinsteiger 231
Führerausweise 16

Gefährdungslogik 27
Gefährdungsmuster 30
Genetische Studien 32
Gesellschaft 19
Gesundheit 30,149,160,217
Gesundheitsförderung 64,71
Gleichaltrige 27
Gratifikation 226
Gratifikationsbilanz 209
Griffnähe 193
Gruppennormen 23

heuristische Schemata 36

Initiation 70,80,96
Intelligenz 124
Integration 26,27
Involvement-Theorie 193

Jugend 20

Kausalmodelle 69
kausale Modelle 37
Kausalität 53
Kausalrichtung 214
Koholrteneffekte 187
Kommunikation 224
Kommunikatoren 225
Kompetenz 23
Konformitätshandeln 25
Konsequenzen 40,45,71,84,142
Konsequenzforschung 71
Konsum der Eltern 106,123
Konsum der Freunde 108
Konsumeinstellung 110,122, 127,140,225
Konsumeinstellung der Eltern 106,134
"Konsumenten-Persönlichkeit" 203,215
Konsumgesellschaft 21
Konsummissbrauch 12
Konsumveränderung 14,83,130
Konsumverbreitung 12
Konsumverhalten 88
Konsumverhalten der Eltern 134
Kontinuitätsthese 18
Kontrolltheorie 193
Kreuzkorrelationen 86,163
Kriminalisierung 19
kritisch 57
kulturspezifisch 40

Lehrer 224
Leistungsorientierung 108,125,138
Literaturrecherchen 75

"maturing out-These" 193
Meta-Analyse 46,92
Modellernen 192,217
Modellwirkung 26
Mortalität 12,13,149

Narrative Methode 91
Natürliche Experimente 34
Nervosität 172
"Neue Nüchternheit" 15
Nonkonformität 166,215
normaler Konsum 41

Orientierungskrisen 23

Pathologisierung 19
permissive Einstellung 168
Persönlichkeit 33,125,190,208,214,216
Persönlichkeitsdimension 36
phasenspezifisch 203
Phasenspezifität 70
phasenunspezifische Prävention 231
Prämorbid 201
Prävalenz 12
Prävention 58,67,97,223,230,232
Präventionsargumentation 27
Präventionsmodell 61
Praxis 57
Problemindikatoren 206,223
"Problemindikatoren Schule" 107
Problemtrinken 221
Problemverhalten 47,189,215
Progression 70,82,114
Pseudoemanzipation 218,230
psychiatrische Erkrankung 150

Qualitativ 55

Referenzgruppen-Theorie 193
Reizorientierung 109,126,191
Reliabilität 88,182

Replikation 40
Repräsentativität 183
Resistanztechniken 225
Ressourcen 64
Risikofaktoren 50,187,231
Risikoorientierung 109,139,226
Risikopopulationen 232
Risikoprävention 63
Rollenmodelle 225

Schule 124,138
Schulleistungen 124
Selbstakzeptanz 171
Selbstangaben 185
Selbstbeeinträchtigung 172,217
Selbstentwertung 191
Selbstwertgefühl 166
Selbstwirksamkeit 172
"self-medication-Ansatz" 191
Sensation-seeking 191,226
soziale Fähigkeiten 224
soziale Integration 138,215
soziale Kompetenz 172
soziale Konformität 171
Sozialforschung 55
Sozialisierungsprozess 215
sozialpsychologische Erklärungsansätze 194
sozialpsychologische Studien 189
Stabilität 221
Statushandlung 25
Statusunsicherheiten 23
Stigmatisierung 27
Stress-response-Modell 219
Stresstheorie 193
Studienpopulation 180
Subkultur 21
substanzspezifisch 39
Substanzspezifität 70
substanzspezifische Antezedenzien 202
Suizid 151

"tension-reduction" Hypothese 191
theoretische Konzepte 189
Theorie 37
Theorienbildung 35,44,214

Umweltbedingungen 41
Unkonventionalität 109,126,138
unkonventionelle Lebenshaltung 225
Unzufriedenheit 171
Ursachen 21,49,67
Ursache-Wirkung 50

Validität 88,181,185
Veränderungen 140
Vererbung 32,41
Verfügbarkeit 193
Verhaltensänderungen 61
Verlässlichkeit 181
Verzeigungen 16
Verzerrung 183
Verursachung 19
volkswirtschaftliche Aspekte 15
Vorsorgeuntersuchungen 63
"vote counting" 92

Wertzuschreibung 19
Wohnsituation 159

zielgruppenspezifische Prävention 231
Zukunft 171
Zwillingsstudien 32

Verlag Hans Huber
Bern Göttingen Toronto Seattle

Huber Psychologie Forschung

Herta Flor

Psychobiologie des Schmerzes

Empirische Untersuchungen zur Psychobiologie, Diagnostik und Therapie chronischer Schmerzsyndrome der Skelettmuskulatur

1991, 419 Seiten, 52 Abbildungen, 40 Tabellen, kartoniert Fr. 76.— / DM 79.— / öS 616.—

Wie lassen sich chronische Schmerzen erklären? Wie kann man sie behandeln? Die Autorin gibt Einblick in den Stand der Forschung und erläutert ihr umfassendes Modell zur Psychobiologie des Schmerzes. Sie führt ein in die Schmerzdiagnostik sowie in die verhaltensmedizinische Behandlung chronischer Schmerzen. Aufgrund eigener Forschungsarbeiten berichtet sie über die Interaktion psychologischer und physiologischer Faktoren bei chronischen Schmerzen.

Volker Hodapp / Peter Schwenkmezger (Herausgeber)

Ärger und Ärgerausdruck

1993, 302 Seiten, 22 Abbildungen, 32 Tabellen, kartoniert Fr. 66.— / DM 69.— / öS 538.—

Das Buch befaßt sich mit aktuellen Fragen der Definition, Messung und Theorienbildung im Bereich von Ärger, Ärgerausdruck und Ärgerbewältigung, einem wichtigen Gebiet innerhalb der Emotionspsychologie, der Differentiellen Psychologie und der Gesundheitspsychologie. Es widmet sich den Grundlagen und Methoden der Ärgerforschung, dem Ärger als eine soziale Emotion, der Rolle von Ärger in Ätiologie und Verlauf von Erkrankungen, insbesondere Herz-/Kreislauferkrankungen, schließlich der Thematik der Bewältigung von Emotionen.

Peter Aymanns

Krebserkrankung und Familie

Zur Rolle familialer Unterstützung im Prozeß der Krankheitsauseinandersetzung

1992, 269 Seiten, 23 Abbildungen, 30 Tabellen, kartoniert Fr. 49.— / DM 58.— / öS 453.—

Wer an Krebs erkrankt, hofft auf Unterstützung und Anteilnahme durch die Familie. Doch in welchem Ausmaß erhalten Krebspatienten solche Unterstützung und als wie hilfreich erleben sie diese? Hilft die Unterstützung, sich an die Krankheit anzupassen und ein hohes Selbstwertgefühl und eine hoffnungsvolle Zukunftsperspektive zu bewahren? Sind auch negative Folgen bestimmter Unterstützungsformen zu erwarten? Beeinflußt familiale Unterstützung das Bewältigungs-Verhalten der Patienten? Die hier vorgestellte Längsschnittstudie gibt sehr differenzierte Antworten auf diese Fragen.

Verlag Hans Huber
Bern Göttingen Toronto Seattle

Huber Psychologie Forschung

Kurt Pawlik / Kurt Stapf (Herausgeber)

Umwelt und Verhalten

Perspektiven und Ergebnisse
ökopsychologischer Forschung

1992, 452 Seiten, 42 Abbildungen, 56 Tabellen, kartoniert Fr. 94.— / DM 98.—

Angesichts weltweiter Umweltveränderungen kommt der ökologischen Psychologie wachsende Bedeutung zu: Sie hat als Quellwissenschaft für die Erforschung und praktische Bewältigung der menschlichen Dimensionen dieser Veränderungen eine wichtige Funktion. Das Buch gibt einen systematischen Überblick zum Stand der umweltpsychologischen Forschung im deutschen Sprachgebiet. Während mehr als zehn Jahren hat die Deutsche Forschungsgemeinschaft das Schwerpunktprogramm «Psychologische Ökologie» gefördert. Hier wird von den direkt Beteiligten erstmals zusammenfassend dargestellt und dokumentiert, welche Ergebnisse diese Forschungen im Einzelnen erbracht haben. Im Einleitungskapitel wird Thematik und Entwicklung des Forschungsprogramms dargestellt; in einem Schlußkapitel wird dessen Ertrag und Bedeutung synoptisch integriert.

Volker Hodapp / Peter Schwenkmezger (Herausgeber)

Ärger und Ärgerausdruck

1993, 302 Seiten, 22 Abbildungen, 32 Tabellen, kartoniert Fr. 66.— / DM 69.—

Das Buch befaßt sich mit aktuellen Fragen der Definition, Messung und Theorienbildung im Bereich von Ärger, Ärgerausdruck und Ärgerbewältigung, einem wichtigen Gebiet innerhalb der Emotionspsychologie, der Differentiellen Psychologie und der Gesundheitspsychologie. Es widmet sich den Grundlagen und Methoden der Ärgerforschung, dem Ärger als eine soziale Emotion, der Rolle von Ärger in Ätiologie und Verlauf von Erkrankungen, insbesondere Herz-/Kreislauferkrankungen, schließlich der Thematik der Bewältigung von Emotionen.